普通高等教育“十二五”应用型本科规划教材

经济犯罪侦查学

主　编　戴　蓬

中国人民大学出版社
·北京·

编者的话

《经济犯罪侦查学》是根据中国高等教育学会“普通高等教育‘十二五’应用型本科规划教材建设项目”编写的一本应用型本科教材。本书力求在借鉴现有研究成果和汲取实践经验的基础上，对经济犯罪侦查的基本理论和基本方法作进一步系统阐述。本书共分16章，第1至2章介绍了经济犯罪侦查的基本理论、任务、原则、管辖规定及主要环节；第3至16章对常见经济犯罪案件的特点、犯罪手段、犯罪认定、立案追诉标准和侦查方法进行了详尽介绍。本书不仅可作为经侦专业（方向）本科教材，也可供经侦部门民警培训使用。

本书具有以下特点：一是注重实际能力的培养。结合教学内容选取大量典型案例，通过案例启发学生理解知识点，旨在增强学生解决实际问题的能力。二是体例新颖，便于开展教学活动。每章章前设“学习目标”和“导入案例”，章后设“导入案例简析”、“资料链接”、“本章小结”、“关键术语”、“推荐阅读与学习资源”和“案例分析”，上述体例编排，符合认识规律，便于学生自学。

本书由中国人民公安大学侦查学院经济犯罪侦查教研室组织编写，由戴蓬任主编。各章编写分工是：

戴蓬编写第1章、第2章、第8章、第10章；

王俊家编写第3章、第7章、第11章；

宋利红编写第4章、第14章、第15章；

田光伟编写第5章、第6章、第9章；

邓亮编写第12章、第13章；

肖琼编写第16章。

由于时间仓促，加之编者水平有限，本书难免有疏漏之处，敬请读者批评指正。

《经济犯罪侦查学》编写组

2015年4月

目录

第1章

绪论

【学习目标】

通过本章的学习，理解经济犯罪的概念；了解经济犯罪的类型和特点；理解经济犯罪侦查的任务和原则；掌握经济犯罪的侦查管辖的有关规定。

导入案例

2010年3月底，张×在济南市与贺×签订一份建筑电缆购销合同，货物总额为30万元。4月1日张×依照贺×的要求，在石家庄市×银行以转账形式将30万元货款打入贺×的银行卡。次日，贺×在济南×银行提出现金后逃匿。后张×向石家庄市公安机关报案。①

问题：石家庄市公安机关是否能立案管辖此案？

第一节　经济犯罪概述

一、经济犯罪的概念

经济犯罪是指在市场经济运行过程中，违反法律、行政法规，严重破坏社会主义市场经济秩序的犯罪。

经济犯罪是市场经济建立和完善过程中出现的新型犯罪，不同于其他刑事犯罪。

首先，经济犯罪是发生在市场经济运行过程中的犯罪。市场经济是一个复杂的动态系统，宏观上包括生产、分配、交换和消费四大环节；微观上包括金融、税收、贸易、投资等领域。经济犯罪就发生在上述环节和领域中，离开了这些环节和领域，经济犯罪就无从谈起。相应地，经济运行的复杂性、动态性也决定了经济犯罪的多样性和多变性。

其次，经济犯罪是违反经济法律、法规的行为。国家对经济活动的调整、规范是通过多层次、多部门的法律来实现的，因而，经济犯罪必然会触犯多层次、多部门的法律规范。经济犯罪的基本表现形态是违规、违法的经济活动。除了触犯《刑法》以外，经济犯

① 参见于书锋：《被骗钱款异地汇如何确定管辖权》，载《检察日报》，2010-09-21。

罪还违反三个方面的法律规范，即民商法规范、经济法规范、行政法规范；除了违反国家法律、行政法规以外，经济犯罪还违反部门、地方规章，以及内部操作规范等。

再次，经济犯罪是严重破坏社会主义市场经济经济秩序，依照《刑法》应受刑罚处罚的行为。市场经济中，动态的财产流转关系成为社会经济关系的重要内容。与传统的财产犯罪相比，经济犯罪发生于财产流转过程中，不仅侵犯财产所有权，更为严重的是破坏了市场对资源的配置机制，对市场经济秩序造成严重破坏。因而，《刑法》对经济犯罪规定了与传统财产犯罪不同的罪与罚。

二、经济犯罪的类型

根据《刑法》及其修正案的规定，公安机关管辖的经济犯罪主要包括以下八大类：

（一）生产、销售伪劣商品犯罪

生产、销售伪劣商品犯罪，是指违反国家对产品质量、安全监督管理的法律、法规，生产、销售伪劣商品，严重侵害用户、消费者的合法权益，破坏社会主义商品市场秩序的犯罪。

（二）走私犯罪

走私犯罪，是指违反海关法规，逃避海关监管、检查，非法运输、携带、邮寄国家禁止、限制进出口或禁止出口或依法应缴纳关税而偷逃关税的货物、物品进出国（边）境的犯罪。

（三）妨害对公司、企业的管理秩序犯罪

妨害对公司、企业的管理秩序犯罪，是指违反公司、企业法律、法规，妨害国家对公司、企业的管理制度，侵犯国家利益或者公司、企业、投资者和债权人的合法权益的犯罪。

（四）破坏金融管理秩序犯罪

破坏金融管理秩序犯罪，是指违反金融管理法规，以伪造、诈骗或者其他方法破坏金融管理秩序的犯罪。

（五）金融诈骗犯罪

金融诈骗犯罪，是指以非法占有为目的，虚构事实、隐瞒真相，利用金融业务或金融工具，骗取数额较大的公私财物的犯罪。

（六）危害税收征管犯罪

危害税收征管犯罪，是指违反国家税收法规，侵害国家税收管理制度、发票管理制度，妨害国家税收征管活动的犯罪。

（七）侵犯知识产权犯罪

侵犯知识产权犯罪，是指违反知识管理法规，故意侵犯他人知识产权的犯罪。

（八）扰乱市场秩序犯罪

扰乱市场秩序犯罪，是指违反市场管理法规，破坏市场的交易、竞争和管理秩序的犯罪。

《刑法》分则第五章中的职务侵占、挪用特定款物、挪用资金犯罪也是公安机管辖的

经济犯罪案件。第六章破坏环境资源保护罪、第八章贪污贿赂罪、第九章渎职罪中的某些罪名均应属于经济犯罪。

以上是根据法律的规定对经济犯罪所作的分类。理论上还有一种行为分类法，即根据犯罪行为方式的不同，将经济犯罪分为五种：（1）营利型犯罪，是指发生在商品流通过程中，以牟取非法利益为目的的犯罪，如走私罪、生产、销售伪劣商品罪等；（2）欺诈型犯罪，是指使用欺骗手段使财物所有人、管理人陷于错误认识，从而骗取公私财物的犯罪，如合同诈骗罪、保险诈骗罪等；（3）职务型犯罪，是指国家工作人员利用职务上的便利实施的经济犯罪，如贪污罪、签订、履行合同失职被骗罪等；（4）破坏型犯罪，是指使用破坏手段，使某种经济资源减少或毁损的犯罪，如非法捕捞罪、非法狩猎罪等；（5）挪用型犯罪，是指将具有某种特定用途的款物挪作他用的犯罪，如挪用公款罪等。

三、经济犯罪的特点

经济犯罪是发生于市场经济运行过程中的新型犯罪，与其他刑事犯罪相比具有以下特点：

（一）少有可供勘查的犯罪现场

虽然经济犯罪也发生于一定的时间和空间，与其他刑事犯罪一样，离不开一定的时间和空间条件，但是与其他刑事犯罪不同的是，经济犯罪通常极少引起人员伤亡、财物毁坏、物品动乱等被侵害对象及其物质环境的形态变化，犯罪行为在现场上得不到充分反映。所以，经济犯罪案件的现场不易被群众和侦查人员发现，即使找到现场，其勘查价值也不大。这使传统的接受报案、勘查现场，进而启动侦查的工作模式难以实施。因而，经济犯罪案件的侦查具有不同于其他刑事案件侦查的特点。

（二）犯罪危害后果较为抽象

从犯罪客体来看，经济犯罪侵犯的主要是经济关系，即在市场经济运行过程中形成的社会关系，或者说在商品生产、交换、分配过程中形成的社会关系。从实践看，相当一部分经济犯罪并不造成财产的实际损失，而是对市场经济秩序造成破坏，而这种危害是“无形”的。这与其他刑事犯罪不同，如抢劫、盗窃、诈骗等传统的财产犯罪侵犯的是国家、集体或个人的财产所有权，直接造成财产的损毁、短少等明显的物质损害后果，其危害是“有形”的。相比之下，经济犯罪更多的是侵害了国家、社会的利益，或者不特定多数人的利益，而其危害后果具有间接性和抽象性。与此相关的是，经济犯罪往往没有直接的被害人，常常是国家或者整个社会受到损害后，首先引起了政府的重视，只有在案情败露后，人民群众才知道其被害。因而，更难以发现。

（三）犯罪行为同时违反多项法律、法规

经济业务活动大多受到相应的法律、法规的规范。作为非法的经济业务活动，经济犯罪行为除了触犯《刑法》以外，往往还违反《民商法》、《经济法》、《行政法》；除了违反国家法律以外，往往还违反地方、部门规章和内部操作规范。而且，经济犯罪的刑事违法性是以其民事、经济、行政违法性为前提的，即某种经济业务活动如果未违反相应的民事、经济、行政法律、法规，就谈不上触犯《刑法》，构成经济犯罪。而其他刑事犯罪就不具备类似的违法性，如杀人、强奸、盗窃等犯罪直接由《刑法》加以规定，犯罪行为直

接触犯《刑法》。因此，经济犯罪的认定比其他刑事犯罪更为复杂。

与此相关，经济犯罪是法定犯。在刑法学理论上有自然犯和法定犯之分。自然犯，是指该类犯罪应受刑事处罚的依据是建立在“自体恶”的基础上，其行为本身就违反人们的道德准则，即使《刑法》未将其规定为犯罪，人们也能对其作出有罪的评价。例如，杀人、放火、盗窃等犯罪，都可归于自然犯。这类犯罪的反社会性比较明显，历史上各个时期和世界上各个法系都认为其是犯罪。法定犯，是指由于法律的专门规定，某种行为才被认为是犯罪。这类犯罪大多不是依靠体能，而是采用智能化的手段实施的。其所以构成犯罪不是因为受到道德的谴责，而是出于行政管理的需要和相关法规的规定。也就是说，其行为的应受处罚性是建立在“禁止恶”基础上的。“不许偷、抢”这是历史长期形成的童叟皆知的甚至是不分民族、不分社会制度的起码道德准则，而何种物品通过海关应纳税，什么商品不得买卖等，在不同国家以及同一国家的不同时期都由法律来规定，人们往往难以用一般道德标准来衡量。因此，财产犯罪可以称之为自然犯，而经济犯罪称为法定犯。

（四）犯罪行为人借助其特殊身份实施犯罪，逃避侦查

经济犯罪行为人大多曾经从事过相关的经济业务工作，有的还是政府经济管理部门的公务人员，不仅具有实施犯罪所需的专门知识和技能，而且有着特殊的社会地位。他们往往利用所从事的职业和担当的职务为掩护实施犯罪，并打着发展生产、改革创新的幌子，具有很大的欺骗性。一些群众也常被其蒙蔽，对其犯罪行为视而不见，甚至持同情、庇护的态度，从而使经济犯罪较难发现。一旦案发之后，犯罪行为人又会凭借其权力、地位、社会关系、金钱等设置重重障碍来对抗侦查，试图逃避法律的追究。另外，经济犯罪还与腐败现象紧密相连，犯罪导致腐败的进一步加剧，而腐败又保护了犯罪。许多经济犯罪大要案件，往往有少数地方党政领导和金融、税务、海关、工商以及公、检、法等部门的人员参与其中，充当保护伞。对此，如果不依法严厉打击，就会严重败坏党风和社会风气。

经济犯罪与传统的财产犯罪相比，有四个方面的重大差异：（1）财产犯罪所侵害的主要是财产权利，而经济犯罪则主要侵害经济秩序，前者呈静态特点，后者呈动态性，有易变性；（2）财产犯罪的侵害对象一般是特定的，而经济犯罪的侵害常常是不特定的；（3）财产犯罪可称为“自然犯”，而经济犯罪可称为“法定犯”；（4）财产犯罪的发生不依附经济运行，而经济犯罪一般是在经济运行领域中发生的。

第二节　经济犯罪侦查的任务、原则

一、经济犯罪案件侦查的任务

经济犯罪案件侦查的基本任务是，依照法定程序，充分运用各种侦查措施和手段，揭露和证实犯罪，挽回损失，有效地防范和控制经济犯罪，维护市场经济秩序，保障国家经济安全。

（一）侦查破案，严厉打击经济犯罪

1. 查清犯罪事实

查清犯罪事实是正确认定经济犯罪案件性质和依法追诉犯罪的前提。唯有事实清楚，才能保证正确适用法律，依法追究经济犯罪分子的刑事责任，保障无罪的人免受追诉。经

济犯罪案件侦查中，需要查明的案件事实包括：(1) 犯罪嫌疑人的身份；(2) 立案侦查的犯罪行为是否存在；(3) 立案侦查的犯罪行为是否为犯罪嫌疑人实施；(4) 犯罪嫌疑人实施犯罪行为的动机、目的；(5) 实施犯罪行为的时间、地点、手段、后果以及其他情节；(6) 犯罪嫌疑人的责任以及与其他同案人的关系；(7) 犯罪嫌疑人有无法定从重、从轻、减轻处罚以及免除处罚的情节；(8) 其他与案件有关的事实。

2. 收集经济犯罪证据

经济犯罪案件虽然发生在一定的时间和空间，具有犯罪现场，但难以从现场获取有价值的痕迹物证，故其现场大多不具有勘查价值。经济犯罪案件的侦查，往往是在尚无充分证据证明犯罪事实的情况下，根据案件当事人、知情人举报或其他执法部门移交的材料，通过调查取证工作逐步查明案件事实，最终认定或否定犯罪，这是经济犯罪案件侦查工作的一个十分突出的特点。侦查人员要树立牢固的证据意识、诉讼意识，在受理经济犯罪线索后，必须要通过深入细致的调查取证来核实案件线索，判明案件性质；在立案后，则应尽快完善证据体系，使证据达到逮捕、起诉证明标准，同时缉捕犯罪嫌疑人，查控涉案财物，直至侦查终结。可以说，调查取证是贯穿于经济犯罪案件侦查始终的一项重要任务。

3. 缉捕经济犯罪嫌疑人

犯罪嫌疑人作案后逃匿，在经济犯罪案件中较为突出。犯罪嫌疑人有的在作案后携款潜逃，有的在公安机关立案前的初查阶段闻风而逃，有的在立案后采取强制措施前外逃，还有的在被采取监视居住、取保候审措施之后潜逃。在逃犯罪嫌疑人如不能及时抓获，不仅会令案件久侦不破，影响对同案的其他犯罪嫌疑人的处理，而且使得赃款、赃物难以追缴，损失难以挽回，客观上放纵了犯罪。在侦查中，必须针对经济犯罪嫌疑人逃匿行为特点，采取行之有效的缉捕措施。

在经济犯罪案件侦查中，在掌握一定证据的前提下，迅速依法对犯罪嫌疑人采取强制措施，将其缉捕归案，是侦查工作的重要内容。其作用在于：首先，犯罪嫌疑人归案后，通过审讯查证，可以及时澄清案件事实，完善证据体系，准确甄别涉案人员的法律责任，迅速突破案件。其次，通过审查犯罪嫌疑人，有利于及时发现、控制和追缴赃款赃物，尽量减少和挽回经济损失。最后，可以有效地防止犯罪嫌疑人继续作案。归根到底，只有将犯罪分子缉捕归案，才能保证刑事诉讼顺利进行，达到打击经济犯罪的目的。

4. 控制涉案财物

经济犯罪的危害性除了表现为对经济秩序的破坏以外，还表现在侵犯单位及个人的资产，造成严重的经济损失，甚至导致局部的经济秩序混乱，引发群体性事件，影响社会稳定。因此，在经济犯罪案件侦查中，必须把控制涉案财物，保护国家、集体和公民个人的合法财产免受或少受损失作为案件侦破工作的一项重要任务。同时，减少和挽回损失也是被害单位及个人对经济犯罪案件侦查工作最直接和最迫切的要求。侦查人员要善于在侦查工作的各个环节密切注意寻找和发现涉案财物的去向，充分运用法律武器，及时采取有效措施控制，尽量把经济损失降到最低限度。此外，涉案财物本身也是经济犯罪案件中的重要证据，查清涉案财物的去向并予以控制也是调查取证工作的重要内容。

(二) 发现隐患，防范经济犯罪发生

经济犯罪造成的损失巨大，危害严重，事后的打击往往难以挽回全部损失，有的甚至根本无法补救，因此，仅靠开展事后打击并不以足以遏制经济犯罪，公安机关还应针对当

时、当地普遍性、苗头性的经济犯罪问题，通过以案说法等形式，向有关单位及个人介绍经济犯罪的特点、手段，以及案件形成的原因和预防措施，共同对经营管理各个环节进行“会诊”，查找出由于规章制度不健全、管理不严密而存在的漏洞，指导帮助有关单位及个人完善经营管理规章制度，堵塞业务往来中的漏洞，使不法分子再无可乘之机。对各种手段的经济犯罪典型案例，要通过新闻媒介及时报道、揭露，提高公众识别、预防经济犯罪的能力，让犯罪分子无法遁形，起到震慑和预防的双重功效。公安机关还可整理印制防范经济犯罪的宣传材料，以提高公众预防、识别、举报经济犯罪的能力，主动加强自我防范。

（三）着眼长远，加强基础业务建设

开展基础业务建设，是同经济犯罪作斗争的一项主动进攻的措施，能够提高对犯罪的控制能力，及时发现可疑情况和各种赃物为侦查破案提供线索，有利于提高侦查工作效率；同时可以加强预防犯罪工作，减少犯罪活动的发生。

在经济犯罪案件侦查中，首先，要注重积累经济犯罪案件（案情和作案手法）、经济犯罪嫌疑人资料及照片、经济犯罪嫌疑单位、经济犯罪逃犯、经济犯罪嫌疑人指纹、涉案物证、案件串并、假币票样、银行票据票样、数据统计等相关资料，建立资料翔实的经济犯罪数据库。努力实现与有关公安业务部门和工商、税务、电信、银行、证券等经济管理部门的纵横联系，扩充情报信息系统。其次，加强隐蔽力量建设。按照“需要与可能，保障质量，隐蔽保密，严格管理”的原则，围绕对事、对人、对场所的控制和服务现实斗争这一中心，重点在金融、保险、证券、房地产、宾馆饭店、印刷、刻字、娱乐等行业和会计、审计、职介所等中介机构建立隐蔽力量，以搜集各类经济犯罪情报信息，提供犯罪线索，配合开展专案侦查，协助监视和缉捕犯罪嫌疑人，控制重点地区和要害场所。

（四）稳妥处置，维护社会政治稳定

经济犯罪往往对影响社会政治稳定造成不良影响，如有些案件被害人众多，其损失如难以及时挽回，常引发群体性事件；有的案件，金融机构严重违规经营，致使金融资产严重流失，常导致储户恐慌，进而出现挤兑。因此，在经济犯罪案件侦查中，必须妥善处置，做好维护稳定工作。首先，加强情报信息的收集和分析，一旦获得各种闹事动向与苗头信息，就要迅速实行双向传递，即同时向上级部门和地方党委、政府报告，并根据掌握的情况，分析可能出现的问题，提出预防措施，为党政领导正确决策当好参谋，为有关部门开展化解工作提供依据。其次，应做好群众的思想工作，必要时应公开案情，求得群众理解。第三，侦办案件时必须以事实为依据，以法律为准绳。绝不能搞暗箱操作，更不能夹杂私人感情，照顾部分被害人。第四，要与检、法部门密切配合，主动协调，及时移交涉案财物，尽快返还涉案财物，必要时，可采取一边侦破刑事案件，一边由法院启动民事诉讼程序进行处理，以安抚被害群众，稳定其情绪。第五，做好突发事件的处置预案。

二、经济犯罪案件侦查的原则

（一）依法办案原则

依法办案，是办理经济犯罪案件及其他刑事案件的基本原则。这一原则要求在查清案件事实的基础上，必须依据国家法律，对案件作出正确的处理。首先，要准确认定案件性质。经济犯罪案件涉及的领域较为广泛，专业性较强，行为方式复杂多样，而且是否构成犯罪往往与一定时期国家的经济政策有关，特别是随着市场经济的迅速发展和经济体制的改革，一方面出现了许多新情况、新问题法律无明文规定；另一方面过去认为是犯罪的，由于政策调整，可能不是犯罪了。因此在办理经济犯罪案件中的法律适用问题尤为复杂，这就要求侦查人员不仅要严格依法办案，严格掌握罪与非罪的标准，正确区分此罪与彼罪的界限，而且还要认真学习、领会国家的有关政策性规定，树立全局观念，服从和服务于经济建设这个中心，把办案同支持、保护改革、促进生产力的发展结合起来，才能准确认定经济犯罪案件的性质。其次，要严格遵守程序法。经济犯罪侦查必须严格依照法定程序进行，坚持以事实为依据，以法律为准绳，重证据，重调查研究，不轻信口供，严禁刑讯逼供，严禁以威胁、引诱、欺骗等方法收集证据。

（二）主动进攻原则

经济犯罪案件具有涉案金额高，造成损失大，涉及面广泛等特点，往往导致单位及个人资产严重流失，经济秩序出现紊乱，甚至威胁国家经济安全。因此，对于经济犯罪案件，公安机关必须保持主动进攻态势，强化打击措施，提高办案质量和效率。首先，对经济犯罪要早发现，早控制。公安机关应通过加强基础业务建设，采取公开、秘密相结合的方式控制易发生经济犯罪的部位，畅通线索来源渠道，尽早发现经济犯罪的苗头，并采取措施予以控制。其次，要提高识别经济犯罪的能力。经济犯罪的隐蔽性较强，经济犯罪与经济纠纷的界限容易混淆，加之犯罪分子以合法外衣掩盖其非法活动，编织关系网、保护伞，就使得案件的性质不易辨别。侦查人员要敏锐观察分析，透过表象揭露其本质，及时展开侦查，积极收集相关线索和证据。

（三）执法协作原则

经济犯罪发生于经济领域，且呈现出智能化、高科技化、跨区域化的发展趋势，单靠公安机关的力量难以有效开展侦查工作。为此，经济犯罪侦查必须取得有关方面的密切配合。首先，公安机关要根据经济犯罪案件侦查的需要，加强与涉案单位或与案件有其他联系的单位及人员协作、配合，发动其提供线索，协助侦查、解决专门问题，共同推动经济犯罪的打击防范等工作。其次，加强公安机关的内部侦查协作：一是要加强公安机关内部经侦部门与法制、刑侦、治安等其他职能部门的协作，共同解决经济犯罪侦查中的疑难问题；二是要加强各地经侦部门间的协作，建立经侦协作网络，形成打击合力。各地公安机关经侦部门之间互相提供线索，协查有关案情，收集有关证据，查控涉案财物，缉捕犯罪嫌疑人等。

（四）打击犯罪与挽回损失并重原则

打击处理经济犯罪分子与挽回损失是经济犯罪案件侦查的重要任务，这两者都具有重要意义，应当兼顾，不能只强调一方面，而偏废另一方面。对此，一方面要端正执法思想，充分认识到打击犯罪与挽回损失是一致的，只打击犯罪而不挽回损失，就会使犯罪分子在经济上占便宜，不但起不到震慑作用，反而会刺激其变本加厉地实施犯罪；反之，只挽损而不处理，无异于放纵犯罪；另一方面，要加强监督制约，建立完善的侦查监督机制。

第三节 经济犯罪案件的侦查管辖

侦查管辖是指侦查机关对案件管辖权上的划分。侦查管辖解决的是刑事案件应当由哪个机关进行侦查的问题，即解决哪些机关有侦查权，各侦查机关对哪些案件有侦查权。侦查管辖又包括侦查级别管辖、侦查地域管辖、侦查职能管辖等。本节主要介绍经济犯罪案件在公安机关内部的管辖划分。

一、部门管辖

部门管辖，也叫部门分管，这里是指公安机关内部不同的业务部门对经济犯罪案件的管辖权。公安机关内部对经济犯罪的管辖的划分。根据《公安部刑事案件管辖分工规定》，破坏社会主义市场经济秩序中的各类案件在公安机关各部门之间的管辖分工如下：

（一）治安部门管辖的经济犯罪案件

治安部门管辖下列经济犯罪案件（15种）：

（1）生产、销售伪劣产品案；（《刑法》第140条）

（2）生产、销售假药案；[《刑法》第141条第1款，刑法修正案（八）》第23条]

（3）生产、销售劣药案；（《刑法》第142条）

（4）生产、销售不符合安全标准的食品案；[《刑法》第143条，刑法修正案（八）》第24条，取消生产、销售不符合卫生标准的食品案]

（5）生产、销售有毒、有害食品案；[《刑法》第144条，刑法修正案（八）》第25条]

（6）生产、销售不符合标准的医用器材案；[《刑法》第145条，刑法修正案（四）》第1条]

（7）生产、销售不符合安全标准的产品案；（《刑法》第146条）

（8）生产、销售伪劣农药、兽药、化肥、种子案；（《刑法》第147条）

（9）生产、销售不符合卫生标准的化妆品案；（《刑法》第148条）

（10）走私淫秽物品案；（《刑法》第152条第1款）

（11）侵犯著作权案；（《刑法》第217条）

（12）销售侵权复制品案；（《刑法》第218条）

（13）强迫交易案；[《刑法》第226条，刑法修正案（八）》第36条]

（14）伪造、倒卖伪造的有价票证案；（《刑法》第227条第1款）

（15）倒卖车票、船票案。（《刑法》第227条第2款）

（二）刑侦部门管辖的经济犯罪案件

刑侦部门管辖下列经济犯罪案件（7种）

（1）走私武器、弹药案；[《刑法》第151条第1款，《刑法修正案（八）》第26条第1款]

（2）走私核材料案；[《刑法》第151条第1款，《刑法修正案（八）》第26条第1款]

（3）走私文物案；[《刑法》第151条第2款，《刑法修正案（八）》第26条第2款]

（4）走私贵重金属案；［《刑法》第151条第2款，《刑法修正案（八）》第26条第2款］

（5）走私珍贵动物、珍贵动物制品案；[1]（森林公安机关管辖的除外）［《刑法》第151条第2款，《刑法修正案（八）》第26条第2款］

（6）走私国家禁止进出口的货物、物品案；（森林公安机关管辖的除外）［《刑法》第151条第3款，《刑法修正案（七）》第1条取消走私珍稀植物、珍稀植物制品罪罪名，《刑法修正案（八）第26条第3款》］

（7）走私废物案。［《刑法》第152条第2款，《刑法修正案（四）》第2条，取消《刑法》原第155条第3项走私固体废物罪罪名］

（三）经侦部门管辖的经济犯罪案件

经侦部门管辖下列经济犯罪案件（89种）：

（1）资助恐怖活动案；［《刑法》第120条之一，《刑法修正案（三）》第4条］

（2）走私假币案；（《刑法》第151条第1款）

（3）虚报注册资本案；（《刑法》第158条）

（4）虚假出资、抽逃出资案；（《刑法》第159条）

（5）欺诈发行股票、债券案；（《刑法》第160条）

（6）违规披露、不披露重要信息案；［《刑法》第161条，《刑法修正案（六）》第5条］

（7）妨害清算案；（《刑法》第162条）

（8）隐匿、故意销毁会计凭证、会计账簿、财务会计报告案；（《刑法》第162条之一，《刑法修正案》第1条）

（9）虚假破产案；［《刑法》第162条之二，《刑法修正案（六）》第6条］

（10）非国家工作人员受贿案；［《刑法》第163条，《刑法修正案（六）》第7条］

（11）对非国家工作人员行贿案；［《刑法》第164条，《刑法修正案（六）》第8条］

（12）对外国公职人员或者国际公共组织官员行贿案；［《刑法修正案（八）》第29条］

（13）非法经营同类营业案；（《刑法》第165条）

（14）为亲友非法牟利案；（《刑法》第166条）

（15）签订、履行合同失职被骗案；（《刑法》第167条）

（16）国有公司、企业、事业单位人员失职案；（《刑法》第168条，《刑法修正案》第2条）

（17）国有公司、企业、事业单位人员滥用职权案；（《刑法》第168条，《刑法修正案》第2条）

（18）徇私舞弊低价折股、出售国有资产案；（《刑法》第169条）

（19）背信损害上市公司利益案；［《刑法》第169条之一，《刑法修正案（六）》第9条］

---

① 根据《公安机关办理刑事案件程序规定》第26条，森林公安机关管辖破坏森林和野生动植物资源等刑事案件，大面积林区的森林公安机关还负责辖区内其他刑事案件的侦查。未建立专门森林公安机关的，由所在地公安机关管辖。

（20）伪造货币案；（《刑法》第 170 条）

（21）出售、购买、运输假币案；（《刑法》第 171 条第 1 款）

（22）金融工作人员购买假币、以假币换取货币案；（《刑法》第 171 条第 2 款）

（23）持有、使用假币案；（《刑法》第 172 条）

（24）变造货币案；（《刑法》第 173 条）

（25）擅自设立金融机构案；（《刑法》第 174 条第 1 款，《刑法修正案》第 3 条第 1 款）

（26）伪造、变造、转让金融机构经营许可证、批准文件案；（《刑法》第 174 条第 2 款，《刑法修正案》第 3 条第 2 款）

（27）高利转贷案；（《刑法》第 175 条）

（28）骗取贷款、票据承兑、金融票证案；［《刑法》第 175 条之一，《刑法修正案（六）》第 10 条］

（29）非法吸收公众存款案；（《刑法》第 176 条）

（30）伪造、变造金融票证案；（《刑法》第 177 条）

（31）妨害信用卡管理案；［《刑法》第 177 条之一第 1 款，《刑法修正案（五）》第 1 条第 1 款］

（32）窃取、收买、非法提供信用卡信息案；［《刑法》第 177 条之一第 2 款，《刑法修正案（五）》第 1 条第 2 款］

（33）伪造、变造国家有价证券案；（《刑法》第 178 条第 1 款）

（34）伪造、变造股票、公司、企业债券案；（《刑法》第 178 条第 2 款）

（35）擅自发行股票、公司、企业债券案；（《刑法》第 179 条）

（36）内幕交易、泄露内幕信息案；［《刑法》第 180 条第 1 款，《刑法修正案》第 4 条，《刑法修正案（七）》第 2 条第 1 款］

（37）利用未公开信息交易案；［《刑法》第 180 条第 4 款，《刑法修正案（七）》第 2 条第 2 款］

（38）编造并传播证券、期货交易虚假信息案；（《刑法》第 181 条第 1 款，《刑法修正案》第 5 条第 1 款）

（39）诱骗投资者买卖证券、期货合约案；［《刑法》第 181 条第 2 款，《刑法修正案》第 5 条第 2 款］

（40）操纵证券、期货市场案；［《刑法》第 182 条，《刑法修正案》第 6 条，《刑法修正案（六）》第 11 条］

（41）背信运用受托财产案；［《刑法》第 185 条之一第 1 款，《刑法修正案（六）》第 12 条第 1 款］

（42）违法运用资金案；［《刑法》第 185 条之一第 2 款，《刑法修正案（六）》第 12 条第 2 款］

（43）违法发放贷款案；［《刑法》第 186 条，《刑法修正案（六）》第 13 条］

（44）吸收客户资金不入账案；［《刑法》第 187 条，《刑法修正案（六）》第 14 条］

（45）违规出具金融票证案；［《刑法》第 188 条，《刑法修正案（六）》第 15 条］

（46）对违法票据承兑、付款、保证案；（《刑法》第 189 条）

（47）逃汇案；（《刑法》第190条，全国人民代表大会常务委员会《关于惩治骗购外汇、逃汇和非法买卖外汇犯罪的决定》第3条）

（48）骗购外汇案；（全国人民代表大会常委会《关于惩治骗购外汇、逃汇和非法买卖外汇犯罪的决定》第1条）

（49）洗钱案；[《刑法》第191条，《刑法修正案（三）》第7条，《刑法修正案（六）》第16条]

（50）集资诈骗案；（《刑法》第192条）

（51）贷款诈骗案；（《刑法》第193条）

（52）票据诈骗案；（《刑法》第194条第1款）

（53）金融凭证诈骗案；（《刑法》第194条第2款）

（54）信用证诈骗案；（《刑法》第195条）

（55）信用卡诈骗案；[《刑法》第196条，《刑法修正案（五）》第2条]

（56）有价证券诈骗案；（《刑法》第197条）

（57）保险诈骗案；（《刑法》第198条）

（58）逃税案；[《刑法》第201条，《刑法修正案（七）》第3条]

（59）抗税案；（《刑法》第202条）

（60）逃避追缴欠税案；（《刑法》第203条）

（61）骗取出口退税案；（《刑法》第204条第1款）

（62）虚开增值税专用发票、用于骗取出口退税、抵扣税款发票案；（《刑法》第205条）

（63）虚开发票案；[《刑法》第205条之一，《刑法修正案（八）》第33条]

（64）伪造、出售伪造的增值税专用发票案；（《刑法》第206条）

（65）非法出售增值税专用发票案；（《刑法》第207条）

（66）非法购买增值税专用发票、购买伪造的增值税专用发票案；（《刑法》第208条第1款）

（67）非法制造、出售非法制造的用于骗取出口退税、抵扣税款发票案；（《刑法》第209条第1款）

（68）非法制造、出售非法制造的发票案；（《刑法》第209条第2款）

（69）非法出售用于骗取出口退税、抵扣税款发票案；（《刑法》第209条第3款）

（70）非法出售发票案；（《刑法》第209条第4款）

（71）持有伪造的发票案；[《刑法》第210条之一，《刑法修正案（八）》第35条]

（72）假冒注册商标案；（《刑法》第213条）

（73）销售假冒注册商标的商品案；（《刑法》第214条）

（74）非法制造、销售非法制造的注册商标标识案；（《刑法》第215条）

（75）假冒专利案；（《刑法》第216条）

（76）侵犯商业秘密案；（《刑法》第219条）

（77）损害商业信誉、商品声誉案；（《刑法》第221条）

（78）虚假广告案；（《刑法》第222条）

（79）串通投标案；（《刑法》第223条）

（80）合同诈骗案；（《刑法》第 224 条）

（81）组织、领导传销活动案；[《刑法》第 224 条之一，《刑法修正案（七）》第 4 条]

（82）非法经营案；[《刑法》第 225 条，《刑法修正案》第 8 条，《刑法修正案（七）》第 5 条]

（83）非法转让、倒卖土地使用权案；（《刑法》第 228 条）

（84）提供虚假证明文件案；（《刑法》第 229 条第 1 款、第 2 款）

（85）出具证明文件重大失实案；（《刑法》第 229 条第 3 款）

（86）逃避商检案；（《刑法》第 230 条）

（87）职务侵占案；（《刑法》第 271 条第 1 款）

（88）挪用资金案；（《刑法》第 272 条第 1 款）

（89）挪用特定款物案；（《刑法》第 273 条）

（四）走私犯罪侦查机关管辖的经济犯罪案件

走私犯罪侦查机关管辖下列经济犯罪案件：

（1）涉税走私案件，即走私普通货物、物品案；（《刑法》第 153 条）

（2）发生在海关监管区内的非涉税走私案件，包括走私武器、弹药、核材料、伪造的货币、文物、贵重金属、珍贵动物及其制品、淫秽物品、废物等案件。

由于《公安刑事案件管辖分工规定》对公安机关内部关于经济犯罪案件的管辖分工只是对部内业务局的分工，不要求上下对口，地方公安机关对于经济犯罪案件的管辖分工实际上各地有差异。①

二、地域管辖

地域管辖是指同级公安机关之间在各自辖区侦查经济犯罪案件的分工与权限。经济犯罪案件由犯罪地的公安机关管辖。如果由犯罪嫌疑人居住地的公安机关管辖更为适宜的，可以由犯罪嫌疑人居住地的公安机关管辖。

（一）犯罪地管辖

经济犯罪案件原则上由犯罪地的公安机关管辖。

犯罪地包括犯罪行为发生地和犯罪结果发生地。犯罪行为发生地，包括犯罪行为的实施地以及预备地、开始地、途经地、结束地等与犯罪行为有关的地点；犯罪行为有连续、持续或者继续状态的，犯罪行为连续、持续或者继续实施的地方都属于犯罪行为发生地。犯罪结果发生地，包括犯罪对象被侵害地、犯罪所得的实际取得地、藏匿地、转移地、使用地、销售地。

假币犯罪，犯罪地包括犯罪预谋地、犯罪行为发生地以及运输假币的途经地。

发票犯罪，犯罪地包括伪造地、非法制造地、出售地、购买地，也包括运输假发票的途经地。

知识产权犯罪，犯罪地包括侵权产品制造地、储存地、运输地、销售地，传播侵权作品、销售侵权产品的网站服务器所在地、网络接入地、网站建立者或者管理者所在地，侵

---

① 参见公安部经济犯罪侦查局编：《公安机关办理经济犯罪案件的若干问题规定的理解与适用》，14 页，北京，中国人民公安大学出版社，2006。

权作品上传者所在地，权利人受到实际侵害的犯罪结果发生地。

对以窃取、收买等手段非法获取他人信用卡信息资料后在异地使用的信用卡诈骗犯罪案件，可以由持卡人信用卡申领地的公安机关管辖。

流动性、团伙性、跨区域性的经济犯罪，犯罪行为发生地包括被害人接到诈骗、敲诈勒索、短信息、电子邮件、信件、传真等犯罪信息的地方，以及犯罪行为持续发生的开始地、流转地、结束地；犯罪结果发生地包括被害人向犯罪嫌疑人指定的账户转账或存款的地方，以及犯罪所得的实际取得地、藏匿地、转移地、使用地、销售地。

利用互联网作为主要工具或者手段实施的经济犯罪，用于实施犯罪行为的网站服务器所在地、网络接入地以及网站建立者或者管理者所在地，被侵害的计算机信息系统及其管理者所在地，以及犯罪过程中犯罪分子、被害人使用的计算机信息系统所在地公安机关可以管辖。

（二）犯罪嫌疑人居住地管辖

经济犯罪案件如果由犯罪嫌疑人居住地的公安机关管辖更为适宜的，可以由犯罪嫌疑人居住地的公安机关管辖。

居住地包括户籍所在地、经常居住地。户籍所在地与经常居住地不一致的，由经常居住地的公安机关经侦部门管辖。经常居住地是指公民离开户籍所在地最后连续居住一年以上的地方，但住院就医的除外。

单位涉嫌犯罪的，单位登记的住所地为其居住地。主要营业地或者主要办事机构所在地与登记的住所地不一致的，主要营业地或者主要办事机构所在地为其居住地。

假币犯罪案件、发票犯罪案件，犯罪嫌疑人居住地包括其临时居住地。

涉税犯罪案件，犯罪嫌疑人居住地包括税务登记机关所在地、纳税义务发生地。

“更为适宜”，是指犯罪嫌疑人流窜作案，主要犯罪地难以确定，而居住地群众更为了解其犯罪情况的；犯罪嫌疑人在居住地民愤很大，当地群众强烈要求在居住地进行审判的；可能对犯罪嫌疑人判处管制或适用缓刑，应当在犯罪嫌疑人居住地监督、考察的。

（三）特殊管辖

1. 优先管辖

几个公安机关经侦部门都有权管辖的经济犯罪案件，由最初受理的公安机关经侦部门管辖。必要时，可以由主要犯罪地公安机关经侦部门管辖。受理的先后顺序按照制作《受案登记表》等受案材料的时间确定。

2. 并案侦查管辖

具有下列情形之一的，公安机关经侦部门可以在职责范围内并案侦查：（1）一人犯数罪的；（2）共同犯罪的；（3）共同犯罪的犯罪嫌疑人还实施其他犯罪的；（4）多个犯罪嫌疑人实施的犯罪存在关联，并案处理有利于查明犯罪事实的。各地公安机关经侦部门应当建立健全犯罪信息交流和案情汇集研究制度，采取情报交换、区域协作、信息共享等形式，为并案侦查创造条件。

犯罪嫌疑人跨区域实施的多个经济犯罪案件，不同公安机关经侦部门已经立案侦查的，可以由一个主办地公安机关经侦部门合并侦查，移送地公安机关经侦部门应当做好协助工作。如果分别立案侦查更为适宜的，应当加强相互协作配合和证据交换，在侦查终结后合并到主办地公安机关经侦部门移送审查起诉。主办地公安机关经侦部门是指对主要犯罪行为进行侦查或者对主要犯罪事实进行追诉的经侦部门。

对跨区域涉众型经济犯罪案件，上级公安机关经侦部门应当统一协调指挥、统一办案要求，由一地公安机关经侦部门牵头主办，其他地方公安机关经侦部门分别立案侦查、分别落实维稳，确保受害人得到平等保护、涉案地方责任共担、涉案财物依法公平处置。

3. 协商管辖和指定管辖

对管辖不明确或者管辖有争议的经济犯罪案件，可以由有关公安机关经侦部门协商确定管辖。协商不成的，可以由共同的上级公安机关经侦部门管辖，或者由上级经侦部门指定管辖。

对于情况特殊的案件，可以由上级经侦部门直接立案侦查，或由上级经侦部门指定其他经侦部门管辖。情况特殊的经济犯罪案件是指：（1）有管辖权的公安机关经侦部门因案件涉及公安机关主要负责人或者经侦部门主要负责人需要回避等原因，不宜行使管辖权的；（2）由犯罪地公安机关经侦部门管辖可能影响案件公正处理的；（3）其他特殊情形需要指定管辖的。

三、级别管辖

级别管辖是指上下级公安机关之间侦查经济犯罪案件的分工和权限。

县级公安机关经侦部门负责侦查发生在本辖区内的经济犯罪案件。但下列案件应当由设区的市一级以上公安机关经侦部门负责侦查：（1）证券期货犯罪案件；（2）侵犯商业秘密犯罪案件；（3）损害商业信誉、商品声誉犯罪案件；（4）资助恐怖活动犯罪案件；（5）对外国公职人员、国际公共组织官员行贿犯罪案件；（6）其他重大经济犯罪案件。

上级公安机关经侦部门在必要的时候，可以直接立案侦查或者组织、指挥、参与侦查下级公安机关经侦部门管辖的经济犯罪案件。

下级经侦部门认为案情重大、复杂，需要由上级经侦部门侦查的案件，可以请求移送上级经侦部门侦查或者请求上级经侦部门组织、指挥、参与侦查。

【导入案例简析】

本案是一起跨地区的经济犯罪案件，犯罪行为涉及济南和石家庄两个城市。张某与贺某在济南签订购销合同，故济南应是犯罪行为发生地之一，且贺某在济南某银行提出现金，故济南也是犯罪结果地之一，济南市公安机关具有管辖权。张某在石家庄市某银行以转账形式将货款打入贺某银行卡，故石家庄是向犯罪嫌疑人指定的账户转账的地方，是犯罪结果地之一，石家庄市公安机关也具有管辖权，可以对本案立案侦查。

【资料链接】

经济犯罪案件侦查的特点①

经济犯罪案件侦查作为公安机关经济犯罪侦查部门依法对经济犯罪案件所开展的一项

---

① 参见程小白主编：《经济犯罪侦查学》，19～21页，北京，中国人民公安大学出版社，2013。

专门工作，与公安机关对其他类型的犯罪案件的侦查相比，具有其自身的特点。

一、侦查对象的特殊性

经济犯罪的侦查对象，即经济犯罪主体，其特殊性主要表现为：

1.侦查对象的层次较高和智能水平较高。经济犯罪行为人大多具备较高的文化水平，具有从事经济活动或相关活动的专业知识和职业技能，作案时往往钻法律空子，作案后采取规避行为，导致犯罪甄别定性较难。加之作案人常常具有令人向往的社会地位和社会角色，使得人们乐于与其交往并产生误信，这也有利于经济犯罪行为人形成一种社会关系网，形成对经济犯罪行为的“保护层”。

2. 经济犯罪主体的活动能量大。单位犯罪主要存在于经济犯罪之中，由于单位有其合法的地位，有严密的组织结构，因此，单位犯罪的活动能量是相当大的，从许多发生并已破获的经济犯罪案件看，单位经济犯罪一般都有涉案案值高、涉及面广、对市场经济秩序有巨大破坏性的特点。

3. 经济犯罪行为人往往是利用其职业的技能和便利条件实施犯罪，作案时犯罪活动的智能性高、隐蔽性强，给侦查工作带来了难度和挑战。

二、侦查行动的易受干扰性

由于经济犯罪行为人层次较高，属于“白领阶层”，一般都是“神通广大”之辈，由于非法经济利益的联结，形成了较深的社会关系网和保护层。官商勾结、官官相护，在中国是一种十分悠久的社会现象，在当今体制转轨时期，由于制度上的漏洞甚多，监督机制乏力，这种现象在某些地方有愈演愈烈之势，许多经济犯罪就是在这种关系网的庇护下滋生与发展起来的。对经济犯罪的侦查，直接触动了这种“关系网”、“保护层”中的敏感神经，因而最容易受到来自经济犯罪行为人的“保护伞”的干扰。

1. 对单位经济犯罪案件的查处难度大，阻力与干扰最多。从查处的经济犯罪案件情况来看，单位犯罪占相当大的比重。不仅有大量的企业法人进行犯罪，而且一些行政执法部门、经济管理部门甚至某些地方的司法机关、党政机关也卷入到经济犯罪之中。受“为公不为罪，集体研究不为罪，利于局部不为罪，人人得益不为罪”这种错误的观念的影响，单位犯罪具有较大的迷惑性，往往容易取得领导的支持和群众的“同情”，使得单位经济犯罪的查处往往阻力重重。

2. 对经济犯罪案件的侦查，也极易受到“地方保护主义”的影响与干扰。地方保护主义是一种狭隘的地区利益观和部门利益观，在本地区利益与国家利益发表冲突时，不惜损害国家利益，竭力保护本地区的非法利益。有的地方党政领导片面地认为不论是什么款物，只要到了本地就是本地的利益，外地公安机关前来进行追缴赃款赃物就是侵害本地利益，而一些经济犯罪分子，利用非法所得确实也为本地办了些“好”事，被认为是“能人”和“有功之臣”而被保护起来，一旦外地公安机关前来调查取证，追缴赃款赃物，一些地方的少数领导和政法工作人员往往表面应付，而暗中作梗，设置种种障碍，使执法工作受阻。

3. 对黑社会性质组织进行的经济犯罪案件的侦查极易受到“保护伞”的阻挠。

三、侦查活动的广泛性

1.侦查活动涉及地域的广泛性。有许多经济犯罪案件地域跨度大、涉及面广。因此，对经济犯罪的侦查活动往往要涉及多个省、市、自治区，有的涉及港、澳、台地区，还有些涉及国外。经侦活动地域的广泛性，决定了经侦协作是经侦工作的实战要求和发展趋势。

2.侦查活动涉及行业的广泛性。经济犯罪活动发生在市场经济运行的各个领域、各个环节，如金融、财税、进出口贸易、证券、期货交易、市场营销、保险、审计、房地产交易、新闻出版、外汇管理、商标专利、海关、工商管理等诸多行业。因而，经济犯罪侦查活动也必然会涉及上述领域。这也要求经济犯罪侦查人员应当掌握足够的专业知识，切实把握侦查的主动权。

3.侦查活动涉及法律法规的广泛性。为了保障经济活动有序、健康地发展，我国在市场经济运作领域的各个方面都有相应的法律、法规和行政规章予以规范和约束。因此，经济犯罪侦查活动涉及的法律、法规是十分广泛的。经济犯罪侦查活动涉及行业和涉及法律法规的广泛性，决定了经济犯罪侦查必须走专业化的道路，这就对经济犯罪侦查员和指挥员的知识结构也提出了较高的要求。

四、侦查途径的特殊性

在侦查学理论研究中，案件侦查方法按侦查途径大致可分为“由事到人”开展侦查和“由人到事”开展侦查两种类型。普通刑事犯罪案件多数是“由事到人”开展侦查，少数是“由人到事”开展侦查，也就是说大部分普通刑事案件发案初期并不知道作案人是谁，侦查时常常从现场勘查中收集证据，经过分析判断案情后，由案查人，采取各种侦查措施和手段来发现、认定犯罪嫌疑人。而经济犯罪案件侦查大多数是“由人到事”开展侦查，少数也有“由事到人”开展侦查的。具体而言，大部分经济犯罪案件的侦查，在发案初期，报案人及有关部门和单位就已经知道犯罪嫌疑人的有关情况，侦查中所要解决的问题是在广泛收集证据，了解案情，查缉犯罪嫌疑人的基础上正确认定犯罪性质，对案件进行全面分析研究，围绕已知的犯罪嫌疑人开展侦查工作。侦查途径不同，其侦查的步骤、方法、运用侦查措施取证的方式、方法也就有所差异，经济犯罪侦查途径的特殊性，决定了经济犯罪侦查理论研究的方向和重点不同于其他犯罪侦查。

【本章小结】

经济犯罪是指在市场经济运行过程中，违反法律、行政法规，严重破坏社会主义市场经济秩序的犯罪。根据《刑法》及其修正案的规定，经济犯罪分为生产、销售伪劣商品犯罪、走私犯罪、妨害对公司、企业的管理秩序犯罪、破坏金融管理秩序犯罪、金融诈骗犯罪、危害税收征管犯罪、侵犯知识产权犯罪、扰乱市场秩序犯罪等八种类型。

经济犯罪案件侦查的基本任务是，依照法定程序，充分运用各种侦查措施和手段，揭露和证实犯罪，挽回损失，有效地防范和控制经济犯罪，维护秩序，保障国家经济安全。具体任务是，侦查破案，严厉打击经济犯罪；发现隐患，防范经济犯罪发生；着眼长远，加强基础业务建设；稳妥处置，维护社会政治稳定。

经济犯罪案件侦查应遵循依法办案原则、主动进攻原则、执法协作原则、打击犯罪与挽回损失并重原则。

经济犯罪侦查在公安机关内部分别由经侦、治安、刑侦负责，其中经侦部门负责其中大部分经济犯罪案件的侦查。海关缉私部门负责部门走私犯罪案件的侦查。

经济犯罪案件侦查的地域管辖应遵循犯罪地为主、犯罪嫌疑人居住地为辅的原则。

经济犯罪案件侦查的级别管辖应遵循县级公安机关侦查一般案件，特定案件由地（市）级以上公安机关侦查的原则。

【关键术语】

经济犯罪；经济犯罪侦查；侦查管辖；地域管辖；级别管辖

【推荐阅读与学习资源】

1. 程小白：《论经济犯罪案件的侦查学分类与构成》，载《江西公安专科学校学报》，2009（1）。

2. 程小白：《论我国经济犯罪侦查活动的基本规律与基本原则》，载《江西公安专科学校学报》，2009（3）。

3. 戴蓬：《经济犯罪案件侦查的管理与决策》，载《中国人民公安大学学报（社会科学版）》，2008（4）。

【案例分析】

李×霖伙同李×南、黄××、林××于2008年10月至11月间，与"周先生"（化名）共谋，采取办理多张银行卡，并使用银行卡提款及转账的手段，帮助"周先生"将犯罪所得非法占有，并从中获利。四人分别在广东省珠海市等地区，先后使用多张银行卡，将北京的姚×等七人被诈骗钱款提现及转账。其中，李×霖指使李×南、黄××骗取人民币26.9万余元；指使林××骗取人民币19.8万余元。案发后，上述四人分别被抓获，起获赃款人民币20余万元。

实践中对此类诈骗案件的管辖问题存在争议。就本案而言，一种意见认为，此案的四名犯罪嫌疑人在广东省珠海市等京外地区实施诈骗行为，且实际取得被害人款项的地点亦在上述地区，因此北京市的公安机关对该案无管辖权。另一种意见行为，根据本案的具体情况，被害人所在地亦属于此类诈骗行为的发生地，北京市的公安机关对此案有管辖权。①

问题：你认为北京市的公安机关对此案有无管辖权？

① 北京市高级人民法院：《远程操控诈骗案件审判管辖中"犯罪地"的认定》，见北京法院网，http://bjgyold.chinacourt.org/public/detail.php? id=96627，2014年6月1日访问。

第2章 经济犯罪案件侦查的主要环节

【学习目标】

通过本章的学习，了解经济犯罪线索的来源；掌握线索受理流程和审查要点；理解调查取证的思路；理解缉捕犯罪嫌疑人的主要方法；掌握涉案财物的概念；理解查控涉案财物的方法；掌握涉案财物的查封、扣押和冻结的有关规定。

导入案例

2008年8月20日，杭州市西湖区××钢管租赁站到经侦大队报案称：2008年2月23日，徐××、王××（签合同时署名）等人通过私刻公章、伪造证件的方式，冒用“江苏××市工程建设有限公司杭州分公司”名义与该站签订钢管扣件租赁合同，诈骗钢管、扣件150余吨，价值人民币80余万元。

经受案审查，专案组发现犯罪嫌疑人徐×× 、胡×× 、张××、高××等人熟悉工程建设行业，利用钢管租赁公司对客户方的工商营业执照等相关证件审查程序简单、容易做手脚的这一漏洞，由胡××派高×× 假装与江苏××市工程建设有限公司杭州分公司合作生意，骗取“江苏××市工程建设有限公司杭州分公司”营业执照等相关证件的复印件，并私刻了“江苏××市工程建设有限公司杭州分公司”的公章。2008年2月23日，犯罪嫌疑人胡××、张××指示徐××、高××以“江苏××市工程建设有限公司杭州分公司”承建临安××工程项目工地需要租用钢管、扣件为由，和杭州西湖区××钢租赁站签订钢管扣件租赁合同。随后，通过张××和黄××将骗取的钢管、扣件卖掉并套取现金。

8月21日，经侦大队正式对该案立案侦查，并成立了专案组。①

问题：如何开展对犯罪嫌疑人的缉捕?

① 参见袁小萍、赵芳：《经济犯罪案件侦查》，97页，北京，群众出版社，2009年。

第一节 线索的受理与审查

一、经济犯罪案件线索的来源

经济犯罪案件线索，是指未经公安机关调查证实的，通过报案、控告、举报、移送、自首等方式反映的涉嫌经济犯罪的信息。公安机关发现经济犯罪的线索的主要渠道主要有以下几种。

（一）单位和个人的报案、控告和举报

报案、控告和举报是经济犯罪案件线索主要来源之一，各地公安机关基本都建立了经济犯罪举报中心，公布了举报电话、邮箱接受单位和个人的报案、控告和举报，有的还建立了举报网站。

（二）有关机关、部门移送线索

经济犯罪案件往往表现为经济违法行为，被相关行政执法机关发现并查处。还有的经济犯罪行为与腐败行为相交织，被纪检监察机关发现。上述机关、部门向公安机关移送线索是经济犯罪案件的重要来源。

一是工商、税务、审计、金融监管等行政执法机关移送线索。这些部门在对经济活动进行正常的市场监管中，发现经济犯罪案件的线索时移送公安机关。

二是纪检、监察部门的移送。经济犯罪往往与贪污腐败相伴生，纪检、监察在查处违纪案件时发现经济犯罪线索，移送给公安机关。

三是人民检察院、人民法院移送线索。司法机关在办案过程中，发现经济犯罪案件的线索，根据职能管辖进行移送。如检察机关在查处挪用公款案件中发现的贷款诈骗线索、人民法院在查处经济纠纷中发现合同诈骗线索等。

（三）上级交办线索

上级交办的案件线索主要是指中纪委、公安部、省（市）委、省（市）政府、省（市）人大、省（市）政协、省（市）委政法委等有关机关或领导批转的案件线索。

（四）在工作中发现的线索

公安机关在办理其他案件中或者主动开展情报收集研判也能发现经济犯罪线索。如侦查人员到发案较多的单位、机构进行调查走访，发现犯罪线索；在办理“串案”、“窝案”中，深挖发现犯罪线索；对于社会上看到的、听到的一些事件进行深入研判而发现的犯罪线索；通过秘密力量发现隐秘的经济犯罪线索；通过对可疑资金交易线索进行调查分析发现经济犯罪线索等。

除上述来源外，经济犯罪线索还可能来源于犯罪嫌疑人自首、公民扭送等渠道。

二、经济犯罪线索的受理

经济犯罪线索的受理，是指公安机关依法接受报案、控告、举报、犯罪嫌疑人自首或者有关部门移送的经济犯罪线索的活动。

（一）详细询问线索情况

对于来人进行报案、控告、举报的，接待人员应就报案、控告、举报事项的基本事实、相关证据以及其他问题进行详细询问。对于通过信件、电子邮件、电话、传真等形式进行报案、控告、举报的，应当登记，并通知其到场。询问时应制作询问笔录，必要时可以录音、录像。询问笔录中应记明案件的详细情况；知悉犯罪嫌疑人、被害人和证人的，应记明其详细情况；知悉涉案物品、工具的，也应记明其详细情况。对电话报案的，还要记清报案人的联系方式。

（二）接受证据

对报案人提供的有关证据材料、物品等应当登记，必要时拍照、录音、录像，并妥善保管。移送案件时，应当将有关证据材料和物品一并移交。

接受有关证据材料、物品，应当制作《接受证据清单》一式两份，写明名称、规格、数量、特征等，由报案人签名（盖章）、捺指印，一份交证据提供人，一份留存。

（三）制作《接受刑事案件登记表》

接受案件时，应当制作《接受刑事案件登记表》，连同其他受案材料，报本单位领导审批。同时，还应及时完整录入“全国经侦信息系统”，并登记受理事项台账。

（四）制作《接受案件回执单》

对报案、控告、举报、扭送的，应当制作《接受案件回执单》，交报案、控告、举报、扭送人，并留存一份备查；需要向其他单位备案的，按照有关规定执行。回执中必须填明受案单位名称、受案民警姓名以及相关电话号码，以便报案人等了解立案情况，监督受案单位的工作进展情况。

对行政执法机关移送的涉嫌犯罪案件，应当在涉嫌犯罪案件移送书的回执上签字，不必制作《接受案件回执单》。对其他公安机关、司法机关移送的案件，应当在《移送案件通知书》等文书或者其他送达回执上签收。

（五）提供法律咨询

对于控告人、举报人提出的法律问题，接待人员应提供必要的法律咨询。对于明显不属于经侦管辖的案件，做好疏导解释工作。

三、经济犯罪线索的审查

经济犯罪线索的审查，也称立案审查、初查，是指侦查机关在立案前对报案、控告、举报和自首等有关材料的书面审查和初步调查核实。

线索审查的任务是通过对进行书面审查和实质性调查，查明是否具备立案条件，即查明犯罪是否发生，以及是否需要追究刑事责任，是否属于自己管辖。具体而言，就是查证犯罪事实是否存在，是否达到追诉标准，是否符合《刑事诉讼法》关于管辖的规定。与此同时，还应为侦查创造条件。

（一）甄别事件性质，确定案件管辖

线索所提供的事件的性质是罪还是非罪，此罪还是彼罪，一罪还是数罪，是审查中需要解决的重要问题。对于事件性质的判定应严格依照《刑法》及相关法律、司法解释及司

法解释性文件的规定来进行。由于各种具体经济行为涉及面较广，涉及社会关系的方方面面，其合法与非法、正当与不正当的界限时常难以划清。在这种情况下，要坚持“一要坚决，二要慎重”的原则，不轻率拍板，对于能够通过民事、行政等途径解决的问题就不要轻易立为经济犯罪案件；对于严重危害市场经济秩序和国家利益的，则坚决依法予以立案查办。

对于线索中提供事件发生的地点要逐一理清，根据“犯罪地为主、犯罪嫌疑人居住地为辅”的原则确定是否应由本单位管辖。

（二）开展调查核实

经书面审查，对可能成案的线索，应着手进行调查核实。

1. 根据认定罪名，确定调查重点

在调查中，应围绕犯罪构成，开展初步调查取证。各类经济犯罪的罪名不同，犯罪构成也各不相同，相应地初查的重点也各有侧重。如对于经济诈骗案件，应主要围绕主体资格、履约能力、财物流向、单据真伪、危害后果等调查取证；对于涉税案件，则应主要对行为方式、涉嫌金额等调查取证；对于挪用资金、职务侵占案件，则应查明主体资格、财物流向等。需要明确的是，在审查阶段不必查清全部犯罪事实，只要查实被查对象有无犯罪行为即可。

2. 调查应快速高效进行

如果拖延时间过长，被查对象一旦发觉其罪行可能暴露，就可能实施反侦查，给进一步查证和立案后的侦查工作造成困难。对于接受的线索，应在 7 日以内决定是否立案；重大、复杂线索，经县级以上公安机关负责人批准，立案审查期限可延长至 30 日；特别重大、复杂线索，经地（市）级以上公安机关负责人批准，立案审查的期限可延长至 60 日。对于接受行政执法机关移送的线索，应当在 3 日内进行审查，并决定是否立案。上级公安机关指定管辖或书面通知立案的，应当在指定期限内立案侦查。

3. 调查应秘密调查进行

立案前，调查手段有限，对被查对象不能采取强制措施。调查工作一旦暴露，被查对象必然会采取一系列反侦查措施，给调查工作造成困难。因此，在立案前，调查工作应秘密进行，一般不得与被查对象联系，同时做好保密工作。

需要注意的是，在立案前不得采用传唤、拘传、拘留、监视居住、取保候审等限制人身自由的强制措施和侦查措施，也不能使用查封、冻结、搜查、扣押等限制财产权利的侦查措施，只能采用询问、查询、勘验、鉴定、调取证据材料等不限制被查对象人身、财产权利的措施。

第二节　调查取证

经济犯罪案件具有犯罪手段专业、涉及领域广泛、利益关系复杂、难于准确界定、跨区域作案等特点，该类案件的侦查工作具有相当强的政策性、法律性、专业性和策略性。特别是犯罪嫌疑人及其关系人反侦查能力较强，侦办工作遇到的来自各方面的干扰较多，调查取证工作的难度较大，要想在侦查工作中克敌制胜，侦查人员必须要有敏锐的洞察力和驾驭复杂局面的能力，能从纵横交错的纷乱情况中迅速理出头绪，采取机动灵活的方略解决调查取证中遇到的问题。

一、按经济业务流程取证

经济犯罪就其本质而言，也是经济业务的一种形态，只不过是一种违法的经济业务活动，因而正常经济业务的某些特征经济犯罪也同样具有。经济业务多遵循一定的流程，循序进行，各个环节之间相互牵制。同样，经济犯罪也会经历上述流程，不可避免地遗留相应的痕迹，而这种痕迹多以单据的形式表现出来，各个环节的经办人员也会知悉相应业务的办理经过，这就使得经济犯罪的证据表现出序列性。另外，经济业务的各个环节总会有与之相对应的“前手”和“后手”，经济犯罪也具有这一特征，相应地，经济犯罪的证据通常成双成对地出现，从而具有对偶性的特征。在经济犯罪案件的侦查中，调查取证也须按经济犯罪的流程进行，第一，收集的证据要能完整地反映一笔或几笔经济业务的流程。第二，从证据链条中要反映出涉案财物的流向。特别是对于以非法占有为目的的经济犯罪案件，离开财物的流向，就无法反映犯罪行为人非法占有的主观故意。第三，所收集的证据要能反映出经济犯罪与合法经济业务之间的差异。

二、从最容易突破的环节入手取证

经济犯罪嫌疑人的反侦查能力较强，关系网严密，调查取证有一定难度。为了迅速打开侦查工作局面，突破犯罪嫌疑人制造的反侦查屏蔽，必须精心选择侦查突破口。特别是在侦查启动之初，如不能在短时期内证实犯罪嫌疑人的一笔或几笔犯罪，并对其采取强制措施，嫌疑人很可能毁证、串供、逃跑、移赃。另外，在采取强制措施之后，如无关键证据在握，也难以突破犯罪嫌疑人的口供。为此，在上述阶段应从最容易突破的环节入手开展调查取证。具体而言，可循以下思路确定突破口：（1）多次作案的，可由近及远，选择证据充足、易于查清的犯罪事实着手调查；（2）多人共同作案的，可选择阅历浅、年纪轻、心理素质差的同案犯重点突破；（3）存在多个性质不同的犯罪事实的，从情节简单、最易于获取证据、定性明确的犯罪问题入手调查；（4）从多个知情人中选择了解案情、又易于被说服者着手询问；（5）有财务会计资料可查的，可从审计财务会计资料入手打开突破口；（6）对多个调查对象或案件事实同步进行取证，对犯罪嫌疑人形成“大兵压境”之势，将其各个击破，各个方面的调查工作还可相互策应，最终形成合围。

三、循涉案财物流向取证

以非法占有为目的的经济犯罪案件中，涉案财物的流向是侦查工作应查明的核心问题。犯罪嫌疑人如何取得财物，如何处置财物在很大程度上反映出其是否具有非法占有的故意。因此，对于此类案件除了收集犯罪嫌疑人骗取被害人信任的手段等证据之外，应将侦查工作的重点放在收集反映财物去向的证据上。

四、从外围向中心逐步深入取证

以证据与犯罪事实的证明关系为准，可将经济犯罪的证据划分为直接证据与间接证据。如果说直接证据位于证据体系的核心，那么间接证据则处于证据体系的外围。从获取的难度来看，间接证据比直接证据更容易收集。间接证据虽然不像直接证据那样可以单独证明犯罪事实，但由间接证据构成的证据链条却同样能够固定犯罪事实。同时，在讯问犯罪嫌疑人的过程中巧妙地出示间接证据，也会对其产生巨大的心理压力，促使其供述犯罪事实。

五、运用秘密手段辅助取证

使用密拍、密录、监听、特情、跟踪等秘密手段所获取的犯罪线索虽然不能作为定案的证据，但可以对调查取证起到重要的辅助作用。首先，使用秘密手段可以发现证据所在，指明取证方向。如根据特情提供的赃款、赃物藏匿地点进行搜查，即可起获赃款、赃物这一重要证据。其次，使用秘密手段可以获悉犯罪嫌疑人实施犯罪或逃避侦查的企图，进而有针对性地采取侦查措施，获取犯罪证据。如通过技侦手段获悉犯罪嫌疑人即将销毁罪证，即可采取搜查措施将证据提取并加以保全。再次，使用秘密手段可以掌握重要的案情资料，用于突破犯罪嫌疑人的口供。如通过秘密录音获取的犯罪嫌疑人关于犯罪事实的言词后，在审讯中播放，可有效地消除其侥幸心理，使其不得不如实供述犯罪事实。

六、运用谋略巧取证据

除了正面开展调查取证之外，在侦查实践中还可以根据不同的情势设计相应谋略，制造某种假象，从而形成有利于取证的良机，巧取证据。一是“打草惊蛇”，即在外围调查取证的基础上，正面接触犯罪嫌疑人，迫使其采取匿证、串供、移赃等反侦查行动，再采取秘密手段发现证据或线索。二是将计就计，即对犯罪嫌疑人采取强制措施后，其拒不交代犯罪事实，审讯陷入僵局时，故意“网开一面”，为其“提供”串供、移赃的机会，再采取侦查措施发现并获取证据。也可由侦查人员出面，假意受其收买，为其串供、移赃“提供”便利，从中发现并瓦解其反侦查防线。三是投石问路，即在突破同案犯或重要关系人后，取得其配合，由其同犯罪嫌疑人接触，套取其关于犯罪事实的陈述，并秘密录音。也可由其摸清匿证、移赃等动向，为取证创造条件。四是调虎离山，即犯罪行为系犯罪嫌疑人利用职务之便实施，为防止其阻挠调查取证，趁其不在岗位之机或者由单位领导指派其出差之机，深入其所在单位进行调查取证。五是明修栈道，暗度陈仓，即为防止犯罪嫌疑人及其关系人实施反侦查，可有意掩盖调查取证的真实意图，如欲查某个人的经济犯罪问题，却有意将调查范围扩大到多个人；欲对某一特定问题调查取证，却有意扩大到对多个问题取证；欲复制某份书证，却扩大到复制多份书证。这就使得对方不明真相，无从设置障碍。

七、突破拒证僵局取证

在经济犯罪案件侦查中，某些知道案情的人拒绝作证或提供证据材料的现象时有发生。突破拒证僵局，获取有关证人证言、物证、书证等证据，对于推进侦查进程至关重要。实践中可采用下列方法破除取证障碍。首先，发现并利用知情人与犯罪嫌疑人之间的矛盾。有的知情人尽管与犯罪嫌疑人存在共同利益，但他们之间并非“铁板一块”，也同样存在矛盾或过结。在调查访问中，要注意发现矛盾，并因势利导，使知情人出于自身利益考虑，或出于对犯罪嫌疑人的怨恨提供线索或证言。其次，抓住知情人自身的违法乱纪把柄，迫其作证。对于有违法乱纪行为的知情人，可从此入手，正面佯攻，令其产生畏惧心理，再提出与本案相关的问题，从而迫使其为保全自身而如实作证。再次，商请知情人所在单位组织做其思想工作，促其作证。如果知情人是国家工作人员，即可商请其所在单位的党、政、工、团等组织，出面做其思想工作，促使其从大局出发，配合侦查工作。另外，如果单位领导涉嫌经济犯罪的，要建议主管部门调整领导班子，条件具备的，可依法对其采取强制措施，这样有助于打消其单位内部知情人的思想顾虑，排除调查取证的障碍。

第三节　在逃犯罪嫌疑人的缉捕

经济犯罪嫌疑人作案后逃匿的比例较高，追逃是经济犯罪侦查的重要环节。在逃犯罪嫌疑人如不能及时抓获，不仅会令案件久侦不破，影响对同案的其他犯罪嫌疑人的处理，而且使得赃款、赃物难以追缴，损失难以挽回，客观上放纵了犯罪。

对于在逃犯罪嫌疑人的缉捕工作可分为两个阶段：第一阶段，接到报案时犯罪嫌疑人出逃不久，此时的工作重点是力图摸清犯罪嫌疑人的基本情况，采取有效措施将嫌疑人控制在一定范围内，或者趁其惊魂未定，及时将其擒获；第二阶段，犯罪嫌疑人出逃时间较长，或者第一阶段采取的追缉措施未能奏效的情况下，围绕其去向进行长线经营，以发现其行踪。

一、犯罪嫌疑人逃匿初期的缉捕工作部署

犯罪嫌疑人的缉捕工作往往从接到报案开始。如果犯罪嫌疑人出逃不久，被害人或发案单位报案及时，应迅速采取一系列必要措施对犯罪嫌疑人出逃中可能途经的各个环节进行周密控制。

经侦部门接到报案后应当迅速向公安机关的主管领导汇报，必要时，还应层级上报公安机关和当地分管政法工作的党政领导。需要其他警种配合的，应在公安机关主要领导的主持下，召开刑侦、交管、治安、技侦、网安等相关部门领导参加的追逃工作会议，成立追逃工作小组，分析案情，明确分工，部署各项追逃措施。在犯罪嫌疑人潜逃初期，应围绕以下三个方面部署查缉措施。

（一）追缉犯罪嫌疑人

（1）通过人口信息系统、发案单位等渠道获取犯罪嫌疑人的基本情况（身份、照片、住址、简历、关系人等）；

（2）办理立案、拘留、搜查、查询、冻结、通缉、技侦等法律手续；

（3）通知出城各卡点针对犯罪嫌疑人开展盘查、堵截，并调阅出城各线公路收费站的录像资料；

（4）迅速与铁路、民航、出入境等部门取得联系，分析犯罪嫌疑人出行方式，查询购票、出入境记录；

（5）犯罪嫌疑人如果可能隐藏在本地的，应对本地旅店、娱乐场所等犯罪嫌疑人可能藏身的场所进行清查布控。

（二）收集犯罪嫌疑人逃向线索

（1）对犯罪嫌疑人的住宅、办公室及其他可能隐藏有赃物罪证的场所进行搜查，注意

发现其遗留的照片、证件、通讯录、笔记本等；

（2）对犯罪嫌疑人的家属、亲友及关系人进行询问，查明其基本情况（年龄、体貌特征、经历）社会关系情况，出逃准备情况，可能逃往地区及落脚点；

（3）由技术部门查控犯罪嫌疑人的通联情况。

（三）查控犯罪嫌疑人

（1）向邻近地区及犯罪嫌疑人可能逃往地区公安机关发出协查通报；

（2）将犯罪嫌疑人资料录入全国在逃人员信息系统；

（3）犯罪嫌疑人可能出境的，应及时办理边控手续；

（4）发布对犯罪嫌疑人的通缉令。

二、对在逃犯罪嫌疑人的关系人的调查

经济犯罪嫌疑人在逃期间大多与其关系人保持各种形式的联系。在逃犯罪嫌疑人的关系人分为三个层次：第一关系人为家庭成员；第二关系人为亲戚朋友；第三关系人为亲戚朋友的关系人。经济犯罪嫌疑人的关系人也是逃向线索的重要来源。开展调查之前，先要查清嫌疑人的家庭成员、亲属朋友等社会关系的基本情况。某些关系人（如近亲属）与犯罪嫌疑人的关系密切，在调查中他们不会轻易提供犯罪嫌疑人的情况，反而有可能向其通风报信，因此，在调查中要注意运用策略。

三、对相关通信信息的调查与分析

犯罪嫌疑人在逃期间与关系人间普遍保持着通信联系，而且以现代通信工具为主要联系手段，但犯罪嫌疑人出逃后大多更换电话号码以逃避警方监控。因此，获取、分析与嫌疑人相关的通信信息是缉捕工作的重要内容。对于追逃而言，需要获取的通信信息主要是犯罪嫌疑人与其关系人联系所用的电话号码及其通话详单。前者可以从关系人、嫌疑人处获取，或者通过对有关通话详单进行分析判断得出，后者可根据电话号码从电信部门调取。不难看出，获取嫌疑人与关系人联系所用电话号码是通信信息调查的关键。对于固定电话，根据号码可确定该电话所在具体位置，以此为线索可知在逃犯罪嫌疑人藏匿地点；也可交技侦部门对其侦控，从而进一步扩大线索；还可以从电信部门调取其通话详单，查明其联络详情；对于移动电话，根据号码可判决该号码所属地区，确定其所在位置及其活动轨迹、作息规律；也可调取通话详单，查明其交往关系。

四、说服关系人，规劝犯罪嫌疑人主动投案

犯罪嫌疑人通常对关系人深信不疑。实践证明，做犯罪嫌疑人关系人，特别是近亲家属、说情人的工作，规劝逃犯自首能够取得良好的效果，犯罪嫌疑人自首不仅节省了公安机关大量的人力、财力、时间，而且通过对其从宽发落体现了宽严相济的政策，能够对在逃的嫌疑人产生较强的感召力，促使更多的在逃嫌疑人投案自首。关系人大多是出于包庇犯罪嫌疑人的目的，对侦查人员隐瞒犯罪嫌疑人的逃向。因此，在做关系人思想工作时，应着重打消其侥幸心理和存有的顾虑，阐明公安机关破案的决心，向其表明公安机关有破案的能力，并交代相关政策。在说服中，切忌空泛说教，简单生硬地教训关系人，而应站在犯罪嫌疑人和关系人的角度，从其切身利益出发，结合潜逃后给家庭造成的实际困难做

工作，动之以情，晓之以理。在反复劝说无效的情况下，可以与近亲属签订《规劝在逃人员投案自首责任书》，阐明利害，对于包庇、纵容、窝藏犯罪嫌疑人的，要按照法律追究刑事责任。

五、利用信息系统，充分挖掘在逃犯罪嫌疑人信息

当前，各地公安机关均建立了各类信息平台，人口信息、出入境信息、旅馆住宿信息、电话手机信息、驾驶员信息、机动车信息、企业信息、在逃人员信息、案件信息、通缉协查通报信息等均可在公安专网上查询。在追逃中，应充分运用上述信息系统，从中挖掘在逃犯罪嫌疑人的信息，提高追逃效率。

在逃犯罪嫌疑人的信息还可能被收录于各类社会信息系统中，主要包括银行账户信息系统、企业工商注册登记信息系统、税务注册信息系统、电信、民航、房地产、证券交易账户、劳动力市场管理、社会保险、互联网注册、网吧计费管理信息系统等。在追逃中应注意根据嫌疑人的活动轨迹，从其可能涉及的信息系统中查询相关信息。如储户在银行开户时，需要在第一笔存款凭证上填写身份证号、联系电话、家庭住址等信息。据此，在追逃中，可通过查询嫌疑人银行存款来获取有关线索。

第四节　涉案款物的查控

经济犯罪侦查的任务不仅在于使经济犯罪分子受到惩治，而且要积极挽回犯罪所造成的经济损失，进而把损失降到最低限度，为此，在侦查工作中应积极开展涉案财物查控。同时，涉案财物还是证实经济犯罪案件事实的重要证据，从这个意义上来讲，查控涉案财物也是调查取证的重要内容。

一、涉案财物的概念

涉案财物，是指与案件有关的各种财物。涉案财物具有两个突出特点，一是具有一定的经济价值。对于涉案财物的查封、扣押和冻结之所以要加以规范，也主要是由于涉及公民、法人的财产权。二是与案件相关。其中部分涉案财物本身即是案件的证据，对犯罪事实起着一定的证明作用。

（一）犯罪所得及其孳息

“犯罪所得”具有以下三个特征：一是非法性，财物在来源和取得方式上都具有明显的违法性；二是附属性，犯罪所得必须与犯罪行为之间有内在因果关系；三是实际占有性，财物必须被犯罪分子占有，或者被第三人恶意占有。[①] 犯罪所得包括以下几种情况：

1. 犯罪嫌疑人采用犯罪手段直接获得的财物

此种情况在界定犯罪所得时需要注意以下几个问题：

一是犯罪所得不仅包括用侵犯财产罪的方法取得的、被害人有返还请求权的财物，如诈骗犯罪所取得的财物，也包括因其他犯罪取得的财物，如受贿犯罪所取得财物。

二是犯罪所得须是有形物，无形物不能成为犯罪所得。所谓有形物，是指具有一定形

① 参见葛东升、方强：《“违法所得”需准确界定》，载《检察日报》，2006-05-12。

态，占有一定的空间的有形的物质。之所以将犯罪所得界定为有形物，主要是因为犯罪所得须是能够被查封、扣押和冻结的财物，像光、电、气一类的无形物，则不易为人所控制，自然谈不上对其实施查封、扣押和冻结。

三是犯罪所得既可以是特定物也可以是种类物，且种类物具有可替代性。特定物是指具有独立特征，不能相互代替，可以与其他物相区别的物；种类物是指不具有独立特征，可以互相代替，并可以用品种、规格、度量衡加以计算的物。如诈骗犯罪嫌疑人将所骗取的款项存入银行，案发后，公安机关对其账户内相应金额的存款予以冻结，此时冻结的资金已经不是嫌疑人当初存入的现金，但只要金额与其所骗取金额相当，冻结即为合法。

四是犯罪所得既可以是积极取得，也可以是消极取得。所谓积极取得，是指其财产数量上的积极增加，这种情况在经济犯罪案件中居多数。所谓消极取得，是指犯罪嫌疑人的财产应当减少而没有减少，如涉税犯罪案件中犯罪嫌疑人逃避缴纳的税款。

2. 犯罪嫌疑人使用犯罪手段取得财物的孳息

孳息是“原物”的对称，是指由物或者权利而产生的收益。分为“天然孳息”和“法定孳息”。天然孳息，是指物依自然规律产生的收益。如土地生长的稻麦、树木的果实、牲畜的幼畜、挤出的牛乳、剪下的羊毛等。法定孳息指依民事法律关系产生的收益。如有利息的借贷或租赁，出借人有权收取利息，出租人有权收取租金等。

3. 犯罪嫌疑人使用犯罪手段取得财物后，再利用该财产进行投资所取得的收益

即利用犯罪所得所取得的投资收益，同样应予以查封、扣押和冻结。投资收益不同于孳息。投资收益是指经济主体向特定事业或领域投入经济要素，以获取预期收益的经济活动。投资是货币的资本化，投资收益是资本产生的剩余价值，带有风险性、不确定性和主观性。投资收益的这些特性与孳息形成了鲜明的对比。孳息是指通过自然规律或法律规定产生的收益。孳息与投资收益相比最突出的特性在于“定期性”，通常按自然规律或法律规定即可定期的获得收益。

4. 犯罪嫌疑人将犯罪所得进行变价处理后所得财物

实践中，犯罪嫌疑人将犯罪所得进行变价通常有以下几种情况：一是将犯罪所得物品变卖，取得款项；二是用犯罪所得款项购置财产，包括动产和不动产；三是将犯罪所得物品置换成其他物品。在犯罪嫌疑人将犯罪所得进行变价处理的情况下，就存在是查封、扣押和冻结其犯罪所得原物（款项）还是变价后的物品（款项）的问题。如果其犯罪所得为款项，则查封、扣押和冻结其用犯罪所得款项购置的物品即可。如果其犯罪所得为物品，则要看该物品是特定物还是种类物，如果为特定物，且作为物证使用，则应查封、扣押和冻结原物，如果不需要作为物证在法庭上出示，查封、扣押和冻结变价款项也可；如果为种类物，且无需作为物证在法庭上出示，原则上查封、扣押和冻结其变价款项即可，因为种类物为可代替之物，即使查封、扣押和冻结不到，也可从市场上买到。在宜查封、扣押和冻结犯罪所得原物的情况下，还要看从犯罪嫌疑人手中取得该物品的第三人是出于善意还是恶意，从而决定是否要从其手中查封、扣押和冻结该物品。

（二）作案工具

作案工具，是指供犯罪嫌疑人实施犯罪使用的财物或器具。如犯罪嫌疑人用于假币的印刷机械，用于虚开增值税专用发票的电脑等。《刑法》第六十四条规定：违禁品和供犯罪所用的本人财物，应当予以没收。上述规定，主要是为了剥夺犯罪分子再次实施犯罪的

能力。对于公安机关而言，在侦查阶段，收缴作案工具主要是服务于取证的需要和为法院没收提供财产保全。在对于作案工具的收缴（即扣押）应注意以下两个问题。

1. 作案工具的没收主体应为人民法院

在侦查阶段，犯罪嫌疑人的行为是否构成犯罪，是否需要追究其刑事责任均无定论，因而，对作案工具只能进行扣押，而不能予以没收。

2. 作案工具的收缴应符合比例性原则

侦查阶段是否对于所有作案工具都需要扣押？扣押是对于单位或个人财产权的限制，以满足调查取证要求，剥夺再犯能力，不侵犯个人和单位合法财产权为限。下列物品不应作为犯罪工具扣押：一是维持其家庭成员基本生活所需的物品，这些物品一旦被扣押会给其家庭成员的生活带来影响，与人道主义、维护社会稳定和构建和谐社会的要求是相违背的；二是被犯罪嫌疑人利用的他人物品，包括其租、借或者偷、抢来的属于他人合法所有的物品，如犯罪嫌疑人乘出租车作案，该出租车在某种意义上也是“作案工具”，但该车并非犯罪嫌疑人所有，且车主也不知嫌疑人乘车系为作案，如予以扣押显然于理不公，也违背扣押作案工具的初衷；三是被犯罪嫌疑人偶然用于作案的物品，除需要作为证据在法庭上出示外，也不应扣押，如犯罪嫌疑人开车前往某地虚开增值税专用发票，其所使用的机车动虽被用于作案，但不是专门用于作案，故不应扣押；四是在过失犯罪案件中，除作为证据使用的以外，不应扣押其他借以造成危害后果的物品，因为没收工具的本意是要消除犯罪者的再犯可能，起到特殊预防的作用，而过失犯罪中的犯罪工具并非犯罪人事先准备、有意所为，且人身危险性比较小，和故意犯罪是有所区别的，因此不存在收缴犯罪工具以剥夺其再犯能力问题。

（三）其他可以证明犯罪行为是否发生以及犯罪情节轻重的财物

1. 违禁品

违禁品，是指国家规定不准私自制造、销售、购买、使用、持有、储存、运输的物品。我国法律规定的违禁品有武器、弹药、爆炸品、剧毒物品、毒品、麻醉品、放射物品、淫秽物品等。对于上述物品，在侦查中如有发现，应当立即扣押。违禁品如果与案件有关，需要作为证据的，一般不随案移送原物，而应拍成照片存入案卷内，原物由公安机关妥为保管或者按照国家有关规定分别移送主管部门处理或者销毁。

需要注意的是，对于窝藏违禁品的行为，我国《刑法》有的设有特别规定，将其列为独立的罪名，如私藏枪支、弹药罪，有的则没有特别的规定，如私藏爆炸物、剧毒物品等行为。因此，在侦查中对于犯罪嫌疑人持有违禁品的行为，应当分别对待，即有特别规定的，按特别规定处理，例如，对窝藏他人盗窃所得枪支、弹药的行为，就应定为私藏枪支、弹药罪。

2. 伪劣商品

伪劣商品，是指违反国家法律、法规的规定，而生产、销售的质量低劣、不合格或者失去了使用价值的商品。根据《产品质量法》第四十九、五十、五十二条的规定，伪劣商品主要包括：(1) 不符合保障人体健康、人身、财产安全的国家标准、行业标准的产品；(2) 掺杂、掺假、以假充真、以次充好的产品；(3) 不合格的产品；(4) 失效、变质的产品。

3. 侵犯知识产权的物品

包括假冒注册商标的商品、非法制造的注册商标标识、假冒专利的产品、侵犯著作权的作品（图书、录音录像、美术作品及其他作品）、侵犯商业秘密的商品或作品。在办理侵犯知识产权犯罪案件，查获的上述涉案物品是否侵权，通常也需要进行鉴定。如果确认为侵权物品，即可依法扣押。

4. 假币

对于在办案中发现的假币应当由中国人民银行分支机构、中国人民银行授权的鉴定机构或者公安机关物证技术鉴定部门进行货币真伪鉴定。除作为证据随案移送的以外，假币应一律没收，并加盖“伪钞”或“假币”字样的印章，送交当地人民银行。

5. 走私物资

公安机关管辖海关监管区外发生的非涉税走私犯罪案件。在办理此类案件中，如查获走私物资的，可以依法予以扣押，但在处置时，应根据《海关法》第九十二条的规定，经人民法院判决没收后，由海关统一处理。

二、涉案财物的查控方法

（一）通过搜查发现并扣押涉案财物

搜查是查找涉案财物常用的方法。侦查人员可以对犯罪嫌疑人可能隐匿涉案财物的物品、住处、人身依法进行搜查，发现涉案财物后予以扣押。搜查要做到时机准、行动快、检查细，尽可能在犯罪嫌疑人还未来得及转移涉案财物时，进行搜查。发现涉案财物转移的，要扩大搜查范围，进行突然的重复搜查。必要时，把可能隐藏涉案财物的犯罪嫌疑人的亲属、朋友的家庭住宅和办公场所都列入搜查范围。

（二）根据扣押书证提供的线索进行追赃

在搜查中，还应注意发现笔记本、书信、电报等书证。有些犯罪嫌疑人为了便于记忆，往往把涉案财物的隐藏地点、具体去向等记在笔记本、字条等上面。还有的犯罪嫌疑人将涉案财物隐藏在外地亲友处，一旦案发，他们会通过书信、电报等告知窝藏涉案财物的亲友，有的窝藏涉案财物的亲友也会给犯罪嫌疑人写信提及涉案财物的情况。侦查人员根据扣押的记录本、邮件、电报等书证，认真分析，发现涉案财物的去向，常常能使查控工作取得重大突破。

（三）通过讯问犯罪嫌疑人，查明涉案财物的去向

犯罪嫌疑人对涉案财物的去向最为了解。在讯问中，侦查人员应言明积极退赃对于减轻罪责的重要性，促使犯罪嫌疑人交代涉案财物的去向。

（四）动员犯罪嫌疑人的家属、亲友交出涉案财物

犯罪嫌疑人的家属、亲友可能参与分赃、窝赃，知道涉案财物的下落。对此，侦查人员应帮其权衡利害关系，讲明窝赃应负的刑事责任，动员其交出涉案财物。

（五）采取查封、扣押、冻结手段，控制涉案财物

查询、冻结存款、汇款，查封、扣押财产，是控制涉案资金流动，追缴赃款的常用手段。

（六）缉捕携款潜逃的犯罪嫌疑人时，兼顾查控涉案财物

在经济犯罪案件，犯罪嫌疑人携带涉案财物逃跑的情况时有发生。侦查人员除要设法

将其缉捕归案外，还要在缉捕过程中，及时与有关部门或犯罪嫌疑人可能前去销赃、藏赃的有关场所、人员联系，注意做好查控工作，尽可能使人赃俱获。

三、涉案财物的查封、扣押和冻结

在侦查过程中需要扣押财物、文件的，应当经办案部门负责人批准，制作扣押决定书；在现场勘查或者搜查中需要扣押财物、文件的，由现场指挥人员决定；但扣押财物、文件价值较高或者可能严重影响正常生产经营的，应当经县级以上公安机关负责人批准，制作扣押决定书。在侦查过程中需要查封土地、房屋等不动产，或者船舶、航空器以及其他不宜移动的大型机器、设备等特定动产的，应当经县级以上公安机关负责人批准并制作查封决定书。

（一）不动产的查封

不动产，是指不能移动，移动后会引起性质、形状改变的财产，主要包括土地以及房屋、林木等地上定着物。根据侦查犯罪的需要，公安机关可以依法查封涉案的土地、房屋等不动产。必要时，可以一并扣押证明其财产所有权或者相关权益的法律文件和文书。查封不动产应当经县级以上公安机关负责人批准并制作查封决定书和协助查封通知书，明确涉案土地、房屋等不动产的详细地址、权属证书号、权利人姓名或者单位名称等事项，送交国土资源、房地产管理等有关部门协助办理，有关部门应当在相关通知书回执中注明办理情况。涉案土地和房屋面积、金额较大的，应当经设区的市一级以上公安机关负责人批准，制作查封决定书和协助查封通知书。

（二）资金、证券和投资权益的冻结

根据侦查犯罪的需要，公安机关可以依法冻结涉案的存款、汇款、证券交易结算资金、期货保证金等资金，债券、股票、基金份额和国务院依法认定的其他证券，以及股权、保单权益和其他投资权益等财产。冻结上述财产，应当经县级以上公安机关负责人批准，制作协助冻结财产通知书，明确冻结财产的账户名称、账户号码、冻结数额、冻结期限、冻结范围以及是否及于孳息等事项，送交银行业金融机构、特定非金融机构、邮政部门、证券公司、证券登记结算机构、证券投资基金管理公司、保险公司、信托公司、公司登记机关和银行间市场交易组织机构、银行间市场集中清算机构、银行间市场登记托管结算机构、经国务院批准或者同意设立的黄金交易组织机构和结算机构等单位协助办理，有关单位应当在相关通知书回执中注明办理情况。

办案地公安机关需要异地办理冻结的，应当由两名以上侦查人员持办案协作函、法律文书和工作证件前往协作地联系办理，协作地公安机关应当协助执行。在紧急情况下，可以将办案协作函、相关法律文书和工作证件复印件通过传真、电传等方式发至协作地县级以上公安机关委托执行，或者通过信息化应用系统传输加盖电子签章的办案协作函、相关法律文书和工作证件扫描件。协作地公安机关收到材料后，经审查确认，应当在传来法律文书上加盖本地公安机关印章，及时到有关银行业金融机构执行冻结，有关银行业金融机构应当予以协助。

根据侦查犯罪的需要，对于涉案账户较多，办案地公安机关需要对其集中冻结的，可以分别按照以下程序办理：涉案账户开户地属同一省、自治区、直辖市的，应当由办案地

公安机关出具协助冻结财产通知书，填写冻结申请表，经该公安机关负责人审核，逐级上报省级公安机关批准后，由办案地公安机关指派两名以上侦查人员持工作证件，将冻结申请表、协助冻结财产通知书等法律文书送交有关银行业金融机构的省、区、市分行。该分行应当在24小时以内采取冻结措施，并将有关法律文书传至相关账户开户的分支机构。涉案账户开户地分属不同省、自治区、直辖市的，应当由办案地公安机关出具协助冻结财产通知书，填写冻结申请表，经该公安机关负责人审核，逐级上报公安部按照规定程序批准后，由办案地公安机关指派两名以上侦查人员持工作证件，将冻结申请表、协助冻结财产通知书等法律文书送交有关银行业金融机构总部。该总部应当在24小时以内采取冻结措施，并将有关法律文书传至相关账户开户的分支机构。有关银行业金融机构因技术条件等客观原因，无法及时采取冻结措施的，应当向公安机关书面说明原因，并立即向中国银行业监督管理委员会或者其派出机构报告。

（三）其他特殊涉案财物的扣押

（1）扣押外币、金银珠宝、文物、字画以及其他不易辨别真伪的贵重物品，应当开列清单注明特征经拍照或者录像后当场密封，由侦查人员、见证人和被扣押物品持有人在密封材料上签名或者盖章。根据办案需要及时委托具有资质的部门出具鉴定报告。启封时应当有见证人或者持有人在场并签名或者盖章；

（2）对存折、存单、信用卡、股票、债券、基金、权证、期货、其他有价证券以及具有一定特征能够证明案情的现金或者实物，应当注明特征、编号、种类、面值、张数、金额等，经拍照或者录像后作为实物进行封存，由侦查人员、见证人和被扣押物品持有人在密封材料上签名或者盖章，并且冻结相应的账户。启封时应当有见证人或者持有人在场并签名或者盖章；

（3）对录音带、录像带、磁盘、光盘、优盘、移动硬盘等磁质、电子存储介质，应当注明案由、内容、规格、类别、应用长度、文件格式、制作或者提取时间、制作人或者提取人等；

（4）对易损毁、灭失、变质以及其他不宜长期保存的物品，应当采取笔录、绘图、拍照、录像等方法加以保全后进行封存；

（5）对单位的涉密电子设备、文件等物品，应当在拍照或者录像后当场密封，由侦查人员、见证人、单位有关负责人在密封材料上签名或者盖章。启封时应当有见证人、单位有关负责人在场并签名或者盖章。

四、涉案财物的处置

根据相关法律、法规规定，涉案财物可做出如下几种处置：

（一）随案移送

根据《刑事诉讼法》的规定，证据必须经过当庭出示、辨认、质证等法庭调查程序查证属实，否则不能作为定案的根据。据此，作为证据使用的涉案财物应当随案移送。

对查封、扣押的犯罪嫌疑人的财物及其孳息、文件或者冻结的财产，作为证据使用的，应当随案移送，并制作随案移送清单一式两份，一份留存，一份交人民检察院。对于实物不宜移送的，应当将其清单、照片或者其他证明文件随案移送。待人民法院作出生效判决后，按照人民法院的通知，上缴国库或者依法予以返还，并向人民法院送交回执。人民法院未作出处理的，应当征求人民法院意见，并根据人民法院的决定依法作出处理。

对违禁品，应当依照国家有关规定处理；对于需要作为证据使用的，应当在诉讼终结后处理。

对于冻结在银行、其他金融机构或者邮电部门的存款，公安机关无权扣划，应当随案移送该银行、其他金融机构或者邮电部门出具的证明文件，待人民法院作出生效判决后，由人民法院通知该银行、其他金融机构或者邮电部门上缴国库或返还被害人。

（二）直接返还

1. 返还原财物持有人

对查封、扣押的财物、经查明确实与案件无关的，应当在三日以内解除查封、扣押，退还原主；原主不明确的，应当采取公告方式告知原主认领。在通知原主或者公告后六个月以内，无人认领的，按照无主财物处理，登记后上缴国库。

另外，诉讼程序终结后，经查明属于犯罪嫌疑人合法财产的查封、扣押和冻结财物，也应当及时返还。领取人应当在返还财物清单上签名或者盖章。返还清单、物品照片应当附入卷宗。查封、扣押和冻结财物，如果有孳息的，应当一并返还。对于查封、扣押和冻结的犯罪嫌疑人财物中超过涉案金额的部分，也应及时返还，但法院可能判处罚金刑的，应留出可供执行罚金刑的财物。

2. 返还被害人

对被害人的合法财产及其孳息权属明确无争议，并且涉嫌犯罪事实已经查证属实的，应当在登记、拍照或者录像、估价后及时返还，并在案卷中注明返还的理由，将原物照片、清单和被害人的领取手续存卷备查。对一起案件涉及多个被害人（单位）的，查封、扣押和冻结的涉案财物应按各被害人（单位）的损失比例发还。

查找不到被害人，或者通知被害人后，无人领取的，应当将有关财产及其孳息随案移送。

为防止涉案财物的返还给办案带来负面影响，在下列特殊情形下，不得提前返还被害人合法财产及其孳息：

一是案件基本事实尚未查证属实的。“基本事实”，是指决定定罪量刑的基础的、主要的案件事实，即犯罪嫌疑人是谁和犯罪嫌疑人是否实施犯罪及如何量刑的关键事实。具体犯罪构成要件方面的事实和关于从重、从轻、减轻或者免除刑事处罚的事实。如果案件基本事实尚未查清，就意味着犯罪是否发生及是否需要追究刑事责任等问题尚不确定，查封、扣押和冻结在案的财物是否为犯罪嫌疑人从被害人处获取也不确定。随着调查的深入，犯罪嫌疑人很可能被证实无罪，或者发现涉案财物根本不属于所谓“被害人”所有，特别是在案件被撤销、被检察机关宣布不起诉、被法院宣判无罪的情况下，提前返还涉案财物必将招致被动，甚至导致国家赔偿。

案例(2－1)

某地公安机关接到某公司报案称：该公司工作人员张某利用职务之便，在公司空白转账支票上盗盖公司的财务印鉴，用空白支票将公司59.8万元转入李某的私人账号后提现。公安机关立案后传唤了犯罪嫌疑人张某。张某交代，其本人确实利用职务便利，盗盖公司财务印章，将公司59.8万元转走，提现后交给了麦某，但其辩称该笔资金本来就属于麦某。麦某和张某是朋友关系，经张某同意，麦某因做生意收款需要借用公司的账号收取某装饰设计公司付给麦某的货款59.8万元。但货款到账后，张某所在公司以账本丢失为由，迟迟不将59.8万元退还给麦某，张某在无奈之下，才私自将59.8万元退还麦某。麦某也向公安机关作出以上相同的证言，并提供了与某装饰设计公司的购货合同，送货单正本。为追缴赃款，经侦部门责令麦某家属交出59.8万元现金并扣押至市局账户，经公司申请，经侦部门又将59.8万元赃款退还给张某所在公司。随后，麦某提请国家赔偿，要求退还59.8万元。后该公安机关对麦某依法予以赔偿。[①]

评析：本案中张某不具有侵占本公司财物的故意，不构成职务侵占罪。本案的性质属经济纠纷，应通过民事途径解决。经侦部门在未对案件作出准确定性的情况下，草率"退赃"直接导致了国家赔偿的发生。在经侦实践中，本案中出现的情况不是个别现象，不少公安经侦部门将"追赃"作为办案的首要任务，不顾可能产生的法律风险，在结案前"退赃"，当引以为戒。

二是涉案财物的权属关系不明确或存在争议的。在查封、扣押和冻结在案的财物到底归谁所有尚不明确的情况下，即返还财物给被害人，可能侵害真正权利人的财产权。因此，在返还涉案财物之前，须将权属关系查证属实，取得确实充分的证据证明财物确实为被害人所有。如果除被害人外，还有第三人对涉案财物主张权利的，如涉案财物被第三人善意取得的，也不宜返还。办案部门应主持争议双方协商，双方达成协议后按协议执行，公安机关留一份协议入卷备查。如协商不成，告当事人可向人民法院提起民事诉讼。当事人明确表示向人民法院提起民事诉讼并确已提起诉讼的，办案单位可暂时保管有争议的财物，待人民法院受理后移送人民法院审理。当事人协商解决不成或者拒绝协商以及拒绝向人民法院提起诉讼的，原则上应当发还给原持有人，或解除查封、冻结。

三是需要将案件移送异地管辖的。无论在受案、还是立案后的侦查阶段，如果发现案件不属于当地公安机关管辖，均应将案件移送有管辖权的公安机关。享有管辖权的公安机关将根据调查取证的结果，决定对涉案财物如何处置。如果在案件移送前即将财物返还被害人，一旦有管辖权的公安机关查明事实与最初受案的公安机关认定事实出现差异，特别是对财物归属的认定出现变化，其势必无法纠正最初受案的公安机关所做决定。

需要强调的是，对依法返还有关单位和个人的查封、扣押和冻结财物，如果有孳息的，应当一并返还。

（三）申请没收

有下列情形之一，依照《刑法》规定应当追缴其违法所得及其他涉案财产的，经县级以上公安机关负责人批准，公安机关应当写出没收违法所得意见书，连同相关证据材料一并移送同级人民检察院，由人民检察院向人民法院提出没收违法所得的申请：（1）恐怖活动犯罪等重大犯罪案件，犯罪嫌疑人逃匿，在通缉一年后不能到案的；（2）犯罪嫌疑人死亡的。犯罪嫌疑人死亡，现有证据证明其存在违法所得及其他涉案财产应当予以没收的，公安机关可以进行调查。公安机关进行调查，可以依法进行查封、扣押、查询、冻结。公

---

① 参见魏宇航：《严格执法，对涉案款物依法采取侦查措施》，见北大法律信息网，http：//article. chinalawinfo. com/ArticleFullText. aspx? ArticleId=33588&listType=0，2014年5月1日访问。

安机关将没收违法所得意见书移送人民检察院后，在逃的犯罪嫌疑人主动投案或者被抓获的，公安机关应当及时通知同级人民检察院。

（四）上缴国库

公安机关查封、扣押和冻结的涉案财物，除随案移送、依法返还被害人或者与案件无关、移交有关部门处理和销毁的以外，须待人民法院作出生效判决后，根据人民法院通知上缴国库，并向人民法院送交回执。人民法院未作出处理的，应当征求人民法院意见，并根据人民法院的决定依法作出处理。

（五）拍卖或变卖

对容易腐烂变质及其他不易保管的财物，可以根据具体情况，经县级以上公安机关负责人批准，在拍照或者录像后委托有关部门变卖、拍卖，变卖、拍卖的价款暂予保存，待诉讼终结后一并处理。

（六）移送主管机关

侦查过程中，发现犯罪嫌疑人不够刑事处罚，需要行政处理，经县级以上公安机关批准，对犯罪嫌疑人依法予以行政处理或者移交其他有关部门处理。对于扣押的违法所得需要没收的，应当移送有关主管机关处理。主管机关是指对犯罪嫌疑人违反法律、法规的行为以及对有关违禁品、危险品具有行政管理、行政处罚、行政处分权限的机关和纪检监察部门。如行为虽然不构成生产、销售伪劣商品罪，但确实属于生产、销售伪劣商品违法行为的，应当将案件移交质量技术监督部门或者工商行政管理部门处理，扣押的违法所得也应一并移送。

案件变更管辖时，与案件有关的财物及其孳息应随案移交。因此，在侦查中，如果发现案件不属于自己管辖的，应将涉案财物及其孳息一并移送给有管辖权的公安机关。

【导入案例简析】

立案侦查后，专案组立即根据事主提供的一些蛛丝马迹对本案嫌疑人的关联信息进行了研判。

线索一：“徐××”、“浙江兰溪人”。

根据上述两条模糊线索，专案组通过杭州公安信息资源综合应用平台查询得到金华兰溪常住人口信息中姓名为徐××的人员共计230名。经事主辨认照片确定：本案嫌疑人徐××，男，户籍地：浙江兰溪市瑙溪乡溪塘村下溪塘××号，身份证号：33071919580926××××。专案组进一步利用“案人物信息一查通系统”对33071919580926××××的身份证进行查询，发现徐××已于2008年7月15日因涉嫌合同诈骗被拱墅区公安分局刑事拘留。

线索二：同伙名为“胡××”。

专案组民警连夜提审徐××，得知本案其他嫌疑人以杭州××大厦2107房间为据点，而承租人叫胡××。根据此线索，专案组民警立即利用“案人物信息一查通系统”对胡××进行查询。发现胡××（男，户籍所在地址：浙江省富阳市××街道××幢108室，身份证号码：33012319450911××××）曾于1997年5月13日因诈骗罪被富阳市人民法院判处有期徒刑5年；2005年10月10日因涉嫌票据诈骗罪被上海市公安局松江区分局列为网上逃犯。该胡××具有较强的反侦查意识。

线索三："阿飞"用王××的名字签的合同，住荷花塘一带。

从徐××交代中获悉，本案中签合同的另一名嫌疑人平时大家叫他"阿飞"，只知道他住在荷花塘一带。根据此线索专案组的民警利用杭州综合查询系统中的超级搜索功能搜索"%飞"、"荷花塘"。在所得的33条结果中，让徐逐一辨认照片。最终确定"阿飞"的真实身份是张× ×（男，1943年1月28日生，户籍所在地址：杭州市江干区荷花塘弄19号×× 室，2001年在杭州曾有诈骗前科）。

线索四：串线人的绰号为"阿胖"，联系电话：6375××××。

另据徐× ×交代：收购钢管、扣件的人都通过临安的一个"阿胖"（男，40岁左右）介绍认识的。只知道阿胖的联系电话是6375××××。得此线索后，办案民警通过综合查询系统中的超级搜索功能对6375××××的固定电话进行搜索，确定"阿胖"的真实姓名叫张××（男，户籍所在地址：临安市××村×组××号，身份证号码33012419680527××××，系临安"阿胖"钢管、扣件租赁站的老板），而张××正是这伙诈骗团伙的"串线"人物，只有找到他，才可能使整个诈骗团伙浮出水面。办案民警立即通过技侦部门查明了张××当前正在使用的两个移动电话号码，并利用分局自主研发的"诸葛话单分析与数据挖掘平台"对张××的话单进行综合分析，初步确定"阿胖"在临安玲珑花园附近活动。2006年8月3日，专案组在临安经侦大队的配合下在临安玲珑花园小区门口找到了"阿胖"张××。通过传唤张××得知，其与胡××的驾驶员高××系表兄弟关系。在高的引荐下，认识了犯罪嫌疑人胡××、张××、徐××。并在他们的要求下将黄×（收赃人）介绍给胡××认识。并最终通过黄×将诈骗所得的钢管、扣件变卖套现。至此，"8.20"特大合同诈骗案团伙成员全部浮出水面。

明确团伙成员后，专案组立即对嫌疑人胡××、张××、黄×、高××进行了网上布控。与此同时，对可能的落脚点进行守候。2008年9月30日，犯罪嫌疑人高××迫于压力主动到专案组投案，通过审查，高××如实交代了伙同胡××等人冒充"江苏××市工程建设有限公司杭州分公司"诈骗的犯罪事实。同年9月16日、10月1日，专案组又通过技侦和网上布控报警等方式，将犯罪嫌疑人胡××、黄××及张××抓获。

为了进一步扩大战果，专案组民警通过杭州市经侦案件管理系统对同类手段诈骗案件进行网上串并。发现萧山"4.26"特大合同诈骗案、余杭张××合同诈骗案、余杭徐××合同诈骗案、拱墅"5.31"票据诈骗案与本辖区这起诈骗案的犯罪手法十分相似。通过对犯罪嫌疑人胡××、黄××等人进一步的审查，成功破萧山"4.26"特大合同诈骗案等5起案件，挽回经济损失500余万元。与此同时，由于公安部网上逃犯胡××的落网，上海松江区票据诈骗案也成功告破。①

【资料链接】

网上追逃的现状②

近年来，随着网上追逃工作考核机制的完善、追逃奖金的兑现、典型经验的宣传和责任追究倒查制度的落实，网上追逃工作呈现出了领导重视、警令畅通、协调有力和常用常新等良好局面。目前，全国在逃人员信息系统的访问量已经达到1.4亿次，累计操作量突

---

① 参见袁小萍、赵芳：《经济犯罪案件侦查》，97页，北京，群众出版社，2009。

② 参见王奇：《新形势下公安机关网上追逃的瓶颈与对策》，载《上海公安高等专科学校学报》，2012（1）。

破了8亿次，高居公安应用信息系统之首。

一、网上追逃的主要内容

从2002年启动“破案追逃”新机制至今，公安部先后下发有关网上追逃文件八份，对建立破案追逃新机制、抓获在逃人员移交接收、网上信息比对、网上在逃人员信息质量以及在逃人员档案等工作提出了较为全面的规范。

（一）明确追逃标准并及时上网开展比对

2002年的“破案追逃”新机制要求网上追逃必须执行犯罪嫌疑人或主要犯罪嫌疑人已经抓获的破案标准，并根据“谁办案，谁缉捕”原则落实破案追逃责任制。同时，已经办理了刑事拘留、逮捕法律手续的在逃人员要在一个月以内上网，并及时与“全国在逃人员信息系统”或“全国在逃人员信息光盘”进行查询比对。2007年10月10日，公安部以公刑（2007）1974号文件下发了《关于规范网上追逃信息比对有关事项的通知》，规范了“立足本地和下载数据开展相关数据库信息比对”的原则。

（二）对重大在逃人员实行“A、B级通缉”

2002年的“破案追逃”新机制将《公安部通缉令》分成“A级”、“B级”。《公安部A级通缉令》是缉捕公安部认为应该重点通缉的在逃人员而发布的命令。《公安部B级通缉令》是公安部应各省级公安机关的请求而发布的缉捕在逃人员的命令。公安部A级、B级通缉令传真下发，同时在全国公安信息网络上发布，并录入全国在逃人员信息光盘。还可视情在报刊、电视等新闻媒体和全国性的计算机公共信息网络上发布，实行公开通缉。

（三）执行追逃奖励制度和倒查责任追究制度

2002年的“破案追逃”新机制规定，每抓获一名网上在逃人员，立案地公安机关要奖励抓获单位或个人一定的金额，案情重大、紧急的，可以视情提高奖励金额。同时，各级公安机关对抓获的重大在逃人员要认真分析研究其潜逃、藏匿的情况，从中发现缉捕在逃人员工作中存在的问题和漏洞，并对有关责任人员实行倒查责任追究。

（四）规范网上在逃人员登记撤销等信息质量标准

2009年，公安部制定了《网上在逃人员信息质量新标准》，规范了《在逃人员信息登记/撤销表》的填写，明确了47项填写内容中的34项必填项。2011年，公安部下发了《关于下发〈网上在逃人员档案模版〉的通知》，要求各省市公安机关按照网上在逃人员档案模版，对网上在逃人员“逐一建档，逐一提出追逃措施”，并推行“三统一”上网撤销制度（统一上网、统一移交、统一撤销）和“四查一联系”追逃经验（查在逃人员、查前科、查指纹、查可疑物，联系户籍地公安机关）等。

二、网上追逃的具体程序

网上追逃包括将信息上网、抓获撤网两个环节。重点是上网和撤网，这两步既是准确快速抓捕的关键，也是防止抓错或抓重的保证。

（一）上网程序

对符合上网条件的在逃人员，立案单位先详细填写《在逃人员信息登记/撤销表》中“在逃人员信息登记”部分内容，经县级以上公安机关负责人审批同意并加盖公章后，连同在逃人员法律文书原件（拘留证或逮捕证）一并交给同级刑侦部门，由刑侦部门将在逃人员信息录入“全国在逃人员信息系统”进行网上追逃。

（二）撤网程序

在逃人员被抓获后，立案地公安机关对抓获的在逃人员要认真核对，并于押解回立案地之日起48小时内办理撤销手续。撤网时，立案单位要详细填写《在逃人员信息登记/撤销表》中“在逃人员信息撤销”部分内容，经县级以上公安机关负责人审批同意并加盖公章后，交给同级刑侦部门，由刑侦部门将在逃人员信息从“全国在逃人员信息系统”进行撤销。

【本章小结】

经济犯罪案件线索的来源主要有单位和个人的报案、控告和举报、有关机关、部门移送线索、上级交办线索、在工作中发现的线索和犯罪嫌疑人自首、公民扭送等。

经济犯罪线索的受理主要包括以下主要环节：详细询问线索情况；接受证据；制作《接受刑事案件登记表》；制作《接受案件回执单》；提供法律咨询等。

经济犯罪线索的审查要准确甄别事件性质，确定案件管辖；对线索开展初步调查核实。

经济犯罪案件的取证策略有以下几种：按经济业务流程取证；从最容易突破的环节入手取证；循涉案财物流向取证；从外围向中心逐步深入取证；运用秘密手段辅助取证；运用谋略巧取证据；突破拒证僵局取证。

在逃犯罪嫌疑人的缉捕工作中，要周密部署各项措施，针对犯罪嫌疑人可能的逃往去向，做好追缉、查控工作，同时多方收集犯罪嫌疑人逃向线索；围绕开展关系人调查，发现犯罪嫌疑人与关系人的联系方式，对通信信息进行分析研判；通过关系人规劝犯罪嫌疑人主动投案；充分利用各种信息资源，挖掘在逃犯罪嫌疑人逃向线索。

经济犯罪案件中的涉案财物包括犯罪所得及其孳息、作案工具、其他可以证明犯罪行为是否发生以及犯罪情节轻重的财物等。

查控涉案财物的方法主要有：通过搜查发现并扣押涉案财物；根据扣押书证提供的线索查找涉案财物；通过讯问犯罪嫌疑人查明涉案财物的去向；动员犯罪嫌疑人的家属、亲友交出涉案财物；采取查封、扣押、冻结手段，控制涉案财物；缉捕携款潜逃的犯罪嫌疑人时，兼顾查控涉案财物。

对不动产的查封和资金、证券和投资权益的冻结，应遵循相关规定。

对涉案财物应区别不同情况采取如下几种方式进行处置：随案移送、返还给被害人或原物持有人、申请没收、上缴国库、拍卖或变卖、移送主管机关等。

【关键术语】

涉案财物；缉捕；在逃犯罪嫌疑人；查封；冻结；扣押；处置；犯罪所得

【推荐阅读与学习资源】

1. 袁小萍：《追逃理论与实务》，北京，中国人民公安大学出版社，2007。

2. 程小白：《追赃理论与实务》，北京，中国人民公安大学出版社，2003。

3. 戴蓬：《经济犯罪侦查对策新解》，北京，中国人民公安大学出版社，2011。

【案例分析】

犯罪嫌疑人汪××，男，1959年3月15日生，原籍陕西省××县，户籍所在地为新疆乌鲁木齐市，高中文化。1998年曾因涉嫌信用证诈骗罪被新疆警方处理。汪××以10

万元的价格通过中介公司采取伪造银行进账单等手段虚报注册资本800万元，骗取了工商登记，在天津市开发区成立了××能源发展有限公司（以下简称××公司）。某年3月，汪以该公司名义与天津市D贸易公司（以下简称D公司）签订联营协议，约定：D公司在收到××公司提供的第三方担保函后打入一千万元至××公司指定账户，用于煤炭销售事宜的运作。协议签订后，汪××伙同××经济技术开发中心办公室主任在未经该中心法定代表人许可的情况下私盖公章，制作了以该中心名义出具的不可撤销担保函。在以此获取了D公司提供的一千万元资金后，汪××携款逃匿。

为缉捕汪××，公安机关做了大量工作。经侦查了解到，汪××为人多疑，对任何人均严格保密其落脚点，在外住宿时一贯采取借用他人身份证或使用伪造的身份证方式进行登记，从不乘坐飞机、火车作为交通工具，在通信方式上，从不使用座机通话，并专门为其妻购置了一个神州行手机卡用于单线秘密联系。汪××本人更是频繁更换手机号。专案组干警远赴新疆，对汪××的户籍地进行侦查、布控。办案人员装扮成治安员入户访查，在汪××的岳父家发现了一封寄自邮编100029区域、盖有“亚运村1”邮戳的信件。①

问题：请根据上述案情制订下一步的缉捕方案。

① 参见公安部经济犯罪侦查局编：《经济犯罪案例选编（四）—中国公安经侦优秀案例》，84页，北京，中国人民公安大学出版社，2009。

第3章

生产、销售有毒、有害食品犯罪案件侦查

【学习目标】

通过本章的学习，理解生产、销售有毒、有害食品犯罪的概念、构成要件；了解生产、销售有毒、有害食品犯罪案件的特点；掌握生产、销售有毒、有害食品犯罪行为的认定；掌握生产、销售有毒、有害食品犯罪追诉标准；掌握生产、销售有毒、有害食品犯罪案件的侦查方法。

导入案例

2002年，王×兵开始用食用酒精掺入自来水、苞谷酒、甜蜜素等原料勾兑白酒冒充苞谷酒销售牟利。2004年以来，王×兵生产食用酒精勾兑的“白酒”，冒充苞谷酒销售共计185万余元。2009年3月15日上午，王×兵安排其雇员覃×兵、唐×峰驾车到宜都市“杨老板”（杨×连）处购买酒精。当日17时许，覃×兵、唐×峰来到杨×连经营的××日化经营部，以2 100元/吨的价格购买工业酒精（甲醇）3.74吨，并于当晚将酒精运回王×兵的制酒作坊。王×兵查看过磅单和其他单据后发现所购酒精系工业酒精的价格，与食用酒精的价格相差悬殊，但未核实原因。当晚，王×兵指使唐青用此次购买的工业酒精掺入自来水、苞谷酒、香精等原料勾兑成6 000余千克“白酒”。从3月16日起至同月25日止，王×兵及覃×芬共销售该批“白酒”3 448千克。当地众多居民饮用该“白酒”后中毒，并造成5人死亡、6人重伤、11人轻伤、2人轻微伤。[①]

问题：对王×兵的行为如何认定？

第一节　生产、销售有毒、有害食品犯罪案件概述

一、生产、销售有毒、有害食品犯罪的概念

生产、销售有毒、有害食品犯罪，是指在生产、销售的食品中掺入有毒、有害的非食

① 通报人民法院审理危害食品安全犯罪有关情况新闻发布会，见最高人民法院网站，http://www.court.gov.cn/xwzx/xwfbh/twzb/130503xwfbh/，2014年6月2日访问。

品原料，或者销售明知掺有有毒、有害的非食品原料的食品的行为。[①]

《刑法》第一百四十四条规定："在生产、销售的食品中掺入有毒、有害的非食品原料的，或者销售明知掺有有毒、有害的非食品原料的食品的，处五年以下有期徒刑，并处罚金；对人体健康造成严重危害或者有其他严重情节的，处五年以上十年以下有期徒刑，并处罚金；致人死亡或者有其他特别严重情节的，依照本法第一百四十一条的规定处罚"。

本罪侵犯的客体是复杂客体，既侵犯了国家食品安全管理制度，又侵犯了公民的健康权和生命权。本罪在客观方面表现为行为人违反国家食品安全管理法律法规，在生产和销售的食品中掺入有毒、有害非食品原料，或者销售明知掺有有毒、有害的非食品原料的食品的行为。本罪的犯罪主体为一般主体，即只要达到刑事责任年龄且具有刑事责任能力的自然人都可以构成本罪犯罪主体。单位也可以构成本罪的犯罪主体。本罪的主观方面为故意，即明知是有毒、有害的非食品原料而故意掺入其所生产的、销售的食品中，或者明知是掺有有毒、有害的非食品原料的食品而予以销售。行为人实施本罪一般是出于非法营利的目的，但是否营利不影响本罪的构成。

针对司法实践中法律适用遇到的问题，为充分运用法律武器严厉惩治危害食品安全犯罪，有效遏制危害食品安全犯罪的猖獗势头，2013 年 4 月 28 日《最高人民法院、最高人民检察院制定了关于办理危害食品安全刑事案件适用法律若干问题的解释》（法释〔2013〕12 号，以下简称《危害食品安全案件解释》）。该《危害食品安全案件解释》明确了生产、销售有毒、有害食品罪的定罪量刑标准，对定罪量刑情节认定标准作出了具体规定，提出了相关罪名的司法认定标准，统一了新型疑难案件的法律适用意见，增强了司法实践的可操作性，为依法惩治危害食品安全犯罪编织了严密的刑事法网，对于进一步加大对危害食品安全犯罪的打击力度，在全社会形成预防和惩治危害食品安全犯罪的良好氛围，发挥了重要作用。[②]

二、生产、销售有毒、有害食品犯罪的认定

（一）有毒、有害的非食品原料的认定

有毒、有害的非食品原料是指对人体具有生理毒性，食用后会引起不良反应，损害人体健康的不能食用的原料。所谓有毒的非食品原料是指被摄入人体后，能对人体组织和生理机能造成损伤的物质；所谓有害的非食品原料是指被摄入人体后，能对人体组织和机能产生不良反应和损伤的物质。[③] 有毒即有害，按照《新华词典》的解释，毒是指对生物体有害的物质。有害未必有毒。害是指对身体的损害，或使人患上某种疾病。[④] 因此从非食品原料被人摄入之后产生的结果上来说，有害实际上已涵盖有毒，两者的并用，旨在突出强调"有毒"的非食品原料的社会危害。

司法实践中，有毒、有害的非食品原料主要有以下四类：一是法律、法规禁止在食品

---

① 参见陈国庆、武冬立、柯良栋主编：《治安部门管辖的刑事案件立案追诉标准最新适用指南》，103 页，北京，中国人民公安大学出版社，2012。

② 参见最高法院详细阐释《关于办理危害食品安全刑事案件适用法律若干问题的解释》，央视网，http：//jingji. cntv. cn/2013/05/03/ARTI1367582224970948. shtml，2015 年 7 月 29 日访问。

③ 参见刘家琛主编：《刑法（分则）及配套规定新释新解（上）》，468 页，北京，人民法院出版社，2004。

④ 参见商务印书馆辞书研究中心修订：《新华词典》（2001 修订版），226 页、375 页，北京，商务印书馆，2001。

生产经营活动中添加、使用的物质，如地沟油。二是国务院有关部门公布的《食品中可能违法添加的非食用物质名单》《保健食品中可能非法添加的物质名单》上的物质。如国家禁止在养殖中使用的盐酸克仑特罗（俗称瘦肉精），在火腿、鱼干中使用的敌敌畏，在乳及乳制品中使用的三聚氰胺，在减肥中使用的西布曲明、麻黄碱、芬氟拉明等。三是国务院有关部门公告禁止使用的农药、兽药以及其他有毒、有害物质，如六六六（HCH）、滴滴涕（DDT）等23种禁止生产、销售和使用的农药。四是其他危害人体健康的物质。主要是针对司法实践中出现的可能危害人体健康的物质。

在认定有毒、有害的非食品原料中应重点把握两点：一是必须是"非食品原料"，如果掺入的是食品原料，即使因污染、变质等原因而具有毒性，也不构成本罪。实践中，掺入有毒、有害的非食品原料的情形多种多样，如用工业酒精（也称甲醇）生产加工食用白酒，用含有瘦肉精（也称盐酸克仑特罗）的饲料或水喂养生猪等。二是该"非食品原料"对人体有毒、有害，如果掺入的非食品原料无毒无害，也构不成本罪。非食品原料是否有毒、有害难以确定的，司法机关可以根据检验报告并结合专家意见等相关材料进行认定。卫生行政部门出具的对"有毒、有害的非食品原料"的鉴定检验意见仅是司法机关认定的参考依据之一，不能作为唯一依据。从涉及"地沟油"案件的侦破和现场监督检查情况来看，"地沟油"都是在脱离行政监管、生产条件简陋、卫生环境恶劣的"黑作坊"、"黑窝点"中，利用餐厨垃圾、废弃油脂、各类肉及肉制品加工废弃物等原料生产、加工的，其质量和安全没有任何保障，对人体健康的损害是显而易见的，司法机关应当直接将其认定为"有毒、有害的非食品原料"，无需再委托卫生行政部门鉴定检验。

（二）生产、销售有毒、有害食品犯罪行为方式的认定

《食品安全法》第三条规定："食品生产经营者应当依照法律、法规和食品安全标准从事生产经营活动，对社会和公众负责，保证食品安全，接受社会监督，承担社会责任"。同时该法第二十八条明确规定，禁止生产经营下列食品：一是用非食品原料生产的食品或者添加食品添加剂以外的化学物质和其他可能危害人体健康物质的食品，或者用回收食品作为原料生产的食品；二是致病性微生物、农药残留、兽药残留、重金属、污染物质以及其他危害人体健康的物质含量超过食品安全标准限量的食品；三是营养成分不符合食品安全标准的专供婴幼儿和其他特定人群的主辅食品；四是腐败变质、油脂酸败、霉变生虫、污秽不洁、混有异物、掺假掺杂或者感官性状异常的食品；五是病死、毒死或者死因不明的禽、畜、兽、水产动物肉类及其制品；六是未经动物卫生监督机构检疫或者检疫不合格的肉类，或者未经检验或者检验不合格的肉类制品。七是其他不符合食品安全标准或者要求的食品。但在现实生活中，有个别食品生产经营者为追求非法利益，违反《食品安全法》的规定，甚至不惜触犯刑律，大肆在生产、销售的食品中掺入有毒、有害的非食品原料，实施生产、销售有毒、有害食品犯罪。其在客观上主要表现为三种行为方式：

1. 在生产的食品中掺入有毒、有害的非食品原料

食品，是指各种供人食用或者饮用的成品和原料以及按照传统既是食品又是药品的物品，但是不包括以治疗为目的的物品。行为人在生产食品中掺入有毒、有害的非食品原料，一般是为了改变食品的色香味，或者成分，降低生产成本，促进食品销售，达到非法牟利的目的，如三聚氰胺乳制品、有毒红心鸭蛋、用工业浸泡果脯、蜜饯等。实践中如何把握"掺入有毒、有害非食品原料"中的"掺入"呢？关于"掺入"，一般理解为混入、

填入。对于行为人原本就是使用有毒、有害非食品原料生产有毒、有害食品的行为，由于其行为本身危害更大，对此也应认定为“掺入有毒、有害非食品原料”。如以地沟油案件为例，“地沟油”本身是由“有毒、有害的非食品原料”生产、加工而成的，行为人又利用“地沟油”生产“食用油”，有的将“地沟油”直接灌注包装成“食用油”出售，有的将“地沟油”与其他油品混合加工成“食用油”出售，其行为就完全符合生产、销售有毒、有害食品罪“在生产、销售的食品中掺入有毒、有害的非食品原料”的罪状表述。同时，在保健食品或者其他食品中非法添加国家禁用药物等有毒、有害物质的，也应以生产、销售有毒、有害食品罪定罪处罚。

2. 在销售的食品中掺入有毒、有害的非食品原料

行为人在销售食品过程中非法添加国家禁止使用的有毒、有害非食品原料。例如，行为人用工业松香（也称非松香甘油酯，系化工原料）对其加工的猪头进行脱毛处理，并将脱毛处理的猪头加工成熟食予以销售。又如，为改善海参的外观和质地，在销售的海参中掺入工业用甲醛，将饺子皮加入工业盐在市场上予以销售，工业用甲醛和工业盐均属非食品原料，禁止作为食品原料添加到食品中。

3. 明知是掺有有毒、有害的非食品原料的食品而销售

行为人知道或者应当知道其所销售的食品掺有有毒、有害的非食品原料，仍然予以销售。如行为人明知其销售的水发有头鱿鱼是用工业用氢氧化钠（俗称工业用火碱）发的，为谋取经济利益仍然予以销售。

生产、销售有毒、有害食品罪作为行为犯，只要实施上述三种行为方式之一，即可构成本罪。同时，在司法实践中，生产、销售有毒、有害食品行为不仅发生在食品“加工、销售”环节，同样也可以发生在“运输、贮存”环节，即在食品运输、贮存等过程中掺入有毒、有害的非食品原料，或者使用有毒、有害的非食品原料加工食品的，可以生产、销售有毒、有害食品罪定罪处罚。

（三）对“销售明知是掺有有毒、有害的非食品原料的食品行为”中“明知”的认定

如何把握和理解“明知”，是认定“销售明知是掺有有毒、有害的非食品原料的食品”行为的关键和前提。因此，在认定销售有毒、有害食品行为时，首先要正确把握和理解“明知”。根据《现代汉语词典》的解释“明知”的本意是指明明知道或者明确理解。但如果在法律含义上将“明知”仅仅理解为行为人明白知道，显然过于狭隘，而且也脱离刑事司法实践。因此，在司法实践中应将“明知”的内涵理解为：知道和应当知道。即行为人对其行为的违法性只要知道或者应当知道，即是明知。司法实践中，行为人只要知道或者应当知道其销售的食品中含有有毒、有害的非食品原料，就应当认定为明知。那么，在司法实践中又如何判定行为人应当知道呢？认定行为人是否应当知道可以通过以下情形加以判断：一是进货渠道是否正常，价格是否明显偏低；二是行为人对涉案食品的生产日期、生产厂家、卫生检验合格证是否知道；三是行为人基于其经营食品的知识经验和对食品安全常识的一般注意，应当知道销售的食品掺入了有毒、有害物质；四是买卖食品或者食品原料的方式，交接的时间、地点是否正常；五是食品存放的地点是否隐蔽；六是是否在食品安全监督部门禁止生产销售后，仍然继续生产销售，案发后转移，甚至销毁销售物证

等。通过对上述行为的综合判断，最终认定行为人是否应当知道。①

案例(3－1)

2008年10月，因受“三鹿事件”影响，××乳品公司的销售客户福建××公司将1 300余件××牌特级和三级全脂甜炼乳退回××乳品公司。王××、洪××、陈××为减少本公司的经济损失，在明知退回的××牌全脂甜炼乳存在三聚氰胺超标的情况下，仍于2008年12月30日召开有××乳品公司生产技术部负责人荣××、朱××、潘××参加的会议，决定将上述退回的××牌全脂甜炼乳按比例添加回炉生产炼乳酱，并于2009年2月起批量生产，直至2009年4月23日案发。××乳品公司采用上述方式生产的炼乳酱合计6 520余罐，价值36万余元，其中已销售3 280余罐，价值20余万元。

案发后，经××出入境检验检疫局动植物与食品检验检疫技术中心、××市质量监督检验技术研究院对福建××公司退回的××牌全脂甜炼乳以及使用该甜炼乳回炉生产的炼乳酱进行抽样检测，所检产品三聚氰胺含量超标，其中最高值为34.1mg/kg（国家临时管理限量值为2.5mg/kg）。已销售的涉案炼乳酱召回率约94%。

案发后，王××、洪××及其辩护人辩称，事先并不明知福建××公司退回的××牌全脂甜炼乳三聚氰胺含量超标。②

评析：尽管王××、洪××拒不承认“明知”，仍可根据相关证据推定其“明知”：证据表明，在2008年9月发生的“三鹿事件”中，××乳品公司因生产的婴幼儿配方奶粉三聚氰胺含量严重超标而被全国通报，因此停产整顿，并成立了一个由王××任组长、陈××为副组长、洪××为成员的清理领导小组，负责召回清理工作。身为公司高层管理人员的王××分管生产和销售，和其他两被告有一个认定的共识，即召开会议明确采取回炉生产，抽样调查，再次销售的处理方式。可以推定其明知了三聚氰胺的存在，在当时大环境下谨小慎微，担心的是回炉后三聚氰胺仍旧超标，希望的是经过按比例添加稀释后不超标。但生产的炼乳酱并不是批批检测，不能保证产品质量安全，对生产出的产品是否有毒、有害和对社会造成的危害存放任的心态。因此，王××、洪××的辩解不仅有悖常理，而且与查明的事实不符，应认定为“明知”，具备主观故意。

（四）对“人体健康造成严重危害或者有其他严重情节”和“有其他特别严重情节”的认定

按照《刑法修正案（八）》第25条的规定：“对人体健康造成严重危害或者有其他严重情节的，处五年以上十年以下有期徒刑，并处罚金；致人死亡或者有其他特别严重情节的，依照本法第一百四十一条的规定处罚”。那么，在实践中如何把握行为人的行为对“人体健康造成严重危害或者有其他严重情节”和“有其他特别严重情节”呢？

1. 对“人体健康造成严重危害”

在危害行为后果的认定中，按照有关司法解释的规定，如果生产、销售有毒、有害食品行为具有下列几种情形之一，则可以认定其行为对“人体健康造成严重危害”：一是造成轻伤以上伤害的；二是造成轻度残疾或者中度残疾的；三是造成器官组织损伤导致一般

① 参见舒洪水：《生产、销售有毒、有害食品罪中“明知”的认定》，载《法学》，2013（8）。

② 参见钱东君：《生产、销售有毒、有害食品罪中故意的认定》，载《人民法院报》，2011－06－23。

功能障碍或者严重功能障碍的；四是造成十人以上严重食物中毒或者其他严重食源性疾病的；五是其他对人体健康造成严重危害的情形。

2. “有其他严重情节”

生产、销售有毒、有害食品行为具有下列几种情形之一，则可以认定其行为“有其他严重情节”：一是生产、销售金额二十万元以上不满五十万元的；二是生产、销售金额十万元以上不满二十万元，有毒、有害食品的数量较大或者生产、销售持续时间较长的；三是生产、销售金额十万元以上不满二十万元，属于婴幼儿食品的；四是生产、销售金额十万元以上不满二十万元，一年内曾因危害食品安全违法犯罪活动受过行政处罚或者刑事处罚的；五是有毒、有害的非食品原料毒害性强或者含量高的；六是其他情节严重的情形。其中，生产、销售有毒、有害食品的数量较大或者生产、销售持续时间较长如何把握？生产、销售多少为数量较大？生产、销售持续时间多长为时间较长？有毒、有害的非食品原料毒害性或者含量如何把握？达到什么标准为毒害性强或者含量高？还需要结合司法实践和相关食品安全标准来加以研究和明确。

3. “有其他特别严重情节”

生产、销售有毒、有害食品行为具有下列几种情形之一，则可以认定其“有其他特别严重情节”：一是生产、销售有毒、有害食品，生产、销售金额五十万元以上；二是致人重度残疾的；三是造成三人以上重伤、中度残疾或者器官组织损伤导致严重功能障碍的；四是造成十人以上轻伤、五人以上轻度残疾或者器官组织损伤导致一般功能障碍的；五是造成三十人以上严重食物中毒或者其他严重食源性疾病的，其中食源性疾病，指食品中致病因素进入人体引起的感染性、中毒性等疾病；六是其他特别严重的后果。

（五）对食用农产品中含有超标农药、兽药残留情形的认定[①]

农产品，是指来源于农业的初级产品，即在农业活动中获得的植物、动物、微生物及其产品。食用农产品是指供食用的源于农业的初级产品。种植和养殖作为食用农产品生产的一个重要组成部分，其种植和养殖过程是否安全，直接关系到食品安全。对此，《食品安全法》第三十五条规定：“食用农产品生产者应当依照食品安全标准和国家有关规定使用农药、肥料、生长调节剂、兽药、饲料和饲料添加剂等农业投入品。食用农产品的生产企业和农民专业合作经济组织应当建立食用农产品生产记录制度”[②]。食用农产品中农药残留、兽药残留和饲料添加剂应当符合国家的限量规定。《农产品质量安全法》第三十三条也规定，有下列情形之一的农产品，不得销售：一是含有国家禁止使用的农药、兽药或者其他化学物质的；二是农药、兽药等化学物质残留或者含有的重金属等有毒有害物质不符合农产品质量安全标准的；三是含有的致病性寄生虫、微生物或者生物毒素不符合农产品质量安全标准的；四是使用的保鲜剂、防腐剂、添加剂等材料不符合国家有关强制性的技术规范的；五是其他不符合农产品质量安全标准的。在司法实践中，对于食用农产品中农药、兽药残留含量超标的，是否构成生产、销售有毒、有害食品罪，不应一概而论。因为在农作物或者蔬菜生长过程中，不可能要求种植人对农药的用量和标准掌握得十分准确。

① 参见张军主编：《刑法修正案（八）条文及配套司法解释理解与适用》，202页，北京，人民法院出版社，2011。

② 《食品安全法》第三十五条。

因而造成的食用农产品农药残留超标，就不宜以生产销售有毒、有害食品罪来认定。同样，在养殖过程中，对于确属正常使用兽药而造成的食用农产品中的兽药残留，也不宜以犯罪论处。但在食用农产品种植、养殖、销售、运输、贮存等过程中，违反食品安全标准，超限量或者超范围滥用添加剂、农药、兽药等，足以造成严重食物中毒事故或者其他严重食源性疾病的，可以依照刑法第一百四十三条的规定以生产、销售不符合安全标准的食品罪定罪处罚。对于种植人、养殖人明知食用农产品中含有超标的农药、兽药残留，还积极实施销售行为，则可以生产、销售有毒、有害食品罪来认定。对于种植人、养殖人在食用农产品种植、养殖、销售、运输、贮存等过程中，使用禁用农药、兽药等禁用物质或者其他有毒、有害物质的，应以生产、销售有毒、有害食品罪定罪处罚。

（六）关于“食品滥用添加剂”和“保健食品非法添加”行为的认定

食品添加剂是指为改善食品品质和色、香、味以及为防腐、保鲜和加工工艺的需要而加入食品中的人工合成或者天然物质。根据《食品安全法》的规定，食品生产者应当依照食品安全标准关于食品添加剂的品种、使用范围、用量的规定使用食品添加剂。超限量、超范围滥用食品添加剂的行为会带来严重的食品安全问题。针对现实生活中大量存在的在食品流通、贮存环节的滥用添加剂行为，有必要对食品加工、流通等整个链条进行刑法规制，根据《危害食品安全案件解释》第8条的规定，在食品加工、销售、运输、贮存等过程中，违反食品安全标准，超限量或者超范围滥用食品添加剂，足以造成严重食物中毒事故或者其他严重食源性疾病的，依照《刑法》第一百四十三条的规定应以生产、销售不符合安全标准的食品罪定罪处罚。①

在保健食品或者其他食品中非法添加国家禁用药物等有毒、有害物质的，应以生产销售有毒、有害食品罪定罪处罚。

（七）关于生产、销售国家禁止食品使用物质行为的认定

非法生产、销售国家禁止用于食品生产、销售的非食品原料，以及国家禁止生产、销售、使用的农药、兽药，饲料、饲料添加剂，或者饲料原料、饲料添加剂原料的行为，如非法生产、销售“三聚氰胺蛋白粉”、“工业明胶”、“瘦肉精”及含有“瘦肉精”的饲料等，存在严重的食品安全危险。这类行为属于违反国家规定，生产、销售国家禁止生产经营的物品，或者生产、经营用于违法犯罪活动物品的行为，对此，应以非法经营罪定罪处罚。同时，鉴于这类行为还有可能构成生产、销售伪劣产品罪，生产、销售伪劣农药、兽药罪等其他犯罪，对于这类行为同时构成其他犯罪的，应当依照处罚较重的犯罪定罪处罚。

（八）关于非法从事生猪屠宰、销售行为的认定

根据《生猪屠宰管理条例》的规定，国家实行生猪定点屠宰制度，未经定点，除了农村地区个人自宰自食之外，任何单位和个人不得从事生猪屠宰活动。地下生猪屠宰厂（场）是当前病死、毒死、死因不明以及未经检验检疫的猪肉流入市场的一个重要通道，依法惩治私设生猪屠宰厂（场）、非法从事生猪屠宰经营活动是确保猪肉及其制品安全的重要环节。因此，对于非法从事生猪屠宰、销售行为，司法实践中应以非法经营罪定罪处

---

① 参见卢宇蓉、吴峤滨：《如何理解适用危害食品安全犯罪相关规定》，载《检察日报》，2013-07-07。

罚。同时，如果私设屠宰厂（场）经营未经检验检疫的生猪及其制品，且“足以造成严重食物中毒事故或者其他严重食源性疾病”的危险，则该行为可以构成生产、销售不符合安全标准的食品罪；如果屠宰者明知是使用盐酸克仑特罗等禁止在饲料和动物饮用水中使用的药品或者含有该类药品的饲料养殖的供人食用的动物，而提供屠宰等加工服务，或者销售其制品的，则构成生产、销售有毒、有害食品罪。同时构成其他犯罪的，应当依照处罚较重的犯罪定罪处罚。

（九）生产、销售有毒、有害食品罪认定中需注意的问题

1. 本罪与非罪的区别

司法实践中，在认定生产、销售有毒、有害食品罪与非罪时，应主要把握两点：一是行为人主观上是否明知其生产、销售的是掺入有毒、有害的非食品原料的食品；二是行为人是否实施了生产、销售有毒、有害食品的行为。

2. 本罪与生产、销售不符合安全标准的食品罪的区别

生产、销售不符合安全标准的食品罪是指生产者、销售者明知生产、销售的食品不符合安全标准而生产、销售，足以造成严重食物事故或者其他严重食源性疾病的行为。本罪与生产、销售不符合食品安全标准罪均是危害食品安全犯罪，均发生在食品生产和经营活动中的故意犯罪，而且犯罪主客体相同。两者的区别在于：第一，两罪犯罪类型不同。前者的是行为犯，即只要行为人实施法律规定的本罪行为，就构成既遂，不管其行为是否发生具体的危害结果。后者是危险犯，行为人不仅需要实施符合后者犯罪构成的行为，与此同时，该行为具有引起某种法定危害结果的危险，即足以造成严重食物事故或者其他严重食源性疾病，才构成生产、销售不符合安全标准的食品罪的既遂。第二，两罪的犯罪对象不同。本罪的犯罪对象是有毒、有害食品，行为人在生产、销售的食品中，故意掺入了有毒、有害的非食品原料或者明知掺有有毒、有害的非食品原料而销售。生产、销售不符合安全标准的食品罪的犯罪对象是不符合食品安全标准的食品，后者强调行为人利用腐败、变质或者超标准添加添加剂等不符合食品安全标准的食品原料生产加工食品，并未在生产加工过程中掺入有毒、有害的非食品原料。

3. 本罪与以危险方法危害公共安全罪的区别

以危险方法危害公共安全罪是指故意以放火、决水、爆炸、投放危险物质以外的并与之相当的危险方法，足以危害公共安全的行为。本罪与以危险方法危害公共安全罪的主要区别是：第一，两罪侵犯的客体不相同。前者侵犯的是复杂客体，即不特定多数人的生命健康权和国家对食品安全的监督管理制度。后者侵犯的是社会公共安全。第二，两罪的犯罪表现方式不同。与前者相比，以危险方法危害公共安全的行为方式则表现为以其他方法危害公共安全。如以私设电网的方法、以故意驾车冲撞人群的方法、以向人群开枪的危险方法、以输坏血、病毒血的方法危害公共安全。

4. 本罪与生产、销售伪劣产品罪的区分

本罪与生产、销售伪劣产品罪的区别主要体现在两个方面。第一，犯罪对象不同。前者的犯罪对象是有毒、有害食品，《刑法》对本罪的犯罪对象做出了限制，后者的犯罪对象是伪劣产品。第二，犯罪构成要件有所不同。前者只要求行为人实施符合犯罪构成要件的生产、销售有毒、有害食品的行为，就可以认定为本罪，而构成后者犯罪需要具备两个条件：一是生产、销售伪劣产品的销售金额达到5万以上；二是行为人在主观方面是故

意。在《刑法》理论上，本罪与生产、销售伪劣产品罪属于法条竞合，通常情况下其适用特别法优先于一般法的原则，行为同时符合上述两罪的构成要件，除法律另有规定，一般情况下都是依照本罪的规定处罚。如果行为人实施的行为不符合前者的犯罪构成，但是满足后者的犯罪构成，应按照后者定罪处罚。

5. 本罪与投放危险物质罪的区别

投放危险物质罪是指故意投放毒害性、放射性、传染病原体等物质，危害公共安全的行为。本罪与投放危险物质罪的主要区别有：第一，两罪犯罪主体不尽相同。前者的犯罪主体是一般主体，自然人和单位都可以构成。投放危险物质罪的犯罪主体只能由自然人构成。第二，两罪的犯罪目的不同。行为人实施本罪是为了获取不法利益。而行为人实施后一种犯罪的目的是使不特定多数人死亡或伤害，直接危害公共安全。第三，犯罪的时空条件不尽相同。在犯罪的时空条件方面，本罪通常发生在食品生产加工领域或者食品销售等领域，投放危险物质罪可以发生在任何领域，不受时间和地点等因素的限制。

6. 关于犯罪竞合的处理

《刑法》第一百四十九条第二款规定了生产、销售不符合安全标准的食品罪和生产、销售有毒、有害食品罪与生产、销售伪劣产品罪竞合情况下择一重处罚的原则。为进一步加大对危害食品安全犯罪的打击力度，对危害食品安全犯罪竞合的处理一般应适用危害食品安全犯罪两个基本罪名定罪处罚。符合《刑法》第一百四十三条规定的，以生产、销售不符合食品安全标准的食品罪定罪处罚；符合第一百四十四条规定的，以生产、销售有毒、有害食品罪定罪处罚。同时构成其他犯罪的，依照处罚较重的规定定罪处罚。生产、销售不符合食品安全标准的食品，无证据证明足以造成严重食物中毒事故或者其他严重食源性疾病，不构成生产、销售不符合安全标准的食品罪，但是构成生产、销售伪劣产品罪等其他犯罪的，依照该其他犯罪定罪处罚。

7. 关于共同犯罪的处理原则

危害食品安全犯罪具有逐利性、链条性、团伙性等特点。惩治危害食品安全犯罪，不仅要严厉惩治危害食品安全犯罪的实行行为，还要依法惩治危害食品安全犯罪的各种帮助行为，扫除滋生危害食品安全犯罪的环境条件。因此，对于明知他人生产、销售有毒、有害食品，而提供如下帮助或者便利条件之一的，应以生产、销售有毒、有害食品罪的共犯论处。一是提供资金、贷款、账号、发票、证明、许可证件的；二是提供生产、经营场所或者运输、贮存、保管、邮寄、网络销售渠道等便利条件的；三是提供生产技术或者食品原料、食品添加剂、食品相关产品的；四是提供广告宣传的。

三、生产、销售有毒、有害食品犯罪案件的追诉标准

《最高人民检察院、公安部关于公安机关管辖的刑事案件立案追诉标准的规定（一）》（公通字［2008］36号）第二十条规定："在生产、销售的食品中掺入有毒、有害的非食品原料的，或者销售明知掺有有毒、有害的非食品原料的食品的，应予立案追诉。使用盐酸克仑特罗（俗称"瘦肉精"）等禁止在饲料和动物饮用水中使用的药品或者含有该类药品的饲料养殖供人食用的动物，或者销售明知是使用该类药品或者含有该类药品的饲料养殖的供人食用的动物的，应予立案追诉。明知是使用盐酸克仑特罗等禁止在饲料和动物饮用水中使用的药品或者含有该类药品的饲料养殖的供人食用的动物，而提供屠宰等加工服

务，或者销售其制品的，应予立案追诉”。

在适用本罪的立案追诉标准时，应注意把握以下几点：

（1）本罪是行为犯，即只要行为人有在生产、销售的食品中掺入有毒、有害的非食品原料，或者销售明知是掺有有毒、有害的非食品原料的食品的行为，就构成本罪。因此，在司法实践中，只要具有上述行为就应予以立案侦查，不需要造成实际危害后果，危害后果只是加重情节。

（2）如何确定非食品原料是否有毒、有害。办理生产、销售有毒、有害食品犯罪案件，经常涉及“有毒、有害的非食品原料”认定等专业性问题，对此，一是严格按照《网络诽谤案件解释》第20条明确的“有毒、有害的非食品原料”的范围来认定，即法律、法规禁止在食品生产经营活动中添加、使用的物质；国务院有关部门公布的《食品中可能违法添加的非食用物质名单》、《保健食品中可能非法添加的物质名单》上的物质；国务院有关部门公告禁止使用的农药、兽药以及其他有毒、有害物质，可以直接认定为“有毒、有害的非食品原料”。二是对“有毒、有害非食品原料”难以确定的，司法机关可以根据检验报告并结合专家意见等相关材料进行认定。三是依据法定鉴定机构出具的鉴定结论来认定。

（3）对使用盐酸克仑特罗等药品行为的把握。对在养殖过程中使用盐酸克仑特罗等药品，具有下列情形之一，应予立案：一是在饲料和动物饮用水中使用盐酸克仑特罗等药品养殖供人食用的动物的；二是使用含有该类药品的饲料养殖供人食用的动物的；三是销售明知是使用该类药品或者含有该类药品饲料养殖的供人食用的动物的；四是明知是使用盐酸克伦特罗等禁止在饲料和动物饮用水中使用的药品或者含有该类药品的饲料养殖的供人食用的动物，而提供屠宰等加工服务的；五是明知是使用盐酸克伦特罗等禁止在饲料和动物饮用水中使用的药品或者含有该类药品的饲料养殖的供人食用的动物，而销售其制品的。“供人食用的动物”既包括家畜、家禽，如猪、牛、羊、鸡、鸭等，还应包括淡水或者海水养殖的动物，如鱼、虾、海参、鲍鱼、甲鱼等。

四、生产、销售有毒、有害食品犯罪的特点

（一）案件数量大幅攀升

从司法实践的情况看，当前食品安全形势仍然十分严峻。2010年至2012年，全国法院共审结生产、销售有毒、有害食品刑事案件1 219件；生效判决人数1 489人。其中三年审结的案件数分别为80件、278件、861件；生效判决人数分别为110人、320人、1 059人。不论是审结的案件数，还是生效判决人数均呈逐年上升的趋势。2011年、2012年审结生产、销售有毒、有害食品刑事案件同比增长224.62%；生效判决人数同比增长257.48%。[①] 2013年全国公安机关共破获危害食品安全犯罪案件3.2万起，是2012年破案数量的2.6倍。[②] 2013年1月25日公安部部署全国公安机关开展打击食品犯罪保卫餐桌安全专项行动，专项行动开展3个月，各地公安机关共侦破各类危害食品安全犯罪案件

① 参见最高法院详细阐释《关于办理危害食品安全刑事案件适用法律若干问题的解释》，央视网，http：//jingji.cntv.cn/2013/05/03/ARTI1367582224970948.shtml，2015年7月29日访问。

② 参见李金磊：《中国去年侦破食品安全案件3.2万起，为2012年2.6倍》，中国新闻网，http：//www.chinanews.com/fz/2014/01—06/5698430.shtml，2015年7月29日访问。

2 010起，抓获犯罪嫌疑人 3 576 名，捣毁“黑工厂”、“黑作坊”、“黑窝点”、“黑市场”1 721个，摧毁跨省区市的犯罪网络 325 个。[①] 不法经营者在巨大利润的诱惑下，为牟取非法利益，顶风作案，屡打不绝。

（二）犯罪规模不断扩大，呈现出由传统食品向保健品扩张的趋势

一些不法经营者为牟取非法利益，无视基本的道德底线，生产、销售有毒、有害食品犯罪从“小作坊”向规模化生产发展；生产、销售有毒、有害食品的对象从肉、酒、奶、米等食品向保健品、营养品扩张。如在已侦办的案件中就发现犯罪嫌疑人在经营的“减肥保健品”中添加我国明令禁止生产、销售和使用的“盐酸西布曲明”，在男性保健食品中添加“伟哥”等，频发的食品安全案件不仅给人民群众的生命健康带来巨大危害，给国家和社会造成巨大经济损失，而且在国内和国际上产生了极其恶劣的影响，人民群众反映强烈。[②]

（三）犯罪手段日趋隐蔽，产业化程度高，反侦查意识强

随着公安机关打击力度的不断加大，嫌疑人犯罪手段日趋多样化、智能化，反侦查能力日益增强。从生产、销售有毒、有害食品窝点来看，一般选择在场镇、城乡结合部等一些治安防范相对薄弱的地区，隐蔽性极强。并且在各个生产窝点安排眼线，负责观察可疑车辆和可疑人员；个别大的窝点隐匿较深，甚至装有监控，实时掌握窝点周边的“可疑情况”。一旦发现情况迅速销毁或者转移赃物，人员撤离窝点、四处藏匿。甚至有的以合法企业的外衣实施犯罪行为，犯罪隐蔽难于发现。如犯罪嫌疑人在生产环节上，按订单数量进行生产，生产后对剩余废料及时进行销毁。从生产技术看，犯罪分子由过去在食品中掺入有毒、有害物质，转而采取技术手段从有毒、有害物质中提取“食品”。由物理方法添加向研制非法化学添加剂进行非法添加，由过去主要在食品生产环节添加，发展到在食品生产之前的食品原料、饲料加工环节添加。“科技含量”越来越高，认定难度越来越大。为逃避打击，有毒、有害食品的生产、包装、运输、储存、销售各环节往往相互分离，不在一地。在销售环节，单线联系居多，犯罪嫌疑人往往配备多部手机，多张银行卡，用于不同的上下线之间联系、打款，且多是借用其亲朋好友姓名办理。销售多为异地销售或批发、零售给城乡接合部商贩，或者采取网络平台进行批发、零售，贩卖到全国各地。给侦查工作带来了一定的难度。

（四）“点多、线长、面广”，取证难度大

所谓“点多”，是指食品品种繁多，涉及粮、油、肉、奶制品、豆制品、酒水、饮料、调料品等多个大类，同时还包括保健食品。从田间到餐桌，案件涉及养殖、种植、生产、加工、包装、运输、储存、销售等多个环节；每个环节的监管部门各异，涉及农业、工商、质监、食监、卫生等多个部门。所谓“线长”，是指生产、销售有毒、有害食品犯罪正朝专业化、组织化、智能化方向发展，各环节都有明确的分工，采用单线式联系、物流式运输、定单式销售、现金式结账，形成产、供、销、贩一条龙式的组织网络，逃避打击

① 参见公安部新闻中心：《公安机关集中打击肉制品犯罪保卫餐桌安全》，见公安部网站，http：//www.mps.gov.cn/n16/n1237/n1342/n803715/3772307.html，2014 年 5 月 2 日访问。

② 参见最高法院详细阐释《关于办理危害食品安全刑事案件适用法律若干问题的解释》，央视网，http：//jingji.cntv.cn/2013/05/03/ARTI1367582224970948.shtml，2015 年 7 月 29 日访问。

的能力进一步增强。所谓“面广”，是指跨地区作案明显，犯罪嫌疑人为非法牟利、躲避打击，往往跨乡镇、跨县市甚至跨省作案。多为一地生产，多地销售；也不乏多地生产，多地销售。作案窝点多选择农村、城乡结合部等监管薄弱区域，分散式种植养殖、地下小作坊生产等，隐蔽性强，不易被发现和打击。由于生产、销售有毒、有害食品犯罪案件往往涉及多省多地，关系错综复杂，侦查中较难发现“上线”与“下线”，如果没有长线经营，无法全面了解违法犯罪的行为及黑幕链条，摸排难度极大，给调查取证带来很多困难。

（五）结伙作案，家族式经营明显

从司法实践看，生产、销售有毒、有害食品窝点的经营者均为家庭或家族式经营，彼此之间的联系较为紧密，带有明显的地缘性或者血缘性。多人纠结，结伙作案，团伙内部分工明确，组织严密，实施流水线、一条龙运作。

（六）案件链条性明显，多种犯罪交织

生产、销售有毒、有害食品犯罪案件涉及原料的采购、生产加工、运输、储存、批发、零售等多个环节，具有明显的链条性。同时，犯罪嫌疑人在实施生产、销售有毒、有害食品犯罪过程中往往还会涉嫌生产销售不符合安全标准的食品罪、生产销售伪劣产品犯罪、假冒注册商标犯罪、销售假冒注册商标的商品犯罪、虚假广告犯罪和非法经营犯罪，因此，往往是多种行为交织。

第二节　生产、销售有毒、有害食品犯罪案件的侦查方法

“民以食为天，食以安为先”。食品安全事关人民群众切身利益。生产、销售有毒、有害食品犯罪严重危害人民群众身体健康和生命安全、严重扰乱社会主义市场经济秩序、严重影响社会和谐稳定、严重损害政府的形象。因此，必须针对此类犯罪的特点，采取有效措施，全力开展侦查，有力打击和有效遏制生产、销售有毒、有害食品犯罪。

一、主动发现和及时受理案件线索

（一）主动发现案件线索，拓展案源

针对食品安全犯罪“实际发生多、发现、查处少”，人民群众反映强烈的现状，公安机关应主动加强与食监、卫生、工商、农业等行政执法部门联系，主动寻找案件线索。食监、卫生、工商、农业等行政执法部门在行政执法中发现的食品安全违法线索或者查处的食品安全违法案件，是公安机关获取食品安全犯罪线索的重要来源。食品安全犯罪，特别是生产、销售有毒、有害食品犯罪，往往与食品安全违法行为相交织，违法人员与犯罪嫌疑人相联系，且常常具有地缘性和血缘性。违法人员实施违法行为的窝点极有可能与实施犯罪行为的场所相重合。因此，对于违法案件发生的场所、人员、行为类型等信息进行扩展性、跟踪性和关联性研判，是主动获取案件线索，拓展案件来源的重要途径。

（二）加强食品生产与销售市场的阵地控制和情报收集、研判

生产、销售有毒、有害食品犯罪的实施通常有一个过程，即有毒、有害原料采购、添

加、加工、储存、包装、运输和销售的过程。因此，生产、销售有毒、有害食品必须具备一定的时空条件，在时间和空间上留下“痕迹”。因此，加强对食品生产、销售市场的阵地控制，特别是要加强对食品安全问题易发地区或者场所的情报收集、研判，主动发现犯罪线索，是实现对有毒、有害食品犯罪主动打击的客观要求。

（三）鼓励群众举报，畅通报案渠道，及时受理案件线索

通过食品安全知识的宣传教育，普及食品安全常识，增强人民群众的防范意识，提高人民群众对有毒、有害食品的识别力和举报“问题食品”的主动性。同时，也可以通过奖励的方式鼓励全社会积极发现和举报犯罪线索。拓展受理途径，便利群众举报、报案是获取案件线索的重要方式。一是通过拓展信箱、电话、网站、微信、qq 等举报途径，畅通举报渠道，便利举报。二是依法及时受理报案和控告，详细询问报案人。生产、销售有毒、有害犯罪具有很强的连续性、社会危害性和跨地域性特点。犯罪嫌疑人往往通过空间的快速变换来逃避刑事打击，即犯罪嫌疑人在甲地生产有毒、有害食品，在乙地销售或者由乙地再销往多地。所以对此类案件线索一定要及时受理、详细询问，认真细致地审核报案、控告和举报人提供的材料，寻找案件线索。此类案件的报案人主要是知情人、受害人和食品安全行政执法机构。由于上述案件来源主体不同，发现案件线索的具体情形也不同，因此对案件线索感知的内容会有很大差异。因此，在接受不同报案人报案时，要有针对性开展询问，以便发现尽可能多的案件线索，并在此基础上对有条件的案件线索及时串并案。三是依法及时审查行政执法机关移送的案件。公安机关要主动做好与行政执法部门的案件衔接。对涉嫌生产、销售有毒、有害食品犯罪线索及时作出客观判断。

二、迅速开展立案审查

公安机关对受理的生产、销售有毒、有害食品犯罪线索，迅速开展立案审查（初查）是依法启动侦查的前提。

（一）立案审查的途径

根据公民报案、受害人控告、知情人举报、群众扭送以及从行政执法部门移送的案件线索，按照《刑法》对生产、销售有毒、有害食品罪的规定，立案审查应主要从以下几个方面入手，进行调查核实。

1. 从易于查证的事实入手开展调查

根据案件线索反映的情况，在立案审查中，要注意寻找易于查证的事实来开展调查核实。在调查核实中，可供调查核实的问题很多，如有毒、有害食品存放地点、生产窝点、销售地点、销售方式、谁生产、谁销售、谁购买等。在案件诸多有待查证的问题中，要根据已经获得的案件线索，有针对性地选择调查的切入点，以期迅速确定是否有犯罪事实发生，及时作出是否立案决定。

2. 从易于突破的环节入手开展调查

生产、销售有毒、有害食品犯罪往往是多人结伙作案，而且犯罪涉及原料采购、生产加工、包装、储存、运输和销售等多个环节。因此，立案审查应重点围绕上述人员和环节，从中寻求容易突破的人员或者环节，通过明察暗访，询问相关知情人，查明犯罪事实

是否存在。[1]

（二）立案审查注意的问题

1. 按规定时限，全面客观开展立案审查

在立案审查中，要严格遵守立案审查期限的规定，全面客观地开展调查核实。绝不能超时限立案审查，更不允许以案件复杂为由，无限期地进行立案审查。

2. 及时检测、鉴定

立案审查过程中遇到的首要问题是“可疑食品”是否是有毒、有害食品。对难以确定的“可疑食品”，公安机关应当及时将“可疑食品”的检材委托法定的检验机构进行检测、鉴定，依据检测结果和鉴定结论，作出是否立案侦查的决定。在立案审查中，一是要保证可疑食品检材的来源、取得、保管、送检符合法律及有关规定，避免由于检材不符合鉴定要求，而导致对“可疑食品”无法作出有效的鉴定结论。二是针对司法实践中鉴定周期长的实际，应加强与法定检测、鉴定机构的沟通，及时对立案审查中提取的“可疑食品”检材进行检测鉴定。特别是对一些保质期较短且不易保存的食品，应该在其保质期内进行鉴定。

3. 依法审查行政执法机关移送的案件证据

从司法实践来看，许多危害食品安全刑事案件首先是由食药监、工商、质监、农产品质量安全监管和卫生等行政执法机关在行政执法和查处案件过程中发现，并向公安机关移送。公安机关在审查行政执法机关移送的涉嫌生产、销售有毒、有害食品犯罪案件时，应重点审查行政执法机关依法收集、调取、制作的物证、书证、视听资料、检验报告、鉴定意见、勘验笔录和现场笔录。经审查，认为行政执法机关提供的上述证据符合证据的客观性、关联性和合法性的，可以作为刑事证据使用，不需要重新收集。

三、全面调查取证

调查取证是指为查明案件事实，依法运用各种侦查措施，发现、收集和固定证据的行为，是生产、销售有毒、有害食品犯罪案件侦查的核心。

（一）调查取证的途径

1. 从“可疑食品”市场入手，查找犯罪窝点，查清犯罪事实

生产有毒、有害食品必须具备一定的空间条件、原材料条件和人员条件。因此，在侦查中应主要围绕“场所、人员和原材料”开展侦查。

（1）查找生产窝点。生产、销售有毒、有害食品的窝点是犯罪嫌疑人实施犯罪的场所。这里汇集着原材料、产成品，聚集着生产人员，存放着作案工具。查找到生产窝点对于全面获取此类犯罪证据，从源头上打掉犯罪非常重要。对此，一是通过对食品市场监控、食品流通环节监控、食品销售可疑人员监控，可疑原料销售的监控，甚至对养殖场所的监控，查找有毒、有害食品由哪来、销哪去，谁知情，谁经手的线索。二是从发现的“可疑食品”入手，秘密调查生产、销售有毒、有害食品各环节的相关知情人，了解有毒、有害食品的生产场所、销售渠道和生产销售人员。三是采取各种侦查手段，引蛇出洞或者

---

[1] 参见戴蓬：《经济犯罪侦查对策新解》，49～50页，北京，中国人民公安大学出版社，2011。

通过对相关人员的监控，发现生产窝点和幕后老板。

（2）查找原料。通过查找原料来源与去向，达到“以物找人，以物找点”的目的。一是通过原料的销售方来查找原料的购货方；二是通过原料的流向查找生产、销售的窝点。

（3）查找加工人员。通过查找生产、加工人员，可查清生产、销售有毒、有害食品的参与人员情况及其相互关系，在犯罪中所起的作用。一是以“可疑食品”的销售人、经手人为线索，对重点可疑人员进行排查，发现生产、销售有毒、有害食品的人员；二是通过一般加工人员，发现幕后主要犯罪嫌疑人。

（4）查清生产、销售有毒、有害食品的事实。通过查找犯罪窝点与生产、销售人员，发现犯罪场所，获取生产、销售的时间、品种、数量、生产销售金额等犯罪证据，查清生产、销售有毒、有害食品罪的基本事实，查扣有毒、有害食品及其原材料，扣押相关生产、销售记录、出入库单证、账册。

2. 从销售市场入手，发现可疑人员，扩大案件线索

有毒、有害食品销售方式多种多样，既有传统的批发、零售，也有现代的网络销售；既有货物自提和送货上门，也有互不见面的邮购快递。但不论什么方式，在销售过程中都会或多或少地留下犯罪嫌疑人的某些信息。销售作为中间环节，既知道有毒、有害食品的来源，同时也知道有毒、有害食品的去向。因此，调查销售渠道是侦查工作的一个重要途径。通过调查走访与销售有毒、有害食品的人员有过经济往来的厂家、商家或个体商贩，包括销售网点、销售人员、原材料供应商、运输商和消费者，可详细了解有毒、有害食品的来源、产地、购进渠道、交接货物方式和数量等情况，通过“上挖下扩”，由中间商挖出生产者，查明涉案人员和涉案场所的有关情况。

3. 通过查控关系人及其交通和通信工具，查询、追踪资金流向，查获嫌疑人

对侦查中逃匿的嫌疑人，在确定身份的基础上，可以通过“以人找人，以钱找人，以物找人、以行为轨迹找人”的方式，查控关系人，交通、通信工具，查询、追踪资金流向和住宿消费记录。在确定行为轨迹的前提下、锁定犯罪嫌疑人。犯罪嫌疑人为了销售其食品，通常要雇用一些“马仔”为其服务，有中间人或联系人帮助其介绍生意，同时也离不开现代化通信和交通工具的使用，而与其有经济来往的厂家、商家、用户、消费者也往往掌握与犯罪嫌疑人联络的方式，通过对其“马仔”或联系人等关系人的查控和有关联络方式、交通工具的侦控，能够迅速查获犯罪嫌疑人。

（二）调查取证的措施

1. 询问受害人、证人

生产、销售有毒、有害食品犯罪的目的是通过生产、销售有毒、有害食品来牟取非法利益，因此，一般都有直接的受害人。获取受害人的陈述是了解案情的重要途径。对受害人应重点询问：一是何时、何地、何处、向何人购买了何种“食品”，购买“食品”的数量、价格、食用多少、剩余多少、购买凭证；二是食用该“食品”对身体健康是否有影响，什么影响，有关医学诊断证明或病历，即问明是否对其身体健康造成严重危害。通过询问证人，获取案件的有关证据，根据知情人或案发现场群众对犯罪嫌疑人、犯罪场所的指认、辨认以及对案件情节的具体描述等，证实有关生产、销售有毒、有害食品犯罪事实系犯罪嫌疑人所为。如有必要可组织对犯罪嫌疑人进行辨认，并做好辨认笔录。

2. 讯问犯罪嫌疑人

讯问犯罪嫌疑人是获取其供述和辩解的侦查措施。对犯罪嫌疑人应重点讯问：一是掺入有毒、有害非食品原料的来源、名称、种类；生产、销售有毒、有害食品的具体过程，生产、销售有毒、有害食品的品种、名称、数量、价格，有毒、有害食品的销售方式、去向、销售金额；二是生产、销售有毒、有害食品的人员、分工、地位、作用；三是生产、销售有毒、有害食品的时间、资金、设备、运输、场地、存储、包装等情况；四是犯罪嫌疑人的主观故意和动机；五是对于具有帮助生产、销售有毒、有害食品行为的，要问清提供何种帮助。由于此类案件犯罪嫌疑人通常都是亲属、同乡的关系，而且一般都受过打击处理，如果没有充分确实的证据，口供很难攻破。因此，讯问中要善于发现犯罪嫌疑人防备的薄弱环节，综合运用各种讯问方法，获取真实的供述和辩解。

3. 调取证据、搜查、扣押、查封、冻结

对发现的可以证明嫌疑人实施生产、销售有毒、有害食品的书证、物证、赃款、犯罪工具、犯罪场所以及可能隐藏犯罪证据的场所，可以采取调取证据、搜查、扣押、查封、冻结等侦查措施，收集、固定相关犯罪证据。

4. 对涉案食品和有毒、有害物质进行检验、鉴定

对侦查中发现的可疑食品或者非食品原料、禁用添加剂、禁用农药兽药、禁用药物等，应通过法定检测或者检验机构依法做出检验结果或者鉴定意见。

5. 现场勘验、辨认

通过对生产、销售有毒、有害食品犯罪窝点和物品的勘验和辨认，发现犯罪事实，收集犯罪证据。勘验和辨认要依法进行，并做好勘验和辨认笔录。

案例(3－2)

2007年7月至2008年11月期间，董×在C市××乡将从张×处购买的“瘦肉精”(含有盐酸克伦特罗成分)，分散销售给养猪户刘×、李××、高××、宋××、王××等多人，添加在猪饲料中喂养生猪，并明确告知养猪户“瘦肉精”的危害、用途、用量、停止使用的时间等。2008年10月，养猪户刘×、李××、高××、宋××、王××等饲养的生猪销往S省×市某屠宰肉食品加工有限公司屠宰销售时，被国家农业部抽检发现含有盐酸克伦特罗成分。公安机关立即对董×、张×、养猪户刘×等人进行了控制。案发后，尚未发现有中毒现象。①

本案应从哪些方面搜集证据?

评析：本案的取证工作主要从以下几个方面开展：

1. 查证添加“瘦肉精”的事实。由鉴定机构对犯罪嫌疑人生产猪肉进行鉴定，根据鉴定意见及有关证人证言证明其添加“瘦肉精”的事实。

2. 扣押“瘦肉精”、购销记录，制作勘验、检查工作笔录。

3. 获取董×、张×、刘×等的供述。董×在明知“瘦肉精”危害的情况下，将“瘦肉精”销售给养猪户刘×等人，并明确告知养猪户“瘦肉精”的危害、用途、用量、停止

---

① 参见河南省登封市人民法院：《被告人董春兰犯生产有毒、有害食品罪一案刑事判决书》，见河南省登封市人民院网，http：//hndffy. chinacourt. org/public/paperview. php? id=194824，2014年6月8日访问。

使用时间，具有鲜明的主观故意。由张×、养猪户对此进行证实。

4. 关于尚未发现有中毒现象的事实，通过食品药品监督管理部门的相关报告和专业人员的证言证实。

5. 关于嫌疑人的自身信息，包括姓名、年龄、籍贯、职业、住址、主要社会关系人等。

嫌疑人对整个案情的供述与本案其他书证、物证、证人证言等证据相互印证。

【导入案例简析】

首先，王×兵从2002年起就开始生产经营勾兑白酒生意，对工业酒精和食用酒精的市场价格非常清楚。当其明知雇员以食用酒精一半的价格购回的酒精不可能为食用酒精的情况下，既未仔细询问雇员，也未向销售方核实；其次，实施了用购回的工业酒精勾兑生产“白酒”出售的行为导致了多人伤亡的严重危害结果的发生，其行为已构成生产、销售有毒食品罪。同时王×兵使用自来水、食用酒精与少量自酿苞谷酒勾兑“白酒”冒充苞谷酒销售，其行为已构成生产、销售伪劣产品罪。

【资料链接】

食品安全问题的成因与对策

一、食品安全问题的成因

1. 社会经济转型时期，人们的食品安全意识比较薄弱，部分食品经营者由于自身素质低下、社会责任感缺乏以及受经济利益驱使等原因，造假售假，以图获取丰厚利润。

2. 食品行业门槛过低，造成我国食品行业的“多、小、散、乱”。小食品企业使用的设备简陋、技术水平落后、卫生状况恶劣、产品质量难以得到控制。据统计，80%以上的食品质量问题都出自于不规范的小企业、小作坊。

3. 食品安全法律体系存在着明显差距：一是食品法律法规的系统性和完整性较差，涉及食品监管的法律法规如《产品质量法》、《食品卫生法》、《农业法》等，仅仅对食品质量作了一些概要性规定，有较大的法律监管盲区，且《食品卫生法》确定的执法主体职责与现实情况有所脱节，不适应多个部委共同按职能分段监管的现状。二是食品法律法规的条款笼统，操作性差，一些法律法规规定的比较原则和宽泛，有些条款甚至完全过时，对实际问题约束力较低，操作性不强。三是食品法律法规的罚则较轻，法律效力不够，相比西方发达国家极其严厉的惩罚力度而言，缺乏威慑力。四是食品安全监管配套法律法规未出台，执法力度不够。

4. 食品安全监管模式落后。一是国务院虽然明确食品药品监督管理部门承担着食品安全的牵头综合和组织协调工作，但缺乏强有力的法律依据和权威性，综合监管仅仅靠的是行政手段，管理难度较大。二是法律授权的有农牧、质监、工商、卫生、商务、出入境检验检疫局等多个部门，由于监督管理部门多，部门间的职能交叉、重复执法、重复抽检、执法缺位、监管空白等现象较为突出，部门之间形不成合力，监管责任难以落到实处。三是执法过程缺乏规范化和持续性，往往在出现重大食品安全事故后，进行运动式的检查处理，无法从根本上解决食品安全问题。

5. 食品质量安全的技术支撑体系不完善。据不完全统计，目前，我国共有各类检验机构数万个，行政色彩浓厚，低水平重复建设严重，检测设备、检测技术落后，很难为食品质量监管提供强有力的技术支持。此外，由于部门障碍，检测报告的法律效力不被广泛承认，造成了检测资源的不必要浪费。而不同环节的检测，必然导致监管效果的不同。

二、食品安全问题的对策

1. 加大食品安全法律法规和科普知识的宣传力度，做好食品安全信息的发布管理工作，提高食品安全意识，引导群众科学消费，建立广泛的社会监督体系，使假冒伪劣产品失去消费市场。

2. 抬高食品行业准入门槛，建立食品安全行业信用体系，根据企业信用等级实行动态管理，建立健全重点监控机制，加强行业自律，对食品生产、食品销售企业、市场开办者实行有效的管理。

3. 建立和完善食品安全法律法规体系，一是对现有的食品安全法律法规、条例、标准、规范等进行整合，制定食品安全基本法，尽可能减少和避免立法和执法上的相互冲突，保持法律的同一性，同时覆盖“从农田到餐桌”的食品链的所有环节，确保食品安全的完整性。二是加大对违法行为的惩处力度，强化对食品生产和销售企业的日常监管，确保食品安全法律法规的执行力和可操作性，做到令行禁止、政令畅通。

4. 整合执法力量，形成统一、权威、高效的食品安全监管模式，解决多头执法现象。一种方式是合并现有食品监管的相关部门，建立统一的食品安全监督管理部门，对食品生产全过程进行监管。另一种方式是在政府成立的“食品安全协调委员会”领导下建立高效运转的协调机制，整合监管资源，明确监管职责，加大监管力度，推进综合执法、联合执法，使食品安全监管工作更加权威高效。

5. 整合食品安全检测资源，完善食品质量安全的技术支撑体系。把分散的检测设备集中起来，建立区域中心监测站，完善食源疾病监测网络，建立相关的数据库和处理中心，实施食品检测统一计划、统一抽样、统一标准、统一信息发布，对整个食品产业链进行全程监管，保障人民身体健康，保障社会和谐发展。①

【本章小结】

生产，销售有毒，有害食品罪，是指在生产、销售的食品中掺入有毒、有害的非食品原料，或者销售明知掺有有毒、有害的非食品原料的食品的行为。

在生产、销售有毒、有害食品犯罪案件侦查中应明确立案追诉标准，重点把握行为的认定。

生产、销售有毒、有害食品犯罪的现状是案件数量大幅攀升；重大、恶性食品安全犯罪案件时有发生；犯罪规模不断扩大，呈现出由传统食品向保健品扩张的趋势；家族式经营，产业化程度高，反侦查意识强。特点是“点多、线长、面广”，取证难度大；案件链条性明显，团伙作案突出；犯罪手段日趋隐蔽，反侦查能力强；多种犯罪交织。

生产、销售有毒、有害食品犯罪案件的侦查方法，一是主动发现和及时受理案件线索；二是迅速开展立案审查；三是全面调查取证。

【关键术语】

生产、销售有毒、有害食品罪；有毒、有害的非食品原料；食品；食用农产品

---

① 参见中国食品科技网：《我国危害食品安全的原因及对策分析》，见 http：//www.tech-food.com/news/2007-7-8/n0122624.htm，2014 年 6 月 9 日访问。

【推荐阅读与学习资源】

1. 陈国庆、武冬立、柯良栋主编：《治安部门管辖的刑事案件立案追诉标准最新适用指南》，北京，中国人民公安大学出版社，2012。

2. 谢宁、温雯：《浅谈食品安全犯罪侦查中的几个问题》，载《犯罪研究》2011（4）。

3. 盛丰：《我国食品药品案件行政执法与刑事司法衔接模式重构探析》，载《公安研究》2012（3）。

4. 中国食品网，http：//www. cfqn. com. cn。

5. 国家食品药品监督管理总局网站，http：//www. sfda. gov. cn。

【案例分析】

2010年11月，×市×区公安分局和区工商局联合对辖区食品生产小作坊进行清理，在×区一个村庄内的一租赁屋查获一血旺生产点，当场扣押4 000公斤已制作好的血旺。经检测，发现查获的血旺中含有甲醛。甲醛是一种对人体健康有毒有害的物质，为国家明令禁止添加到食品中的非食用添加剂。

市公安局立即组成专案组立案侦办，查明自2009年5月以来，李×、邓×在×区该村内租赁一个院落非法进行牛血旺加工。李×、邓×二人出资购买锅炉、修建水池、聘请工人、生产血旺，并加入有毒物质甲醛用于保鲜。毒血旺流向本市及本省其他地区，销路良好。经初步统计，生产销售含甲醛的牛血旺约25万公斤，销售金额达15万元。

李×、邓×因涉嫌在生产、销售的食品中掺入有毒、有害的非食品原料被警方控制。①

问题：请谈谈本案的侦查思路。

① 参见吴新伟：《重庆警方通报多起非法生产、销售食药案件》，见中国广播网，http：//news. cnr. cn/gnxw/201104/t20110426_507933936. html，2014年4月26日访问。

第4章

非国家工作人员受贿犯罪案件侦查

【学习目标】

通过本章的学习，理解非国家工作人员受贿罪的概念、构成要件；了解非国家工作人员受贿案件的特点和作案手段；掌握非国家工作人员受贿罪主体的认定要点；掌握非国家工作人员受贿犯罪案件的侦查取证要点。

导入案例

A公司到某县经侦大队报案称：公司采购的VSB接口端子电子元件采购价与市场价有较大的差距，怀疑公司采购人员收受“好处费”，请求公安机关查处。接案后，经侦大队立即开展外围调查工作。办案人员从与A公司发生电子元件供货量较大的100多家公司中筛选出较为可疑的B公司入手进行调查。B公司以商业秘密为由拒绝配合调查，只提供了VSB接口端子电子元件每只0.22元～0.24元的价格。办案人员在B公司遇阻，使案件陷入僵局。但办案人员马上调整侦查方向，从调查公司的采购员、采购合同入手，一方面邀请内行的采购员介绍采购流程，包括采购物料怎样收受好处费，从中发现采购环节存在的漏洞；另一方面对A公司物流中心历年的采购合同单进行核对，先后查阅、核对2万多份的采购、订货合同书及相关资料，并走访了30多家供货公司，同时对公司物流中心所有的采购员进行逐个排查。

通过前期的外围调查，办案人员发现C电子公司开具给A公司一份10万只电子元件的发票，发票记载每只VSB电子元件价格是1.85元。而当办案人员向其他VSB电子元件供应商了解到VSB电子元件当时的市场价每只只有0.22元，仅这一份订单就给公司造成16万元的损失。这一订单的经手人是担任物流中心的副主任李××。经调查李××经手的其他订单，大部分都存在价格偏高的现象。另外，办案人员还发现，李××的妻子张×经常到银行查询银行卡情况，打听客户供应商是否将钱汇入其账户。为此，经侦大队认为李××有重大的作案嫌疑，遂予以立案。①

问题：本案应如何开展侦查工作？应收集哪些证据？

---

① 参见徐敏洪：《公安经侦典型案例精解》，12页，北京，中国人民公安大学出版社，2010。

第一节　非国家工作人员受贿犯罪案件概述

一、非国家工作人员受贿罪的概念

非国家工作人员受贿罪，是指公司、企业或者其他单位的工作人员利用职务上的便利，索取他人财物或者非法收受他人财物，为他人谋取利益，或者在经济往来中，利用职务上的便利，违反国家规定，收受各种名义的回扣、手续费，归个人所有，数额较大的行为。

《刑法》第一百六十三条规定："公司、企业或者其他单位的工作人员利用职务上的便利，索取他人财物或者非法收受他人财物，为他人谋取利益，数额较大的，处五年以下有期徒刑或者拘役；数额巨大的，处五年以上有期徒刑，可以并处没收财产。公司、企业或者其他单位的工作人员在经济往来中，利用职务上的便利，违反国家规定，收受各种名义的回扣、手续费，归个人所有的，依照前款的规定处罚。国有公司、企业或者其他国有单位中从事公务的人员和国有公司、企业或者其他国有单位委派到非国有公司、企业以及其他单位从事公务的人员有前两款行为的，依照本法第三百八十五条、第三百八十六条的规定定罪处罚。"

本罪侵犯的客体是公司、企业或者其他单位的管理制度和公司、企业或者其他单位工作人员的职务廉洁性。本罪在客观方面表现为公司、企业或者其他单位的工作人员利用职务上的便利，索取他人财物或者非法收受他人财物，为他人谋取利益，或者在经济往来中，利用职务上的便利，违反国家规定，收受各种名义的回扣、手续费，归个人所有，数额较大的行为。本罪的主体是公司、企业或者其他单位的工作人员。本罪的主观方面表现为故意，过失不构成本罪。

二、非国家工作人员受贿罪的认定

（一）本罪客观方面的认定

1. 利用职务上的便利，索取他人财物或者非法收受他人财物，为他人谋取利益

利用职务上的便利，是指公司、企业或者其他单位的工作人员利用自己职务上组织、领导、监管、主管、经管、负责某项工作的方便条件。索取他人财物，是指公司、企业或者其他单位的工作人员以为他人谋取利益为条件，向他人索取财物。索取既可以是明示的，如行为人明确地向对方提出贿赂要求，如果对方不给其财物，就不履行或不正当履行自己的职务，就不为对方谋取利益，以此为要挟，迫使对方交出财物；索取也可以是暗示性地提出贿赂要求，让对方领会其索贿意图后交给其财物。实践中，索要他人财物通常表现为公司、企业或其他单位的工作人员利用职务上的便利，乘请托人求其谋取利益之机，采取刁难、拖延、不利要挟等手段，以明示或暗示的方法主动向请托人要求给予财物的行为。非法收受他人财物，是指公司、企业或者其他单位的工作人员利用其职务上的便利条件，接受他人主动送予的财物。为他人谋取利益，从谋取利益的性质上看，既包括他人应当得到的合法的、正当的权益，也包括他人不应当得到的非法的、不正当的利益；从利益的实现方面来看，包括已为他人谋取的利益、意图谋取或正在谋取但尚未谋取到的利益。

2. 在经济往来中，利用职务上的便利，违反国家规定，收受各种名义的回扣、手续费，归个人所有，数额较大

违反国家规定，是指违反全国人大及其常委会制定的法律和决定，国务院制定的行政法规、规定的行政措施、发布的决定和命令。收受各种名义的回扣、手续费归个人所有。其中的回扣是指在商品交易或者劳务活动中，由卖方从所收到的价款中，按照一定的比例扣除一部分返还给卖方或者其经办人的款项。手续费，是指在经济活动中，除回扣以外，违反国家规定支付给公司、企业或者其他单位人员的各种名义的钱款，如所谓的信息费、顾问费、劳务费、辛苦费、好处费等。所收受的各种名义的回扣、手续费必须是归个人所有，如果收取的回扣、手续费都上交给公司、企业或者其他单位的，不构成本罪，只有将收受回扣、手续费归个人所有的，才构成本罪。

本罪中的财物，既包括金钱和实物，也包括可以用金钱计算数额的财产性利益，如提供房屋装修、含有金额的会员卡、代币卡（券）、旅游费用等。具体数额以实际支付的资费为准。收受银行卡的，不论受贿人是否实际取出或者消费，卡内的存款数额一般应全额认定为受贿数额。使用银行卡透支的，如果由给予银行卡的一方承担还款责任，透支数额也应当认定为受贿数额。如果行为人多次受贿的，或者受贿行为中既包括索取、收受财物，又包括收受回扣、手续费，归个人所有的，应将其受贿数额累计计算。如果行为人收受的贿赂中既包括现金，又包括物品的，应将物品依法折算成人民币后再累计计算，物品价格难以确定或者认定意见不一致的，应该按照 1997 年 4 月 22 日国家计划委员会、最高人民法院、最高人民检察院、公安部印发的《扣押、追缴、没收物品估价管理办法》的规定，委托指定的机构进行估价。如果收受的现金中包括外币的，应当依照规定折算成人民币计算受贿数额。

（二）本罪主体的认定

本罪的犯罪主体是公司、企业或者其他单位的工作人员。公司，是指《公司法》中所规定的有限责任公司和股份制有限公司。企业，是指依法设立的以营利为目的，具有一定组织形式，并独立从事商品生产经营活动或商事活动的组织，包括工厂、矿山、铁路等。如导入案例中，A 公司前来报案，经侦大队受理后，应首先核查 A 公司的性质，如果属于国有公司，那么国有公司内部的工作人员受贿案件可能属于受贿罪，不属于非国家工作人员受贿案件中的主体身份；如果 A 公司属于非国有公司，那么 A 公司工作人员可能属于非国家工作人员，如果存在受贿行为，可能涉嫌非国家工作人员受贿罪，属于公安机关管辖。2006 年颁布的《刑法修正案（六）》将刑法第一百六十三条犯罪的主体范围扩大到公司、企业以外的其他单位的工作人员，从而使“其他单位”的认定问题成为认定公司、企业以外的其他单位工作人员的基础性问题。一般意义上讲，单位是相对于自然人的组织体，但并非所有的组织体都属于《刑法》中的单位。2008 年 11 月 20 日最高人民法院、最高人民检察院《关于办理商业贿赂刑事案件适用法律若干问题的意见》（以下简称《意见》）第 2 条对于“其他单位”的范围作出了明确的规定：《刑法》第 163 条、第 164 条规定的“其他单位”，既包括事业单位、社会团体、村民委员会、居民委员会、村民小组等常设性的组织，也包括为组织体育赛事、文艺演出或者其他正当活动而成立的组委会、筹委会、工程承包队等非常设性的组织。这里的单位不包括从事非正当活动的组织。

随着我国经济体制的改革，《刑法》意义上的非国家工作人员范围在逐步扩大，非国

家工作人员受贿罪涉及的犯罪主体范围也不断扩大。以银行为例，原来的银行所有制性质主要是国有独资公司，但随着金融体制的改革，国有独资银行纷纷上市，成为了国家控股、参股的公司。而《刑法》意义上的国家工作人员所在的单位指的是全资国有单位，除了国有单位委派到国有控股、参股公司中的工作人员具有国家工作人员身份以外，其他从社会上招聘的工作人员其身份不是《刑法》意义上的国家工作人员，从而使大量的银行工作人员的身份发生了转变，成为了非国家工作人员。他们的受贿行为就可能构成非国家工作人员受贿罪，对他们的行贿行为就可能构成对非国家工作人员行贿罪。其他的如医院、学校、厂矿企业、建筑公司等，随着体制的改变，单位里工作人员的身份也在发生变化。因此，非国家工作人员的范围逐渐在扩大。

（三）非国家工作人员受贿罪与非罪的界限

中国是一个人情社会，崇尚礼尚往来，法律并不禁止亲友之间的正当馈赠行为。然而，一些犯罪分子在实施行贿受贿犯罪的时候，借馈赠之名而行贿赂之实，并以馈赠正当为其受贿行为辩解。区分受贿与亲友正当馈赠，划清罪与非罪的界限，主要应考虑以下几个因素：一是发生财物往来的背景，如双方是否存在亲友关系及历史上交往的情形和程度；二是往来财物的价值大小；三是财物往来的缘由、时机和方式，提供财物方对于接受方有无职务上的请托；四是接受方是否利用职务上的便利为提供方谋取利益。因此，在衡量受贿行为与正常意义上的礼尚往来行为的界限时，应按照上述四项标准予以衡量。

（四）非国家工作人员受贿罪与受贿罪的区别

受贿罪，是指国家工作人员利用职务上的便利，索取他人财物，或者非法收受他人财物，为他人谋取利益的行为。本罪与受贿罪都属于受贿犯罪的范畴，都是利用职务上的便利条件，实施了索取或者非法收受他人财物的行为。两罪的区别主要在于：

1. 犯罪客体不同

本罪的客体是复杂客体，即侵犯了公司、企业或者其他单位的管理制度，又侵犯了公司、企业或者其他单位工作人员的职务廉洁性。而受贿罪侵犯的是单一客体，即国家工作人员公务活动的廉洁性。

2. 犯罪客观方面不同

本罪无论是索取财物的行为还是非法收受财物的行为，都要求“为他人谋取利益”且达到“数额较大”。受贿罪却因索取与收受而有所不同，如果是索取他人财物，则不要求“为他人谋取利益”就构成受贿罪；如果是非法收受他人财物，则需要同时满足“为他人谋取利益”才能构成受贿罪。[①] 另外，本罪的客观方面还包括在经济往来中，利用职务上的便利，违反国家规定，收受各种名义的回扣、手续费，归个人所有，数额较大的行为。而受贿罪中不包括。

3. 犯罪主体不同

本罪的主体是公司、企业或者其他单位的工作人员。而受贿罪的主体是国家工作人员，同时还包括国有公司、企业或者其他国有单位中从事公务的人员和国家机关、国有公司、企业或者其他国有单位委派到非国有公司、企业以及其他单位从事公务的人员。

---

① 参见魏东主编：《妨害对公司、企业的管理秩序罪立案追诉标准与司法认定实务》，121页，北京，中国人民公安大学出版社，2010。

另外，《意见》同时指出，《刑法》第一百六十三条规定非国家工作人员受贿罪中的“公司、企业或者其他单位的工作人员”，包括国有公司、企业以及其他国有单位中的非国家工作人员。国有公司、企业以及其他单位中的非国家工作人员实施受贿犯罪行为的，依照非国家工作人员受贿罪定罪处罚。国有公司、企业或其他国有单位中从事公务的人员和国有公司、企业或者其他国有单位委派到非国有公司、企业以及其他单位从事公务的人员实施受贿犯罪行为的，依照《刑法》第三百八十五、第三百八十六条规定的受贿罪定罪处罚。

司法实践中，受贿犯罪常常以共同犯罪的形式出现，特别是非国家工作人员与国家工作人员通谋，共同收受他人财物的情形时有发生。对于受贿犯罪共同犯罪的认定与处理，存在的主要问题便是如何追究犯罪主体的刑事责任。《意见》区分了商业贿赂犯罪共同犯罪的三种情形，根据双方利用职务便利的具体情形分别定罪追究刑事责任：一是利用国家工作人员的职务便利为他人谋取利益的，以受贿罪追究刑事责任。二是利用非国家工作人员的职务便利为他人谋取利益的，以非国家工作人员受贿罪追究刑事责任。三是分别利用各自的职务便利为他人谋取利益的，按照主犯的犯罪性质追究刑事责任，不能分清主从犯的，可以受贿罪追究刑事责任。

对于有些特殊单位中的国家工作人员或非国家工作人员的受贿行为，《刑法》或相关司法解释进行了详细的界定。按照《刑法》第一百八十四条第一款规定，银行或者其他金融机构的工作人员在金融业务活动中索取他人财物或者非法收受他人财物，为他人谋取利益的，或者违反国家规定，收受各种名义的回扣、手续费，归个人所有的，依照非国家工作人员受贿罪定罪处罚。国有金融机构工作人员和国有金融机构委派到非国有金融机构从事公务的人员有上述受贿行为的，依照受贿罪定罪处罚。

《意见》第四条规定：医疗机构中的国家工作人员，在药品、医疗器械、医用卫生材料等医药产品采购活动中，利用职务上的便利，索取销售方财物，或者非法收受销售方财物，为销售方谋取利益，构成犯罪的，依照《刑法》第三百八十五条的规定，以受贿罪定罪处罚。医疗机构中的非国家工作人员，有前款行为，数额较大的，依照《刑法》第一百六十三条的规定，以非国家工作人员受贿罪定罪处罚。医疗机构中的医务人员，利用开处方的职务便利，以各种名义非法收受药品、医疗器械、医用卫生材料等医药产品销售方财物，为医药产品销售方谋取利益，数额较大的，依照《刑法》第一百六十三条的规定，以非国家工作人员受贿罪定罪处罚。

《意见》第五条规定：学校及其他教育机构中的国家工作人员，在教材、教具、校服或者其他物品的采购等活动中，利用职务上的便利，索取销售方财物，或者非法收受销售方财物，为销售方谋取利益，构成犯罪的，依照《刑法》第三百八十五条的规定，以受贿罪定罪处罚。学校及其他教育机构中的非国家工作人员，有前款行为，数额较大的，依照《刑法》第一百六十三条的规定，以非国家工作人员受贿罪定罪处罚。学校及其他教育机构中的教师，利用教学活动的职务便利，以各种名义非法收受教材、教具、校服或者其他物品销售方财物，为教材、教具、校服或者其他物品销售方谋取利益，数额较大的，依照《刑法》第一百六十三条的规定，以非国家工作人员受贿罪定罪处罚。

《意见》第六条规定：依法组建的评标委员会、竞争性谈判采购中谈判小组、询价采购中询价小组的组成人员，在招标、政府采购等事项的评标或者采购活动中，索取他人财物或者非法收受他人财物，为他人谋取利益，数额较大的，依照《刑法》第一百六十三条的规定，以非国家工作人员受贿罪定罪处罚。依法组建的评标委员会、竞争性谈判采购中谈判小组、询价采购中询价小组中国家机关或者其他国有单位的代表有前款行为的，依照《刑法》第三百八十五条的规定，以受贿罪定罪处罚。

案例(4-1)

2007年2月至7月期间，原家乐福公司北京分公司商品部生鲜处肉课谈判员刘×利用其负责确定家乐福公司各门店肉类产品价格和供应商的职务便利，以为北京某食品公司谋取利益向该公司索要好处费、“销售返点”共计89 000元。2005年5月至2007年7月期间，他还多次收受某肉鸡公司给予的好处费共计25 190.46元。刘×身为公司工作人员利用职务上的便利，以为他人谋取利益为条件向他人索要财物；并在经济往来中，违反国家规定，收受他人给予的好处费，数额巨大，其行为侵犯了公司的正常管理活动和社会主义市场经济公平竞争的交易秩序，已构成非国家工作人员受贿罪。刘某被以非国家工作人员受贿罪判处5年有期徒刑。其他七家门店的精肉课课长分别获刑一年至两年不等。[①]

评析：刘×等作为家乐福公司的员工，属于非国家工作人员的范畴。刘×在履行职务过程中，利用其负责确定家乐福公司各门店肉类产品价格和供应商的职务便利，以为北京某食品公司谋取利益为由，向该公司索要好处费、“销售返点”。其行为损害了公司员工职务的廉洁性，侵犯了公司的利益。刘×既有索取贿赂的行为，又有通过收取所谓的“销售返点”等好处费的名义收受贿赂的行为，主观故意明显，而且数额较大，符合非国家工作人员受贿罪的构成要件。

三、非国家工作人员受贿犯罪案件的立案追诉标准

根据《立案追诉标准（二）》第十条，公司、企业或者其他单位的工作人员利用职务上的便利，索取他人财物或者非法收受他人财物，为他人谋取利益，或者在经济往来中，利用职务上的便利，违反国家规定，收受各种名义的回扣、手续费，归个人所有，数额在五千元以上的，应予立案追诉。

四、非国家工作人员受贿犯罪案件的作案手段

非国家工作人员受贿的手段多种多样，隐蔽性强，反侦查能力强。行受贿人在作案之时，就订立攻守同盟。

（一）收受资金

利用职务便利索取或收受对方资金包括收取现金和银行卡。现金属于种类物，本身不具有身份特性，一般来说，谁持有就属于谁，很难证明现金原来归属于谁、来自于哪里。正因为现金具有这一特点，在现实中，商业贿赂案件中收取现金的案件比较多。当然，收取现金的方式多种多样，有的是直接收取现金，有的是通过名义上的赌博等形式收受贿赂。受贿人收受现金的地点一般选择在只有行贿人和受贿人的地点，如办公室、汽车、家里等相对封闭的地点，属于典型的“一对一”的案件，增强了其隐蔽性。银行卡具有体积

① 参见颜斐：《家乐福受贿员工获刑 除一人外均为两年以下徒刑》，载《北京晨报》，2008-07-01。

小、隐含的价值高等特点，也逐渐成为受贿人喜欢收受的对象之一。随着我国金融制度的不断健全，开立银行卡必须是实名制。现实中，有的受贿人收受的银行卡是以其本人名字或者自己的亲戚朋友名字开立而实际自己控制的银行卡，让行贿人往本银行卡内汇款、存款、转账等，这种手段在定期地、持续地收受贿赂的案件中比较突出，如医生收受医药销售代表的贿赂、销售主管收受买方的贿赂、采购员收受销售方的贿赂等。

有的贿赂案件中涉案银行卡是用别人的名字开立的银行卡，主要是行贿人以自己或他人名义开立银行卡，存入资金后，把银行卡和密码交付给受贿人，让受贿人自己支取。

（二）收受实物

实物主要是有形物，既包括房屋、汽车等大件商品，也包括冰箱、洗衣机、电视、手表、电脑、手机、家具、字画、玉石、金银首饰等。除了房屋、汽车属于需要登记的物体外，其他都属于不需要登记的物体。受贿人收受需要登记的物品时，主要采用两种方式：直接让对方支付货款，但登记在自己名下或者已经在对方名下，但无偿或以低价转让到自己名下。有的虽然登记的身份仍然在他人名下，但实际上归受贿人使用。对于无需登记的实物，则主要是行贿人付完款项后，将物品送到受贿人指定地点或直接送给受贿人，比如，贿赂手表、金银首饰、玉石、艺术品等。

（三）收受财产性利益

财产性利益包括可以用金钱、计算数额的利益，如提供房屋装修、含有金额的会员卡、代币卡（券）、旅游费用等。具体数额以实际支付的资费为准。这些贿赂物虽然不是明确的钱、物交易，但是本质上仍然属于钱权交易，本来应由自己支出费用的项目，却让对方替自己支付，改变了行为的性质。现实中还包括以会议评审费、专家顾问费等名义支付的金钱，仍然属于贿赂行为。

现实中还有其他方式的贿赂行为，本质上只要行为人利用了职务便利，索取或收受对方支付的财物，或者违反规定，收受各种名义的回扣、手续费，归个人所有的，都属于贿赂行为。

五、非国家工作人员受贿犯罪案件的特点

（一）对合性

非国家工作人员受贿案件是行贿人与受贿人之间“一对一”犯罪案件，缺乏任何一方都不构成本罪。行贿行为与受贿行为互相印证，发生在较小的范围内，知情人员少，导致案件隐蔽性强，难以被及时发现，证明犯罪事实的实物证据少，言词证据多。①

（二）同向性

与普通犯罪案件不同，这类行贿与受贿案件不存在明显的被害人，属于无被害人型犯罪。行贿人与受贿人双方在犯罪的过程中并不是处于对立面，而是具有同向性的利益关系。行受贿双方均是以获取各自的利益为前提，“各取所需”，“共同受益”。②

（三）无痕性

行受贿人一般选择在相对封闭的空间实施贿赂物的交付行为，无明显的犯罪现场。③

---

① 参见徐进辉：《贪污贿赂犯罪案件侦查实务》，363～364页，北京，中国检察出版社，2013。

②③ 参见苏云：《贿赂犯罪侦查研究》，23、24页，北京，法律出版社，2013。

一旦交付，收受的财物与行贿人之间很难建立关联性。尤其是现金贿赂的案件中，在没有第三人在场的情况下，用于贿赂犯罪的“特定物”变成只有一般自然属性的“种类物”，物理上割裂了受贿物与行贿人之间的关系，犯罪痕迹不明显。

（四）行业性

商业贿赂行为，大量存在于建筑行业、金融行业、医药行业、招标采购行业等，成为各个行业的“潜规则”。各行业内部人员都知道大量地存在对非国家工作人员行贿和非国家工作人员受贿问题，但是圈内人很少有人揭开这一层面纱，捅破这层窗户纸，圈外人却不知道详情。[①]

（五）系列性

一个行贿的人可能不仅仅对一个人行贿，一个受贿的人可能不仅仅收受一个人的行贿。一旦开始收受贿赂，突破了道德、法律防御底线，受贿人就会持续地收受多人的贿赂；行贿人一旦认准了这个行业“潜规则”，就会持续地向多人行贿。从而导致窝案、串案多。

第二节　非国家工作人员受贿犯罪案件的侦查方法

随着非国家工作人员范围的扩大，在经济往来中，非国家工作人员受贿犯罪逐渐增多。由于这类犯罪中，行贿、受贿双方是特殊的利益关系，一般属于“一对一”的犯罪行为，因此，犯罪手段复杂多变，隐蔽性强，窝案串案较多，导致线索难以发现、受贿证据难以获取和固定、容易出现翻供等现象。侦办此类案件，需要积极拓宽案源，找准案件突破口，有策略地开展讯问工作，及时收集并固定证据，有效地深挖扩案。

一、积极拓宽案件线索来源

由于非国家工作人员受贿犯罪案件属于对合犯，行受贿双方存在特殊的利益关系，相互勾结，相互利用，都属于违法犯罪行为，而且一般是在“一对一”的情况下进行的，第三人比较难以知情，依靠举报获取的线索比较少。办案部门应充分认识到打击非国家工作人员受贿案件的重要性，转变观念，针对非国家工作人员受贿的特点，摸清非国家工作人员受贿的规律，结合各地行业特色，积极拓宽案件线索来源，充分调动各方面资源，利用各种情报信息平台，深挖扩案，“抓系统、系统抓”，主动出击，加大打击非国家工作人员受贿案件的力度。

（一）主动寻找案件线索

非国家工作人员受贿案件主要存在于医药行业、体育行业、建筑行业、金融行业等。侦查人员要结合行业特点，积极到相关行业宣传法律政策，深挖行业性的案件线索，鼓励群众举报。拓宽受理案件途径，紧密结合当前的互联网平台，一方面积极主动在网上巡查，发现涉嫌商业贿赂案件的线索；另一方面积极开通网上举报平台，鼓励群众通过互联网发邮件、微信、微博等方式向警方提供线索。

---

① 参见宋利红、孙生洲：《行业性经济犯罪防控对策》，载《学理论》，2013（28）。

（二）从行业的业务流程中发现线索

非国家工作人员受贿案件的特点之一就是具有行业性，每个行业的圈内人都知道如何行贿、给谁行贿、谁在受贿，圈外人却只知有这种现象，但却隔着一层窗户纸，没有人去捅破，从屋顶可以看出行受贿双方的互相交织的贿赂网络，但从屋外却看不见。一些行业内非国家工作人员受贿案件是屡查屡发，屡查不绝，作案人多，涉及面广，而且这些非国家工作人员受贿案件都是发生在各个行业的经营管理过程中，与各行业的内部业务流程紧密相关。非国家工作人员受贿发生的领域、行受贿的人员、行贿资金的来源及掩盖方式等都深深地打上了行业的烙印。每个行业内部各个环节非国家工作人员受贿犯罪案件有其共性和内在联系，通过个案摸清其规律，就能够发现行业内部其他案件的线索。办案人员要紧抓行业内案件的内在联系，进一步细查深挖，尽可能扩大每个线索的辐射效果。因此，可以结合各个行业所涉及的业务流程进行深入分析，有效地发现行业领域内部的非国家工作人员受贿线索。

（三）从关键岗位、重点人物等入手发现案件线索

非国家工作人员受贿犯罪主体，一般是在公司、企业或者其他单位中对人、财、物等的处理有一定职权的人物。经侦部门的情报触角也应向这些人员、部门延伸，从这些关键岗位、重点人员身上找线索。具体方法主要包括对相关人员经手的业务中是否存在受贿的可能、是否有与其收入水平不相符的异常支出现象、与其接触的人员中是否有可能向其行贿等方面加以进行调查。

（四）深挖窝案、串案，拓宽线索来源

非国家工作人员受贿案件中，行贿人可能不仅仅只给一个人行贿，受贿人可能不仅仅只收受一个人的贿赂，窝案、串案比较突出。窝案呈块状，串案呈线性。根据非国家工作人员受贿这种关联性的特点，在掌握了一定案件线索后，应扩大侦查视野，充分了解与此相关联的犯罪的作案方法、环节等，抓住一线，查微析疑，彻底查清相关联的犯罪，做到“办一案，挖一窝，揪一串”。针对一个线索，从横向上看涉及的不同单位同一岗位上的其他人员是否有受贿的嫌疑；从纵向上看本业务流程涉及的不同环节相关人员是否有受贿的嫌疑。要做到抓系统，系统抓。要重视从已查办的案件中，结合已获取的涉案信息，分析类似的作案规律、作案手段、行业特点，再从与此案具有相似或者相同条件的部门入手，搜集新的涉案信息，有效地深挖类似单位人员的相关犯罪信息。既深挖同一单位具有连带关系的涉案信息，又深挖具有行业性、关联性的同类犯罪信息。

二、选准案件突破口

办案人员可以结合每一起非国家工作人员受贿案件的特点，从相关涉案人、物、事入手，综合采取各种手段，分析研判各种信息，寻找案件的薄弱环节，选择案件的突破口。

（一）以涉案人、知情人为突破口

非国家工作人员受贿案件主要是发生在行贿人、受贿人之间的犯罪行为，但在行受贿的过程中，也可能会有其他人员了解到案情。因此，经侦部门可以围绕行贿人、受贿人及其他知情人员展开调查，寻找案件的突破口。以行贿人为案件的突破口为例。非国家工作人员受贿中一般是“一对一”的行为，行贿人和受贿人出于经济利益而互相勾结又互相利

用，自认为行、受贿行为比较秘密，不为第三人所知，隐蔽性比较强，容易订立攻守同盟，所以此类案件的侦查难度比较大。与受贿人相比，行贿人是非国家工作人员受贿案件中比较薄弱的一环。由于行贿人的目的是为了获取远远高于付出的高额回报，其有求于受贿人，具有一定程度的无奈。另外，从法律的规定来看，行贿人只有“为了谋取不正当利益”而行贿，才可能被追究刑事责任，而且行贿人在被追诉前主动交代行贿行为的，可以减轻处罚或者免除处罚。给行贿人讲清法律政策，让其认清形势，权衡利弊，认识到只有如实交代行贿事实，才能获得法律上的从宽处理，有助于打消其抗拒心理。而且行贿人与受贿人虽然互相勾结又互相利用，但他们之间又不可避免地存在矛盾。因此，突破“一对一”的非国家工作人员受贿案件，只要方法得当，可以以行贿人为切入点加以突破。[①]

（二）以贿赂款物为突破口

非国家工作人员受贿对象包括资金和实物，也包括财产性利益。办案人员可以围绕资金、实物以及财产性利益的来源、去向、存在状态、如何交接、交接后如何处理等方面对涉及的非国家工作人员受贿财物、反映非国家工作人员受贿行为的书证、物证等进行调查，寻找案件的突破口。

（三）从相关书证、物证入手寻找案件的突破口

非国家工作人员受贿案件中，行受贿双方，一般在财务账册、笔记本、电脑、备忘录、记事本、日记本、电话号码本、各种票据等上面会有所显示，经侦办案人员要注意这些证据的提取，并加以分析研究和利用。办案人员在搜查时，尤其要注意对犯罪嫌疑人随身携带的小包、身上的衣兜、办公桌、住所的搜查。要重点发现一些带有数字的纸条、备忘录、记事本等，这些纸条、备忘录、记事本记载的相关数字可能是行受贿的日期、数额、对方姓名、银行存款的密码、账号等。这些书证尽管不一定能直接成为非国家工作人员受贿的证据，但通过对其分析，可能会为侦查破案提供某些线索，成为案件突破口。

涉案物证包括现金、存款单、礼品、股票、礼金券、购物卡，以及手机、电脑、名片、保险箱以及其他一些与案件有关的物品。对查获到的物证应进行分析研究和推理判断，把查获到的物证作为破案的线索，顺着物证的流转、运行轨迹或状态来侦查破案，查清犯罪。

（四）以案件事实为突破口

非国家工作人员受贿是发生在商业经营过程中的不正当交易行为。办案人员可以围绕受贿人的职权范围和权力运行轨迹、非国家工作人员受贿细节、反常消费行为和反侦查行为展开调查，寻找突破口。在本章导入案例中，办案人员沿着业务流程进行梳理，以调查外围企业为切入点，为A公司的100多家供货商进行筛选进而发现可疑的采购合同、订货合同和相关资料，进而再从可疑合同追查到经手人，寻找到可疑人员，再对可疑人员的妻子不时到银行查银行卡是否有新的汇款的反常行为进行调查，从而找到了案件突破口。

（五）把搜查作为突破口

非国家工作人员受贿行为的载体是资金或实物。资金的存在方式包括现金和银行存款，实物的存在方式有房屋、汽车、电器、金银首饰、高档香烟等。打击非国家工作人员

---

① 参见陈波：《反贪侦查突破口的选择与运用》，77页，北京，中国检察出版社，2010。

受贿行为需要追查到这些涉案款物的去向，而搜查则是一项必要的工作。搜查，是为推进侦查破案工作，在一定的时间、地点对与犯罪嫌疑人及可能藏匿犯罪嫌疑人或者罪证的人身、物品、住所、办公场所等进行检查的一种强制性行为。

三、巧用讯问策略突破口供

由于非国家工作人员受贿案件具有“一对一”的特点，导致案件取证难、寻找知情人难、搜获贿赂款物难、案件定性难、办案受干扰大等特点。行受贿人到案后，存在畏罪心理和侥幸心理，尤其是受贿人以前可能拥有一定职权，一下子从“座上客”沦为“阶下囚”，心理落差比较大，难以接受。有的还以为与行贿人定下了攻守同盟，行贿人不说，其他人更不知道，自己再不说，警方手中没有证据，就得放人。因此，一些受贿人到案后抗拒心理和侥幸心理比较严重，拒不交代问题。分析商业贿赂案件犯罪嫌疑人到案前后的心路历程，一般是作案时不愿被发现，更不愿负法律责任；到案后先是抽象地否定一切与己有关的问题，再就是百般抵赖，负隅顽抗，甚至装疯卖傻；但随着讯问时间的推移、政策的感化、证据的展示，以及他们对坦白所产生的法律意义上的利益价值的判断、取向上的调整，犯罪嫌疑人内心深处的顽抗心理就会转变，开始交代问题直至认罪。办案人员认识到这一规律，就要充分研究犯罪嫌疑人的社会、家庭背景和成长轨迹、性格特征，找到其心理的薄弱环节，运用各种讯问谋略，内审外调，敲山震虎，瓦解其心理防线，突破口供。

四、全面收集和固定证据

非国家工作人员受贿案件的证据形式多样，除了嫌疑人的供述、知情人的证言外，一切能够证明行、受贿过程发生的钱、物及其他财产性利益等物品、视听资料等，都可以作为证据。不管此类证据的数量有多么庞大，种类有多么复杂，其要证明的内容归纳起来就是“钱、物、利益、关系”。直接给付大额现金和贵重物品是当前主要的行贿方式，但随着经济的发展，赠送各种各样的财产性利益也已成为了当前比较流行的行贿方式，比如，赠送干股、装修、提供旅游资费、乃至在购买房产、轿车等大额财产时给予特殊的折扣、“照顾”等。办案人员可以通过到银行调查资金账户、询问证人、讯问犯罪嫌疑人、搜查相关场所等方式，全面收集和固定证据。

（一）证人证言

证人证言包括行贿人证言与其他知情人、相关人证言，它们与犯罪嫌疑人供述与辩解有相互印证的作用。

1. 行贿人证言

对于行贿人，侦查人员应重点询问以下方面的内容：（1）行贿人的基本情况；（2）行贿人从事的职业以及该职业与受贿人职务上的关系；（3）行贿意图形成情况；（4）行贿的具体过程、情节，包括行贿的时间、地点、次数、数额、财物的种类、财物的来源，行贿时与受贿人交流情况；（5）行贿情况还有何人知道，行贿时是否有其他人在场；（6）行贿人向受贿人提出或暗示过有何种要求，受贿人如何表示；（7）行贿人获得利益的情况等。

2. 其他知情人、相关人证言

对于知情人及相关证人，侦查人员应选择下列方面作为询问的突破口：（1）与行、受贿人的关系；（2）对行、受贿意图的知晓情况；（3）对行、受贿过程的知晓情况；（4）对受贿人为行贿人谋取利益以及行贿人获得利益的知晓情况；（5）对行、受贿财物的来源与去向的知晓情况；（6）对受贿人职权范围、行贿人职业与受贿人职权关系的知晓情况等。[①]

（二）犯罪嫌疑人的供述和辩解

不同于其他的经济犯罪，非国家工作人员受贿案件没有传统意义上的受害人，因此，行受贿双方的供述与辩解都是有力证据。具体来说，侦查人员要从犯罪构成要件方面来进行讯问，具体包括：

1. 犯罪主体方面的情况

主要指犯罪嫌疑人自然人身份情况，包括性别、年龄、民族、籍贯、文化程度、住址等；以及犯罪嫌疑人的非国家工作人员身份情况，包括工作单位、单位性质、部门、职务、职权、职权的范围及获得职务、职权的具体时间等。

2. 主观方面情况

包括犯罪嫌疑人对利用职务便利，索取或非法收受财物，为他人谋利的明知情况以及对为他人谋利与获取财物的心态。

3. 客观方面情况

主要包括：犯罪嫌疑人收受财物时间、地点、次数、数额；犯罪嫌疑人利用何种手段收受财物；犯罪嫌疑人收受或索取财物的具体过程，收受或索取财物时具体情节[②]，包括双方如何交谈，有无他人在场等；犯罪嫌疑人如何利用职务之便为行贿人谋利，谋取了何种利益；犯罪嫌疑人收受或索取财物后，财物的去向；犯罪嫌疑人对自己受贿行为的认识情况等。

（三）物证、书证

非国家工作人员受贿案件中最关键、证明力最强的证据便是能够证明双方贿赂行为发生的钱、物、银行卡等证据。如果非国家工作人员受贿行为是在“一对一”现金交易下进行的，事后除了双方的证言便很难取得其他证据。但如果行贿方是通过银行卡转账方式或者直接将存入大额现金的银行卡送给受贿方进行贿赂的，那么这些银行卡便是犯罪现场抹不去的痕迹。

在有些案件中，嫌疑人为了抵赖否认其犯罪行为，坚持其受贿的财物是借来的，甚至为了证明这一说辞，自作聪明的嫌疑人还伪造借据、还款证明等，而这些画蛇添足的伪证只能给我们侦查提供更多的认定其犯罪行为的证据。除此之外，高档消费品、奢侈品比如，豪华轿车、手提电脑、手机等也是此类犯罪中较为常见的物证。

此类案件的书证主要有：犯罪嫌疑人的身份证明，应包含身份证、户籍证明、个人档案登记表中的履历表、任命书、职权证明、供职证明、岗位职责、权限、义务的证明材料、单位性质的证明材料等；证明其行、受贿情况的笔记本、纸条记录、来往信件、电报、电话记录；证明贿赂钱款来源、去向的行、受贿人银行取款凭证、存款单或存折；搜查中获取的赃物的购买发票、拍摄的赃款、赃物的照片；证明行贿人获得利益的合同书、资格证书、许可证等文件与证书等。

---

① 参见洪涛：《受贿罪证据标准思考》，载《犯罪研究》，2009（3）。

② 参见陈为钢、张少林：《刑事证明方法与技巧》，221页，北京，中国检察出版社，2008。

（四）鉴定意见

非国家工作人员受贿犯罪案件中的鉴定意见主要是指对涉案单位的财务会计资料进行的审计、鉴定意见。在公安机关以往侦办的案例中，以单位名义进行的非国家工作人员受贿犯罪案件，其会计资料中一定会将这些支出进行记载，因此对账目的核查、审计形成的结论是此类案件中有力的证据之一。当然，作案经验比较丰富的嫌疑人也深知这一点，故往往在申报给税务机关的账目之外还另存一套“账外账”。此外，反侦查能力比较强的嫌疑人往往成立多个公司，其中有的公司并没有实际业务往来，而是专门为非国家工作人员受贿等犯罪行为而设，利用其公司的账务来掩饰其犯罪行为。所以，有价值的财会资料鉴定意见的取得也并非易事。侦查员必须在前期进行细致入微的调查工作，对嫌疑人名下所有的公司及其工商注册资料进行全面核查，以此来判断其可能存放财务会计资料的地点，这样才能有的放矢。而且，对于公司、企业的会计人员的证人证言的取得也至关重要。对行贿人单位的司法会计鉴定、对贿赂物品的价格鉴定等都是重要的能够证明非国家工作人员受贿犯罪行为的鉴定意见。

（五）视听资料及电子证据

针对非国家工作人员受贿犯罪案件取证难、证据稳定性差等特点，法庭最易采信的证据便是视听资料。对嫌疑人讯问的录像资料不仅是防止其翻供的有力证据，还可以用于分析嫌疑人性格特点，进而在下一次的讯问中更有针对性。此外，在搜查嫌疑人的住所、办公场所时的照片、录像也能为证据来源的合法性提供依据。

一些商业贿赂行为进行时，行贿人为了证明受贿人确实收受了贿赂，会秘密录音或录像，或者在自己的电脑中记载有关行贿的事项。受贿人也可能在电脑中用相关数字记载收受贿赂的时间、数额以及存入银行的存折的密码、数额等事项。行、受贿人在行、受贿时会进行密集的联系，产生手机通信记录、短信等。经侦办案民警可以积极收集行受贿人的录音、录像资料、电脑文件、手机通信记录和短信资料等，尤其是对于行受贿人的电脑中所存储的文件要进行认真检查，力图发现相关涉案信息。

【导入案例简析】

A公司物流中心李××涉嫌非国家工作人员受贿罪立案后，如何从大量的交易线索中获取证据成为办案人员面临的重要任务。经研究分析，办案人员确定了“核对合同、查询账户、核查企业”的侦查思路。首先，核对企业订货、供货合同，提取了银行存单；其次，到涉案地的相关银行、信用社进行查询；最后，从行贿方当地银行调取“储蓄存款凭条”，严密证实单位资金汇出账号、姓名、日期、金额，并与办案人员的客户账号工作细表进行验证，看是否相吻合。

从银行账单上显示，李××、张×的建设银行账户，自案发前三年以来的异地汇入极为频繁而且数额大小不一，小的几千元，大的几万元，累计数额高达300万元。在银行的协助下，逐个查明了每一笔涉案资金的转出账户、省份、姓名、转入账号、金额及日期等。为了进一步形成完整的证据链，办案人员根据客户账号工作细表，奔赴4个省份调查与A公司有业务联系的客户供应商。在调查时，办案人员从当地工商部门调取单位的营业执照，以确认单位的性质、经营的产品、法定代表人等，并与行贿单位的会计、出纳等财务人员从账上核实，查实其行贿数额；主动深入公司、企业了解、实地查看其生产的产品，看是否与订单合同产品相一致。这些环节的相互印证，先期确认21家供应商企业向李××行贿人民币168万元。

经过大量的外围调查取证后，办案人员迅速抓获了犯罪嫌疑人李××并及时展开讯问。在讯问中，办案人员高度重视审讯技巧，巧用行贿、受贿双方的利益矛盾，注意利用双方的利益分歧或双方口供的矛盾点，迂回绕进，供证结合，由供到证，终于突破了犯罪嫌疑人的口供。办案人员本着“追赃与取证同步进行”的原则，及时追回了200多万元的赃款。经查，李××在担任公司物流中心副主任期间，向21家公司采购物料过程中，利用职务上的便利，以压低价格、少给订单、借钱等形式向供应商收受和索取回扣、手续费、业务联系费、佣金等共计168万元。李××获取上述款项后，没有上缴给公司，而是归其个人用于买房、买车等个人挥霍。最后，李××因犯非国家工作人员受贿罪被判处7年有期徒刑，并被判处罚金25万元。

【资料链接】

论商业贿赂案件案源现状及拓展①

一、商业贿赂犯罪案源现状

从理论研究的角度看，经济犯罪的线索来源一般包括被害人的控告或报案、单位或个人举报或报案、公民扭送、犯罪嫌疑人自首、有关部门移送、上级指定或交办、新闻媒体披露等。具体到商业贿赂犯罪的线索来源，则主要有：直接受害的公司、企业的举报；商业贿赂的行贿方的举报；其他知情人的举报；其他受到不公平竞争压力的公司、企业的举报；侦查机关主动获取的线索。从侦查实践方面看，目前我国商业贿赂案件的侦查线索主要源自群众举报、当事人自首、有关部门的移送和侦查机关侦办其他案件时发掘出来的。其中，群众举报是最主要的线索来源。

二、目前商业贿赂犯罪案源的局限性

由于商业贿赂犯罪的特殊性，传统的商业贿赂犯罪案源具有诸多局限性。

（一）群众举报的局限性。群众举报过去和现在基本上都是商业贿赂犯罪最主要的案源。但数量多不等于质量高。因为群众举报有着十分明显的局限性。首先，从意识方面看群众不想举报。在现实生活中，很多人都觉得商业贿赂是“潜规则”，已经习以为常、见怪不怪，部分群众把商业贿赂误认为是正常的社会现象，又缺乏专业知识和相关的证据，因此不举报。另外，少数企业领导法律意识淡薄，本着“多一事不如少一事”的心理，在发现企业人员受贿时，往往以追回损失、辞退等方式对这些人作内部处理，而不向公安机关报案。其次，从贿赂过程看群众不了解详细案情，无法举报；即使举报了，其举报线索往往质量差，难以成案。商业贿赂犯罪大多采取“一对一”方式进行，作案时没有第三者在场，且双方形成了利益共同体，往往共同隐瞒相关情况。同时商业贿赂犯罪一般没有明显的受害人，只要行贿人和受贿人均得到相应的收益，普通群众很难发现。最后，从举报风险看，群众怕受打击报复不敢举报。了解内情的人举报是最有效的，但也是有风险和成本的。以天津德普公司“回扣门”事件为例，2001年底，德普公司的一位员工向美国执法部门举报了德普公司以回扣手段销售产品，由于美国有严格的举报人保密制度，外界无从知晓这位员工的身份；德普公司遭到举报后，被迫停止了以回扣手段销售产品的做法，

---

① 参见王鑫：《论商业贿赂案件案源现状与拓展》，载《湖南警察学院学报》，2011（5）。

一向盈利的德普公司骤然亏损，员工待遇也大受影响，举报者不仅俨然是公司“罪人”，他自己也成了受害者。如果没有美国的举报奖励制度，有多少人会做这样的“傻事”呢？在没有举报奖励制度的情况下，这样的举报者不仅会遭到单位、同事的唾骂，也会遭到家庭的责备；如果再缺少严格的举报保密制度，举报人的下场就可想而知了。

（二）利害关系人举报的局限性。利害关系人主要是指商务活动中的竞争对手。从理论上讲利害关系人举报商业贿赂犯罪有得天独厚的条件和不足。他们了解行业规则及“潜规则”，了解行贿受贿双方的情况。如果真心举报，公安机关应该说不难查实。但现实情况是少数利害关系人举报的目的是搞垮对方，因此举报内容往往夸大甚至虚构事实。特别是一些自恃有背景的举报人，当公安机关对被举报人查处并没有如愿时，则到处告状，认为公安机关包庇、纵容犯罪。

（三）自首的局限性。某市经济犯罪侦查支队宣称“不接受受贿人自首”，因为他们在此方面有深刻的教训。该支队在侦办一起银行业商业贿赂案件的过程中发现了某银行副行长陈某受贿。陈某托关系到经济犯罪侦查支队自首并退赃。但同时提出要求，不能关押，不能判刑。考虑到陈某受贿的数额较小，又有人作担保，于是经济犯罪侦查支队接受了其自首。但后来随着案件侦查的深入，陈某的犯罪事实越查越多，数额越来越大，经济犯罪侦查队将陈某逮捕。陈某的家属到处告状，说公安局违背承诺，滥用职权，破坏当地投资环境。

三、拓宽商业贿赂犯罪案件案源的途径

（一）从侦破的其他经济犯罪案件中深挖商业贿赂犯罪。目前公安机关经济犯罪侦查部门管辖的80多种案件中，有40多种案件与贿赂犯罪相关联。以往侦查员在办理合同诈骗、贷款诈骗、票据诈骗、违法发放贷款、非法经营等经济犯罪案件时，往往只注重对主罪的主要事实的侦查，很少挖掘犯罪背后的行贿受贿犯罪事实。如果进行深挖，可能有意想不到的收获。其他经济犯罪案件特别是重大经济犯罪案件的犯罪嫌疑人之所以愿意交代商业贿赂犯罪，主要基于以下三点：一是罪轻影响小。商业贿赂犯罪在其所有犯罪中属于处罚很轻的犯罪，甚至仅仅是达到其他重大经济犯罪的一种手段，交代商业贿赂不影响其定罪和量刑。二是出于立功赎罪的需要。有的犯罪嫌疑人为减轻自己的罪责，在侦查员的说服教育下，完全有可能全面、深入地交代自己的全部犯罪事实，包括商业贿赂犯罪事实。三是出于不平衡心态。自己犯罪被抓，其他受益人平安无事。本以为相关人员会全力营救，但现实并非如此。在感叹世态炎凉的同时，出于报复心理，主动交代甚至检举揭发商业贿赂犯罪。长沙市公安局经侦支队在侦查王某骗取贷款一案时，立足办串案、窝案，通过说服教育等手段，深挖出涉及4家银行近30名银行支行长以上级别人员、10名银行职能部门负责人的一系列商业贿赂犯罪案件。

（二）从侦破的商业贿赂案件本身深挖商业贿赂犯罪。商业贿赂案件常常体现出“一人多事，一事多人”以及窝案多、串案多的特点，经济犯罪侦查部门应从已破获的商业贿赂案件入手，深挖更多的商业贿赂案件。

1. 从行贿者突破

现代商业社会，竞争十分激烈。有人着力改进技术，提高产品质量从而占领市场；有人希望用贿赂的方法获得机会。他们认为贿赂是一种本小利大的买卖。特别是一些人通过贿赂的手段得到了利益，更是对此深信不疑，在今后的交易中更多地使用贿赂的手段。因此公安机关在办理商业贿赂案件时，可根据这一特点在挖掘犯罪线索，争取突破一个行贿者，查出一串受贿者的效果。以医药采购领域商业贿赂犯罪为例，一家医药公司的药品要进入医院，除质量本身外，医药公司很可能需要通过行贿等手段搞定医药采购的各个环节。该公司通过某一种手段搞定了一家医院，同样会通过这类手段搞定其他医院。如某公安机关侦查张某行贿案时，举报材料只有一起行贿事实。侦查员经过了解张某的业务，发现其药品本身质量一般，却有很多医院购买。经审讯，张某交代其通过给予业务员高额回扣的手段，向50多家医院销售药品的事实。

2. 从受贿者突破

受贿者都是权力在手的人。他们往往运用公权力为自己谋私利。他们总是将手中的权力运用到最大化。只要有机会，就会受贿甚至索贿。因此在审查受贿人时应根据其权力或者管理的职权范围，广泛审查，发现贿赂犯罪线索。达到从一个受贿者查出多个行贿者的目的。

3. 从介绍贿赂的中间人突破

中间人对行贿、受贿双方都比较了解，但往往隐藏较深，不易查找和突破。但一旦找到，只要侦查人员讲清利害关系，加之有的中间人为急于摆脱干系，则容易交代商业贿赂双方的情况。

（三）加强与工商等行政、执法机构协作，获取商业贿赂犯罪线索。主动加强与工商等部门之间的办案协作。经济犯罪侦查部门应该充分依托治理商业贿赂工作领导小组的协调机制，积极开展与工商行政管理、纪检监察机关、检察机关等部门的办案协作，从其他部门获取商业贿赂犯罪的线索。长沙市公安局在办理一起窝案中，与纪委、检察院等紧密协作，从一条6 000元的受贿线索中挖出了一起涉案金额2 000余万元、涉案人员10余人的大案。

（四）利用网站、博客、微博发现商业贿赂犯罪线索。公安机关可利用新型网站获取商业贿赂犯罪线索；也可利用博客、微博发现商业贿赂犯罪线索。公安机关同样也可用微博反商业贿赂，获取商业贿赂犯罪的线索。对公安机关而言，微博反腐多了一条获取腐败信息和线索的渠道；对公众来说，多了一种快速便捷监督官员、举报腐败的途径。

【本章小结】

非国家工作人员受贿罪，是指公司、企业或者其他单位的工作人员利用职务上的便利，索取他人财物或者非法收受他人财物，为他人谋取利益，或者在经济往来中，利用职务上的便利，违反国家规定，收受各种名义的回扣、手续费，归个人所有，数额较大的行为。

本罪侵犯的客体是公司、企业或者其他单位的管理制度和公司、企业或者其他单位工作人员的职务廉洁性。本罪在客观方面表现为公司、企业或者其他单位的工作人员利用职务上的便利，索取他人财物或者非法收受他人财物，为他人谋取利益，或者在经济往来中，利用职务上的便利，违反国家规定，收受各种名义的回扣、手续费，归个人所有，数额较大的行为。本罪的主体是公司、企业或者其他单位的工作人员。本罪的主观方面表现为故意。

办理此类案件，一是要积极主动寻找案件线索。可从行业的业务流程、关键岗位、重点人物等入手发现案件线索，还可通过深挖窝案、串案，拓宽线索来源。二是选准案件突破口。可以将涉案人、知情人、贿赂款物、相关书证、物证、案件事实等作为突破口。三是要巧用讯问策略突破口供。四是要全面收集和固定证据。

【关键术语】

非国家工作人员受贿；商业贿赂；案件线索

【推荐阅读与学习资源】

1. 孟庆华：《新型受贿犯罪司法解释的理解与适用》，北京，中国人民公安大学出版社，2012。

2. 林雪标：《受贿罪理论探究》，福州，福建人民出版社，2010。

3. 卢勤忠：《商业贿赂犯罪研究》，上海，上海人民出版社，2009。

4. 吴克利：《贪污贿赂犯罪侦查谋略与技巧》，北京，中国检察出版社，2010。

5. 陈波：《职务犯罪信息化侦查实战操作》，北京，中国检察出版社，2011。

6. 王德光：《反贪侦查僵局的破解》，北京，中国检察出版社，2011。

7. 苏云：《贿赂犯罪侦查研究》，北京，法律出版社，2013。

8. 徐进辉：《贪污贿赂犯罪案件侦查实务》，北京，中国检察出版社，2013。

【案例分析】

全球知名药葛兰素史克（中国）投资有限公司（下称葛兰素史克中国）部分高管为达到打开药品销售渠道、提高药品售价等目的，利用旅行社等渠道，向个别政府部门官员、少数医药行业协会和基金会、医院、医生等行贿，并收受相关旅行社等贿赂。警方先期对20余名涉案人员采取了强制措施，其中包括葛兰素史克中国的4大高管，4人在公司内部号称“四驾马车”，分别涉及法务、人事、市场和营销。此前媒体报道，葛兰素史克内斗、内部人士举报，牵出高管行贿受贿案，对此中国警方否认。中国警方通报称，2013年初在工作中发现部分旅行社经营活动异常。上海临江国旅几乎没做过任何旅游业务，但年营业额却从成立之初的几百万元飙升到案发前的数亿元。在有关部门的协助下，部署涉案地的警方开展调查，发现葛兰素史克中国及其关联企业，存在重大经济犯罪嫌疑。在掌握确凿证据后，公安部指示湖南长沙、上海、河南郑州等地公安机关立案侦查。于2013年6月27日、7月10日组织开展两次集中抓捕，对葛兰素史克中国部分高管和多家旅行社部分工作人员采取了刑事强制措施。经查，涉案高管为了套取现金用于给相关医生、医院高管等行贿，利用旅行社虚增会议规模和虚报会议两种模式。如葛兰素史克公司委托某旅行社举办某个会议，原本只组织了30个人，报账时，旅行社按葛兰素史克公司的意思，虚增20人，按50个人报账。这些虚增套取的现金，一部分被高管非法侵占，据为己有；一部分留在旅行社账上，成为葛兰素史克用来行贿的“备用金”，用以维护医院领导、医生关系，或者对政府职能部门个别官员行贿，或用于消费、旅游。行贿链条，上至工商、物价、人社等职能部门，下至中国基层医院、医生。有的卖一批药结算一笔钱，合作医生每人发信用卡，开药后第二天就把回扣打进账。相关旅行社为了获得葛兰素史克公司的培训业务，分别给负责营销、法务等部门的人员进行行贿。葛兰素史克中国涉案高管坦陈，包括行贿费用在内的各种运营成本助推了药价虚高，保守估计“运营成本”占到药价成本的20%～30%。①

问题：本案是如何被发现的？涉案人员主体如何认定？应收集哪些证据？

① 参见刘刚：《葛兰素史克案20余人被抓》，载《新京报》，2013-07-15。

第5章

出售、购买、运输假币犯罪案件侦查

【学习目标】

通过本章的学习，理解出售、购买、运输假币罪的概念、构成要件；了解出售、购买、运输假币案件的特点和作案手段；掌握出售、购买、运输假币罪主体的认定要点；掌握出售、购买、运输假币犯罪案件的侦查取证要点。

导入案例

2010年4月27日下午，一辆牌号为××省D-92686的长途客车在广州市花都区某加油站停靠时，被当地警方现场查获假币6 700万元。一辆牌号为××省C—3AA98的黑色现代小轿车曾尾随装有假币的长途车。由于涉案车辆来自××省，上级向××省警方下达协查指令。①

问题：警方应如何开展深入侦查？

第一节　出售、购买、运输假币犯罪案件概述

一、出售、购买、运输假币罪的概念

出售、购买、运输假币罪，是指出售、购买伪造的货币或者明知是伪造的货币而运输，数额较大的行为。

《刑法》第一百七十一条第一款规定："出售、购买伪造的货币或者明知是伪造的货币而运输，数额较大的，处三年以下有期徒刑或者拘役，并处二万元以上二十万元以下罚金；数额巨大的，处三年以上十年以下有期徒刑，并处五万元以上五十万元以下罚金；数额特别巨大的，处十年以上有期徒刑或者无期徒刑，并处五万元以上五十万元以下罚金或者没收财产。"

本罪侵犯的客体是国家的货币管理制度。本罪的客观方面表现为出售、购买伪造的货币或明知是伪造的货币而运输的行为。本罪主观方面表现为故意。本罪的主体是一般主

① 参见赵文明、阳纯卫：《湖南侦破最大假币案涉案金额达两亿》，载《法制日报》，2010-06-17。

体，即任何达到刑事责任年龄、具有刑事责任能力的自然人，不包括单位。

二、出售、购买、运输假币罪的认定

（一）出售、购买、运输假币罪的犯罪对象

假币作为出售、购买、运输假币罪的犯罪对象是毋庸置疑的，但刑法理论和司法实践在具体认定该罪的犯罪对象时，则存在较多争议。

1. 假币的具体种类

假币主要是指依照真币的图案、形状、色彩等，采用各种手段制作而成的货币。那么，假币的具体种类有哪些？

我国《刑法》没有规定假币的具体种类，但依据《最高人民法院关于审理伪造货币等案件具体应用法律若干问题的解释》和《关于审理伪造货币等案件具体应用法律若干问题的解释（二）》的规定，货币是指正在流通的法定货币。据此，作为出售、购买、运输假币罪犯罪对象的假币种类是指现行具有强制流通力的纸币和硬币，既不包括已废止流通的货币，如古钱、已停止使用的货币，也不包括电子货币、虚拟货币及有价证券。由于我国不允许银行发行银行券来代替人民币，故我国没有银行券存在，也无所谓银行券作为货币犯罪对象的问题。另外，基于国内外货币同等保护的原则，本罪的犯罪对象也包括与我国有正常外交关系的其他国家的正在流通的法定货币。

2. 假币不应包括变造的货币

按照金融界的一般理解，假币可以分为伪造的货币和变造的货币，但我国《刑法》第一百七十一条第一款明确规定，"出售、购买伪造的货币或者明知是伪造的货币而运输，数额较大的"行为构成出售、购买、运输假币罪。2000 年《最高人民法院关于审理伪造货币等案件具体应用法律若干问题的解释》使用了"假币"一词，但未明确假币是否包括变造的货币，2001 年的《座谈会纪要》又明确将假币的范围限定为伪造的货币，这也可以看成是对司法解释的补充说明。我国《刑法》及司法解释未将变造的货币纳入假币犯罪的对象范围，主要是考虑变造货币往往数量较小，社会危害性相对较轻。

（二）出售、购买、运输假币罪主观方面的认定

本罪包含的三种行为都要求嫌疑人具有直接故意的心理状态。运输货币罪要求犯罪嫌疑人在主观上必须明知是伪造的货币。一般来说，买卖假币的人，必然有主观明知的心理状态，因为货币的价值在一定时间内是稳定的，不论是出售的一方，还是购买的一方，如果是真币，没有必要交换，其票面价值是恒定的。双方愿意交易的，只能是比例不等的假币。真币和假币的交换比例，也是按照这一非法市场的行情来确定的。对假币的性质，双方心知肚明。出售或购买的行为本身已证明它是明知。而运输假币的行为，则有可能被人利用。运输者只是挣运输费，并不一定明知所运输货物的性质。《刑法》第一百七十一条明确规定"明知是伪造的货币而运输"。侦查机关须证明这一点，如属被蒙骗而不知运输的是假币，不构成犯罪。

在司法实践中，经常存在查获假币多，但认定嫌疑人主观"明知"难的问题。在办理涉假币犯罪案件中，涉案假币一般均依法扣押在案，数量亦较多，甚至高达数十万、数百万之巨，且经过中国人民银行分支机构或其指定的鉴定业务机构依法鉴定，物证及其证据

力相对完备有效，但嫌疑人往往以“不知涉案物品系假币”为借口，万般狡辩和抵赖，给司法认定带来较大的困难。这一点在运输、持有类等中间环节发案的涉假币案中尤为突出。由于此类案件的其他证据往往并不能达到排除合理怀疑的程度，现行司法解释亦未就一些涉案具体客观行为推定嫌疑人“主观明知”作出规定，实践中办案机关常常“底气不足”，一般从“疑罪从无”的法治原则和维护人权的角度出发，最终撤销对涉案嫌疑人的刑事追究，在一定程度上没有形成打击此类严重犯罪的威慑力。

在具体认定时，在被告人承认是“明知”假币的情况下如当场查获假币，认定“明知”当然无异议。对于被告人不认罪的案件，认定被告人是否“明知”就不易把握。在假币已查获的条件下，认定“明知”，应根据假币案件的特点，以被告人知道和应当知道其所运输的系假币为标准。也就是说，应以能够证明被告人对假币事先知情为原则。这样有利于准确打击和遏制假币犯罪，有效维护社会经济秩序。具体认定时，应不能仅凭行为人的口供，而应从全案的各种情况予以认定。例如，可根据运输假币的时间、地点、方式、数量等环境因素综合判断，也可根据遇到查验时是否有弃包逃跑等过激反映等情况综合认定。

案例(5-1)

2004年1月20日，刘×在长沙认识了叶×，两人就购买假币一事聊得投机，叶×答应帮刘×用10万元买45万元假币。2月18日，刘×带着借来的10万元真币赶到郑州，交给叶×介绍的一个叫“二哥”的人，“二哥”递给刘×一个装有45万元假币的箱子。刘×正欲查看时，叶×称不安全，催促他赶快走。刘×即慌忙乘出租车离去，途中打开箱子一看，发现箱子里装的绝大部分是白纸，遂报案。经公安机关鉴定，箱子里除94张面值为50元的假币（共计4 700元），其余皆为白纸。对本案犯罪数额的认定存在分歧意见：

第一种意见认为，根据最高人民法院《关于审理伪造货币等案件具体应用法律若干问题的解释》第三条规定，总面额在4 000元以上不满5万元的属于“数额较大”；总面额在20万元以上的属于“数额特别巨大”。本案刘×应当按照购买假币“数额特别巨大”量刑。

第二种意见认为，根据最高人民法院2001年《全国法院审理金融犯罪案件工作座谈会纪要》，伪造假币到半成品的，不能将半成品数额计算在内。刘×购买的假币还没有流入社会，未造成实际损害后果，因此只能以4 700元为依据，按照“数额较大”来量刑。①

评析：本案中刘×的行为应严格结合犯罪构成整体精神来分析和评价，避免客观归责，抓住一点，不及其余。刘×购买假币的数额，应是刘×在交付行为中积极追求换到的数额。从整个案件来看，刘×购买45万元假币的目的很明确，事前他就购买45万元假币事宜和叶×进行了充分的沟通，并做了充足的准备。叶×承诺帮刘×用10万元买45万元假币，刘×为交换45万元假币专门准备了10万元真币。综合整体案情，刘×对用10万真币交易45万元假币的主观明知非常显明，既有强烈的目的动机，又有具体的实施行为。其预定目的没有完全实现，乃是由于受对方欺骗。故应认定刘×行为性质为购买假币犯罪，购买金额为45万元，系犯罪未遂。第二种意见没有考虑刘×的主观明知，只单纯考

---

① 参见谢燕：《买假币却得白纸，如何认定涉案金额》，载《检察日报》，2006-10-26。

虑其行为具体后果，较为片面。

（三）出售、购买、运输假币罪客观方面的认定

1."出售"、"购买"的理解

出售，是指行为人明知是伪造的货币，以对方支付一定对价为条件而转移交付给对方所有，从中牟取非法利益的行为。简单地说，出售是一种将假币卖给他人的行为。实践中，对方支付的对价一般是低于伪造货币的票面价值的，这种对价的支付是以货币还是实物，只要是实际利益的交换，均认定是出售。出售假币行为只要求行为人将假币转让他人，他人支付相应的对价即可。这种对价可以是真币或实物，甚至可以是劳务或服务等其他利益，即使这种劳务或服务是非法的。因为购买人通过合法劳务或非法劳务等各种非金钱利益作为对价来获得假币，同样构成买卖关系，同样侵害了我国《刑法》保护货币的管理秩序。

购买是指与出售相反，以支付对价获得假币的行为。未支付对价，由赠送、捡拾获得假币的，不构成本罪。所谓购买假币，是指将他人持有的伪造的货币予以收购，通常是以低于票面额的价格买进。对于购买者支付的对价，同样可以是真币、实物或劳务等其他利益。对于无偿赠与的行为，不构成出售、购买假币罪，那么对于无偿赠与假币，且数额较大的行为，应如何认定呢？根据我国《刑法》的规定，难于定罪处罚，因为无偿取得假币或无偿交付假币的行为，不属于出售、购买、运输假币及使用假币行为，自然不宜以该罪认定。

另外，无偿取得假币或交付假币往往是在短时间内完成，而持有假币往往又需要持续一定的时间段，难于以持有假币罪认定。

2."运输"的理解

运输假币是行为人明知是伪造货币的情况下，仍以不同的方式将其转移，从而使伪造的货币在空间上发生位移的行为。运输的方式可以是人力携带转移，也可以是借助交通工具加以运载，或是通过邮寄等。运输的行为必然导致一定时间内对假币的持有，这种情况下，持有的行为应当为运输行为所吸收，因主观上是运输的故意，客观上是运输的行为，只以运输假币罪认定，不构成持有假币罪，也不构成运输假币罪与持有假币罪两罪并罚。

（四）出售、购买、运输假币既未遂的认定

考虑到出售、购买假币犯罪的特殊性，只要行为人将假币现实地带入了交易环节，如出售假币者已将假币带到购买者面前着手交易，不论是否完成交易行为，均应以出售、购买假币罪的既遂论处。也就是说，购买、出售假币的既遂并不以实际交付为界限，不要求买方交付钱款并实际领取假币，也不要求卖方实际获取约定的款项。

（五）出售、购买、运输假币犯罪的一罪与数罪的认定

出售、购买、运输假币罪系选择性罪名，即行为人只要实施了其中一种行为，依据该行为的性质选择相应的罪名，如果实施了两种或全部行为，还是以出售、购买、运输假币罪定罪处罚，不实行数罪并罚。但值得注意的是，如果出售、购买或运输的假币系不同对象或不同币种时，如出售 100 元假币、运输 20 元面值的假币，或者出售、运输假人民币、购买假外币等情形，根据 2001 年《全国法院审理金融犯罪案件工作座谈会纪要》的规定，同样不适用数罪并罚，只是数额按全部假币面额累计计算。争议较多的是，对于本罪的实

行行为与其他货币犯罪行为之间产生重合，应如何定性的问题。

1. 行为人购买假币后又加以使用的行为，应该如何定性

此种情形符合刑法理论中的牵连犯，属于手段行为与目的行为之间的牵连，应择一重罪而处罚，故以购买假币论处。

2. 对于行为人伪造货币后，同时又实施出售、运输行为的行为，应该如何定性

如果出售、运输的是行为人自己伪造的假币，则依据《刑法》第一百七十一条第三款的规定，以伪造货币罪从重处罚。如果行为人有伪造货币的行为，同时又出售或运输他人的假币，则依据2001年《全国法院审理金融犯罪案件工作座谈会纪要》的规定："对不同宗假币实施了《刑法》没有规定为选择性罪名的数个犯罪行为，分别定罪，数罪并罚。"即按照伪造货币罪和出售、运输假币罪数罪并罚。

3. 对于行为人变造货币后，同时又实施出售、运输行为的行为，应该如何定性

如果行为人变造货币后，无论是将自己变造的货币出售或运输，还是将他人变造的货币出售、运输，均只能成立变造货币罪，因为出售、运输假币罪不包括变造的货币，所以无法择一重罪而处罚。

三、出售、购买、运输假币犯罪案件的追诉标准

根据《立案追诉标准（二）》第20条的规定，出售、购买伪造的货币或者明知是伪造的货币而运输，总面额在4 000元以上或者币量在400张（枚）以上的，应予立案追诉。在出售假币时被抓获的，除现场查获的假币应认定为出售假币的数额外，现场之外在行为人住所或者其他藏匿地查获的假币，也应认定为出售假币的数额。

四、出售、购买、运输假币犯罪案件的作案手段

（一）利用物流业运输假币

近年来，快递公司、运输公司等物流行业发展，相关法律法规不完善，政府及行业监管不到位，导致该行业管理秩序混乱。利用物流、快递方式夹带运输假币的案件时有出现。2009年6月24日，浙江省温州市龙湾区检察院对王×以涉嫌出售、购买假币罪，诈骗罪依法提起公诉。王×通过网络、手机、快递等现代技术手段，在全国搭建起了假币销售网络，涉及全国30余个城市。"不管你身在何方，只要点击他的QQ号，他都能通过快递公司将假币送到你的手里"，这是王×假币犯罪的"成功"秘诀。[①]

（二）采取人"货"分离方式运输假币

在运输假币过程中，犯罪行为人为逃避打击，一般采取人"货"分离方式运送。犯罪行为人不亲自出面交"货"或接"货"，而是在路边雇用一个民工或"马仔"到约定地点送"货"取"货"。犯罪行为人暗中窥测交接情况，如有异常情况，随时逃离。被雇佣者只挣工钱，对委托人身份，货物性质往往并不清楚，一旦被抓获，难以提供有价值的信息。

（三）通过互联网买卖假币

犯罪行为人购进大量假币后，通过网络联系买家，以各种虚假身份与对方交易。买方

---

① 参见张晓慧：《快递竟能如此妙用》，载《检察日报》，2009-07-02。

与卖方通过QQ等聊天工具洽谈交易价格，买方按照谈好的价格将钱存入银行账户上，或者利用第三支付平台进行支付，卖家将假币通过快递邮寄给买家。在整个交易过程中，买方和卖方互不见面，给侦查取证带来新的困难。

五、出售、购买、运输假币犯罪案件的特点

（一）流动性强，辐射范围日益扩大

贩售假币犯罪活动流动性增强。犯罪的规模日益庞大，波及范围更为广阔。运输、贩卖、使用等一条龙，使得假币跨省市流转变得方便迅捷。据统计，全国31个省、自治区、直辖市都有假币案件发生。近几年来，由于假币案发重点省区、大中城市，对假币的打击和反假宣传力度的加大，贩运和出售假币犯罪活动有从重点地区向非重点地区、城市向农村转移扩散的趋势。一些犯罪分子以亲戚朋友、老乡等关系组成犯罪集团，从广东、福建、湖南等省区的制造窝点进“货”，运回河南、安徽等地的中转站，再转手向华北、东北、西北等地区贩卖。具体到一个地区，在城乡结合部和农村，贩运、交易假币犯罪现象最为突出。特别是一些地区的农村已经成为贩卖假币的专业村，除了因为当地经济的落后和贩卖假币的暴利外，还与目前假币大量流向农村地区有关。现在农村地区基本还在使用现金，再加上农村人口金融知识相对较低，法制观念和自我保护能力相对薄弱，这都给假币流通创造了条件。①

（二）犯罪分子行动隐蔽、反侦查能力强

历经多年的打击，假币犯罪分子对警方的侦查模式有所了解和熟悉，通过不断调整活动方式，逐渐具备了一定的反侦查能力。如涉案人员在活动时会不停变换手机号码以防止被技术锁定；外出时则更加小心谨慎，非常注意观察周围情况，甚至采取无目的摆脱动作；或是及时调整作案方式，放弃原先一次性大笔交易假币的做法，以多批次小批量的交易模式为主，即使被警方发现，当场缴获的假币数量也很小，可以规避司法机关的严厉处罚；交易场所的选择则逐渐放弃室外、宾馆等人流较多的公共场所，转变为在其临时租赁的出租房屋进行交易，一有风吹草动，立即退租转移。由于选择的出租房大都地处偏僻，周围环境又比较混乱，给警方监控工作带来很大的困难；此外，涉案人员在非法交易时，一旦发现情况不妙，会迅速将手中假币抛离现场，使警方难以固定有关证据，给案件最后的定罪量刑带来阻碍。

（三）运输、贩卖假币团伙化、集团化

随着涉案假币金额越来越大，运输、贩卖假币犯罪也越发复杂。原来只凭单兵作战式的犯罪活动，已经很难获得较高的利润，而且风险极大，一人被捕就意味着全军覆没。为了驾驭涉案金额巨大的犯罪活动，犯罪分子组成了分工明确的团伙甚至犯罪集团。犯罪分子作案过程中，运输、贩卖等每一环节都有专门人员负责。购买、运输假币的犯罪行为人一般有明确分工：假币的卖方中，假币的总源头、联系买主、收款发货分别由不同的人负责；假币的买方中，接头验货、接信汇款也分别由不同的人负责。为了躲避法律的惩处，他们往往防止过多人员介入中间环节，一般采取单线联系的方式。假币犯罪团伙化、集团

---

① 参见谌艳青：《假币犯罪案件的特点和侦防对策》，载《四川警察学院学报》，2008（2）。

化，大大增加了公安机关的破获难度。

（四）有假币实物可查证

与其他类型案件相比，假币犯罪案件较突出的一个特点是有假币这一实物样本可查。如犯罪嫌疑人出售、购买、运输过程中所涉及的大量假币，可以作为有力的物证。假币样本能够证明事实的存在和发生过程，蕴含丰富的侦查信息，为深入打击提供条件。犯罪嫌疑人对此也有相当的认识，所以常采取单线联系、人货分离等手段，千方百计阻止人赃俱获局面出现，以逃脱法网。所以，即使假币犯罪案件中的罪证明显，如若不能做到人赃俱获，也很难让犯罪嫌疑人服法，这也就给侦查人员的侦查取证工作提出了更高的要求。

（五）犯罪主体和受害对象相对集中

假币犯罪主体多为经济收入不高的农民、个体劳动者、无业人员或者居住地和联系方式变动频繁、流动性大的外来人口。犯罪主体其中很多已受过打击处理，一方面主观恶性强，难于改造。另一方面重新犯罪时，具有较强的反侦查意识。一些地区还形成了长期以贩卖假币为业的重点人群。从受害对象看，多分布于城乡结合部和农村地区。近些年，农业银行、农村商业银行、邮政储蓄银行的假币收缴量在所有商业银行收缴总量中的占比呈逐年上升趋势。涉农地区的老人、妇女等弱势群体由于文化层次较低、见识有限、辨别假币能力较差等因素成为重点侵害对象。①

第二节　出售、购买、运输假币犯罪案件的侦查方法

一、主动发现假币案件线索，扩大立案的材料来源

假币犯罪案件的线索来源主要有以下几种情况：基层公安机关在日常巡查工作中抓获现行运输、买卖、使用假币犯罪嫌疑人；银行、工商、海关、会计、审计、监察等部门发现的假币犯罪线索；侦查机关办理其他案件发现的假币犯罪线索；犯罪嫌疑人自首和交代；其他来源，如新闻媒体揭露的犯罪线索或上级交办案件等。

有的假币犯罪案件在最初发案时仅涉及少量的假币，容易被当做误用假币案件而被忽视，因此，侦查人员对来自群众、金融部门、商业部门、运输部门、工商、海关等方面的假币信息都要重视，并且针对假币犯罪伪造、出售、运输等不同犯罪阶段，从调查假币的来源入手，扩大假币案件的线索。同时，结合发案线索，根据假币的制作特点、假币使用的地域等情况进行综合分析，深入调查访问，认真收集案件有关材料，果断进行立案查处。

公安机关还可进一步发动广大群众检举揭发假币违法犯罪活动，通过正面宣传和引导，积极依托派出所、社区、新闻媒体等渠道，在宣传假币社会危害性的同时，公布假币犯罪举报方式，鼓励引导广大社会公众主动举报假币犯罪。

二、运用信息化侦查手段掌握嫌疑人的行为过程、行动路线

侦查中可以充分运用信息化侦查手段发现假币犯罪线索，推断作案人的身份、其具备

① 参见杨书文：《假币犯罪研究与例解》，54页，北京，中国人民公安大学出版社，2012。

的条件和特征，缩小犯罪嫌疑人的范围。一般来说，贩运假币案件往往首先是从假币的使用人、运输人、出售人和购买人中发现线索，顺线追踪，做到“人赃俱获”，从而破获整个案件。采用信息化侦查手段能够提供发现同伙、深挖犯罪的重要信息。例如，发案后及时把犯罪嫌疑人抓获，通过其手机通信录、通话清单、短信内容等就能清楚地反映出同伙的姓名、手机号、联系时间甚至实施犯罪的具体内容，为查明其同伙、确定作案时间提供可靠的线索和依据。公安机关可利用网上查证等方式查犯罪嫌疑人贩运假币的前科和活动轨迹。具体途径包括：通过公安内网信息查证；通过互联网信息查证；通过社会行业信息系统查证。侦查人员还可运用 GPS 定位、通信信息、物流信息、视频监控信息等，对嫌疑人印制、运输、销售假币，实施假币犯罪行为的过程、方式、假币被查获时的情形等跟踪记录，调查假币的出售、使用地区等。针对有的犯罪分子利用物流、快递公司验货不严等漏洞，伺机运输假币，侦查人员可利用技术手段监控快递动向。此外，根据案情可依托技术手段查明假币与嫌疑人的对应关系。

三、整体作战，地区间充分协作

从开展区域协作入手，开展并案侦查。假币贩运案件涉案地域广，犯罪嫌疑人大多跨地区、甚至跨境流窜作案，犯罪踪迹遍及各地。对于一些重大、复杂的案件单靠一地公安机关难以查清全案，这就需要开展各地警方间的区域协作。侦查协作的开展，如果能够经常化、规范化、制度化，使之形成相应的协作办案机制，则将大大促进案件侦查中的串案并案，充分发挥打击假币犯罪的整体优势，提高办案的效率。

四、内紧外松，张网布控，擒获犯罪嫌疑人

内紧外松、张网布控的侦查措施，其核心是隐蔽真实的意图。由于贩运假币案件常因证据不足而难以认定，所以对这类案件采取制造“松”的假象，故意麻痹犯罪嫌疑人，促使其充分暴露，从而做到“人赃并获”，擒获犯罪人，这是有效侦破案件的措施之一。进行张网布控时应当注意以下几点：一是制造“外松”的假象、要自然，不露痕迹。因为犯罪分子总是多疑、警觉的，一有风吹草动，便会采取防范措施，从而使侦查活动落空。二是要把握主动，营造“出击”时机，让整个侦查活动始终在侦查人员的控制下。“外松”的目的，主要是为了让犯罪嫌疑人暴露犯罪意图，从客观上固定犯罪证据，但同时还应当做到“内紧”，将犯罪活动始终置于侦查机关的控制之下，在合适的时机进行抓捕。三是布控应周密细致。四是侦查人员应具备机智灵活的头脑。事先的考虑再周全，也可能在实施过程中出现意想不到的情形，这就对侦查人员的素质提出了较高的要求。侦查人员在遇到突发情况时，应当沉着冷静，机智灵活，妥善处理。

五、向知情人、关系人深入了解假币流转信息，深挖犯罪源头

假币从伪造、运输到流转使用，要经过若干环节。案发时进入侦查视线的，多数情况下与假币犯罪的源头存在一定距离。源头没有被铲除，打击犯罪的效果就要大打折扣。因此，办理假币犯罪案件，侦查人员应当树立深挖犯罪源头的侦查意识，不能满足于抓获“点上”、“线上”具体实施犯罪的人员，还要“以点牵线”，“以线挖源”，将犯罪分子一网打尽，充分履行自己的职责。

在侦查中，可从假币的发现人、被害人、使用人、投放人处了解假币来源情况。伪造、变造假币的发现人多是金融、工商、海关、旅游、交通及其他服务部门的工作人员，他们在履行职责过程中容易发现假币；被害人通过正当途径获得假币，自己发觉后主动举报，或未发觉有假，在交易时被对方发现，这两类人一般和案件无直接利害关系，是案件的重要证人，陈述较为客观、真实。侦查人员对他们应采用询问的方法。询问发现人的主要内容是：假币的发现经过，使用人或持有人当时的表现、态度及基本情况，发现时现场有无可疑人员等。询问误用假币人的主要内容是，假币是通过交易、购买、调换等正当方式获得还是其他非正当方式得的，有无中间人；假币转换过程中中间人、出售人、调换人的人数和人身特征；被骗财物数量、种类、特征等。针对有关人员常常记忆不清的情况，侦查人员应对其耐心启发，帮助回忆，必要时可进行侦查实验。

侦查中发现的使用、投放假币的人，与案件的关系较为复杂，有的就是假币的制作人；有的是贩运人、倒卖人、窝藏人；有的是为了其他犯罪目的购买假币作为实施犯罪的手段；有的发觉自己持有假币后，为了减轻损失有意使用或转卖。他们一般都与案件有一定的利害关系，知道伪造、变造犯罪活动中的一些情况。对于此类人员的审查要点是：伪造、变造假币的来源、时间、地点、经过以及涉及的人员情况；对于直接伪造人要查明参与者的人数及其详细情况，制作的时间、地点、材料来源、工艺过程，制作假币的数量、特征、处理方式，伪造者的分工等；对于在非法交易过程中查获的假币和人员，要查明交易双方的人员情况、交易经过和性质；对于持有者是转手倒卖人，要查明其中各个环节的人员和相互关系以及其他可疑人员的情况。

【导入案例简析】

在本案侦查中，专案组依托伪造货币必须具备的技术条件进行案情分析，确立抓源头，找窝点的思路，深入开展侦查。采取了以下关键措施：

1. 核查托运假币的货主身份。经调查运货方，装载假币车辆的一名股东向警方提供了货主情况：一名叫张××的××籍男子通过此长途车将34件货物运往广东，并当场支付运费1 000元。

专案组查实该小车车主系××县人欧××，家住××县××小区，其丈夫正是张××。专案民警通过走访得知，张××在广东打工多年，长期从事印刷行业，技术十分娴熟，且每次回××都入住宾馆，出手阔绰。通过各方反馈来的信息，警方锁定张××就是伪造假币的重要嫌疑人，并对张××采取通缉措施。

2. 查找印刷窝点。通过调查掌握了张××递送假币方式：张××托运假币，送货车辆为××省C-3AA98黑色现代小轿车，分两次从××市灯塔方向运来，前后间隔时间20分钟左右，装车地点均在××卫校。警方进行了侦查实验，最后确定在××卫校5公里内进行地毯式搜查。因为不能确认张××在5公里内存放假币的地方到底是生产窝点还是中转站，××警方扩大了搜索范围，要求全市所辖派出所全体民警对辖区内的印刷厂进行大规模清查。为了扩大信息来源，警方还向市民发布了3万元的悬赏公告。

行动前，民警接受了专业指导：印钞点必须有三相电源、至少要有40平方米的作业空间、生产场地必须防尘、隔音、必须要有空调等调温换气设备。

4月30日上午11时，××派出所民警到该市××办事处××村崔家组崔×家走访时，发现崔×家有一个三相电源，且一楼的门窗全部用三合板封闭，更可疑的是，本该装在室外的空调压缩机却装在了厕所里，而这个房子正好大概40多平方米。民警通过调查还得知，房主崔×和张××是亲戚关系。

专案组判断：崔×家基本条件符合制假窝点要求，且房主和张××是亲戚关系，应为印刷窝点。至此，制造两亿多元假币的窝点被成功查获。上级部门、××省公安厅、××市公安局、××市公安局的侦查员和中国人民银行的专家先后到达现场，对现场进行了全面、细致的勘查，并固定了相关证据。

3. 抓捕犯罪嫌疑人和搜集证据。通过讯问房主和调查表明，伪造货币团伙为三人，除张××外，还有张××和杨×，张××和张××还是亲戚；5月9日，专案组民警在江苏省××市将犯罪嫌疑人杨×抓获。5月14日，专案组民警在广东省××市某出租屋内，将犯罪嫌疑人张××擒获。16日，专案组又在××市将犯罪嫌疑人欧××抓获，并查获印制假钞的特种纸张156包（约2吨重）。5月18日，在云南警方和缅甸警方的协助下，另一路追逃小组在缅甸将犯罪嫌疑人张××抓获，并从张××老家缴获手提电脑一台和印制假钞的全套27张胶片。

本案中，制假窝点查找是一个难点。伪造假币犯罪具有专业性。犯罪分子需要具备一系列技术条件才能伪造假币。侦查员结合伪造类犯罪的技术特征来运用侦查措施，取得了较好的成效。

【资料链接】

人民币假币的鉴别方法①

假币一般分为伪造币和变造币两大类。伪造币是指仿照真币的图案、形状、色彩等，采用各种手段制作的假币。变造币是指在真币的基础上，利用挖补、揭层、涂改、拼凑、移位、重印等多种方法制作，改变真币的原形态的假币。这里主要介绍第五套人民币简易鉴别方法：

（一）直观对比法

1. 看水印：水印是基本防伪特征之一，也是重要的鉴别真、假人民币的手段。现在发现的假人民币水印主要是印制在钞票表面或把白浆料夹层在水印部位仿制成的水印。真币水印立体感强、层次丰富，假币水印无立体感或水印部分因涂浆加厚而色调变深，较易辨别。

第五套人民币10元，5元票面还具有双水印的特点，即在票币左下角位于双色横号码的下方，迎光透视，可以看到透光性很强的图案"10"或"5"的水印（即所称的白水印）。从目前发现的第五套10元假人民币来看，有的没白水印，有的是浅黑色的"10"数字，因此我们要认真辨别。

2. 看光变油墨：在第五套人民币100元和50元中，票面左下角有面额数字"100"或"50"。真币随倾斜角度变化颜色，变化明显；假币不变色或变色无规律、不明显。

3. 看阴阳互补对印图案：第五套人民币100元、50元、10元三种纸币正面左下方与背面右下方可组成阴阳互补对印图案。真币正、背图案重合，可组成完整的古钱币图案。假币正、背图案错位或重合不精确。

---

① 参见《人民币假币的鉴别方法》，见凤凰网，http：//house.ifeng.com/rollnews/detail_2010_11/30/3276096_0.shtml，2014年7月30日访问。

4. 看票面的红、蓝彩色纤维：第五套人民币五种纸币的票面上，均可看到纸张中有不规则分布的红、蓝纤维，真币红、蓝纤维分布自然，正、背面对应，假币没有纤维真实感或没有红、蓝纤维。

5. 看隐形面额数字：第五套人民币纸币的正面右上角都能看到一个与票面等额的隐形面额数字装饰图案。目前大多假币装饰图案中没有面额数字；个别有但不是隐形的；也有少数大面额假币，置于与眼睛接近平行的位置才能看到面额数字，与真币相仿，应引起注意。

6. 看安全线：发行的第五套人民币纸币中都埋有一条安全线。现假币仿制安全线的手段主要有印刷在纸张表面和放置在纸张夹层中两种。前者的安全线是印刷在票面上，真假币对比容易发现；后者的安全线，与纸张的结合较差，线条部分略厚，容易识别。

7. 用手摸：人民币是由专用纸张印制，其手感光滑、厚薄均匀，坚挺有韧性，票面上的行名、盲文、国徽和主景图案一般采用凹版印制，手摸有凹凸感。假币纸张平滑、无凹凸感。从目前收缴的假币中，发现个别假币在人像或盲文处有凹凸感，但与真币相比有明显区别。

（二）工具鉴别法

1. 用笔拓：这里主要是指较新的票币，将正面向上平铺在较光滑的平面上，上面覆盖上一层薄纸，用蜡笔或铅笔在水印、盲文、行名、正面大、小写面额数字等多处轻拓，都能拓出图像的应为真币，否则为假币。应该注意的是一些用浆料加厚仿制水印的假币也能拓出水印图像。

2. 放大镜观察：借助放大镜，仔细观看真、假币胶印缩微文字、花纹的线条等。胶印缩微文字清晰，线条能连接的是真币；胶印缩微文字模糊，线条为点状的是假币。

3. 仪器检验：利用正规厂家的鉴别仪鉴定真、假人民币。根据第五套人民币的特征，通过荧光反应、磁性特征等方法检测、识别。用紫外灯光照射票面，可以观察钞票纸张和油墨的荧光反应；用磁性检测仪可以检测黑色横号码的磁性。

随着科学技术的进步，制造假币的手段也越来越高，但假人民币终究不是人民币，通过防伪知识的学习和对假币制作手段的了解，再精致的假币也终究会被识破。

【本章小结】

出售、购买、运输假币罪，是指出售、购买伪造的货币或者明知是伪造的货币而运输，数额较大的行为。

出售、购买和运输假币罪的主体为一般主体。出售、购买和运输假币罪的主观方面为直接故意。罪名包含的三种行为都要求嫌疑人具有直接故意的心理状态，但对主观认识的限制条件规定不一样。出售、购买行为没有作明确要求。运输货币罪要求犯罪嫌疑人在主观上必须明知是伪造的货币。出售、购买和运输假币罪的客观方面表现为出售、购买、运输假币数额较大的行为。出售、购买、运输假币罪，是选择性罪名，行为人只要实施了其中任何一种行为即可构成相应假币犯罪的既遂。

在出售假币时被抓获的，除现场查获的假币应认定为出售假币的犯罪数额外，现场之外在行为人住所或其他藏匿地查获的假币，亦应认定为出售假币的犯罪数额，但有证据证实后者是行为人要实施其他假币犯罪的除外。出售、购买、运输假币犯罪侵犯的客体为货币的流通秩序。

出售、购买、运输假币犯罪案件一般是团伙作案，贩运行为隐蔽性强，多为跨区域流动作案。在侦办此类案件时，要善于主动发现假币案件线索，扩大立案的材料来源；针对主观明知认定难的问题，充分运用信息化手段掌握嫌疑人的行为过程、行动路线；注重整体作战，开展地区协作；内紧外松，张网布控，做到“人赃并获”；向知情人、关系人深入了解假币流转信息，深挖犯罪源头。

【关键术语】

出售、购买、运输假币罪；假币；伪造货币

【推荐阅读与学习资源】

1. 刘宪权：《货币犯罪若干司法疑难问题探析》，载《犯罪研究》，2008（2）。
2. 杨书文：《假币犯罪研究与例解》，北京，中国人民公安大学，2012。
3. 杜文俊：《货币犯罪的法律适用探析》，载《政治与法律》，2011（4）。
4. 刘为波：《假币犯罪相关法律适用问题》，载《中国检察官》，2011（5）。
5. 中国人民银行网站反假币工作栏目，见 http：//www. pbc. gov. cn/publish/huobijinyinju/4065/index. html。

【案例分析】

2009年8月，××派出所接到一条线索：×县××街北街农贸市场内有一对夫妇长期使用假币，但无人知道夫妇姓名及住址，行动极为诡秘。××派出所立即将这一情况向×县公安局作了汇报。该局政委郑××高度重视，指定经侦大队侦办此案，要求切勿打草惊蛇，一定要挖出假币来源上线。

经侦大队根据线索进行初查。通过对线索的分析，侦查人员认为，该夫妇一定会在农贸市场继续活动下去，于是决定守株待兔。随后，数批侦查员便衣进入市场，通过蹲点守候发现一对中年夫妇符合举报人描述的外貌特征。经过进一步侦查，该夫妇名叫冯×、李×，家住××镇×村。

经过数日跟踪，侦查员发现该夫妇频繁使用小额假币钞票，每逢赶场都来这里，使用对象多为市场内无固定摊位的农村老年卖菜者。这类人文化层次低，对真假币几乎无辨别能力，所以成为了该夫妇作案的主要对象。

虽然已经摸清两夫妇的作案事实，但为了挖出假币来源，侦查人员依旧按兵不动。在继续跟踪调查取证的同时，于10月5日将此案正式立案。此时冯×夫妇却浑然不知，每次赶场仍然“挥霍”两三百元的假币。如此频繁、大量地使用假币，让办案民警隐隐约约感觉到这起案件非同小可。

通过长达两个月的跟踪调查，侦查人员发现，冯×夫妇每次作案身上带的假币量不大，警惕性非常高。作案时，两人相互掩护，作案完成后迅速离开现场，找一个僻静处换掉衣服后各自分散。

11月中旬，侦查人员终于发现了一名××籍男子周×与冯×接触十分密切，极有可能就是公安机关要找的上线。在继续秘密监控冯安夫妇的同时，经侦大队抽调了部分警力对周×展开了侦查。

侦查人员很快发现，周×与其妻子住在汇东交通苑一出租房内，二人对周围邻居称是卖猪肉的，但两人长期待在家中且爱打牌，从来没有见他们干过任何工作。侦查人员分析，这两人就是他们要找的上线。通过进一步秘密侦查，侦查人员逐步掌握了周×夫妇为冯×夫妇提供假币的基本事实。

11月23日，在市公安局有关部门的配合下，侦查人员对周×夫妇居住的出租房进行了突击搜查，当场将周×夫妇抓获并在其卧室内查获假币2万余元。二人对购进假币后卖给×县冯×的事实供认不讳，交代了2004年以来在自贡使用假币16万元，获利10余万元。第二天，早在警方控制之下的冯×夫妇也被警方抓获，从其住处搜得假币1 000余元。①

问题：试总结破获该案的成功经验。

① 参见王培泉：《20万假币大案浮出水面》，载《自贡日报》，2009-12-04。

第6章

集资诈骗犯罪案件侦查

【学习目标】

通过本章的学习，理解集资诈骗罪的概念、构成要件；了解集资诈骗案件的特点和作案手段；掌握集资诈骗罪主体的认定要点；掌握集资诈骗案件的侦查取证要点。

导入案例

2011年11月初，警方接到广东籍商人李先生报案称：一个月前，他经朋友黄×介绍，与一女子曾×荣签订入股协议办理一级航空代理公司“翔旅公司”，因公司需要交纳押金，让其出资1 300万元成为股东。2011年10月17日和25日，他分两次将1 300万元转入曾×荣控制的公司账户。事后，他发现先前转入到“翔旅公司”账户上的钱款已被提走。

经警方调查，受害人李××分别于2011年10月17日和10月25日向曾×荣控制的公司账户转账1 300万元，曾×荣收到款后，分别将款转入张×军、颜×念、颜×标、孙×虹、姚×莉、陈×全等人账户或提现。经向航空协会调查，曾×荣根本没有申报所谓的升级一级航空代理，更不存在需缴纳押金之说。2011年11月11日，海口警方以曾×荣涉嫌合同诈骗案立案侦查。

经警方初步侦查发现，张×军、颜×念、颜×标、孙×虹、姚×莉、陈×全等人账户都与曾×荣有频繁的巨额资金往来。曾×荣除以入股其控制的航空代理公司为由外，还以高额回报为诱饵，向多人进行集资诈骗。曾×荣通过非法集资诈骗的钱款，除了偿还高额利息外，还被其用于购买宝马车、建房和高消费等挥霍所用。至2011年10月底，已查清的参与集资人员共45人，其中二线集资人员为12人，涉案金额上亿元。海口警方一方面组织抓捕犯罪嫌疑人曾×荣，另一方面尽快查询赃款动向，积极追逃，最大程度减少受害人损失。2011年11月16日，海口警方在广州白云机场派出所的配合下，将犯罪嫌疑人曾×荣抓获归案。曾×荣到案后，警方向主要媒体公布了案情，并以案说法，对群众进行宣传教育。对相关财物的控制同步展开，警方冻结了与该案有关联的账户钱款800万元，查封了属于曾×荣及其丈夫、妹妹等人名下的房产7套，同时对涉嫌非法吸收公众存款的二线人员已分别立案进行侦查，对该案涉及的赃款，公安机关组织力量全力追缴。

该案件最终以涉嫌集资诈骗罪侦查终结，并移送公诉机关审查起诉。海口市中级人民法院以集资诈骗罪审结，判处曾×荣有期徒刑15年。曾×荣提出上诉，经海南省高级人民法院二审终审维持原判。①

问题：曾×荣采取何种形式进行非法集资？公安机关的侦查工作有何成功之处？

第一节　集资诈骗犯罪案件概述

一、集资诈骗罪的概念

集资诈骗罪，是指以非法占有为目的，以诈骗方法非法集资，数额较大的行为。“诈骗方法”的实质是行为人为使出资人陷入认识错误而出资，便于自己侵占集资款而采取的各种欺骗手段。“非法集资”是违反国家金融管理法律规定，向社会公众（包括单位和个人）吸收资金的行为。

《刑法》第一百九十二条规定：“以非法占有为目的，使用诈骗方法非法集资，数额较大的，处五年以下有期徒刑或者拘役，并处二万元以上二十万元以下罚金；数额巨大或者有其他严重情节的，处五年以上十年以下有期徒刑，并处五万元以上五十万元以下罚金；数额特别巨大或者有其他特别严重情节的，处十年以上有期徒刑或者无期徒刑，并处五万元以上十万元以下罚金或者没收财产。”第一百九十九条规定：“犯本节第一百九十二条规定之罪，数额特别巨大并且给国家和人民利益造成特别重大损失的，处无期徒刑或者死刑，并处没收财产。”第二百条规定，“单位犯本节第一百九十二条、第一百九十四条、第一百九十五条规定之罪的，对单位判处罚金，并对其直接负责的主管人员和其他直接责任人员，处五年以下有期徒刑或者拘役，可以并处罚金；数额巨大或者有其他严重情节的，处五年以上十年以下有期徒刑，并处罚金；数额特别巨大或者有其他特别严重情节的，处十年以上有期徒刑或者无期徒刑，并处罚金”。《刑法》第一百九十二、第一百九十九、第二百条从一般法的角度，对集资诈骗罪的构成及处罚作了完整的规定。

本罪侵犯的客体是国家正常的金融管理秩序和公私财产所有权。本罪客观方面要求行为人使用了虚构事实，隐瞒真相的诈骗方法；行为人实施了非法集资行为，即自然人、法人或者其他组织没有经过有关机关批准，或者虽然经过有关机关的批准，但是没有按照法规规定的程序向社会不特定的公众筹集资金的行为；构成集资诈骗罪还必须非法集资数额较大，集资诈骗罪是数额犯。本罪的主体是一般主体，任何达到刑事责任年龄、具有刑事责任能力的自然人均可构成本罪，单位也可以是构成集资诈骗罪的主体。本罪要求行为人主观上具有故意，并且行为人主观上以非法占有集资款为目的，并不具有返还的意思，行为人主观上为过失不构成集资诈骗罪。

---

① 参见吴晓锋、邢东伟、张振汉、曾程：《海口警方破获“海南吴英”集资诈骗案》，见法制网，http://www.legaldaily.com.cn/zt/content/2012-08/15/content_3773129.htm?node=28935，2014年8月13日访问。

二、集资诈骗罪的认定

（一）非法集资的认定

1. 非法集资的表现形式和特征

非法集资活动涉及内容广，表现形式多样。从目前案发情况看，主要包括债权、股权、商品营销、生产经营等四大类，表现为以下多种形式：

（1）不具有房产销售的真实内容或者不以房产销售为主要目的，以返本销售、售后包租、约定回购、销售房产份额等方式非法吸收资金的；

（2）以转让林权并代为管护等方式非法吸收资金的；

（3）以代种植（养殖）、租种植（养殖）、联合种植（养殖）等方式非法吸收资金的；

（4）不具有销售商品、提供服务的真实内容或者不以销售商品、提供服务为主要目的，以商品回购、寄存代售等方式非法吸收资金的；

（5）不具有发行股票、债券的真实内容，以虚假转让股权、发售虚构债券等方式非法吸收资金的；

（6）不具有募集基金的真实内容，以假借境外基金、发售虚构基金等方式非法吸收资金的；

（7）不具有销售保险的真实内容，以假冒保险公司、伪造保险单据等方式非法吸收资金的；

（8）以投资入股的方式非法吸收资金的；

（9）以委托理财的方式非法吸收资金的；

（10）利用民间“会”、“社”等组织非法吸收资金的；

（11）其他非法吸收资金的行为。

根据最高人民法院2010年12月13日公布的《关于审理非法集资刑事案件具体应用法律若干问题的解释》（以下简称《非法集资案件解释》）的规定，非法集资活动主要有以下四个方面的基本特征：一是非法性。其内涵是违反国家融资管理的禁止性规范，表现为未经有关部门依法批准或借用合法经营的形式吸收资金。未经有关部门依法批准的常见情形有：未经有关部门批准；骗取批准欺诈发行；具有主体资格，但具体业务未经批准；具有主体资格，但经营行为违法。借用合法经营的形式吸收资金的表现形式则多种多样，如前述的四大类11种行为。二是公开性。其内涵是利用各种途径公开宣传。行为人常采用媒体、推介会、传单、手机短信、标语、横幅、宣传册、宣传画、讲座、论坛、研讨会等多种形式公开宣传。对于实践中存在的“口口相传”、“以人传人”现象，可以结合集资人对此是否知情、态度如何，有无具体参与、是否设法加以阻止等主客观因素，认定是否符合公开性特征要件；三是利诱性。其内涵是集资人向集资群众承诺在一定期限内以货币、实物、股权等方式还本付息或者给付回报。利诱性特征包含有偿性和承诺性两个方面内容。四是社会性。其内涵是向社会公众即社会不特定对象吸收资金。社会性是非法集资的本质特征，禁止非法集资的重要目的在于保护公众投资者的利益。社会性特征包含两个层面的内容：广泛性和不特定性。行为人欢迎任何自然人和单位去存款。未向社会公开宣传，在亲友或者单位内部针对特定对象吸收资金的，不属于非法集资。

2.“向社会公众即社会不特定对象吸收资金”的认定

“向社会不特定对象筹集资金”是非法集资活动的重要特征，也是非法集资区别于民间借贷、集资诈骗罪区别于普通诈骗罪的重要界限。“向社会不特定对象吸收资金”，是指集资的对象不局限于某个具体人群，而是无明显针对性，从何处筹集到资金都符合集资人的意愿。对于行为是否属于“向社会不特定对象吸收资金”可以从以下几个方面判断：一是行为人的主观态度，如果行为人筹集资金没有特定的指向，只要能筹集资金，无论从何处筹集都符合其主观意愿的，可以认定为“向社会不特定对象筹集资金”；二是筹集资金的方式，只要行为人通过向社会散布信息的方式来筹集资金，就表明行为人在主观上具有向不特定对象筹集资金的故意；三是从筹集资金的对象来认定，如果筹集资金的对象多数为亲友、本单位职工以外的人员，则可以认定其筹集资金的对象已经从熟人圈子扩张到社会，可以认定为“向社会不特定对象筹集资金”。另外，不特定对象除了自然人，还包括公司、企业等单位，因为在民事法律关系中自然人和单位均属于民商事行为的主体，具有平等的法律地位，单位同样可以成为非法集资的对象。

3.非法集资与非法金融业务活动

非法金融业务活动是指未经有关金融监管机构批准，擅自从事金融活动，包括非法从事银行类业务、非法从事证券类业务和非法从事保险类业务活动等。

根据《非法金融机构和非法金融业务活动取缔办法》规定，非法从事银行类业务活动是指未经银监会或人民银行、外汇管理局批准，擅自从事的下列活动：（1）非法吸收公众存款或者变相吸收公众存款；（2）未经依法批准，以任何名义向社会不特定对象进行的非法集资；（3）非法发放贷款、办理结算、票据贴现、资金拆借、信托投资、金融租赁、融资担保、外汇买卖；（4）银监会或人民银行、外汇管理局依法认定的其他非法银行类业务活动。

非法从事证券类业务活动是指未经证监会批准，擅自从事的下列活动：（1）证券、期货经纪；（2）证券、证券投资基金、期货投资咨询；（3）与证券交易、证券投资活动有关的财务顾问；（4）证券承销与保荐；（5）证券资产管理；（6）证券投资基金募集、管理；（7）证监会依法认定的其他非法证券类业务活动。

非法从事保险类业务活动是指未经保监会批准，擅自从事的下列活动：（1）保险、再保险；（2）保险代理；（3）保险经纪；（4）保监会依法认定的其他非法保险类业务活动。

非法集资是非法金融业务的一种，尽管非法集资的名义变化多样，但其实质仍属于非法金融业务活动。①

4.非法集资与民间借贷的区别

民间借贷，是指公民及其他组织出于生产、生活的需要在国家允许的利率范围内向他人借贷。非法集资与民间借贷的区别主要有以下两个方面：一是筹集资金的对象不同。非法集资面向的是社会公众，其对象具有不特定性；而民间借贷的对象则是特定的，如局限于单位内部职工、邻里、亲属等。在司法实践中，对于非法集资与民间借贷的界限存有争议。有人认为，从国家允许民间借贷的事实可知，法律禁止非法吸收公众存款，并非禁止

① 《坚决防范和打击非法集资等违法犯罪活动——全国人大常委会法制工作委员会和国务院法制办公室负责人答新华社记者问》，见新华网，http：//news.xinhuanet.com/politics/2007-07/09/content_6350619.htm，2014年7月7日访问。

公民、企业和组织吸收资金，而是禁止公民和其他组织未经批准从事金融业务，像金融机构那样，用所吸收的资金去放贷，去做资本和货币经营。因而吸收资金仅仅是用于生产、生活，也没有非法占有资金之目的，那就是民间借贷。① 这种理解与现行法律规定不符，且有悖于《刑法》设立集资诈骗罪和非法吸收公众存款罪以维护金融秩序的初衷。如果放任单位和个人向社会公众筹集资金，即使出于生产、生活需要，也会造成极大的金融风险。因此，民间借贷只能在特定的单位或个人之间进行，至于筹集资金对象的数量尚无明文规定，有待于今后进一步明确。② 面向社会公众筹集资金不能违反国家的金融管理规定，否则即是非法集资。二是筹集资金的方式不同。非法集资采用公开方式，如广告、公告、广播、电话、传真、信函、推介会、说明会、网络、短信、公开劝诱等公开方式或变相公开方式向社会公众筹集资金。而民间借贷则采用非公开方式私下进行。三是利率不同。非法集资的行为人往往向社会公众许诺高额收益率，诱使公众参与集资。而正常的民间借贷，借贷利率由借贷双方协商确定，但双方协商的利率不得超过中国人民银行公布的金融机构同期、同档次贷款利率（不含浮动）的4倍。③

（二）本罪非法占有目的的认定

集资诈骗罪的主观方面为直接故意，且行为人具有非法占有的目的。《非法集资案件解释》第四条规定，具有以下情形之一的，应当认定其行为属于“以非法占有为目的，使用诈骗方法非法集资”：

（1）用于生产经营活动或者用于生产经营活动与筹集资金规模明显不成比例，致使集资款不能返还的；

（2）肆意挥霍集资款，致使集资款不能返还的；

（3）携带集资款逃匿的；

（4）将集资款用于违法犯罪活动的；

（5）抽逃、转移资金、隐匿财产，逃避返还资金的；

（6）隐匿、销毁账目，或者搞假破产、假倒闭，逃避返还资金的；

（7）拒不交代资金去向，逃避返还资金的；

（8）其他可以认定非法占有目的的情形。

以上规定实际是列举集资后的客观行为来推定集资者主观上的非法占有故意，这些行为的共同特点是：没有将所筹资金用于可以回报出资人投资的生产经营过程。这些行为同时也表明了一点：即如果集资人在集资时，如具有回报的意愿，就不具有刑法意义上的非法占有目的。即使是在进行高风险投资，甚或违法犯罪活动，但希望以此获益回报出资人，也不能认定为集资诈骗罪，只能以其他罪名认定。

另外，认定行为人具有非法占有目的要坚持主客观相一致的原则，既不能根据损失结

---

① 参见周泽：《对孙大午“非法集资”案的刑法学思考——兼谈非法吸收公众存款罪的认定》，载《中国律师》，2003（11）。

② 国务院办公厅《关于严厉打击非法发行股票和非法经营证券业务有关问题的通知》规定：“严禁任何公司股东自行或委托他人以公开方式向社会公众转让股票。向特定对象转让股票，未依法报经证监会核准的，转让后，公司股东累计不得超过200人。”此规定即是对筹集资金对象数量的限制，对于其他的不需要有权机关批准的面向特定对象的筹集资金行为，也应有对筹集资金对象数量的限制。

③ 2001年1月中国人民银行《关于取缔地下钱庄及打击高利贷行为的通知》对于民间个人借贷利率作出了这一限定。

果客观归罪，也不能仅凭行为人自己的供述。《非法集资案件解释》所列集资后特定行为还要结合集资的整个过程来考察，是否从始至终具有非法占有目的。有的是自始没有非法占有目的，但最终由于意志外因素造成集资款不能归还，不能认定为集资诈骗。有的是开始没有非法占有目的，后来有非法占有目的，对其具有非法占有目的的部分以集资诈骗定性。《非法集资案件解释》第四条作了明确规定：集资诈骗罪中的非法占有目的，应当区分情形进行具体认定。行为人部分非法集资行为具有非法占有目的的，对该部分非法集资行为所涉集资款以集资诈骗罪定罪处罚；非法集资共同犯罪中部分行为人具有非法占有目的，其他行为人没有非法占有集资款的共同故意和行为的，对具有非法占有目的的行为人以集资诈骗罪定罪处罚。

（三）本罪与非法吸收公众存款罪的界限

非法吸收公众存款罪，是指违反国家法律法规的规定，非法吸收公众存款或者变相吸收公众存款，扰乱金融秩序的行为。国务院 1998 年 7 月 13 日发布的《非法金融机构和非法金融业务活动取缔办法》第四条第二款，则对“非法吸收公众存款”和“变相吸收公众存款”作了以下规定：“非法吸收公众存款，是指未经中国人民银行批准，向社会不特定对象吸收资金，出具凭证，承诺在一定期限内还本付息的活动”；“变相吸收公众存款，是指未经中国人民银行批准，不以吸收公众存款的名义，向社会不特定对象吸收资金，但承诺履行的义务与吸收公众存款性质相同的活动”。由于 2010 年《非法集资案件解释》对非法集资的定义作了修改，成立非法吸收公众存款还须同时具备非法性、公开性、利诱性、社会性四个条件，即：未经有关部门依法批准或者借用合法经营的形式吸收资金；通过媒体、推介会、传单、手机短信等途径向社会公开宣传；承诺在一定期限内以货币、实物、股权等方式还本付息或者给付回报；向社会公众即社会不特定对象吸收资金。

非法吸收公众存款是非法集资的具体形式之一，也是集资诈骗罪的行为手段之一，但二者均为独立的犯罪。两罪的区别如下：一是犯罪目的不同，集资诈骗罪是非法占有集资款，非法吸收公众存款罪是通过吸收公众存款进行营利。是否具有非法占有的目的，是区分二罪的关键；二是集资诈骗罪必须采用诈骗方法非法集资，而非法吸收公众存款罪则不一定使用欺骗的方法；三是集资诈骗罪的手段多种多样，非法吸收公众存款只是其手段之一，而非法吸收公众存款罪则为单一行为。

（四）本罪与诈骗罪的界限

集资诈骗罪与诈骗罪的主体均为一般主体，主观方面均为故意且具有非法占有的故意。二罪的区别主要有三个方面：一是侵害客体不同，集资诈骗罪的侵害客体不仅局限于公私财产权，而且对金融秩序造成破坏；二是侵害的对象不同，集资诈骗罪侵害的对象是社会不特定公众的资金，诈骗罪针对的是某一特定人员的金钱和财物；三是客观方面不同，集资诈骗罪在客观方面表现为以诈骗方法，未经有权机关批准，向社会公众募集资金，而诈骗罪则无此要求。

案例(6-1)

1993 年至 2004 年 11 月期间，陈××（化名）编造在外地做货运生意发货资金不够、承包工程需要资金、为收回货款要办招待送红包需要资金、为情人归还挪用公款需要资金等事由，以高利润分成或高利息回报为诱饵，采用借款的方式，多次骗取千亲家、好友、同事 13 人的现金共计 200 多万元用于挥霍。在借款时，陈××还以“其他朋友要求合伙赚钱我没有答应”、“给自己留点面子”等为由，要求借款人不要告诉其他任何人，包括夫妻之间也要保密。

对于陈××的行为构成何罪，存在两种不同的意见。第一种意见认为：陈××以非法占有为目的，谎称经营业务需要资金，并许以高额利润分成或利息回报为诱饵的欺骗手段，向多人筹集资金的行为，构成了集资诈骗罪。第二种意见认为：陈××以非法占有为目的，以虚构事实的方法与特定的人单线联系，骗取亲友资金用于挥霍的行为，构成了诈骗罪。①

评析：陈××骗取他人资金的行为构成诈骗罪。集资诈骗罪和诈骗罪关系是特殊和一般的关系。二者的联系在于：都以非法占有为目的，使用虚构事实，隐瞒真相的方法。但集资诈骗罪作为金融犯罪之一，犯罪手段突破法定管理要求，犯罪行为已侵犯了金融管理秩序。表现之一是诈骗对象要求是不特定公众，体现广泛性。这是集资诈骗的特质。从案件来看，陈××实施犯罪行为的对象都是和他有特定关系的人，要么是亲朋好友，要么是同事，体现不出广泛性和不特定多数性，社会危害限于针对公私财产所有权的传统犯罪领域。用侵犯金融管理秩序的集资诈骗罪名去评价其行为是不准确的。

三、集资诈骗犯罪案件的追诉标准

根据《立案追诉标准（二）》第 49 条，以非法占有为目的，使用诈骗方法非法集资，涉嫌下列情形之一的，应予立案追诉：

（一）个人集资诈骗，数额在十万元以上的；

（二）单位集资诈骗，数额在五十万元以上的。

四、集资诈骗犯罪案件的作案手段

（一）使用伪金融工具非法集资

伪金融工具是未经合法授权的金融工具。金融工具实质上是一种信用工具，是行为人募集资金时，向资金供给者发行的有一定格式并具有法律效力的书面文件。主要包括在金融市场上发行和流通的股票、债券、基金、彩票、保险、存单等。在我国，金融是政府严格监管的经济领域。犯罪行为人用来集资的金融工具均为未经有权部门批准的没有资质或资质不全的伪金融工具。在集资诈骗案件中出现的此类手法包括：

1. 隐瞒资金情况，编造经营项目等虚假方式发行有价证券

股票是公司签发的证明股东所持股份的书面凭证，它的物质内容是股份。公司、企业债券是反映公司、企业债权债务关系的有价证券，债券是债权的凭证。犯罪行为人出于非法占有的目的，在发行股票、债券的过程中采取欺骗的手段，骗取投资者的信任，在资金到手后大肆挥霍或席卷而逃。此种行为不仅严重破坏了国家的金融管理秩序，而且侵害了投资者的财产所有权。此种非法集资行为最为常见，给行为相对人造成重大财产损失，应

① 参见陈珍建、唐跃容：《诈骗亲友巨额现金的行为构成何罪?》，见福州晚报，http：//www.66163.com/Fujian_w/news/fzen/fzwb/20050718/GB/fzwb%5E8752%5E%5EWba10004.htm，2015 年 7 月 31 日访问。

严格制裁。

2. 通过出具债务凭证的手段非法集资

债务凭证表明双方债权债务的法律关系，由集资人（即债务人）发给出资人（即债权人），约定在期限到来时归还本金和利息的有效书面文件。犯罪行为人为了追逐高额经济利益，采取宣传不存在的经营业务，利用虚开债务凭证揽存资本的方式非法集资。

3. 通过发行彩票的手段来非法集资

彩票因其票面金额小、投资风险低、定期开奖等自身特点，吸引众多投资者，广泛收集了社会上闲散的资金，增加了国家的财政收入，服务于社会公众事业，成为我国发展快、效益高的行业。然而，却有些不法分子利用彩票进行违法犯罪活动，通过伪造合规文件，自己制造奖项甚小或者根本没有奖项的彩票，控制中奖，引诱出资者购买，达到聚敛高额钱财的目的。

4. 通过其他“融资契约”的手段非法集资

犯罪行为人以假冒各种经过认证的证书、伪造各种经过批准的文件等手段进行集资，实质是通过“契约”向出资者表明一定期限后还本付息的诚意，这种书面文件一定程度上减轻了出资人的投资顾虑，掩盖了犯罪意图。

（二）借用缔结经济合同方式非法集资

经济合同，是指平等民事主体之间，为实现一定的经济目的，明确相互权利义务关系而订立的合同。主要包括购销、建设工程承包、加工承揽、货物运输、供用电、仓储保管、财产租赁、借款、财产保险以及其他经济合同。犯罪行为人借用经济合同的形式，表面是从事经济活动，实质是吸收和占有资金。主要方式如下：第一，通过不合法的房屋、货物买卖合同进行非法集资。如不具有房产销售的真实内容或者不以房产销售为主要目的，以返本销售、售后包租、约定回购、销售房产份额等方式非法吸收资金；不具有销售商品、提供服务的真实内容或者不以销售商品、提供服务为主要目的，以商品回购、寄存代售等方式非法吸收资金。第二，通过不合法的农林业合同进行非法集资。如以转让林权并代为管护等方式非法吸收资金；以代种植（养殖）、租种植（养殖）、联合种植（养殖）等方式非法吸收资金。行为人利用签订合同的幌子，虚报合同内容，谎称优厚回报，实质在聚集巨额资金并非法占有。

（三）利用民间会社形式非法集资

“会”也叫“合会”，是在百姓之中流行的一种小规模信用互助形式，由会头发起成立，其亲朋好友随之加入，以一定期限为周期举办一次。在每次开会之时，每人上缴一定数量的货币，之后，参加人依据一定方式和期限，收回一定量的资金。“会”以人的信用为基本支撑，高于物的信用，存取款手续简单方便，在民间有广泛市场。这种组织既无健全的财会制度，一般也无其他经营项目，所利用的手段即是“贩钱”：一方面通过高息大量吸收存款，另一方面通过放贷弥补差额，经营不善时，便以本金支付利息。组织者利用会社形式吸纳和占有资金，常常造成较大的受害面。

（四）利用传销渠道非法集资

传销有时会被犯罪分子利用来进行非法集资。尤其当参加者以大额资金购买无价值或价值极低的商品进行传销，进而发展为“拉人头”传销，属于食利性组织，只不过是用商品掩护作集资活动。目前，传销活动已从以往的以实物商品“连锁经营”转变为购买虚拟股份的非法集资。

五、集资诈骗犯罪案件的特点

（一）案件潜伏期长

集资犯罪往往是从小额资金的聚拢开始，进行滚雪球式的发展，犯罪分子不会满足于先期的小额资金的聚拢，其目的是放长线钓大鱼。在案发前期犯罪分子会采用兑付回报的方式掩饰其诈骗的本来面目，以取得投资人的信任，并以此来招揽更多的投资人，从案发到公安机关介入往往过去了较长时间，给公安机关获取证据、追缴赃款带来一定的难度。

（二）受害人数众多，涉案金额大

集资诈骗犯罪侵害的对象是不特定的人群，人员成分复杂，涉案金额巨大，并涉及不同的社会层面，特别是参与非法集资人员来自全国各地，尤其以下岗工人、老年人、城镇普通居民、农民居多。辽宁营口东华经贸（集团）公司集资诈骗案中，涉及的人员仅盘锦一地即多达万余人，涉案金额千余万，分布在全市各地，尤其以油田下岗职工、老年人和农民居多。这些参与人员多数本身就属于贫困阶层，他们急于摆脱经济窘迫的状态，有些初期的受害者可能得到了一些甜头，被行骗者的谎言所蒙蔽，就向自己的父母、兄弟、亲戚、朋友和邻居等熟人积极推荐加入投资，这些熟人出于信任，就放弃对真实情况的调查，直接把资金投进去，导致上当受骗。案发后，参与人员特别是后期参加人员投入的资金由于公司的资金链断裂而导致本金得不到收回，给个人和家庭生活造成很大负担，也由此引发了一系列的社会问题。受害者往往一人受骗，引起自己的父母、兄弟、亲戚、朋友和邻居的串联，导致群体上访，给公安机关造成很大压力，甚至有人为了挽回损失铤而走险，实施打、砸、抢等行为，严重影响了社会的稳定和谐。

（三）依附新型投资形式设计作案手段以获取群众信任

犯罪分子为增强骗局的可信度，大都利用群众并不熟悉的新型投资形式实施犯罪。往往以投资证券、托管经济造林、投资房地产或加盟连锁、电子商务等新型经济形式为载体，以利润高为借口，捏造或扭曲事实，从而获取群众信任。

（四）“拆东墙补西墙”是犯罪分子惯用的伎俩

犯罪分子明知允诺的高回报率是不可能兑现的，但为获取更多的资金，往往采用拆东墙补西墙的连环流程手法，用后续被骗参与者交纳的资金支付前期参与者的回报，骗取受害者的信任，以诈骗更多的资金来保证其资金链条的延续性，维系其诈骗的陷阱。为了使受害者信任自己的违法行为，他们对先期投资者信守承诺，把后期投资人的钱给他们作为投资的回报，获利的投资人得到回报后也成了宣传者，使更多的人信服，结果是受害者的数量急剧增加。

（五）以合法掩饰非法，制造实力雄厚假象

为给犯罪活动披上合法外衣，不法分子往往成立公司，办理完备的工商执照、税务登记等手续，以实际经营活动掩盖其非法行为和目的。一些公司采取在豪华写字楼租赁办公地点，聘请名人做广告、办理公证、投保等方法，骗取群众的信任。

（六）虚假许诺、高利回报

不法分子为吸引更多的群众，往往许诺给投资者高额回报，有些回报率甚至高达 120%。

第二节　集资诈骗犯罪案件的侦查方法

一、及时获取非法集资的线索，迅速查明案情

近年来发生的集资诈骗案件，大多为资金链条断裂、犯罪嫌疑人逃匿后，公安机关接到受害群众报案，才启动侦查。侦查工作普遍遭遇追逃难、追赃难、取证难的被动局面。因此，对于非法集资只有做到早发现、早控制、早处置，才能够占据主动地位，取得较好的社会效果。

一是要拓展信息来源渠道，及时发现案件的苗头和线索。与其他经济犯罪不同，集资诈骗等非法集资活动由于面向社会公众公开实施，具有一定的公开性，有的还借助媒体发布广告来扩大影响，因此，只要提高对此类问题的敏感性，加强对情报信息的研判，即可及时发现非法集资的苗头。实践中，凡是采取前文所述的形式筹集资金的活动，均应纳入视线，予以密切关注。

二是要积极采取措施介入调查。对于集资诈骗等非法集资案件要从其萌芽和初始状态就立即采取坚决、果断措施，进行调查、制止和查处，遏制其发展和蔓延势头，避免形成恶性的大、要案件。实践证明，非法集资苗头发现取缔越早，越容易掐断，处置成本也越低。一是要迅速查明非法集资的基本情况。可派出侦查人员以参与集资的名义对涉嫌非法集资的单位和个人进行秘密调查。为避免打草惊蛇，引起犯罪嫌疑人潜逃、投资人恐慌等负面后果，前期调查工作必须要秘密进行。二是要及时向上级公安机关及当地党委、政府报告，并提出处置建议。集资诈骗等非法集资问题牵涉面广，影响社会稳定，公安机关在初步查明案情后应及时上报，以便有关方面掌握情况，作出正确决策。

三是提请有关部门对于非法集资作出认定。根据国务院《处置非法集资部际联席会议工作机制》，对于集资诈骗等非法集资案件，事实清楚、证据确凿、政策界限清晰的，由案发地省级人民政府组织当地银监、公安、行业主管或监管等部门进行认定；重大案件，跨省（区、市）且达到一定规模的案件，前期调查取证事实清楚且证据确凿、但因现行法律法规界定不清而难以定性的，由省级人民政府提出初步认定意见后按要求上报，由处置非法集资部际联席会议组织认定，由有关部门依法作出认定结论；经公安部门立案侦查，事实清楚、证据确凿且触犯《刑法》的案件，可直接进入刑事诉讼程序。据此，对于疑难案件、重大案件，须由省政府组织有关部门进行认定或上报处置非法集资部际联席会议认定。① 事实清楚、定性无争议的案件，则无须经过上报，公安机关可直接作出集资诈骗罪或非法吸收公众存款罪的认定。但是为稳妥起见，应争取由银监部门出具涉案单位或个人不具备从事金融业务资质的证明。

---

① 基层公安机关办理的案件，由案发地设区市人民政府组织当地银监、公安、行业主管（监管）等部门进行认定，或者由设区市人民政府提出初步认定意见后，上报省联席会议认定，由有关部门依法作出认定结论即可。参见《福建省处置非法集资联席会议工作机制》。

案例(6-2)

某地公安机关经侦部门从报刊获悉：自2007年5月底以来，××科贸有限公司在上述报刊头版均刊登广告，其内容为："健×宝"产品保本保收益，保险公司、担保公司全程保障，投资6万元3年期，由××康复保健中心与××科贸有限公司联合推出。并附有联系电话及办公地址。

侦查员凭着极强的敏感性认为××科贸有限公司销售理财产品的行为存在经济犯罪嫌疑。随后侦查员主动以投资人身份与该公司进行联系。经调查发现：该公司办公场所设在亚太大厦南楼首层，该公司名称也有"亚太"两字，极易给人造成该公司与亚太大厦系一体的错觉，实际上两者并无关系。该公司宣称：其产品系非银行理财产品，由该公司与某医院合作开发康复保健中心项目，为筹措资金而推出的，是融资行为。据调查，该公司销售的"健×宝"产品销售价格为每份6万元，预计销售500份，共计3 000万元人民币，年利率11%，按月将投资收益汇入投资人银行账户，三年后将本金退还投资人。该公司还承诺该产品有保险公司、银行等予以担保，投资人可安心收益。

随后侦查员到某医院了解、核实情况，该院表示曾与××科贸有限公司签署《租赁协议》及《合作协议》，将该院房产租赁给公司并由该公司投资建设成酒店式康复中心。但该院对公司融资一事并不知情，该公司与投资人所签署合同上印章非该院所加盖，该院印章由专人保管，从未外借。

经侦查员向当地银监局等单位核实，××科贸有限公司无发行理财产品、向社会公众募集资金的资质。

××科贸有限公司冒用某医院名义及伪造印章，并在宣传资料上效仿银行理财产品样式，将该院印在首页，误导投资人认为"健×宝"系该院方推出的理财产品，掩饰其犯罪行为。

在比较充分地进行了相关查证后，公安机关果断立案侦查，将主要犯罪嫌疑人杨××（为上网抓逃嫌疑人）刑事拘留。查明该公司已销售"健×宝"基金300余份，涉及金额1 700余万元，涉及投资人125人。[①]

评析：集资诈骗具备非法集资活动的基本特征。非法集资往往面向公众展开，有大量有关非法集资的资讯暴露在公众视野中。侦查员善于从公开信息中进行情报研判，从报刊头版中发现了非法集资线索。这条线索的可查性在于××科贸有限公司属于普通公司，却从事需要办理特许经营手续的理财业务。侦查员采取化装侦查策略与公司接触，深入调查其资质。从中发现了××科贸有限公司利用医院名义宣传项目融资的行为。掌握背景信息后，侦查员向行政主管部门核实了××科贸有限公司确为无资质经营，具备非法集资的实质要件。为立案及后续的侦查措施运用打下了坚实的基础。

除了传统的受理报案外，还应广拓渠道，从非法集资的一般规律入手，去观察分析融资、理财领域的各种现象，进行信息研判，从中发现可查线索，深入调查，提取材料，并提请行政主管部门认定集资主体的资质。这是侦办集资诈骗案件前期工作的重要内容。

---

① 参见戴篷：《经济犯罪侦查对策新解》，246页，北京，中国人民公安大学出版社，2011。

二、果断控制、抓捕涉案人员、查封、冻结涉案款物、固定相关证据材料

犯罪嫌疑人警惕性往往较高，一旦觉得其犯罪行为可能被人识破或者公安机关可能介入，他们极有可能在销毁证据后，携款潜逃。一旦犯罪嫌疑人潜逃成功，侦查工作即可能陷入僵局。因此在案发第一时间，就要对相关涉案人员迅速控制。如果发现线索及时，犯罪嫌疑人尚未潜逃，应采取周密措施，对犯罪嫌疑人实施监控。如果破案时机尚不成熟，可在技侦部门配合下，监控其活动情况，并采取措施防止其潜逃。如果已经查明基本案情，掌握其犯罪证据，或者犯罪嫌疑人可能潜逃、毁证，则应果断采取强制措施。对于已经潜逃的犯罪嫌疑人，则应将追逃放在重要位置，采取边控、通缉等措施，尽快将其抓捕归案。

追缴涉案款物，挽回受害群众损失是侦查工作的重要环节。在锁定主要犯罪嫌疑人和骨干分子后，应采取各种侦查手段，摸清非法集资活动运行网络和资金运行、转存情况，及时冻结，以防犯罪嫌疑人转移、隐匿资金，给集资款的追缴造成困难。对于用集资款购置的房产、机动车及其他物品也应予以查封、扣押。对于经营场所及可能存有犯罪证据和涉案资产的场所应进行搜查，依法查封、扣押其经营账薄、电脑及涉案资产等犯罪证据。

需要注意的是，对于涉嫌非法集资的公司也并非千篇一律地予以取缔了事，而是要力争通过工作实现法律效果、社会效果和经济效果的统一。有的涉案公司案发时仍在正常经营，涉案金额不大、投资人不多，投资人没有意识到可能会产生的后果，对此，公安机关及时介入后，一方面要告知投资人涉案公司涉嫌违法犯罪以及存在的巨大风险，提高投资人风险意识，敦促投资人解除协议，收回投资；另一方面可对涉案公司负责人采取取保候审措施，收集其犯罪证据，并对公司财务、经营状况进行严密监督，以促其按计划尽快退还投资人资金，进一步缩小投资户数量，为依法打击处理涉案公司及其责任人做准备。

三、全面收集证据，重点抓好审讯、取证和审计

控制主要犯罪嫌疑人后，应立即展开审讯，调查集资的起因、过程、后果等，摸清每期集资数额、集资利率、已还本金、已付利息、尚欠本金、资金流向等主要问题。对投资人展开调查询问，查清人数、金额、利息及损失情况。通过银行、工商、税务进一步收集有关的证据材料。对于需要外地公安机关协查的案件应制作简要案情、协查提纲、询问笔录提纲、询问笔录范本等材料，提供给协办地公安机关。同时，还应聘请专业审计人员对查封账目进行审计，要求其提供详细的审计报告，以查清、印证、补充查证内容，尤其要注意查清资金流向。

为使侦查工作少走弯路，应主动商请检、法部门提前介入，共同分析案情，研究案件材料，对诉讼过程中证据材料规格予以把关，对发现证据规格不规范、不完备的，及时进行规整和补充完善。同时，商请法院的同志对案件审判过程中可能遇到的突发事件予以指导，提前做好应急准备。

四、采取多种措施，全力追缴涉案款物

集资诈骗案件涉案金额巨大，投资人人数众多，追缴涉案款物工作开展得如何，直接关系到侦查工作的成败。为推动追缴工作顺利开展，可采取以下措施：一是成立专门工作

组，加大追缴力度。二是及时控制涉案款物。侦查人员必须在第一时间摸清涉案款物的状况，并对涉案款物采取查封、冻结、扣押等措施。三是细致排查，确认涉案款物的去向。可通过讯问犯罪嫌疑人、询问知情人、核查有关账册凭证等途径，查明涉案款物的流向。四是对于有关人员的不当得利坚决予以追缴。犯罪嫌疑人为取得投资人信任，往往在行骗初期给先参与的投资人兑现高额返利；有的犯罪嫌疑人为骗取社会公众信任，高薪聘请名人为其代言；还有的集资款被案外第三人恶意取得。上述高额返利、高薪、恶意所得均不受法律保护，应坚决予以追缴。五是采用刑事的、民事的、行政的、党纪的等多种手段，多管齐下追缴涉案款物。对于拒不配合追缴工作的涉案资金持有人，应区别不同情况，促使其交出持有的资金。如对于资金持有人涉嫌犯罪的，可采取强制措施，震慑涉案人，从而打开工作局面；资金持有人是党员干部的，应通过纪检部门对其进行批评教育。六是推动涉案资产的变现。有的犯罪嫌疑人将部分集资款用于购置不动产、投资办厂等，只有将上述资产足额变现才能弥补受害人损失。在追缴工作中，应取得有关部门的支持配合，千方百计实现资产变现价格最大化。有的犯罪嫌疑人表示愿意设法偿还所欠集资款，对此，公安机关可以在严密监控、在涉案资产不遭受损失的情况下，顺应民意，暂缓采取强制措施，给犯罪嫌疑人留出筹措资金的时间，秘密开展查处的准备工作。

五、认真做好报案登记，摸清投资人底数

为全面掌握全案具体情况，摸清投资人底数，进一步收集证据，为清退集资款做好准备，立案之后，可通过覆盖投资人所在区域的报纸、电视等媒体发布公告，请投资人持身份证、有关协议或合同、交款收据在限期内到指定地点报案，同时登记其参与投资的详尽情况和诉求。在接受报案过程中，要注意做好群众工作，注意以下问题：一是态度热情，礼貌待人，不厌其烦；二是认真核查材料，防止个别人提供假材料，报案材料应符合装卷要求（均应为单面复印的 A4 纸；复印材料须每页右下角签名或盖章，勿装订；用钢笔或签字笔书写；登记表除备注栏无需说明的可不写，应每空必填）；三是宣传有关法律法规，应按统一的口径答复投资人的提问，注意疏导，防止出现对立情绪；四是不与所谓的“投资人代表”谈判，不轻许清退比例；五是注意收集侦查线索和群众意见。① 对于投资数量较大、了解情况较多的报案人员依照询问提纲制作询问笔录；六是为了方便报案人，应在接受报案地点张贴以下材料：民警提示（明示报案人须提供哪些材料）；案件基本情况及对报案人关心的问题的答复；相关的法律法规等。七是对于跨地区的案件，按“可顺不可激，可散不可聚，可解不可结”的原则，尽量化散矛盾、分流处置。应由一地立案，多地协作，即指定主要犯罪地公安机关立案侦查，其他各涉案地公安机关分别接受本地群众报案，不允许跨地区登记。在投资人比较集中的城市，在各区或街道设立登记点，并采取发放号牌、预约登记的办法，层层分流人员。为了缩短登记时间，应统一制作接受报案登记表、询问笔录、举证要求，印发各地使用。

六、有序清退集资款，最大限度挽回群众损失

集资底数摸清，涉案款物追缴、变现工作告一段落后，应及时启动集资款清退工作。

① 赵化宇：《侦办非法集资案的基本程序及应注意的几个问题》，载《四川警官高等专科学校学报》，2003（4）。

在清退顺序上，理论上可参照企业破产清算顺序，先扣除清算费用、工人工资、劳保等费用，再清偿合法债务，而后兑付非法集资款。原因很明显，合法债权受国家法律保护，而非法集资国家早就明文规定责任自负。但是从维护社会稳定的大局出发，实践中大多优先考虑清退个人投资者的集资款，对所欠企业及个人合法债务按与集资户一样的比例偿付，对所欠银行债务不予考虑或只考虑部分。①

对于集资款的清退工作必须要精心组织，事先准确核算每一名投资人的清退金额，制订周密的预案，确保清退工作平稳有序。为保证资金安全，提高清退速度，可将清退款项存入银行卡，再发放给投资人；为分流清退现场人员，可在不同地点设置多个清退点，每个清退点应安排足够的警力维护秩序。

七、采取有效措施，坚决维护涉案地社会稳定

集资诈骗案件是一类典型的涉众型经济犯罪案件，被害人有着相同或相似的诉求，容易形成共鸣，不少被害人情绪激动，语言偏激，在盲目无助的情况下，极易受他人煽动，引发群体性事件。常见的群体性事件主要有：打砸、哄抢涉案单位及个人财物；群体上访，要求相关部门承担责任，甚至要求政府“买单”；围堵公安机关，提出人员抓捕、资产追缴等方面的诉求；制造事端，扩大影响，向政府施加压力。在办理此类案件中，既要打击犯罪，又要化解案件引发的社会冲突，妥善处置涉案群体性事件，最大限度地消除不稳定因素。

首先，必须紧紧依靠党委、政府，与有关职能部门一起开展工作，避免公安机关孤军奋战。打击非法集资，惩治集资诈骗，事关国家经济安全，事关政治和社会稳定，事关党和政府形象，必须在党和政府的领导之下开展工作。案件的办理涉及工商、金融、宣传、信访纪委、监察等政府各个职能部门，不是公安机关一家所能包办的。在处置一些较大的案件时，必须紧紧依靠党委、政府，由政府牵头成立案件领导小组，协调相关职能部门，各司其职，相互协作，把打击非法集资上升为政府行为，避免公安机关单打独斗。

其次，积极营造利于案件查处的舆论氛围，争取群众对案件查办的支持。在案件侦查的各个阶段，都要注意借助媒体，发挥舆论导向作用，为案件侦办创造好的社会氛围。一是通过主流新闻媒体宣传非法集资的危害，阐明国家打击非法集资的政策，明确参加非法集资活动损失自负，政府不予赔偿，以提高群众的法制意识；二是报道非法集资方面的典型案例，以案说法，戳穿非法集资活动的欺骗手法，提醒广大群众提高警惕、理性投资；三是通过媒体揭穿犯罪嫌疑人通过虚假宣传制造的假相，还原其坑骗群众钱财供自己挥霍享乐的本来面目。

第三，保持耳聪目明，及时发现群体性事件的苗头并予以果断处置。为了把握维护社会稳定的主动权，掌握投资人动向，可在投资人中建立信息员，保持密切联系，以便及时发现群体性事件苗头，并采取措施有效化解不安定因素。对于一些群体事件的策划者、带头闹事的骨干分子和可能采取过激行为的群众，应采取因人而异、分化瓦解的办法，消除极端行为，达到有效控制。如对于因参与非法集资而使生活陷入困境的，可以帮助其解决生活困难；对于拒不听从劝阻，一意孤行，带头闹事的，则应抓其把柄予以控制；对个别

---

① 赵化宇：《侦办非法集资案的基本程序及应注意的几个问题》，载《四川警官高等专科学校学报》，2003（4）。

态度极端消极、甚至有轻生念头的来信来访群众，应亲自上门拜访，做好矛盾的化解工作。

第四，建立与群众的对话渠道，吸收群众代表参与案件处置。一是尊重群众知情权，建立案情通报制度。通过信访部门统一向群众通报案件侦查工作进展，并针对群众当前最为关心的事项，进行法律和事实层面的解答。二是加强沟通交流，建立警民对话机制。在经侦部门建立专门接待室，随时接待群众来访，把矛盾化解在当地。同时把在工作中遇到的困难、法律上的障碍以及民警付出的艰辛劳动制成影像资料进行播放，取得群众理解和支持。三是重大决策和措施，特别是关系到投资人利益的涉案资产变现等环节，可邀请投资人代表参与决策。

【导入案例简析】

航空属资本密集行业，投资大，产出高。曾某荣抓住航空业的这一特点，以此作为集资“卖点”吸引眼球。在没有代理资格的情况下，曾某荣对外宣称其具有一级航空资质，承诺高额投资回报。其非法性、利诱性、社会性特征非常突出。公安机关受案后进行初查，核实了受害人反映的情况，并到管理部门调查。调查结果表明曾某荣假冒主体资质以投资入股方吸收资金。公安机关以合同诈骗立案，为及时获取集资线索，查明案情提供了基本保证。在侦查过程中，公安机关对涉案人员的控制和涉案财物控制同时进行，并及时向社会反馈，取得受害群众的理解和支持，维护了社会稳定，取得了良好效果。

【资料链接】

集资诈骗犯罪案件的证据架构①

（一）集资诈骗犯罪案件侦办中常见证据和事实

1. 集资诈骗案件侦办中常见证据种类

（1）集资户的陈述以及银行书证、借条证据；（2）财务人员以及知情人员（如嫌疑人身边工作人员）的证人证言；（3）相关银行交易凭证、详单的书证；（4）工商登记材料、银行往来单据、商品发售凭证、经营书证、媒体报纸等宣传资料书证；（5）相关房产、汽车、贵重物品照片以及搜查笔录、扣押物品清单、冻结银行存款通知书等书证；（6）高档奢侈品挥霍、高档房屋方面的证据；（7）价格鉴定部门对于案发后嫌疑人资产价值鉴定书证据；（8）案发后追缴和归还集资户集资款项的情况证据；（9）嫌疑人供述和辩解。

2. 集资诈骗案件指控的重要事实

一是嫌疑人无经营能力、本身无偿还能力的初始状态；二是相关实际投入也均为集资户集资款且投入资金量比较少；三是集资诈骗数额认定均结合银行单据、往来借条以及其他书证，并结合集资户陈述、被告人供述以综合确定未归还数额；四是以借新还旧的方式维持集资诈骗；五是集资款的去向。

（二）集资诈骗案件的证据架构要素

1. 理论要素

集资诈骗罪的基本构造。行为人以非法集资的方式向不特定公众实施欺骗行为——不特定公众产生错误认识——不特定公众交付财物——行为人部分交付财物（高额利

---

① 参见周宏伟：《集资诈骗罪案证据架构要素之构建——从吴英、杜益敏集资诈骗案比较之展开》，载《法制与社会》，2011（10）。

息）——不特定公众基于行为人的欺骗行为而互相传递信息强化错误认识交付财物——大部分被害人蒙受损失。从基本构造来看，这一过程是一个渐变的过程。由于具有这些过程，必须尽量收集证据，运用经验法则和法律规定进行合理的逻辑推断，这就是刑事诉讼中的事实推定和证据规则的运用。因此在集资诈骗罪的认定中，推定的证据规则运用有着其特殊的规律。

2. 事实要素

集资诈骗罪构成包括非法集资和诈骗他人财物两个部分，其行为结构是复合行为，其非法集资行为可能触犯《刑法》规定的其他犯罪，如：非法吸收公众存款等，非法吸收公众存款等罪名具有基础性意义，其他相关罪名则属于特别法的规定。集资诈骗罪是非法集资犯罪中加重罪名。从罪名适用的变化来看，这是一个逐步变化和加重的过程。

3. 取证工作的组织和知识支撑

(1) 经侦部门成立专案组。集资诈骗犯罪案件是一种涉及人员多、金额巨大、涉案时间长、涉及地域广的案件，侦查取证需要充足的人力支持。这个专案组还需下设取证组、协调组、审查组、后勤组，且需有足够的资金保障以便充分开展工作；(2) 需要有跨学科人员参与谋划。集资诈骗案件是涉及多领域专业知识的案件，涉及金融、民商等诸多领域；(3) 需要有资质的司法会计、审计人员参与，并提交审计报告，才能提供一个完整的集资诈骗资金流转概况；(4) 基层公安机关应通力配合，协助对集资户、相关证人进行取证；(5) 公诉机关对案件细致审查，拾遗补缺完善指控证据体系。

4. 证据收集方法

对于集资诈骗案件的证据架构，应当是以追查集资款的去向为主线，收集书证、物证、集资户陈述、证人证言、司法会计审计、犯罪嫌疑人供述，并进行交叉比对构建整个集资诈骗案件的证据体系。

（三）证据收集原则

1. 主体要素集中

主体要件因素收集主要是考虑单位犯罪还是个人犯罪，单位犯罪的要义在于：集资诈骗私人目的性和私人资金控制性。细分如下：一是考虑单位是否依法成立以及单位的设立是否以违法犯罪为目的，或者成立后是否主要从事违法犯罪活动；二是非法集资决定是否为单位意志；三是非法集资是否为单位所有，还是被个人占有、私分，而对于涉及多个公司的情形下，还要了解公司与公司之间的投资关系以及实际控制人的情况；四是考虑到借条上面的表述是公司借款还是个人借款。实务中，犯罪嫌疑人为了避税，而使用个人名义借款公司担保的方式进行非法集资，使得集资账目在公司账外和个人账内运行，这种方式就应当认定为个人犯罪。

2. 主观故意到位

非法占有主观故意推定的要素收集。行为人的目的不是在于为集资户提供服务，而是以筹集资金为目的；行为人以赚取利益为诱饵，使得集资户们有利可图，骗取集资户的资金；行为人不以赚取利润为目的，导致他提供的商品和服务远远不能做到真实的服务和给予好的商品，因此，集资户根本不可能了解集资款的使用真实情形；行为人对外宣传的实体投入也是为集资而设，因此，行为人经常利用虚增资本、虚假投资、虚设项目、购买空壳公司等方式虚增公司实力，进行虚假宣传，吸引更多的投资者。(1) 涉案所有书证应当被收集。对犯罪嫌疑人的单位、住宅、手机、电脑进行勘查，提取一切有关书证。一是犯罪嫌疑人所设立公司的财产及贵重的家庭财产、所有账册，合同、提取已经支付或者尚未到期的借条，上述物品均应当被封存；二是工商注册登记资料、会计师事务所相关注册、增资资金的资料应当被收集；三是犯罪嫌疑人供述中涉及的所有书证应当被提取，特别是其投资辩解应当被定向提取；四是犯罪嫌疑人手机和电脑应当被进行硬盘检查，必要时进行硬盘数据恢复，以查清硬盘上面有利于侦查的资料；五是犯罪嫌疑人所有银行账户以及银行往来凭证应当被提取。实务中关于这一方面提取工作要求有银行部门人员的配合。(2) 犯罪嫌疑人身边工作人员以及近亲属证言应当被全面收集。还要注意收集资金去向以及是否构成集资诈骗的共犯方面的证据；(3) 所有的集资户陈述应当被收集；同时，集资户手中借条复印件应当被提取；(4) 案件涉及账册、单据、银行往来账册应当进行司法会计鉴定；(5) 从司法会计角度确定所有集资款的走向，最终明确嫌疑人的集资诈骗数额。

3. 行为事实全面

对犯罪嫌疑人进行讯问以查清全部案件事实。一是讯问犯罪嫌疑人以查清整个集资诈骗过程，查清实施的时间、地点、手段、方法、动机、目的、危害结果等，而且通过嫌疑人供述证实其他参与犯罪的人员以及他们在犯罪中所处的地位、作用，查清非法获取的赃款赃物的去向、同案犯的落脚藏身地点等；二是让犯罪嫌疑人对于提取书证进行辨认确定，以确认借条内容的真实性；三是让嫌疑人对案件反映出来的其他证据进行说明，比如，账册、凭证、单据、批文、文件、印章等证据进行说明，查清这些证据真实性、有无利用这些证据进行诈骗的事实，同时要求嫌疑人说明各种记事簿、便条本以及电话、手机等通信工具、电脑上的各种信息；四是告知犯罪嫌疑人司法会计审计鉴定书，听取其意见，以确定是否有遗漏；五是重视犯罪嫌疑人的辩解，查清任何有利于嫌疑人的线索，使案件得到公正处理。

基于上述的证据体系的构建要求，对于集资诈骗犯罪的证据应把握：首先把握整个案件集资款项资金流的脉络，分清其用途并以此为基础，然后考量犯罪嫌疑人案发时偿还能力，此时可以考量是否达到了刑事违法性，从而决定是否将其入罪或者入何罪。在此基础上，基本可以构建出集资诈骗罪的证据基础，还原整个案件事实，然后依照此脉络获取犯罪嫌疑人的供述、证人证言、被害人陈述，以及相关书证。这种证据模式的构建，将一方面使刑事法网中集资诈骗罪名证据体系趋于严密，强化了保护集资户的功能；另一方面，也使得集资诈骗罪刑规定更加完善，体现了保障功能。

【本章小结】

集资诈骗罪，是指以非法占有为目的，以诈骗方法非法集资，数额较大的行为。

“诈骗方法”的实质是行为人为使出资人陷入认识错误而出资，便于自己侵占集资款采取的各种欺骗手段。作为非法集资犯罪中的加重罪名，集资诈骗罪具有非法集资活动的基本特征，非法集资是违反国家金融管理法律规定，向社会公众（包括单位和个人）吸收资金的行为，具有非法性、公开性、利诱性、社会性四个基本特征。

集资诈骗罪的主观方面为直接故意，且行为人具有非法占有的目的。认定非法占有目的，应坚持主客观相一致的原则，结合行为人的行为表现和商业规律等因素综合认定。不能仅凭较大数额的非法集资款不能返还的结果，推定行为人具有非法占有的目的；行为人将大部分资金用于投资或生产经营，将少量资金用于个人消费或挥霍，不应仅以此便认定具有非法占有目的。

集资诈骗行为人出于非法占有目的，伪托于合法经济金融活动吸纳资金，潜伏期长，大多为资金链断裂后才有群众报案。此类案件一旦发案，受害人多，牵涉资金巨大，影响社会稳定。在侦查中要及时掌握线索，迅速查明案情。果断控制、抓捕涉案人员，查封、冻结涉案款物，固定相关证据材料。全力追缴涉案款物，有序清退集资款。多措并举，坚决维护涉案地社会稳定。

【关键术语】

集资诈骗罪；诈骗方法；非法占有目的；非法集资；民间借贷

【推荐阅读与学习资源】

1. 张明楷：《诈骗罪与金融诈骗罪研究》，北京，清华大学出版社，2006。

2. 刘为波：《〈关于审理非法集资刑事案件具体应用法律若干问题的解释〉的理解与适用》，载《人民司法》，2011（5）。

3. 曹红虹：《非法集资案件相关问题》，载《中国检察官》，2011（9）。

4. 高洪江：《论集资诈骗罪中的几个问题》，载《人民司法》，2009（18）。

5. 张明楷、聂立泽：《专家学者谈非法集资》，载《中国审判》，2011（2）。

6. 中国银行业监督管理委员会网站，见 http：//www. cbrc. gov. cn。

【案例分析】

2004 年以来，高××先后纠合赵××和刘×，图谋通过开办公司向社会集资的方式牟取暴利。2004 年 1 月 8 日，上述三人使用虚假的验资报告，虚报注册资本 100 万元，在××市工商局申请登记了 A 公司。成立公司后，根本没有进行正当经营，只是在公司内专门设置了一个会员拓展部，策划如何向社会集资。期间，经刘群介绍，蔡××提出了以高额固定回报并逐月兑返现金来吸引公众集资的委托租赁会员制。赵××、高××和刘×一致同意了这一集资方式，而且一致同意犯罪嫌疑人蔡××直接占有其募集资金的 35%。2004 年 4 月 18 日，犯罪嫌疑人蔡××被聘为该公司的总顾问兼营销总监。蔡××承包公司的会员发展业务后，先后在该会员部内设立了五个分部，并以提成所募会费的 24%为条件，将五个分部分别承包给了唐××等 11 名犯罪嫌疑人具体负责对外吸收资金。

某市公安局经侦支队于 2004 年 9 月 10 日受案，并立即开展初查工作。经一系列调查取证，基本查清了 A 公司的注册情况、公司高层人员的基本情况和工作运营方式等情况，获取了该公司的注册情况、公司高层人员的基本情况和工作运营方式等情况，获取了该公司于同年 7 月 5 日通过虚假出资新增资本 400 万的相关证据材料。当时银监部门已有调查结论：认为该公司有非法集资嫌疑。①

问题：该案应如何开展侦查工作？

① 参见公安部经济犯罪侦查局：《经济犯罪案例选编（四）》，468 页，北京，中国人民公安大学出版社，2009。

第7章

贷款诈骗犯罪案件侦查

【学习目标】

通过本章的学习，理解贷款诈骗罪的概念、构成要件；了解贷款诈骗案件的特点和作案手段；掌握贷款诈骗犯罪的认定要点；掌握贷款诈骗犯罪案件的侦查取证要点。

导入案例

2003年1月上旬，×市无业人员王××，趁父母不在家之际，窃得以其父亲王×威为权利人的《××市房地产权证》，然后通过制假人员，擅自将房产证上的权利人改为其本人。随后，王将变造的房地产权证和伪造的收入证明等资料，提交给××房地产服务有限公司（简称"××服务公司"），由××服务公司代其向××商业银行××支行办理家居消费抵押贷款。同时，王××委托×泰房地产估价有限公司（简称"×泰公司"）对产权证上的房产予以估价，×泰公司没有实地核查估价，而是根据房产证登记的资料和市场行情于2003年1月19日出具了一份《房地产估价咨询报告》。

2003年1月23日，借款人王××、贷款人××商业银行××支行和保证人××服务公司签订了《房屋担保借款合同》：借款金额为10万元，用于家居消费；借款期限为120个月，从借款发生的次月起偿还。

次日，××服务公司将王××的有关材料提交到××房地产交易中心审核，该交易中心于当天开出一份"收件收据"，确认审核资料收到。1月28日××商业银行××支行根据这份"收件收据"，发放了10万元的贷款到××公司账户上，其中10%作为按揭保证金被银行冻结在××服务公司的账上，要待××房地产交易中心通过验证、出具"他项权利证明"后再解冻放贷。经验证，该产权证系伪造，银行无法对该产权证上所列的房屋予以抵押。王××拿到9万元贷款后，全部用于赌博。于是，××商业银行××支行向公安机关报案。

问题：1. 对王××的行为如何认定？

2. 试分析该案中王××得逞的原因？

第一节　贷款诈骗犯罪案件概述

一、贷款诈骗犯罪的概念

贷款诈骗罪是指以非法占有为目的，以欺骗手段，骗取银行或者其他金融机构的贷款，数额较大的行为。

我国《刑法》第一百九十三条规定："有下列情形之一，以非法占有为目的，诈骗银行或者其他金融机构的贷款，数额较大的，处五年以下有期徒刑或者拘役，并处二万元以上二十万元以下罚金；数额巨大或者有其他严重情节的，处五年以上十年以下有期徒刑，并处五万元以上五十万元以下罚金；数额特别巨大或者有其他特别严重情节的，处十年以上有期徒刑或者无期徒刑，并处五万元以上五十万元以下罚金或者没收财产：（一）编造引进资金、项目等虚假理由的；（二）使用虚假的经济合同的；（三）使用虚假的证明文件的；（四）使用虚假的产权证明作担保或者超出抵押物价值重复担保的；（五）以其他方法诈骗贷款的。"

本罪侵犯的客体是双重客体，既侵犯了银行或者其他金融机构对贷款的所有权，同时，也侵犯了国家的金融管理制度。本罪的客观方面表现为编造引进资金、项目等虚假理由的；使用虚假的经济合同的；使用虚假的证明文件的；使用虚假的产权证明作担保或者超出抵押物价值重复担保的；或者以其他方法诈骗贷款，数额较大的行为。本罪的主体为自然人，单位不能构成本罪的犯罪主体。本罪主观方面表现为故意，并且以非法占有为目的。1979 年《刑法》并没有贷款诈骗犯罪的规定，1995 年 6 月 30 日全国人大常委会以单行刑法的形式颁布实施了《关于惩治破坏金融秩序犯罪的决定》（以下简称《决定》），对贷款诈骗罪首次做了专门规定。1997 年《刑法》吸收了《决定》的立法精神，在《刑法》第一百九十三条明确规定了贷款诈骗罪的罪状和法定刑。当前，尽管我国金融监管渐趋严格，金融机构内控机制逐步健全，刑事打击力度不断加大，但贷款诈骗犯罪仍屡有发生，且在金融诈骗案件中仍占相当的比重，同时出现犯罪周期长，损失大，多人结伙、内外勾结等特点。因此，危害依然十分严重。

二、贷款诈骗罪的认定

（一）贷款诈骗罪主体的认定

根据《刑法》第一百九十三条的规定，贷款诈骗罪的主体只能是自然人，单位不能构成贷款诈骗罪的犯罪主体。对于单位实施的贷款诈骗行为，不能以贷款诈骗罪定罪处罚。也不能以贷款诈骗罪追究直接负责的主管人员和其他直接责任人员的刑事责任。

在司法实践中，对于单位十分明显地以非法占有为目的，利用签订、履行借款合同诈骗银行或其他金融机构贷款，符合《刑法》第二百二十四条规定的合同诈骗罪构成要件的，应以合同诈骗罪定罪处罚。[1] 对于单位以欺骗手段取得银行或者其他金融机构贷款、票据承兑、信用证、保函等，给银行或其他金融机构造成重大损失或者有其他严重情节

① 《全国法院审理金融犯罪案件工作座谈会纪要》（法〔2001〕8 号）。

的，但又无证据证明其具有以非法占有为目的，可以骗取贷款、票据承兑、金融票证罪论处。

对单位实施贷款诈骗行为的，认定时需要特别注意如下几种情况：

一是个人为进行违法犯罪活动而设立的公司、企业、事业单位实施犯罪的，或者公司、企业、事业单位设立后，以实施犯罪为主要活动的，不以单位犯罪论处。①

二是盗用单位名义实施犯罪，违法所得由实施犯罪的个人私分的，依照《刑法》有关自然人犯罪的规定定罪处罚。

三是以单位的分支机构或者内设机构、部门的名义实施犯罪，违法所得亦归分支机构或者内设机构、部门所有的，应认定为单位犯罪。不能因为单位的分支机构或者内设机构、部门没有可供执行罚金的财产，就不将其认定为单位犯罪，而按照个人犯罪处理。

四是单位共同犯罪的处理。两个以上单位以共同故意实施的犯罪，应根据各单位在共同犯罪中的地位、作用大小，确定犯罪单位的主、从犯。

五是涉嫌犯罪的单位被撤销、注销、吊销营业执照或者宣告破产的，应当根据《刑法》关于单位犯罪的相关规定，对实施犯罪行为的该单位直接负责的主管人员和其他直接责任人员追究刑事责任，对该单位不再追诉。

（二）贷款诈骗罪主观方面的认定

1. 主观上必须具有以非法占有为目的

根据我国《刑法》的规定，贷款诈骗罪必须要求犯罪嫌疑人主观上具有“非法占有的目的”。在侦查实践中，准确认定行为人主观上具有非法占有的目的，是认定贷款诈骗罪的关键。“非法占有目的”虽然属于行为人的心理活动，但在现实生活中往往可以通过其客观行为表现出来。因此，我们要从行为人具体实施的客观行为事实来判断行为人主观上是否具有非法占有的目的。例如，行为人使用虚假的产权证明做担保，从银行获取贷款后，携款逃跑，这一行为本身就直接证明行为人主观上具有非法占有的目的。但是，如果行为人使用虚假证明文件取得贷款后，用于正常生产经营，贷款到期后由于经营不善导致贷款到期无法偿还。实践中就不能认定行为人的贷款行为具有非法占有的主观目的。由于贷款人的贷款行为形态各异，因此，在侦查实践中，认定行为人的贷款行为是否具有非法占有的主观故意，应当坚持主客观相一致的原则，既要避免单纯根据损失结果客观归罪，也不能仅凭犯罪嫌疑人自己的陈述，而应当具体情况具体分析。根据司法实践，对于行为人通过诈骗方法非法获取资金，造成数额较大资金不能归还，并具有下列情形之一的，可以认定为具有非法占有的目的：（1）明知没有归还能力而大量骗取资金的；（2）非法获取资金后逃跑的；（3）肆意挥霍骗取资金的；（4）使用骗取的资金进行违法犯罪活动的；（5）抽逃、转移资金、隐匿财产，以逃避返还资金的；（6）隐匿、销毁账目，或者搞假破产、假倒闭，以逃避返还资金的；（7）其他非法占有资金、拒不返还的行为。对于有证据证明行为人不具有非法占有目的的，不能单纯以财产不能归还就按贷款诈骗处理。

应注意的是，这七种情形都是以“行为人通过诈骗的方法非法获取资金，造成数额较大资金不能归还”为前提条件的，既不能仅根据这七种情形认定行为人具有非法占有的目的，也不能单纯以财产不能归还就按贷款诈骗罪处罚。

---

① 《最高人民法院关于审理单位犯罪案件具体应用法律有关问题的解释》（法释〔1999〕14号）。

2.“非法占有目的”能否在取得贷款之后

行为人以完全合法的形式取得贷款，即取得贷款时并未产生“非法占有目的”，但是在取得贷款后因情势发生变化而产生将其非法占为己有的目的，并实施转移、隐匿贷款的行为，这种情况是否构成贷款诈骗罪？即贷款诈骗罪中是否存在“事后故意”的情形？我们认为在贷款诈骗罪的认定中，不存在“事后故意”，即“非法占有的目的”只能产生在取得贷款之前。同时，在认定中，要根据主客观相结合的原则，全面审慎地从行为人具体实施的客观行为事实来判断行为人主观上是否具有非法占有的目的。

（三）贷款诈骗罪侵犯的只能是银行或者其他金融机构的贷款

1. 金融机构

金融机构是指在中华人民共和国境内依法设立和经营金融业务的机构。它包括：银行、信用合作社、城市信用社；保险公司、保险经纪公司、保险代理公司；证券公司、基金公司、证券交易所、证券登记公司等；信托公司、财务公司、信用担保公司；贷款公司以及我国金融监管机构认定的其他从事金融业务的机构。贷款诈骗罪侵犯的金融机构必须是经我国金融监管机构批准经营贷款业务，持有中国人民银行颁发的《金融机构法人许可证》或《金融机构营业许可证》，并经工商行政管理部门核准登记的金融机构。

2. 贷款

贷款是指贷款人对借款人提供的并按约定的利率和期限还本付息的货币资金。其中贷款人是指在中国境内依法设立的经营贷款业务的金融机构。借款人是指从经营贷款业务的金融机构取得贷款的法人、其他经济组织、个体工商户和自然人。

贷款币种包括人民币和外币。贷款诈骗罪所骗取的贷款，既可以是商业贷款，也可以是政策性贷款。贷款业务是商业银行等金融机构最主要的资产业务之一，也是融资的最主要的表现形式。按照借款人的不同，贷款可以分为个人贷款和单位贷款；其中个人贷款可以分为个人消费（如住房贷款、汽车消费贷款等）、生产经营贷款、权利质押贷款和小额信用贷款；单位贷款按照保障程度可以分为信用贷款、担保贷款和票据贴现。《商业银行法》第三十五条规定，“商业银行贷款，应当对借款人的借款用途、偿还能力、还款方式等情况进行严格审查。商业银行贷款，应当实行审贷分离、分级审批的制度”。

3. 贷款程序

按照《贷款通则》的规定，贷款程序包括贷款申请、对借款人的信用等级评估、贷款调查、贷款审批、签订借款合同、贷款发放、贷后检查和贷款归还等。第一，借款人需要贷款，应当向银行经办机构直接申请。借款人应当填写包括借款金额、借款用途、偿还能力及还款方式等主要内容的《借款申请书》并提供以下资料：一是借款人及保证人基本情况；二是财政部门或会计（审计）事务所核准的上年度财务报告，以及申请借款前一期的财务报告；三是原有不合理占用的贷款的纠正情况；四是抵押物、质物清单和有处分权人的同意抵押、质押的证明及保证人拟同意保证的有关证明文件；五是项目建议书和可行性报告；六是贷款人认为需要提供的其他有关资料。第二，贷款人受理借款人申请后，应当对借款人的信用等级以及借款的合法性、安全性、盈利性等情况进行调查，核实抵押物、质物、保证人情况，测定贷款的风险度。第三，审查人员应当对调查人员提供的资料进行核实、评定，复测贷款风险度，提出意见，按规定权限报批。第四，签订借款合同，约定借款种类，借款用途、金额、利率，借款期限，还款方式，借、贷双方的权利、义务，违约责任和双方认为需要约定的其他事项。保证贷款应当由保证人与贷款人签订保证合同，或保证人在借款合同上载明与贷款人协商一致的保证条款，加盖保证人的法人公章，并由保证人的法定代表人或其授权代理人签署姓名。抵押贷款、质押贷款应当由抵押人、出质人与贷款人签订抵押合同、质押合同，需要办理登记的，应依法办理登记。第五，贷款发放和贷后检查，贷款发放后，贷款人应当对借款人执行借款合同情况及借款人的经营情况进行追踪调查和检查。第六，贷款归还，借款人应当按照借款合同规定按时足额归还贷款本息。贷款人对逾期的贷款要及时发出催收通知单，做好这期贷款本息的催收工作。

根据《刑法》第一百九十三条的规定，贷款诈骗罪侵害的对象是“银行或者其他金融机构的贷款”。也就是说，贷款诈骗的犯罪对象是银行或者依法可以经营信贷业务的金融机构的贷款。骗取这些单位以外的其他各种款项都不构成本罪。如骗取公司或个人借款故意不予偿还的行为，不能构成本罪；骗取是“地下银行”、“抬会”、“标会”等非法从事金融业务组织的贷款。也不能定为贷款诈骗罪，而属于普通诈骗罪。

（四）贷款诈骗罪与贷款纠纷的界限

贷款诈骗罪是指以非法占有为目的，使用虚构事实或者隐瞒真相的方法，骗取银行或者其他金融机构贷款，数额较大的行为。贷款纠纷是指银行或者其他金融机构与借款人之间，在签订、履行借款合同过程中产生的经济纠纷。贷款纠纷可以包含两种情形：一是完全合法地取得贷款，但事后不能偿还本息，因而引起纠纷；二是行为人虽然采取了欺诈手段，但行为人不具有非法占有的目的，由于各种原因未能还本付息而引起的纠纷。[①]

贷款诈骗与贷款纠纷的本质区别，就是行为人“是否具有非法占有的目的”。对于不具有非法占有目的的，即使在贷款过程中采用了欺骗手段，并且没有偿还到期贷款，也不能认定为贷款诈骗罪。如，以虚假手段取得贷款已经主动归还贷款本息的；以虚假手段取得贷款后拖欠未还，但具有偿还能力或基本具有偿还能力，且其并不躲避贷款人追索债务的；以虚假手段取得贷款后，拖欠未还且没有偿还能力，但造成这种情况的原因是由于行为人因经营亏损或经营失误而导致无力偿还贷款的结果。此外，两者的救济途径也不同，贷款诈骗罪触犯刑律，因此应予刑事处罚；贷款纠纷则属于民事法律调整的范畴，应通过民事诉讼的途径加以解决。

案例(7－1)

李俊自1998年3月至8月期间，从某信用社贷款15笔，金额为21万元。由于信用社只有1万元的贷款审批权，上述贷款有的是在信用社允许的情况下，使用他人身份证以化整为零的方式办理。上述款项多用于汽车货运、水泥店及酒楼经营，还有的是为他人帮忙所贷。上述款项均未归还给某信用社，但支付过一些利息。2000年起，李俊外出至案发。某信用社见收款未果，认为李俊的行为已构成犯罪，遂向公安机关报案。[②]

评析：本案中，李俊在贷款过程中确采取了欺诈手段，如冒用他人名义等。但并不能

① 参见张明楷：《诈骗罪与金融诈骗罪研究》，540页，北京，清华大学出版社，2006。

② 参见周白云：《是贷款诈骗犯罪还是民事欺诈》，见中国法院网，http：//www.chinacourt.org/article/detail/2005/12/id/189181.shtml。

据此认定其未归还贷款的行为构成贷款诈骗罪。首先，信用社工作人员对其冒名贷款的事实是知情的，但仍然违规放贷。其次，李俊认可上述贷款，并曾支付过一些利息。最后，贷款不能归还的原因是经营亏损或是为他人贷款而自己没有实际占有贷款。

（五）贷款诈骗罪与贪污、职务侵占罪的认定

（1）金融机构工作人员与金融机构以外的人员互相勾结，以冒名手段骗取贷款非法占有的，应分别视不同情况处理：如果金融机构工作人员利用了职务上的便利，以冒名手段骗取本金融机构的贷款，则构成职务侵占罪，金融机构以外的人员则构成该罪的共犯；如果只是利用自己熟悉贷款流程的工作便利，骗取其他金融机构贷款则属于贷款诈骗罪的共犯；

（2）金融机构工作人员单独作案，利用职务之便骗取贷款非法占有的，构成贪污罪或职务侵占罪；

（3）金融机构工作人员以转贷牟利为目的，或者归个人、他人使用为目的，单独利用职务上的便利，骗取贷款的，构成挪用公款罪或挪用资金罪。

（六）罪数的认定

（1）行为人在一段时间里连续针对多个银行或者其他金融机构或者一个银行或者金融机构实施贷款诈骗行为，认定为一罪，即贷款诈骗罪即可；

（2）行为人在骗取金融机构贷款时，所实施的欺骗行为没有超出《刑法》一百九十三条所规定的行为类型的，不应认定为数罪。如在贷款诈骗中实施了伪造印章、虚假证明文件等行为，触犯《刑法》其他条文，不再进行《刑法》评价，认定贷款诈骗即可；

（3）行为人在骗取金融机构贷款，所实施的欺骗行为超出《刑法》一百九十三条所规定的行为类型的，应认定为数罪。如虚报注册资本取得公司登记，然后以该公司的名义骗取贷款；为骗取贷款，通过行贿的方式，骗取贷款的，应以数罪处罚；

（4）行为人使用盗窃的存单，并以此作抵押骗取银行贷款的，应认定为贷款诈骗罪；

（5）行为人在连续的诈骗中，骗取不同被害人的财物，触犯不同罪名的，应当实行数罪并罚。如冒充开发商，骗取贷款和购房人首付款的。应以贷款诈骗和合同诈骗分别处罚。①

三、贷款诈骗犯罪案件的追诉标准

根据《立案追诉标准（二）》第五十条，以非法占有为目的，诈骗银行或者其他金融机构的贷款，数额在二万元以上的，应予追诉。

四、贷款诈骗犯罪的作案手段

（一）编造引进资金、项目等虚假理由骗取银行或者其他金融机构的贷款

行为人向银行或者其他金融机构的工作人员捏造根本就不存在的虚假理由。这里的虚假理由，除了假引资、假项目外，还有其他类似于引资、立项之类的如假冒某集团扩大经营所需资金等虚假理由。

① 参见张明楷：《诈骗罪与金融诈骗罪研究》，554页，北京，清华大学出版社，2006。

利用虚假项目诈骗银行等金融机构的贷款最为常见。这些人往往打着发展地方经济的旗号，以投资建厂，拉动当地经济的名义，吊急于引资的地方官员的胃口。待获得投资的优惠政策之后，用少量的资金，甚至无偿地获得土地使用权，同时，利用多种媒体大张旗鼓地宣传，一旦破土动工，他们又编造种种借口，称原计划的资金暂时不能到位，以其所谓的工程向银行贷款，用于建设。由于项目的存在，一些银行机构往往会产生信任感，再加上当地政府的积极支持，银行往往给予贷款。行为人一旦获得贷款，他们或是携款潜逃，或是秘密转移资金，或是挥霍浪费。有的将部分贷款资金用于工程，以维持骗局，将部分款项据为己有；有的将一部分贷款挪到另外地方，上演同样的“开发项目”骗局。这些诈骗行为人利用工程项目诈骗银行贷款后挥霍，导致被害人巨大的经济损失。

（二）使用虚假的经济合同诈骗贷款

虚假的经济合同，主要是指伪造、变造的合同、逾期合同、无效合同、他人的合同以及其他不真实、不可能履行的合同等。所谓使用，是指行为人向银行或者其他金融机构工作人员出示、提供虚假经济合同，从而使银行或者其他金融机构工作人员信以为真，误以为行为人符合贷款条件进而发放贷款。侦查实践中使用虚假经济合同诈骗贷款的表现形式主要有：伪造合同对方单位的公章和法定代表人私章制作虚假经济合同；虚构合同主体签订经济合同骗取贷款；合同双方恶意串通，订立实际上不准备履行或者无法履行的经济合同骗取贷款；欺骗合同对方单位与自己签订不准备履行的经济合同骗取贷款；对已经失效的经济合同进行变造，充当新合同骗取贷款等。①

（三）使用虚假的证明文件诈骗贷款

证明文件是指向银行或者其他金融机构申请贷款时所需要的各种证明材料。它包括存款证明、公司和金融机构的担保函、划款证明、评估机构的评估报告以及营业执照等向银行或其他金融机构申请贷款时所必需的证明文件。虚假证明文件主要是指伪造的证明文件、变造的证明文件和作废的证明文件。使用虚假的证明文件是指行为人为了诈骗贷款，向银行等金融机构提供的虚假的证明文件。

（四）使用虚假的产权证明作担保或者超出抵押物价值重复担保诈骗贷款

使用虚假的产权证明作担保，主要是指行为人使用伪造、变造或者作废的动产或不动产所有权的证明文件作为贷款担保。根据我国《担保法》的规定，担保方式有保证、抵押、质押、留置和定金。对于银行等金融机构贷款担保，不存在留置和定金两种形式。所以，以虚假担保诈骗银行等金融机构贷款的主要是指虚假保证、虚假抵押和虚假质押三种形式。

1. 虚假保证诈骗贷款

保证是指债权人之外的第三人以其信用担保债务人履行债务的一种担保制度。我国《担保法》规定，保证是指保证人和债权人约定，当债务人不履行债务时，保证人按照约定履行债务，或者承担责任的行为。对于贷款保证，也就是当借款人到期不履行还贷义务时，保证人将承担还贷责任。利用虚假保证进行贷款诈骗的方式有以下几种情形，一是有的保证人与债务人恶意串通，诈骗银行或者其他金融机构的贷款；二是有的保证人本无保

① 参见张明楷：《诈骗罪与金融诈骗罪研究》，526页，北京，清华大学出版社，2006。

证能力，却主动向银行等金融机构示假，使其误认为有保证能力，而向其借款人发放贷款。得到贷款后，保证人与债务人一道瓜分贷款，或挥霍一空，或卷款潜逃；三是有的保证人原本有保证能力，获得贷款后，故意降低自己的保证能力。主要是挥霍自己的财产，转移藏匿自己的财产，处分自己的财产，使自己变得“一无所有”，逃避债务，导致银行无法向其索债。四是借款人虚构保证人愿意提供担保的事实，骗取银行或者其他金融机构的贷款。

2. 虚假抵押诈骗贷款

抵押是指债务人或者第三人不转移对抵押财产的占有而将该财产作为对债务人履行债务的担保的民事法律行为。虚假抵押骗取贷款主要是指行为人利用不实财产虚假抵押或同一抵押物超标准重复抵押，骗取贷款的行为。这是目前比较常见的骗贷手段。其具体表现为：一是利用虚假的产权证明文件做抵押诈骗贷款。二是超出抵押物价值重复抵押，诈骗贷款。超出抵押物价值重复担保，是指将同一物重复用作贷款抵押物，并且超出了抵押物的总价值。在重复担保的情况下，如果没有超出抵押物价值，则不属于此种情形。

3. 虚假质押诈骗贷款

行为人利用伪造、变造或者作废的权利凭证进行质押，诈骗贷款。根据《担保法》的规定，质押是指债务人或者第三人将其财产移交债权人占有，以其作为债权实现的担保。可分为动产质押和权利质押。在权利质押中债券、存款单、仓单、提单；依法可以转让的股份、股票；依法可以转让的商标权、专利权、著作权中的财产权；依法可以转让的其他权利均可以质押。

（五）以其他方法诈骗贷款的

如利用假币担保；利用假仓单担保；利用已注销公司骗取贷款；冒名顶替骗取贷款；私自转移、变卖、藏匿抵押动产骗取贷款；利用信用证打包贷款骗贷；以贿赂手段诈骗等。

五、贷款诈骗犯罪案件的特点

（一）案件数量呈下降趋势，但大要案时有发生

随着我国金融监管法律制度的不断完善，金融监管能力的不断提升，银行及其他金融机构内控制度规范和风险控制能力的加强，贷款诈骗案件总体呈下降态势，但贷款诈骗大要案仍时有发生。贷款诈骗大要案多以国有控股商业银行为侵害对象，涉案金额大，危害严重。犯罪嫌疑人多采用变造营业执照、虚构担保单位、伪造购销合同或重复抵押等手段骗取银行贷款，用于个人经营或挥霍，在贷款到期不能偿还后便隐匿或潜逃，经济损失巨大。如 2013 年西南某省某有限公司通过伪造相关文件资料骗取某商业银行某分行 10 亿元资金。

（二）作案手段隐蔽，发现难度大

贷款诈骗发生在正常信贷活动之中，在合法外衣的掩盖下，犯罪嫌疑人通过各种不断更新的虚假手段，隐瞒真相，欺骗贷款人，犯罪手段不易被发现。如犯罪嫌疑人以为企业销售挖掘机配件为由骗取某企业价值 1 300 余万元的配件，利用其中部分配件伪造与韩国某企业的销售合同，委托货运公司代理报关出口，后持该伪造的购销合同、报关单等材料

向中国出口信用保险公司投保，在骗取保险公司承保后向银行申请融资，骗取银行贷款2 700万元后逃匿。

（三）案件线索来源少，隐案数量较多

贷款诈骗的案件线索主要来源于贷款人报案、保证人报案和人民法院移送，而其中有相当一部分贷款人出于自身考虑往往不愿意报案，而是通过民事手段予以解决。因此，与其他案件相比，案件线索来源相对比较单一，隐案数量较多。

（四）结伙作案，内外勾结作案明显

贷款诈骗犯罪涉及的环节比较多，单独实施难以完成，因此，犯罪嫌疑人往往结伙作案，甚至同贷款银行或者其他金融机构的相关人员相勾结，在内部人员的帮助下，共同实施犯罪。

（五）行为人指向明确，证据基础较好

贷款活动自身的特点决定了贷款诈骗犯罪嫌疑人一般身份比较明确，体貌特征清晰，而且在实施贷款诈骗中通常留有犯罪嫌疑人的笔迹、印章、证明文件、抵押、质押物等书证物证，因此证据基础较好。

（六）案件发现晚，损失大

贷款诈骗具有明显的案发早，发现晚、报案迟的特点。因此待公安机关依法开展侦查后，犯罪嫌疑人已经将贷款挥霍殆尽，赃款无法追回，给贷款人造成巨大的经济损失。

（七）多种犯罪交织

犯罪嫌疑人为成功实施犯罪，在贷款诈骗过程中需要伪造签字、伪造印章、伪造虚假的抵押登记证明、财产证明等或者向银行有关人员行贿，因此贷款诈骗往往同伪造证明文件、伪造印章、行贿等犯罪行为交织在一起。

第二节　贷款诈骗犯罪案件的侦查方法

一、准确认定案件性质

贷款诈骗与贷款欺诈相似，因此，在对贷款诈骗的立案审查中，首先要对案件性质进行准确的认定。为此，应重点审查以下内容：

（一）查证被骗主体资格和行为人的主体性质

（1）核实被害主体身份。通过查验被骗主体的金融机构证明（金融许可证），确认被骗主体是否是具有经营贷款业务的银行或者其他金融机构。

（2）核实行为人主体性质。通过对借款人主体性质的查验，确认行为人是单位，还是自然人。

（二）查明贷款合同签订和履行的经过

（1）申请贷款资料。包括《借款申请书》及所附材料。

（2）贷款调查材料和信用等级评估材料。包括借款合法性、安全性、盈利性调查材料；核保材料；贷款保证方式及抵押物状况；测定贷款风险度材料。

（3）贷款审批材料。包括《借款审批报告书》。

（4）签订贷款合同和贷款发放。包括抵押、质押协议、开具开立贷款账户通知书、支用贷款、贷款借据。

（5）贷款归还及损失情况。包括贷款归还资料、催收贷款通知等。

通过详细调查贷款的经过，查明是否有犯罪事实发生以及犯罪嫌疑人的作案手法。要详细询问贷款人、贷款时间、贷款数额、贷款期限、借款理由、担保方式、具体经办人。要求提供贷款合同、贷前调查、贷中检查、贷后监督的情况、划款证明，如果是担保贷款，还要有担保证明。

二、全面收集犯罪嫌疑人使用的虚假手段诈骗贷款的证据

（一）查明犯罪嫌疑人在申请贷款过程中，伪造引进资金、项目等理由的证据

（1）贷款申请或附件中有关“引进资金”的资金供应方，“引进项目”的项目方或中介方的证明材料、证人证言，证实引进资金、项目是否真实。

（2）审批部门的证明材料，证实引进资金、项目是否存在。

（3）“引进资金、项目”的书证及鉴定材料。

（二）查明使用虚假经济合同的证据

（1）虚假经济合同的来源。

（2）证实合同主体是否真实的证据。

（3）合同签约主体的证明，证明合同内容是否真实的证据。

（4）合同及印鉴等的文检鉴定，证明印鉴和合同的真伪。

（三）查明使用虚假证明文件的证据

（1）虚假证明文件的来源。

（2）贷款申请、虚假证明文件及其附件等的书证。

（3）银行或其他金融机构的证明材料，证明犯罪嫌疑人使用的证明文件是否真实。

（4）印章、签字等的文检鉴定，证明存款证明、担保函、划款证明、评估报告等证明文件真实性，即是否是伪造、变造或虚假的。

（四）查明使用虚假产权证明作担保或超出抵押物价值重复担保的证据

（1）虚假产权证明的来源。

（2）鉴定结论及相关文件，证实产权证明是否是伪造变造或无效的。

（3）产权所有人的证明，证明真正的所有权人是否提供过担保等。

（4）查证贷款保证人、抵押物和质押物，保证人是否具有相应经济实力；抵押物是否合法及其实际价值；质押物是否存在及实际价值。

（5）抵押物原评估证明和重新估价结论，证明是否系超出抵押物价值的担保。

（6）有关部门出具的办理抵押登记的情况，证实抵押登记手续是否真实、是否重复抵押。

（7）法院或其他职能机关查封、冻结执行的文件。证实担保物、抵押物已被查封、冻结或执行。

（五）查明以其他方法诈骗贷款的证据

根据具体作案手法，收集和调取相关证据。

三、查证犯罪嫌疑人是否具有非法占有的主观目的

（一）贷款过程中是否具有虚构事实或隐瞒真相的行为

收集证据证明贷款人是否符合发放贷款条件，是否以欺骗手段应付金融机构审查。

（二）贷款的去向

(1) 贷款的用途、贷款购置财物去向。包括挥霍贷款的相关书证、账册、证人证言。

(2) 贷款使用是否符合借款合同约定。

（三）借款人的履约能力

履约能力直接体现出行为人贷款时的实际经济状况。其表现在：一是借款人的资产、负债状况，生产经营的实际现状；二是贷款准备投入的生产经营项目；三是借款人贷款前的信用度；四是借款人是否具有贷款的主体资格和条件。围绕借款人的履约能力主要收集以下证据：

(1) 调查贷款时借款人的债权债务。调取贷款前的会计凭证，银行存款、贷款资料及清单，询问相关债权债务人、会计师、知情人，审计公司企业账目，清点借款人的固定资产、投资、现金。

(2) 核实贷款时借款人的生产经营状况。着重对贷款前后相关会计报表、纳税、银行账号资金进出、经济合同签订履行、交款付款凭证以及工业、商业设备的使用（如电费水费、场地租金的支出）等情况了解，并访问相关会计、雇用人员、生意往来伙伴。

(3) 调查贷款拟投入的生产经营项目。从项目的可行性、真实性、有无盈利可能、资金投入回收等方面着手，提取项目合同、账目、票证，访问项目合作人，查看生产场地、设备。

（四）贷款到期后行为表现

包括有无实际经营、有无资金、有无偿还意愿和偿还行为、有无逃匿行为、是否存在销毁账目、隐匿转移资产行为等。

(1) 看行为人在贷款到手后一直到贷款到期期间，有无回笼资金、有无其他获利，并提取相关凭证。如果有还款能力而不还，足以说明行为人的主观恶性。

(2) 提取银行催款单、律师催收函及送达回执。通过访问银行工作人员获取犯罪嫌疑人对待催收的态度。

四、运用各种侦查措施，及时查询冻结涉案资金、控制犯罪嫌疑人

（一）搜查获取相关证据，查明资金流向

通过及时搜查犯罪嫌疑人的住所、办公场所，获取犯罪嫌疑人实施犯罪的相关证据、收集犯罪嫌疑人的逃向线索、发现资金的流向线索。

（二）查询资金情况，及时冻结涉案资金

通过犯罪嫌疑人的账册、银行账户、投资理财账户和债权债务关系等途径，在全面查清犯罪嫌疑人涉案资金流向的基础上，及时追缴涉案资金，是此类案件侦查的重要一环。通过查清资金流向，一方面可以为我们判定犯罪嫌疑人的行为性质提供证据，另一方面可以为我们全力追缴赃款，最大限度地挽回被害人的经济损失提供保证。因此在查证的同时，积极追缴涉案款物，是成功侦办此类案件的基本要求。

（三）控制犯罪嫌疑人防止其外逃

犯罪嫌疑人为逃避法律打击极易逃往异地甚至境外，因此，要及时采取控制措施，查获犯罪嫌疑人；通过采取报备和边控措施，防止犯罪嫌疑人外逃。

五、讯问犯罪嫌疑人

（一）证实作案动机、预谋过程、作案过程

问清犯罪嫌疑人作案动机、目的、预谋过程、作案的具体过程、手段、有无共犯、有无行贿等。

（二）赃款去向、是否有偿还能力

问清赃款去向、赃物去向、挥霍贷款具体情况、有无偿还能力等。

【导入案例简析】

王××的行为构成贷款诈骗罪。本案系王××以非法占有为目的，采取伪造产权证明的手段，骗取银行贷款，用于个人挥霍达9万元之多。在该案中王××之所以得逞，其原因为：一是银行对借款人的主体资格和还贷能力等情况审查不严；二是银行对贷款发放操作不规范；三是房地产估价单位作了虚假估价。

【资料链接】

商业银行贷款业务规则①

贷款是金融机构依法把一定数量的货币资金按一定的利率提供给借款人使用并约定期限偿还的一种信用活动。贷款是商业银行的资产业务，也是商业银行业务的核心。

商业银行的贷款业务的质量好坏，不仅关系到银行自身能否盈利，而且关系到银行存款人存款的安全和其他客户的经济利益，关系到整个社会的正常生产、生活秩序。所以，我国《商业银行法》第4章以9条的篇幅规定了商业银行贷款业务的基本规则。其内容如下。

1. 贷款的指导思想。商业银行根据国民经济和社会发展的需要，在国家产业政策指导下开展贷款业务。

2. 贷款的审查。商业银行贷款，应当对借款人的借款用途、偿还能力、还款方式等情况进行严格审查。商业银行贷款，应当实行审贷分离、分级审批制度。

3. 有担保原则。商业银行贷款，借款人应当提供担保。

4. 借款合同管理。商业银行贷款，应当与借款人订立书面合同，合同应当约定贷款

---

① 参见战玉锋：《金融法学理论与实务》，47页，北京，北京大学出版社，2010。

种类、借款用途、金额、利率、还款期限、还款方式、违约责任和双方认为需要约定的其他事项。

5. 利率管理。商业银行应当按照中国人民银行规定的贷款利率的上下限，确定贷款利率。

6. 资产负债比例管理。商业银行贷款，应当遵守下列资产负债比例管理的规定。

(1) 资本充足率不得低于8%；

(2) 贷款余额与存款余额的比例不得超过75%；

(3) 流动性资产余额与流动性负债余额的比例不得低于25%；

(4) 对同一借款人的贷款余额与商业银行资本余额的比例不得超过10%；

(5) 国务院银行业监督管理机构对资产负债比例管理的其他规定。

7. 对关系人贷款的限制。商业银行不得向关系人发放信用贷款，向关系人发放担保贷款的条件不得优于向其他借款人发放同类贷款的条件。

8. 贷款自主权。任何单位和个人不得强令商业银行发放贷款或者提供担保。商业银行有权拒绝任何单位和个人强令其发放贷款或者提供担保。

9. 贷款本金和利息的归还。借款人到期不归还担保贷款的，商业银行依法享有要求归还贷款本金和利息或者就该担保物优先受偿的权利。商业银行因行使抵押权、质权而取得的不动产或者股票，应当自取得之日起两年内处分。借款人到期不归还信用贷款的，应当按照合同约定承担责任。

【本章小结】

贷款诈骗罪是指以非法占有为目的，以欺骗手段，骗取银行或者其他金融机构的贷款，数额较大的行为。在认定中，第一，应把握贷款诈骗罪主体只能是自然人，单位不能构成贷款诈骗罪的犯罪主体。第二，行为人主观上必须以非法占有为目的。第三，其客观行为方式表现为：编造引进资金、项目等虚假理由骗取贷款；使用虚假的经济合同骗取贷款；使用虚假的证明文件骗取贷款；使用虚假的产权证明作担保或者超出抵押物价值重复担保骗取贷款；以其他方法诈骗贷款的。第四，诈骗银行或者其他金融机构的贷款，数额须在二万元以上的。第五，贷款诈骗罪侵犯的只能是银行或者其他金融机构的贷款。第六，认定中要正确区分贷款诈骗罪与贷款纠纷的界限，理清贷款诈骗与贪污、职务侵占行为的关系和罪数的认定。

贷款诈骗犯罪案件侦查第一要准确认定案件性质。第二要全面收集犯罪嫌疑人使用的虚假手段诈骗贷款的证据。第三要查证犯罪嫌疑人是否具有非法占有的主观目的。第四要运用各种侦查措施，及时查询冻结涉案资金、控制犯罪嫌疑人。第五要讯问犯罪嫌疑人，证实作案动机、预谋过程、作案过程；查证赃款去向及偿还能力。

【关键术语】

贷款；贷款人；借款人；贷款诈骗罪；非法占有目的；证明文件；产权证明；抵押；质押

【推荐阅读与学习资源】

1. 张明楷：《诈骗罪与金融诈骗罪研究》，北京，清华大学出版社，2006。

2. 赵秉志：《刑法分则问题专论》，北京，法律出版社，2004。

3. 赵秉志主编：《中国刑法案例与学理研究》（第三卷），北京，法律出版社，2004。

【案例分析】

2004年7月中旬，马××以能办理使用权房转产权房为由，取得周××的某东新村13号406室房屋使用权证、户口簿、身份证等证明材料，并于同年8月22日让他人冒充周××与其在房地产交易中心签订房屋买卖合同，将该房产权转至自己名下。后又通过××市欣陆房地产经纪有限公司以该房向农业银行××支行办理个人住房抵押借款，取得银行贷款人民币214 000元。之后，马××未按约还款，经银行催缴，仅归还了2004年9月、10月的本金人民币1 038.66元、利息人民币1 795.42元。

2004年10月18日，马××再次使用该产权证，以抵押借款为由，骗得徐×人民币40 000元。

马××为了隐瞒已将周××的某东新村13号406室房屋产权更名至自己名下的事实，于2004年9月底伙同他人伪造了××市×××区房地产登记处颁发的《××市房地产权证》[证号为×房地×字（2004）第086230号，登记日为2004年8月22日]交与周××。经鉴定，该房屋价值人民币274 698元。①

问题：

1. 马××的行为应如何定性？并说明理由。

2. 获得该案的犯罪线索后，应如何开展立案审查。

① 参见俞坚、肖波：《马红莲贷款诈骗案》，见上海市浦东新区法院网，http：//www.pdfy.gov.cn/pditw/gweb/gww_xxnr_view.jsp？pa=aaWQ9MTIyODMmeGg9MQPdcssPdcssz。

第8章

票据诈骗犯罪案件侦查

【学习目标】

通过本章的学习，理解票据诈骗罪的概念、构成要件，掌握票据诈骗罪的认定要点，了解票据诈骗犯罪案件的作案手段和特点，掌握票据诈骗犯罪案件的侦查要领。

导入案例

2012年5月11日下午，××市公安局经侦大队接到××商贸有限公司的副总经理郭××报案称：当天上午，一名男子自称是北京××投资公司业务员的李×东，持两张票面分别为400万元、956.8万元的银行承兑汇票来到当地，通过当地人郭××介绍，将两张承兑汇票作抵押，从××商贸有限公司贴现1 321.523 2万元。××商贸有限公司按照约定，将款转入李×东指定的账号。当天下午，××商贸有限公司财会人员拿着两张承兑汇票到银行进行查验。银行的工作人员告诉他们，这两张承兑汇票与出票行留底票据内容不符，且留底票据已于4月份办理过解付手续，系假票。[①]

问题：请拟订本案的侦查方案。

第一节　票据诈骗犯罪案件概述

一、票据诈骗罪的概念

票据诈骗罪，是指以非法占有为目的，利用价值基础不真实的违法票据骗取他人财物，数额较大的行为。

《刑法》第一百九十四条规定："有下列情形之一，进行金融票据诈骗活动，数额较大的，处五年以下有期徒刑或者拘役，并处二万元以上二十万元以下罚金；数额巨大或者有其他严重情节的，处五年以上十年以下有期徒刑，并处五万元以上五十万元以下罚金；数额特别巨大或者有其他特别严重情节的，处十年以上有期徒刑或者无期徒刑，并处五万元

① 参见武安市公安局：《武安李永东等特大票据诈骗案侦破始末》，见新华网河北频道，http：//www.he.xinhuanet.com/zfwq/wuan/wuan/2012－12/03/c_113885275.htm

以上五十万元以下罚金或者没收财产：（一）明知是伪造、变造的汇票、本票、支票而使用的；（二）明知是作废的汇票、本票、支票而使用的；（三）冒用他人的汇票、本票、支票的；（四）签发空头支票或者与其预留印鉴不符的支票，骗取财物的；（五）汇票、本票的出票人签发无资金保证的汇票、本票或者在出票时作虚假记载，骗取财物的。使用伪造、变造的委托收款凭证、汇款凭证、银行存单等其他银行结算凭证的，依照前款的规定处罚。”

本罪侵犯的客体是双重客体，既扰乱了国家正常金融秩序，又侵犯了公私财产所有权。本罪在客观方面表现为利用金融票据进行诈骗活动，且数额较大的行为。本罪的主体为一般主体，包括自然人和单位。本罪的主观方面为故意，且以非法占有为目的。

二、票据诈骗罪的认定

（一）本罪客观方面的认定

《刑法》第一百九十四条第一款规定了五种票据诈骗行为：(1) 明知是伪造、变造的汇票、本票、支票而使用的；(2) 明知是作废的汇票、本票、支票而使用的；(3) 冒用他人的汇票、本票、支票的；(4) 签发空头支票或者与其预留印鉴不符的支票，骗取财物的；(5) 汇票、本票的出票人签发无资金保证的汇票、本票或者在出票时作虚假记载，骗取财物的。

1. 明知是伪造、变造的汇票、本票、支票而使用的

伪造票据是指行为人假冒他人名义在票据上为一定的票据行为。① 需要注意的是，这里的“伪造”具有特殊含义。票据不同于货币、债券，后者一经发行就可作为权利凭证来使用。而票据是一种“作成证券”，即出票人必须在票据用纸上记载一定票据事项并签章以后才能产生相应的票据权利。未作任何记载的票据用纸不能产生任何权利，所以伪造票据用纸的行为，不是票据诈骗罪中的“伪造”。票据诈骗罪中的伪造，包括伪造票据本身和伪造票据签名。伪造票据是指假冒他人名义实施出票行为，即在票据用纸上伪造出票人的签章及其他记载事项；伪造票据签名是指在已经存在的票据上，假冒他人名义实施出票以外的其他票据行为，如假冒他人名义背书、承兑或保证。实践中，还有使用盗窃的支票获取钱财的案件。对此应视支票上的印鉴是否齐全区别对待。如果支票印鉴齐全，应定为盗窃罪；如果印鉴不全，无论行为人采用偷盖印章方法还是伪造印章的方法获取财物，都是使用伪造票据进行诈骗的行为，应以票据诈骗罪论处。被伪造人是否真存在，不影响票据诈骗罪的认定。也就是说，无论假冒真实存在的单位或个人的名义，还是以虚构的单位或个人的名义伪造票据进行诈骗均构成票据诈骗罪。

变造票据是指无变更权的人擅自变更票据文义即变更签章以外的票据上记载的内容。② 需要注意的是，变造的部分仅限于签章以外的内容，如变造票据金额、到期日、付款日期和地点等。如果变更票据上的签章，则属于伪造票据，这一点不同于货币的变造。变造票据应符合三个条件：变更的票据是合法成立的有效票据；变更的事项是票据上记载的要件事项，如果变造不发生票据效力的事项则不是变造票据；变更人不具有变更权利。下列情况不能视为变造票据：一是依法有变更权限的人所作的变更（应在变更处签名或盖章）；二是变更票据的签名（属于票据的伪造）；三是出票人在空白票据上进行填充的，该行为只是补充票据要件，不构成票据的变造（空白票据是指出票人已经签章，但尚未记载其他

①② 参见强力：《金融法》，407、408 页，北京，法律出版社，2004。

事项的票据）。其他未经授权的人对空白票据进行填充的，则属变造票据。[①]

认定伪造、变造票据的使用者是否为“明知”可从以下几个方面入手：一是看票据的来源，如果票据系使用者本人伪造、变造，其“明知”无疑；行为人有虚假背书或者伪造、变造相关附属票证等故意违反或者规避相关规范使用票据的；票据系使用者从他人手中低价收购的；明知对方为制造、贩卖假金融票据的人员或者曾经向他人购买过假金融票据，而以同样的方式取得票据的；约定或者获取的利益明显超出合理限度的。二是看票据的本身，如果使用者在提示承兑、请求付款、委托收款时被金融机构明确告知票据可能属于伪造、变造的，应认定其“明知”；如果票据伪造、变造迹象明显，具有一般常识的人可以识别的，应认定其明知。

明知是伪造、变造的票据而使用，是指行为人故意将伪造、变造的票据交付给他人以换取相应对价的行为。对此应把握三个方面：一是行为人须将伪造、变造的票据交付给他人，如果仅仅出示票据，以骗取他人信任，充其量是“利用”票据，而非“使用”，只能作为一般诈骗处理；二是行为人须行使票据权利，即在《票据法》的意义上使用票据，如将票据作为支付手段、融资手段、汇兑手段等，仅以伪造、变造的票据作为虚假的产权证明提供担保的行为则不是《票据法》意义上的使用，以伪造、变造的票据作为产权证明文件进行担保诈骗银行贷款的，应以贷款诈骗罪定性处理；[②] 三是行为人以骗取他人交易对价为目的，如果是将伪造、变造的票据赠送他人则不构成票据诈骗罪。行为人仅仅实施了伪造或者变造票据的行为，并未利用伪造或者变造的票据进行诈骗活动，不能构成本罪，只能以伪造、变造金融票证罪追究刑事责任。

根据《刑法》第一百九十四条第二款，使用伪造、变造的委托收款凭证、汇款凭证、银行存单等其他银行结算凭证的，以金融凭证诈骗罪论处。

案例(8-1)

岑×系北京某公司生产统计员，负责商场对账、生产统计工作。2004年2月，岑×找到本公司出纳，谎称公司副总需要购买一本现金支票。出纳信以为真，购得现金支票后交给了岑×。岑×利用对账时需使用公司印章的机会，往支票上偷盖公司财务专用章、企业法人人名章，并私自在支票上填上出票日期、收款人、出票金额等内容。后岑×持现金支票，分五次在银行支取本公司存款47万余元后逃逸。[③]

评析：首先，岑×实施了伪造票据的行为。根据《票据法》第二十条的规定，出票是指出票人签发票据并交付给收款人的票据行为。本案中，岑×未经权利人授权，在票据上签章、填写各项票据记载事项。由于记载事项不符合出票人的真实意图，票据上的记载事项也就不是真实的，应认定为伪造票据。其次，岑×使用了伪造的票据。使用，是指按照票据的功能及其通常使用方式，将伪造的票据作为真实票据予以利用，从而骗取财物。本案中，岑×持现金支票在银行支取本公司存款的行为即构成“使用伪造的票据”。最后，岑×非法占有公司的财产。综上，岑×的行为构成票据诈骗罪。

---

① 参见高铭暄主编：《新型经济犯罪研究》，909页，北京，中国方正出版社，2000。

② 参见田宏杰：《票据诈骗罪客观行为特征研究》，载《中国人民公安大学学报》，2003（3）。

③ 参见陈运红：《骗取空白现金支票偷盖印章后使用该定何罪》，载《人民检察》，2009（16）。

2. 明知是作废的汇票、本票、支票而使用的

作废的票据包括以下几种情况：一是过期的票据，即超过票据有效兑付期限的票据。根据《票据法》第十七条规定，票据权利在下列期限内不行使即消灭：持票人对票据的出票人和承兑人的权利，自票据到期日起2年，见票即付的汇票、本票，自出票日起2年；持票人对支票出票人的权利，自出票日起6个月；持票人对前手的追索权，自被拒绝承兑或者被拒绝付款之日起6个月；持票人对前手的再追索权，自清偿日或者被提起诉讼之日起3个月。行为人因怠于行使某项权利只能导致丧失相应权利，但并不必然导致票据失效，只有票据上所有权利均因时效届满，持票人无法主张任何权利的情况下，该票据才是因过期而作废的票据。二是已经实现付款请求权的票据。票据因所记载的债务得到履行而失去效力。三是票据法规定的无效票据。《票据法》第二十二、第七十五、第八十四条分别对汇票、本票、支票的必要记载事项作了规定，出票人出票时没有在票据上记载必要事项或者记载事项不符合法定要求，或者记载了禁止事项都将导致票据无效。四是被法院依照公示催告程序判决除权的票据。五是用银行废止的票据用纸做成的票据。六是企业破产、倒闭、被吊销营业执照后，未能及时交回而流失的票据。

在实践中，使用作废票据的行为人获取作废票据主要有以下几种情况：一是通过盗窃、抢劫等手段获取他人存放的作废票据；二是索要或购买他人作废票据；三是捡拾取得作废票据；四是作废票据的所有人持有作废票据，如果票据出票后未交付的，为出票人；交付后未转让的，为收款人；通过背书转让的，为最后被背书人。

有的行为人为使用作废票据诈骗得逞，往往要对作废票据进行涂改、挖补、刮擦等，这种行为实际上是对票据进行伪造、变造。行为人使用经过伪造、变造的作废票据进行诈骗的，应属于“明知是伪造、变造的票据而使用”。

3. 冒用他人的汇票、支票、本票的

冒用他人票据的行为人通常冒充票据权利人，以票据权利人的名义行使票据权利，骗取他人财物。也有少数行为人冒充票据权利人授权的代理人，进行诈骗活动。由于票据处于流通中，票据权利经常发生转移，因而只有依法最后承受票据权利的人才可能被冒用。

有的行为人为使诈骗得逞，使对方误信自己就是票据权利人，通常事先伪造或盗窃被冒用人的身份证件、印章以及其他证明材料。这些行为同时违反《刑法》第二百八十条，构成公文、证件、印章犯罪。对此，应按牵连犯，择一重罪处罚。

实践中，也有行为人所冒用的他们票据是伪造、变造或作废票据的情况。对此，要根据行为人是否知道票据不合法来认定其行为性质。如果行为人明知票据是伪造、变造或作废的而冒用，则其行为属“明知是伪造、变造的票据而使用”或“明知是作废的票据而使用”。如果行为人将伪造、变造或作废票据误信为合法票据而冒用，则属于《刑法》上的“认识错误”，仍构成冒用他人票据。

冒用他人票据的案件中，时常发生被欺骗人与遭受实际损失的人不一致的情况。如行为人冒充票据权利人持合法有效票据到银行申请贴现，若银行履行了审查义务，仍未能识破骗局，则损失由被冒用人承担。在这种情况下，被欺骗的是银行，但受损失的是被冒用人。虽然被害人与受骗人不一致，但是并不影响对其行为的性质的认定，冒用人的行为仍然构成票据诈骗罪。

4. 签发空头支票或者与其预留印鉴不符的支票，骗取财物的

《票据法》第八十七条第二款规定，出票人签发的支票金额超过其付款时在付款人处实有的存款金额的，为空头支票。在司法实践中，认定空头支票应注意两个问题：一是应以出票人是否实际支付票款为准，而不是以账户资金是否充足为准。票据诈骗罪中，行为人签发空头支票的目的是骗取财物。在实践中，银行可能根据与出票人达成的协议，在出票人账户上资金不足的情况下允许其透支，所以行为人账户中资金不充足并不必然导致持票人遭受损失。即使行为人账户上的资金不足，但只要持票人兑付了支票，该支票就不是空头支票。二是应以付款日为准，而不是以出票日为准。实践中也可能存在这样的情况，在出票时，行为人账户上资金并不足以支付票款，但是到了付款日，行为人已将账户上的资金补足，能够票款支付。这样的支票也不能被认定为空头支票。相反，有的出票时账户上资金充足，但在出票后，在持票人提示付款前，行为人将账户上的资金提取一空，导致支票无法兑现，这样的支票应认定为空头支票。

空头支票形成的原因很多，并非都构成票据诈骗罪，关键看行为人是否具有非法占有他人财物的目的。如有的单位业务人员不清楚本单位账户资金情况，开出空头支票；有的金融机构在结算业务中故意“压单”、“压票”，造成本应到账的资金不能及时到账，导致出票人账户资金不足，形成空头支票。在上述情况下，尽管签发了空头支票，也不宜以票据诈骗罪论处。所以要认定签发空头支票的行为是否构成票据诈骗，还要全面考察行为人签发空头支票的原因、行为人的履约能力、行为人签发空头支票及收取他人财物后的表现等方面。

《票据法》第八十二条第三款规定，开立支票存款账户应当预留其本名的签名式样和印鉴。《票据管理实施办法》第十五条规定，支票上出票人的签章，出票人为单位的，为与该单位在银行预留签章一致的财务专用章或者公章加盖其法定代表人或者其授权的代理人的签名或者盖章；出票人为个人的，为与该个人在银行预留签章一致的签名或者盖章。如果出票人在支票上所盖的印鉴与其预留印鉴不符将导致支票被拒付。实践中，一些不法分子正是以签发与其预留印鉴不符的支票为手段，骗取他人财物。在认定签发与其预留印鉴不符的支票行为的性质时，应注意以下几点：一是支票上的印鉴与其预留印鉴是全部不符还是一部分不符，不影响对其行为性质的认定，只要导致支票在审查时遭到拒付即可。二是行为人在出票后故意更换预留印鉴而导致支票上的印鉴与预留印鉴不符，遭到拒付的，也可视为签发与其预留印鉴不符的支票。三是认定签发与其预留印鉴不符的支票行为的性质时，要注意行为人是否具有非法占有他人财物的目的，以非法占有为目的签发与其预留印鉴不符的支票的构成票据诈骗罪。四是对于故意签发密码错误的支票，骗取财物的行为，根据罪刑法定原则，不应以票据诈骗罪论处，而只能以普通诈骗罪论处。

5. 汇票、本票的出票人签发无资金保证的汇票、本票或者在出票时作虚假记载，骗取财物的

根据中国人民银行《票据管理实施办法》第六条和第七条的规定，银行汇票的出票人，为经中国人民银行批准办理银行汇票业务的银行；银行本票的出票人，为经中国人民银行批准办理银行本票业务的银行。因此，签发无资金保证的银行汇票、银行本票或在银行汇票、银行本票上作虚假的行为只能由上述银行实施。从我国银行业的现状来看，一般不会发生银行实施票据诈骗的情况。但实践中确实存在银行工作人员与社会上的不法分子内外勾结，以银行的名义签发无资金保证的汇票、本票或者在出票时作虚假记载进行诈骗

的情况。在此类案件中，对于违法签发汇票、本票的银行工作人员以非法出具金融票证罪论处，对于利用违法票据进行诈骗的外部人员以诈骗罪论处。如果二者有共同的非法占有的犯意，则应根据银行工作人员的身份，分别以贪污罪或职务侵占罪论处。

《票据管理实施办法》第八条规定，商业汇票的出票人，为银行以外的企业和其他组织。商业汇票又分为银行承兑汇票和商业承兑汇票。银行承兑汇票是由企业和其他组织签发的，委托银行承兑并付款的商业汇票。银行承兑汇票具有一定的融资功能，即出票人在出票时账户上不一定有可供支付的票据金额，如果出票人于汇票到期日未能足额交存票款时，银行除凭票向持票人无条件付款，对出票人尚未支付的汇票金额按照每天万分之五计收利息。可见，银行承兑汇票一经承兑，银行就负有无条件付款义务。为防止有人利用银行承兑汇票套取银行资金，增加信贷风险，中国人民银行《支付结算办法》第七十六条规定，银行承兑汇票的出票人必须具备下列条件：在承兑银行开立存款账户的法人以及其他组织；与承兑银行具有真实的委托付款关系；资信状况良好，具有支付汇票金额的可靠资金来源。在银行开立存款账户的法人以及其他组织之间，必须具有真实的交易关系或债权债务关系，才能使用银行承兑汇票。签发无资金保证的银行承兑汇票将给银行信贷资金造成损失。“无资金保证”应从以下几个方面认定，一是看在汇票到期日，出票人的账户上是否有足额资金，如果有足额资金则汇票有资金保证；二是看是否有资金回笼，即据以签发汇票的购销合同是否真实有效，是否能够得到履行，销售资金是否能够及时回笼；三是看出票人是否能够通过其他渠道筹措资金，如汇票是能得到保证人保证，出票人能否通过借贷、拨款等渠道筹措资金等。

商业承兑汇票是由企业和其他组织签发的，由付款人承兑的商业汇票。商业承兑汇票包括由收款人签发由付款人承兑的汇票和由付款人签发并承兑的汇票两种类型。与银行承兑汇票有所不同，商业承兑汇票的付款义务由银行以外的企业和其他组织承担。在出票人与收款人同一的情况下，汇票不会成为诈骗手段。只有出票人为付款人的情况下，出票人签发无资金保证的商业承兑汇票才可能被用于诈骗。在汇票到期日，付款人的账户内如果没有充足资金，将导致银行退票，从而直接给收款人造成损失。

对于商业汇票而言，虚假记载主要是指在汇票上填写虚假的出票日期、付款人和收款人等。出票日期虚假记载有两种情况，一是倒签出票日期，即将票面的出票日期填写为实际出票前的某一日期；二是签发远期汇票，即将票面的出票日期填写为实际出票后的某一日期。出票日期的虚假记载将提前或推迟汇票的付款日，而出票人则乘机将账户上的资金转移。付款人虚假的情况多见于商业承兑汇票，不法分子在汇票上记载虚假的付款人，以逃避付款义务。收款人虚假，主要见于银行承兑汇票，由于银行承兑汇票必须要有真实的交易才能签发，银行在承兑时不仅要审查汇票本身还要审查相关的合同，所以不法分子为套取银行资金，往往虚构收款人，借用其他单位账户，转移套取的资金。

（二）本罪与相近罪的认定

1. 票据诈骗罪与合同诈骗罪的界限

合同诈骗罪是指以非法占有为目的，在签订、履行合同过程中，以虚构事实或者隐瞒真相的方法，骗取对方当事人财物数额较大的行为。在合同诈骗案件中，不法分子往往使用伪造、变造、作废票据、冒用他人票据、签发空头支票等进行结算，从而骗取他人财物。这样就形成了合同诈骗罪与票据诈骗罪发生竞合。在这种情况下，应按照特别法优于普通法、重法优于轻法的原则，以票据诈骗罪定罪处罚。但对于以伪造、变造、作废的票据作合同担保的，《刑法》第二百二十四条第二项明确规定其属于合同诈骗罪的一种法定形式，因而应以合同诈骗罪论处。在合同诈骗实施完毕后，用虚假的金融票证搪塞被害人，借故推脱或者意图掩盖犯罪事实的行为，不符合票据诈骗罪中以虚假票据进行结算的方式直接骗取被害人财物的行为特征，应以合同诈骗罪处理。

2. 票据诈骗罪与伪造、变造金融票证罪的界限

伪造、变造金融票证往往是票据诈骗的预备，因而两罪的联系紧密。行为人常先伪造、变造票据，而后使用伪造、变造的票据进行诈骗。这样一来，就触犯了伪造、变造金融票证罪和票据诈骗罪两个罪名。从《刑法》罪数理论分析，伪造、变造票据与票据诈骗之间是手段与目的关系，属于牵连犯，对行为人应从一重罪论处。

在实践中，对于居间贩卖假金融票证（包括票据）的行为如何定性有不同意见。对此，参照《最高人民法院、最高人民检察院关于办理伪造、贩卖伪造的高等院校学历、学位证明刑事案件如何适用法律问题的解释》关于“明知是伪造高等院校印章制作的学历、学位证明而贩卖的，以伪造事业单位印章罪的共犯论处”的规定，明知是伪造、变造的金融票证而贩卖，或者明知是他人用于金融票证诈骗而向其出售伪造的金融票证的，以伪造、变造金融票证罪或者票据诈骗罪（金融凭证诈骗罪）的共犯论处。[①]

三、票据诈骗犯罪案件的立案追诉标准

根据《立案追诉标准（二）》第五十一条，进行金融票据诈骗活动，涉嫌下列情形之一的，应予立案追诉：

（一）个人进行金融票据诈骗，数额在 1 万元以上的；

（二）单位进行金融票据诈骗，数额在 10 万元以上的。

四、票据诈骗犯罪案件的作案手段

近年来，票据诈骗的新型手段层出不穷，令人防不胜防。作为侦查人员要密切关注此类案件作案手段的变化，及时调整侦查对策。

（一）“调包”票据

此类诈骗近几年在一些地方一度呈高发态势。犯罪分子使用伪造的、被盗的或遗弃的身份证，通过中介公司，虚报注册资本，租用高级写字楼为办公地点，注册成立虚假公司。然后谎称有被害方所需商品销售，比市场价低，质量上乘，诱骗对方上钩。被害单位往往被犯罪分子迷惑，便与犯罪分子洽谈购销事宜，签订合同，讲定以银行汇票方式进行付款。犯罪分子则让被害方开好汇票后将汇票传真过来，收到传真件后，犯罪分子迅即与制假团伙联系“克隆”汇票。之后犯罪分子让被害方将汇票正本带来等待发货。被害方被骗至犯罪分子住地后，犯罪分子即想方设法骗取汇票正本。有的谎称汇票传真件看不清，要复印一下；有谎称公司经理要验一下汇票的真假；有的谎称为确保双方权利以防被骗，双方将真汇票装进信封让经理盖章，然后双方各派一人去银行开立一保险箱，将汇票保管好，任何一方不得单独将票取出，待发货后再开启保险箱。一旦真汇票到手，犯罪分子即

① 参见《关于对居间贩卖假金融票证行为如何适用法律问题的意见》，载《刑事审判参考》，2002（4）。

用“克隆”的假汇票将真汇票调包，并迅速将汇票解付。

还有的犯罪分子以从被害人处购进货物为名，承诺货到付款，并使用银行承兑汇票结算，在收到货物后，犯罪嫌疑人先出具真实的商业汇票并与送货人一同到当地银行验票，骗取送货人的信任，再以先卸货、后给汇票为由收回真票，然后伺机用事先克隆的假汇票掉包。犯罪嫌疑人一旦诈骗得手，即以合同有问题未能履行或改用现金交易为由，到开票银行退票，将货物转手卖掉。

（二）使用空头支票

犯罪分子先用假身份证注册真营业执照，租借场所作为办公地点，在银行开户存入少量的现金，购买转账支票，持转账支票购买易于销售的商品，实际上购买商品价款远远大于其存入银行的数额，从而骗取商品。犯罪分子往往选择星期五下午银行即将下班时，或星期六、星期天（银行不办理转账业务）购买商品，星期一被害人到银行进账发现被骗时，犯罪分子已从容逃匿。犯罪分子每次作案不贪多，但行动迅速，连续作案，积少成多。

（三）伪造、变造票据

伪造票据，即依照真实票据的样式，利用彩色复印机、扫描仪、电脑伪造票据，用伪造的票据骗取货物，或者用伪造的票据从银行骗取资金。此类案件中，常有银行内部工作人员与社会上的不法分子内外勾结，共同作案，银行内部人员负责为不法分子提供真实票据样本、私刻银行存款客户印章、更换客户预留印鉴卡或者为其提现转账提供便利。有的犯罪分子使用伪造的转账支票，将被害单位资金从银行账户上转走。还有的犯罪分子使用假银行承兑汇票，骗取银行贴现。有的犯罪分子勾结银行工作人员，虚构贸易背景，在真实的商业承兑汇票上填写虚假内容，在一家银行完成虚假的贴现手续后，转而到另一家银行进行转贴现，从而诈骗贴现款。

变造票据，即先骗取小额真实票据，然后将之变造为大额票据，并用其转账或购买商品。犯罪分子先租用写字楼或门面房，然后从市人才市场招募财会专业的院校毕业女生担任会计，同时让上述雇佣人员持事先伪造好的营业执照和税务登记证个体工商户的名义到银行开设基本账户。犯罪分子持小额的转账支票到商场、医院等单位消费或住院，再以种种理由要求上述单位用转账支票结付余款，套取盖有开户银行名称、账号及法定代表人名章、单位公章等印鉴的转账支票（俗称套票）。然后在上述单位的开户银行以伪造的营业执照、税务登记证及虚构的个体工商户开设账户并骗领该行转账支票，在空白的转账支票上填写好数万至数十万元的金额后，黏贴上从骗取的转账支票上割下来的支票号码，加盖按骗取的转账支票伪造的各种印鉴，从而变造出出票人为被害单位的大额转账支票。将变造的转账支票交给招募的会计办理解款手续，到银行转账至事先开设的基本账户或银行卡上提现，得逞后迅速逃匿。

伪造、变造票据诈骗是一类可防性较强的票据诈骗犯罪案件，只要加强票据防伪性能，即可有效防范此类犯罪的发生。如全国多数地方采取的电子支付密码系统即可有效防范伪造支票诈骗。电子支付密码系统的原理是出票人利用银行发行的支付密码器，在签发票据时，对票据上的各要素（金额、账号、票号、日期等信息）综合进行加密计算出一组16位的支付密码（支付密码器方式），或者银行在票据发行时配套以密码信封方式打印对应票据号的支付密码（支付密码单方式），企业在签发票据时将票据对应的支付密码填写在票据上，作为该票据的数字印鉴。当该票据交入银行时，银行在柜台终端上输入票据上的各要素，通过银行网络传递到校验机进行核验，如果核验正确，则表明此票据确实由该单位签发，且各票据要素无误，可以进行支付。①

五、票据诈骗犯罪案件的特点

（一）流窜作案、连续作案突出

为逃避受害人追索和公安机关打击，绝大多数犯罪嫌疑人作案得手后随即逃之夭夭，到其他地方继续作案。由于犯罪成本低廉，而犯罪收益丰厚，且犯罪易于得逞，犯罪嫌疑人在贪欲驱使下不断重施故伎，连续作案，犯罪数额也随之不断攀升。涉案地公安机关唯有通力合作，互通信息，积极实施并案侦查，形成打击合力，才能有效遏制此类犯罪。

（二）大多数为团伙作案，内部分工明确、细致，专业化程度高

犯罪嫌疑人多结伙实施票据诈骗，少则三、四人，多的十余人。在作案之前都进行了周密策划，团伙成员之前都有明确的分工，环环相扣，有专门负责伪造、变造票据的，有负责与被害人接洽的，有专门与银行联系转账提现的。犯罪嫌疑人大多比较熟悉票据业务，且对被害人的经营活动事先进行了解。还有的银行内部工作人员被拉拢腐蚀，与社会上的不法分子内外勾结，共同实施票据诈骗。伪造手段专业水平日渐提高，所伪造的票据一般人根本无法识别其真伪，只能到银行等专门机构进行鉴别，甚至只能通过向出票银行查证才能辩明其真伪。这就要求公安机关密切关注票据诈骗手段的变化，及时向银行、企事业单位发出预警通报，以有效防范票据诈骗。

（三）犯罪手法、作案成员的地域特征显著

少数地方一些不法分子专门从事票据诈骗，甚至以此为业，逐渐形成了一套相对固定的犯罪模式。由于诈骗成功率高，犯罪嫌疑人一夜暴富，同乡、同族竞相效仿，往往在一个乡镇形成气候，催生出多个以血缘、地缘关系为纽带的犯罪团伙，往往是父子、兄弟、同乡共同作案。作案成员原籍所在地的公安机关应加强可疑人员调查，将重点村镇的“暴发户”、经济收入来源不明、游手好闲、长期在外做生意的人员和较少开门办公的公司等作为重点对象，部署力量进行排查，建立档案，为发案地公安机关提供线索。

（四）犯罪嫌疑人中有前科劣迹者占一定比例

从已经侦破的票据诈骗犯罪案件来看，为数不少的犯罪嫌疑人曾因诈骗、盗窃等受过刑事处罚。为此，在侦查此类案件中，应充分发挥前科数据、指纹档案的作用，重视现场勘查，力争通过前科数据分析、现场指纹的比对查档查明犯罪嫌疑人的真实身份。一些地方公安机关运用这一方法使案件取得突破，证明此法在票据诈骗犯罪案件侦查中可行且有效。

第二节　票据诈骗犯罪案件的侦查方法

一、查明票款存入、支取、转账的经过

接到报案后，应对被害人及银行工作人员进行详细询问，对票款存入、支取、转账的

① 电子支付密码对于“无中生有”的伪造、变造可起到防范作用，但是无法解决针对真票的“克隆”。

各个环节进行调查，查明票款来源、用途，存款经过，经办人员是谁；作案人的身份、口音、籍贯、年龄、体貌特征、随身携带物品特点；审查中是否发现票据上的疑点，是否对持票人进行询问，对方如何解释；复制涉案票据和身份证复印件，提取监控录像，注意从录像资料中发现作案人并提取照片进行辨认、布控。调查中应注意发现是否有银行工作人员与犯罪嫌疑人内外勾结共同作案。

对于犯罪嫌疑人以公司名义诈骗的，还应对公司现场进行搜查，以发现遗留的痕迹物证，对于现场提取的指纹，应进行比对，以确定犯罪嫌疑人的身份。调取工商登记档案，调取通信工具开户资料和通话记录，走访房屋出租人并到当地派出所了解暂住证登记情况。

二、查明银行工作人员是否参与作案

通常情况下，如果银行工作人员严格按规章制度操作，犯罪嫌疑人很难达到其诈骗目的。但是由于一些银行为了多拉客户提升业绩，采取违规手段进行不正常竞争，放松内部控制与监管，银行个别工作人员为图谋私利，违规操作，甚至与犯罪嫌疑人内外勾结，共同犯罪。如有的银行工作人员收受犯罪嫌疑人给予的“好处”，与其串通一气，当侦查人员查询有关账户存款时，想方设法给犯罪嫌疑人通风报信，令其转移赃款；有的甚至对查询、冻结推诿、刁难，使犯罪嫌疑人乘机转移赃款；还有的银行工作人员主动为犯罪嫌疑人违规大额提现提供便利。在侦查中，如果发现银行工作人员为犯罪嫌疑人提供便利或涉嫌共同作案，应果断采取措施对其进行控制，可在银行党政领导的协助下，责令其交代问题，并帮助公安机关抓捕在逃犯罪嫌疑人；也可以对其秘密监控其行踪及通信联络，从中获取在逃犯罪嫌疑人的线索。

三、对犯罪嫌疑人进行调查、控制

犯罪嫌疑人作案前通常充分预谋，作好案发后逃避侦查打击的准备，有的还制作假证件，使用虚假身份作案。系列票据诈骗案件中，犯罪嫌疑人常流窜各地作案。一旦作案得逞，犯罪嫌疑人往往迅速逃匿。因此，在侦查启动后要尽快查清犯罪嫌疑人的真实身份，尽一切可能获取其逃向线索，采取有力措施进行布控、抓捕。犯罪嫌疑人为外地人的，应对其可能藏身的旅馆、出租屋进行清查，查询其可能乘坐的民航航班乘客名单，调取其使用的通信工具的话单；犯罪嫌疑人身份不明的，应通过询问被害人、翻查户籍资料、辨认监控录像、调阅其在银行开户的资料、调阅其工商登记等途径查明其身份；犯罪嫌疑人逃匿的，应通过对关系人进行调查摸底、对其通信联络实施技侦监控、利用同案犯进行诱捕等手段对其进行缉捕。犯罪嫌疑人可能有前科劣迹的，应提取其指纹进行查档比对，也可在在押罪犯、嫌疑人中做工作，以获取案件线索。如果报案及时，犯罪嫌疑人尚未被惊动且可能继续作案的，应部署警力在银行、有关单位进行守候，以抓捕前来取款、提货的犯罪嫌疑人。由于犯罪嫌疑人可能雇人前来取款、提货，因而在部署警力时，应注意派人在外围监控，或者对来人进行跟踪，以发现在暗中隐藏的作案人。

四、迅速查清票款去向，并予以冻结

挽回损失是票据诈骗案件侦查的重要任务之一。犯罪嫌疑人作案后通常将骗得票据款项分解，以转账方式转移到数个其他单位账户，再进一步转移，最终提现。社会上有一些

“金融掮客”，凭借其与银行工作人员的关系以及广泛的社会交往专门从事违法的票据解汇、转账、调汇活动。一些犯罪嫌疑人往往借助“金融掮客”转移票款。为防止票款流失，在立案后，应迅速查清票款去向，对相关账户予以冻结，避免票款流失。为赢得时间，在来不及办理冻结手续的情况下，可先电告有关银行止付票款。同时，对于犯罪嫌疑人尚未支取的票款，可在银行的协助下，部署力量进行守候，待犯罪嫌疑人前来取款时伺机将其捕获。在挽损过程中，应注意查明有关单位为犯罪嫌疑人转移票款提供账户的原因，是否分得了部分票款，是否参与作案。对于可能参与作案的，要采取措施予以控制，责令其交代自身问题及在逃犯罪嫌疑人的去向。对于金融掮客，应抓住其把柄，让其戴罪立功。对于恶意取得票款的单位应责令其退出，如有必要还应对其采取冻结措施。

五、提取、固定犯罪证据

调查取证贯穿于侦查工作的始终。接到报案后，应向被害人、银行调取其掌握的证据材料，如伪造、变造的票据、提款的银行传票、虚假的合同、发票等。对于犯罪嫌疑人使用伪造、变造的票据实施诈骗的，应对伪造、变造的票据进行技术鉴定，一方面可以对可疑票据进行文书检验鉴定；另一方面可以由银行根据防伪特征判断可疑票据的真伪，并出具相应证明材料；还可以调查省分行是否委托票据印制企业印制了该号码的票据，市支行是否从省分行领取了该号码票据，并由票据印制企业证明涉案票据是否由其印制，进而证实票据的真伪；也可以直接调查出票人，如果出票人不存在或从未签发过该票据，则票据为伪造无疑。对银行的监控录像应予以提取，从而获取证明犯罪嫌疑人及其关系人到银行支取、转移票款的视听资料证据。对于犯罪嫌疑人应深入讯问，获取其关于犯罪经过的供述，证明其非法占有他人财产的故意。对被害人、知情人进行详尽询问，印证犯罪嫌疑人票据诈骗的事实。对于可能藏匿有赃款赃物及其他证据的人身、场所要注意进行搜查，发现作案用的假印鉴、假公文、候证件等书证、物证应予以扣押。

六、串并同类案件，广泛收集线索

犯罪嫌疑人往往连续作案，从而形成系列票据诈骗案件。特别是对于作案手段高超、娴熟的票据诈骗案件，如果分析系惯犯所为，在侦查初期就应注意在以往未破积案中查找同类案件，进行“纵向串并”，同时向其他地区公安机关了解是否侦办过同类案件，还应将主要案情、作案手段等层报上级公安机关，以加强“横向串并”。对于作案手段、作案人体貌特征、侵害对象及诈骗物品、签名等笔迹等相同或相似的票据诈骗案件可考虑开展并案侦查，以便更广泛地获取线索，进一步缩小侦查范围，提高侦查工作效率。具体操作时，可采取比对银行监控录像、排查旅馆住宿登记等方法确定是否具备并案条件。同时，还应对作案手段、作案人特征、侵害对象等进行研判，确定防范重点，并向相关单位及金融机构发布预警提示，以防止新的票据诈骗发生，同时也有助于在其再次作案时抓获现行。

案例(8-2)

2006年11月2日，山东××化工有限公司到××市开发区公安分局经侦大队报案称：2006年10月28日，自称是××塑料制品有限公司供应科科长的“许×”，利用中国农业银行的假汇票诈骗该公司30吨PVC树脂原料，价值19.6万元。××市公安局开发区分局经侦大队迅速将此线索录入经侦信息系统。同时，根据受害人提供的犯罪嫌疑人体貌特征，报请经侦支队情报信息中心在全市范围内进行类案串并。

经对该辖区往年立案侦查的票据诈骗案件进行初步筛选，查询结果为7起案件，其中作案手段为“使用伪造票据”的有5起案件。而这5起案件均是选择“周末”、“公假日”作案，且均使用假银行汇票作案，诈骗化工原料3起、诈骗PVC树脂原料1起、诈骗棉坯布1起。经与市局经侦支队信息中心联系，通过案件综合查询系统，在全市范围内重新进行了串并案查询：全市利用假银行汇票诈骗化工原料为5起案件。在对犯罪嫌疑人体貌特征进行综合比对中，发现鼓楼公安分局办理的1起“合同诈骗”案（2006年6月21日晚，自称××塑料制品有限公司的王××等三人在××宾馆与周×见面，将陕西××石化有限公司价值30多万元的聚丙烯骗走后将货物转移逃跑）与开发区分局查询出的部分“票据诈骗”案件信息具有以下共同点：一是作案手段均使用伪造票据，诈骗物品均为化工原料。二是犯罪嫌疑人信息均显示为：某男，40余岁，身高1.76至1.78米，大眼双眼皮，体型较胖，长方脸，河南开封口音；某男，40余岁，身高1.68至1.72米，体型较瘦，小眼，圆脸等。两人特征悬殊，又结伙作案，两案犯罪嫌疑人体貌特征相似之处比较明显。经综合分析，决定将上述案件并案侦查。

通过上述综合信息的获取和比对，比较完整地刻画出了犯罪嫌疑人体貌特征和作案习惯，知识水平、生活环境和活动规律，初步确定了犯罪团伙成员为3人以上，交叉结伙作案，该团伙成员先后使用的假名有“梁××”、“汪××”、“许×”、“刘××”、“王××”，使用的假单位有：“××化工有限公司”、“××塑料制品有限公司”、“××精细化工有限公司”。该作案团伙多通过网络选择作案对象，具备相当程度的专业知识，特别是在塑料化工原料方面比较精通，并且还具有较强的谈判技巧。

开发区分局经侦大队根据犯罪嫌疑人的活动规律和体貌特征实施阵地控制，物建秘密力量寻找犯罪嫌疑人。经过4个多月侦查，终于锁定张×具有重大嫌疑，并于2月10日将主要犯罪嫌疑人张×抓获，案件顺利告破，并根据已掌握的线索，对犯罪嫌疑人进行针对性突审，成功带破了另外4起案件。[①]

评析：本案是一起通过开展并案侦查破获系列票据诈骗犯罪案件的成功范例。在接到报案时，侦查人员即意识到作案人可能并非初次作案，对本辖区及全市的未破票据诈骗案件进行了串并分析，发现了若干作案手段、作案时间、涉案货物、作案人体貌特征等相近、相同的案件，丰富了侦查线索，对作案人进行了清晰刻画，缩小了侦查范围。在此基础上，侦查人员物建了秘密力量，综合破获此案。此案的成功侦破，充分表明并案侦查是破解票据诈骗犯罪案件的一种有效侦查方法。

七、深挖犯罪，查明票源

票据诈骗犯罪往往是共同犯罪，有的甚至是集团犯罪，犯罪成员分工细致，其中不仅有使用违法票据行骗者，而且有伪造、变造票据的造假者，还有贩卖假票的假票贩子。因此，对这类案件要深挖到底，除恶务尽。案件破获以后，对于归案的犯罪嫌疑人，不仅要

---

① 参见公安部经济犯罪侦查局：《经济犯罪案例选编（四）》，844～849页，北京，中国人民公安大学出版社，2011。

通过讯问查明现案，而且要将涉案人员情况、作案手段、照片等通报给犯罪嫌疑人可能涉足地区的公安机关，从而带破一批积案。对于犯罪嫌疑人用于诈骗的票据，应查明其来源，找到其上线及下线，一举打掉从事伪造、变造金融票证、买卖违法票证、票据诈骗的犯罪团伙。实践中，有些票据诈骗案件因被银行临柜工作人员识破而未能得逞，接到此类报案后，应迅速赶赴现场控制持票人，并就地进行突审，查明假票来源及其同伙，同时迫使其配合诱捕其他作案人，顺藤摸瓜将制、贩、用假票据的犯罪团伙一网打尽。

【导入案例简析】

接报案后，侦查人员兵分三路开展工作。一路在当地开展走访调查，询问××商贸有限公司有关人员，查找介绍人郭××；一路连夜赶赴北京，从资金流向查起，顺线追踪，及时冻结涉案资金，防止资金转移，并对发现的犯罪嫌疑人实施抓捕；另一路急赴广东，从承兑汇票的源头查起，到承兑汇票的出票银行调取相关证据，并查询该承兑汇票的详细情况。次日到达北京的民警按照1 300余万元转账信息，迅速查找到开户银行，并于当日9点将该账户上还未转出的120多万元予以冻结，并根据该账户流水查出其余款项的去处。民警马不停蹄息，连续作战，截止到5月13日下午，在不到48小时之内，就将被骗的所有资金全部冻结。先后冻结账户12个，冻结资金1 300余万元。同时，三路人马根据银行资料及有关信息，很快锁定了以李×东、李×超、李×海、李×玲、李×等为首的票据诈骗团伙的12名犯罪嫌疑人。根据犯罪嫌疑人逃跑方向，参战民警分成3个追捕小组，分赴北京、长沙、唐山等地，历时3个多月，行程万余公里，将这个冒充高官、军人、企业家，以引资、融资为诱饵，利用假承兑汇票大肆实施诈骗活动的犯罪团伙被彻底摧毁，将12名团伙成员尽收网底，被骗的1 300余万元全部追回，此案成功告破。

【资料链接】

票据基础知识①

（一）票据的概念和特征

票据，是指出票人依法签发，约定由自己无条件支付或委托他人支付一定金额的有价证券。票据包括汇票、本票和支票。

票据具有如下特征：

1. 票据是完全的有价证券。票据与权利具有不可分离的关系，票据权利和票据完全融合为一，票据上权利的行使必须持有票据，票据丧失，则不能对票据债务人行使票据债权。票据持有人行使票据权利时，必须提示票据；转移权利时，必须交付票据。

2. 票据是货币证券。票据是以支付一定金额为目的的有价证券，票据权利义务的标的仅限于货币，在一定意义上，票据就意味着票据记载的金钱。这和以货物为标的的仓单、提单不同。

3. 票据是文义证券。票据当事人的权利和义务，完全根据票据上记载的事项来确定。在票据上签名的人必须依票据文义履行自己的义务，持票人所要求的权利有无及多少，仅凭票据文字记载的内容决定。

4. 票据是要式证券。票据的作成格式和记载事项必须严格按照法律规定，《票据法》

---

① 参见戴蓬：《经济犯罪侦查对策新解》，272～278，北京，中国人民公安大学出版社，2011。

对票据上应记载的事项有明确规定。缺少绝对必要记载事项，票据就会无效。

5. 票据是无因证券。票据作成后，具有独立的权利、义务关系，与产生或转让票据的原因相分离。票据上的法律关系只是单纯的金钱支付关系，至于这种支付关系的原因（如商品交易、劳务供应），权利人无说明的义务，义务人也无审查的权利。

6. 票据是流通证券。票据可以背书转让或交付他人直接转让，具有流通性。票据的流通转让与一般债权的转让不同，一般民法上的债权让与以通知债务人作为对债务人生效的要件或作为对抗第三者的要件，而票据转让则无须通知债务人。

（二）票据的种类

依据《票据法》的规定，票据分为汇票、本票、支票三种。

1. 汇票。汇票是出票人签发的，委托付款人在见票时或者在指定日期无条件支付确定金额给收款人或者持票人的票据。汇票在出票时有三个当事人：出票人即签发汇票的人；收款人即持汇票向付款人请求付款的人；付款人，即受出票人委托向收款人付款的人。汇票上的非基本当事人有背书人、被背书人和保证人。根据付款期不同，汇票可以分为即期汇票和远期汇票。根据出票人不同，可分为银行汇票和商业汇票。

（1）银行汇票。银行汇票是银行应汇款人的请求，在汇款人按规定履行手续并交足保证金后签发的，由其在见票时按照实际结算金额无条件支付给收款人或者持票人的票据。它是由出票银行自己作为付款人，承担付款责任。单位或个人各种款项结算，均可使用银行汇票。银行汇票可以用于转账，填写“现金”字样的银行汇票也可以用于支取现金。

银行汇票的出票和付款，限于中国人民银行和参加“全国联行往来”的各商业银行办理。跨系统银行签发的转账银行汇票的付款，应通过同城票据交换将银行汇票和解讫通知提交给同城的有关银行审核支付后抵用。

申请人使用银行汇票，应向出票银行填写“银行汇票申请书”，填明收款人名称、汇票金额、申请人名称、申请日期等事项并签章，签章为其预留银行的签章。

出票银行受理银行汇票申请书，收妥款项后签发银行汇票，并用压数机压印汇票金额，将银行汇票和解讫通知一并交给申请人。

银行汇票的提示付款期限为自出票日起1个月。持票人向银行提示付款时，必须同时提交银行汇票和解讫通知。代理付款人不得受理未在本行开立存款账户的持票人为单位直接提交的银行汇票。银行汇票的代理付款人是代理本系统出票银行或跨系统签约银行审核支付汇票款项的银行。持票人超过付款期限提示付款的，代理付款人不予受理。

出票行所签发的银行汇票一式四联，各联次用途如下：

第一联（卡片）：出票行保管，作借方凭证；

第二联（汇票）：连同第三联（解讫通知）一起由出票行交给汇票申请人持往异地结算，汇票兑付时由代理付款行留存作为联行往来结算借方凭证的附件；

第三联（解讫通知）：连同第二联（汇票）一起由出票行交给汇票申请人持往异地结算，汇票兑付时由代理付款行随联行往来报单一起寄往出票行，出票行作多余款贷方凭证；

第四联（多余款收账通知）：出票行结算后交申请人。

（2）商业汇票。商业汇票是出票人签发的，委托付款人在指定日期无条件支付确定金额给收款人或者持票人的票据。商业汇票的付款人为承兑人。商业汇票分为商业承兑汇票和银行承兑汇票。商业承兑汇票可以由付款人签发并承兑，也可以由收款人签发交由付款人承兑。银行承兑汇票应由在承兑银行开立存款账户的存款人签发，由银行承兑。

在银行开立存款账户的法人以及其他组织之间，必须具有真实的交易关系或债权债务关系，才能使用商业汇票。

商业承兑汇票的出票人，为在银行开立存款账户的法人以及其他组织，与付款人具有真实的委托付款关系，具有支付汇票金额的可靠资金来源。

银行承兑汇票的出票人必须是：在承兑银行开立存款账户的法人以及其他组织，与承兑银行具有真实的委托付款关系；资信状况良好，具有支付汇票金额的可靠资金来源。出票人不得签发无对价的商业汇票用以骗取银行或者其他票据当事人的资金。

商业汇票可以在出票时向付款人提示承兑后使用，也可以在出票后先使用再向付款人提示承兑。

商业汇票的付款人接到出票人或持票人向其提示承兑的汇票时，应当向出票人或持票人签发收到汇票的回单，记明汇票提示承兑日期并签章。付款人应当在自收到提示承兑的汇票之日起3日内承兑或者拒绝承兑。付款人拒绝承兑的，必须出具拒绝承兑的证明

付款人承兑商业汇票，应当在汇票正面记载“承兑”字样和承兑日期并签章。付款人承兑商业汇票，不得附有条件；附有条件的，视为拒绝承兑。

银行承兑汇票的出票人应于汇票到期前将票款足额交存其开户银行。承兑银行应在汇票到期日或到期日后的见票当日支付票款。银行承兑汇票的出票人于汇票到期日前未能足额交存票款时，承兑银行除凭票向持票人无条件付款外，对出票人尚未支付的汇票金额按照每天万分之五计收利息。

商业承兑汇票的付款人开户银行办理划款时，付款人存款账户不足支付的，应填制付款人未付票款通知书，连同商业承兑汇票邮寄持票人开户银行交持票人。

商业承兑汇票一式三联：各联次的用途如下：

第一联（卡片）：由承兑人（付款人）留存；

第二联（商业承兑汇票）：由收款人开户行随结算凭证寄付款人开户行作借方凭证附件；

第三联（存根）：由签发人存查。

2. 本票。本票具体是指出票人签发的，承诺自己在见票时无条件支付确定的金额给收款人或者持票人的票据。本票分为银行本票和商业本票。我国《票据法》规定的本票仅指银行本票，银行既是本票的出票人，也是付票人。因此，本票的基本当事人只有出票人和收款人。

本票由出票人付款，并承担保证付款的绝对责任。出票人在本票生效后，就成为本票上的主债务人，在收款人请求付款时，必须具有清偿的能力，保证票据金额的支付，所以本票是自付证券。而汇票和支票，是付款人接受出票人的委托，承兑后才负有到期无条件付款的责任，出票人只负有担保付款人付款的责任，但不直接承担付款责任，所以汇票和支票属于委付证券。

本票的出票人是票据金额的直接支付人即第一债务人，必须具有很高的信誉，所以本票出票人的资格审定由中国人民银行负责。目前中国人民银行对银行本票的管理规定主要有三个方面：一是在出票人资格上，签发银行本票的，是经中国人民银行批准的银行机构，而金融性的公司不得签发银行本票；二是在地域上，目前仅限于我国大中城市开办银行本票业务。

3. 支票。支票是出票人签发的，委托办理支票存款业务的银行等金融机构在见票时无条件支付确定金额给收款人或者持票人的票据。

按照付款有无特殊保障的不同，将支票分为普通支票和特殊支票。普通支票是只支付票款无特殊保障的支票；特殊支票是支付票款有特殊保障的支票，包括平行线支票和保付支票。平行线支票是指出票人、背书人或持票人在支票正面划两条平行线，以指示付款人该支票只能用于转账，平行线内记明银行名称的，只能将票款转入该银行；保付支票是指付款人在支票上记载“照付”或“保付”字样并签名，由付款人承担绝对付款责任。

按照支付票款的方式不同，将支票分为现金支票和转账支票。支票既可以支取现金，又可以转账，用于转账时，应当在支票正面注明。现金支票只能用于支取现金；转账支票只能用于转账，不能支取现金。

（三）票据行为

票据行为是指产生票据上权利义务的法律行为。票据行为包括基本票据行为和附属票据行为。基本票据行为是创设票据权利的行为，指出票行为；附属票据行为是在已成立的票据上所为的行为，包括票据的背书、保证、承兑、贴现等。

1. 出票。是指出票人签发票据并将其交付给收款人的行为。

2. 背书。是指持票人将票据权利转让给他人，或者将一定的票据权利授予他人行使时，在票据背面或者粘单上记载有关事项并签章的票据行为。背书是票据转让的一种重要方式。粘单是指为了弥补票据本身不能满足记载事项需要而黏附于票据上的纸张。

3. 承兑。是指汇票付款人在汇票上记载一定的事项，承诺在汇票到期日支付汇票金额的票据行为。从承兑的过程看，承兑包括如下环节：

(1) 持票人提示承兑。持票人向付款人出示汇票，并要求付款人承诺付款的行为。票据法规定：见票后定期付款的汇票，持票人应当自出票起一个月内向付款人提示承兑。

(2) 承兑人承兑汇票。持票人向付款人提示汇票请求承兑时，承兑人应自收到提示承兑汇票之日起 3 日内作出承兑或拒绝承兑的决定。如果承兑人拒绝承兑，持票人可请求作出拒绝承兑证明书，并行使对前手的追索权。如果承兑人同意承兑，应当在汇票正面记载“承兑”“承付”、“同意付款”字样和承兑日期并签章。见票后定期付款的汇票，应当在承兑时记载付款日期。

(3) 承兑人交还汇票。

(4) 保证。是指保证人承诺担当付款的担保行为。对汇票债务进行保证是为了加强债务人的信用，更有效地保护持票人的利益，以促进汇票的流通。

(5) 贴现。是指持票人将未到期的汇票到银行进行兑现，并交纳贴息的行为。商业汇票的持票人向银行办理贴现的条件：在银行开立存款账户的企业法人以及其他组织；与出票人或者直接前手之间具有真实的商品交易关系；必须提供与其直接前手之间的增值税发票和货物购销合同复印件。符合条件的商业汇票的持票人可持未到期的商业汇票连同贴现凭证向银行申请贴现。贴现银行可持未到期的商业汇票向其他银行转贴现，也可向中国人民银行申请贴现。贴现、转贴现、再贴现时，应作成转让背书，并提供贴现申请人与其直接前手之间的增值税发票和货物购销合同复印件。

【本章小结】

票据诈骗罪，是指以非法占有为目的，利用价值基础不真实的违法票据骗取他人财

物，数额较大的行为。

票据诈骗罪的客观方面包括五种情形：（1）明知是伪造、变造的汇票、本票、支票而使用的；（2）明知是作废的汇票、本票、支票而使用的；（3）冒用他人的汇票、本票、支票的；（4）签发空头支票或者与其预留印鉴不符的支票，骗取财物的；（5）汇票、本票的出票人签发无资金保证的汇票、本票或者在出票时作虚假记载，骗取财物的。

在合同的签订和履行中，使用伪造、变造、作废票据、冒用他人票据、签发空头支票等进行结算，从而骗取他人财物的，以票据诈骗罪论处。

先伪造、变造票据，而后使用伪造、变造的票据进行诈骗的，以票据诈骗罪论处。

票据诈骗犯罪案件的作案手段主要有：调包票据、使用空头支票、伪造、变造票据。

票据诈骗犯罪案件具有下列特点：流窜作案、连续作案突出；大多数为团伙作案，内部分工明确、细致，专业化程度高；犯罪手法、作案成员的地域特征显著；犯罪嫌疑人中有前科劣迹者占一定比例。

票据诈骗犯罪案件的侦查要点：查明票款存入、支取、转账的经过；查明银行工作人员是否参与作案；对犯罪嫌疑人进行调查、控制；迅速查清票款去向，并予以冻结；提取、固定犯罪证据；串并同类案件，广泛收集线索；深挖犯罪，查明票源。

【关键术语】

票据；本票；支票；汇票；出票；银行承兑汇票；商业承兑汇票；背书；贴现；承兑；票据诈骗罪；伪造票据；变造票据；银行承兑汇票

【推荐阅读与学习资源】

1. 董安生：《票据法（第三版）》，北京，中国人民大学出版社，2009。
2. 曹云清：论伪造、变造票据犯罪案件侦查，载《江西公安专科学校学报》，2006（3）。
3. 赵园：论票据诈骗犯罪案件的侦查对策，载《法制与社会》，2012（13）。

【案例分析】

周×在本单位××银行×支行乘隙盗窃一本空白现金支票及××市粮食购销总公司销售部预留印鉴卡，并将印鉴卡复印后放回原处。后周某在南京按印鉴卡复印件私刻三枚印章，并伪造了假身份证，并从该支行营业部机房主机进入对公程序，将所窃的现金支票号码登录在××市粮食购销总公司销售部户头上，骗得人民币15万元。事后即将假印鉴、假身份证和剩余的空白现金支票带回家中销毁。银行发现短少资金15万元，排查未果后向公安机关报案。

公安机关在侦查中收集以下列证据：周×供认了犯罪事实；证人倪×证言证实其所保管的空白现金支票一本失窃；证人马×证言证实××市粮食购销总公司销售部未购买号码相同的现金支票；证人赵×与陈×证言证实该单位储蓄上只有周×会进入对公程序；同案人王×证言证实按周×的安排将剩余的空白现金支票带回家中销毁；证人熊×等人证言证实有一男子来银行持两张现金支票以某市市粮食购销总公司名义取走人民币15万元；周×供认将10万元以第三人的名义存入××银行××市××分理处、将5万元存入由其保管的李某的太平洋卡上。[①]

问题：上述证据能否证实周某实施票据诈骗的犯罪事实？

---

① 参见郭林：《间接证据能否锁定票据诈骗》，载《江苏经济报》，2011-12-14。

第9章

信用卡诈骗犯罪案件侦查

【学习目标】

通过本章的学习，理解信用卡诈骗罪的概念、构成要件；了解信用卡诈骗犯罪案件的特点和作案手段；掌握信用卡诈骗罪主体的认定要点；掌握信用卡诈骗犯罪案件的侦查取证要点。

导入案例

2008年5月初，龙岩市孔×、林×等多名市民收到建设银行、中国银行、工商银行等多家金融机构的信用卡欠款催缴通知书，被告知须清偿银行1万～2万元的信用卡透支款。面对手中的催缴通知书，孔×等人非常困惑：自己从未办理信用卡，怎么可能有银行欠款？银行方面查阅了办卡和交易等环节存储的资料，发现办卡人提供的身份信息与孔×等人的真实身份信息相符，但从监控资料看，办卡人确实不是本人，信用卡透支交易人也不是孔×等人。于是，有关“银行出现假信用卡”、“办理信用卡很不保险”、“信用卡不安全”等流言四处传播，引起不小的社会震动，银行系统先后报案，5月9日，龙岩市公安局经侦支队立案侦查。侦查初期采取的主要措施有：一是从银行内部人员中进行摸排；二是在受害人的社会关系中摸排；三是从银行信用卡办理和使用的文件资料及监控影像资料中摸排；四是调查相关ATM机以及周边城市监控资料；五是对嫌疑人在申领信用卡过程中预留的通信号码中进行布控。经过15天工作，这些措施没有收到预期效果。[①]

问题：如何打开侦查僵局，取得突破？

第一节　信用卡诈骗犯罪案件概述

一、信用卡诈骗罪的概念

信用卡诈骗罪，是指用虚构事实和隐瞒真相的方法，利用信用卡进行诈骗，骗取数额

① 参见徐敏洪：《公安经侦典型案例精解》，126页，北京，中国人民公安大学出版社，2010。

较大的公私财物的行为。

《刑法》第一百九十六条规定："有下列情形之一，进行信用卡诈骗活动，数额较大的，处五年以下有期徒刑或者拘役，并处二万元以上二十万元以下罚金；数额巨大或者有其他严重情节的，处五年以上十年以下有期徒刑，并处五万元以上五十万元以下罚金；数额特别巨大或者有其他特别严重情节的，处十年以上有期徒刑或者无期徒刑，并处五万元以上五十万元以下罚金或者没收财产：（一）使用伪造的信用卡，或者使用以虚假的身份证明骗领的信用卡的；（二）使用作废的信用卡的；（三）冒用他人信用卡的；（四）恶意透支的。前款所称恶意透支，是指持卡人以非法占有为目的，超过规定限额或者规定期限透支，并且经发卡银行催收后仍不归还的行为。盗窃信用卡并使用的，依照本法第二百六十四条的规定定罪处罚。"

本罪侵犯的客体是双重客体，一方面侵犯了公私财物所有权，另一方面扰乱了国家金融管理秩序。行为人实施信用卡诈骗的目的是为非法占有公私财产，对公私财产所有权造成侵害；同时，行为人使用信用卡进行诈骗，违反了信用卡管理方面的制度，也破坏了信用卡管理秩序。本罪的客观方面表现为使用伪造的信用卡，或者使用以虚假的身份证明骗领的信用卡，使用作废的信用卡，冒用他人的信用卡，或者恶意透支，进行信用卡诈骗活动，数额较大的行为。本罪的主体为达到法定刑事责任年龄，并具有刑事责任能力的自然人。单位不能构成本罪。本罪在主观方面表现为故意，并且具有非法占有他人财物的目的。

二、信用卡诈骗罪的认定

（一）信用卡诈骗罪的犯罪对象

信用卡诈骗是利用信用卡进行诈骗的犯罪行为，由于我国关于信用卡诈骗犯罪的立法增多，导致信用卡的概念在《刑法》中存有一定的争议，所以准确界定信用卡在《刑法》中的具体含义至关重要，是研究该罪的前提。从金融业务角度看，银行卡包括信用卡，信用卡属于银行卡的一种类型。1999 年 3 月 1 日施行的中国人民银行《银行卡业务管理办法》规定：银行卡包括信用卡和借记卡；信用卡按是否向发卡银行交存备用金分为贷记卡和准贷记卡两类；借记卡按功能不同分为转账卡（含储蓄卡）、专用卡、储值卡，借记卡不具备透支功能。从《刑法》适用角度，2004 年 12 月 29 日，全国人大常委会针对司法实践中存在的信用卡范围的争议，专门作出了一个解释，该解释规定：《刑法》规定的信用卡，是指由商业银行或者其他金融机构发行的具有消费支付、信用贷款、转账结算、存取现金等全部功能或部分功能的电子支付卡。此解释将借记卡纳入到信用卡犯罪的范围内，使得《刑法》意义上的信用卡等同于金融业务中使用的"银行卡"的概念，有利于对使用电子支付卡犯罪的防范和打击。因此我国《刑法》所指的信用卡不仅指狭义的贷记卡，还包括借记卡在内。

另外，从犯罪对象信用卡的表现形式看，除恶意透支型信用卡诈骗外，信用卡诈骗案中涉案卡的类型以伪造卡、作废卡、冒用卡、骗领卡为多。

作废的信用卡包括：（1）信用卡超过有效使用期限而自动失效；（2）持卡人在信用卡有效期限内中途停止使用，并经发卡银行销户的信用卡；（3）因挂失而使信用卡作废。除这三种情况外，还有一种"涂改卡"。所谓涂改卡是指被涂改过卡号的无效信用卡。对涂改卡的属性，应根据其载体情况来决定。如果涂改卡系真卡涂改而成，可认为其有变造的性质，但《刑法》中无变造信用卡的规定，而作废卡都系达到某种限定条件从真卡衍生而来，故将之归入作废卡较为合适。如果涂改卡并非在真卡基础上涂改加工，只能视为伪造的信用卡。

伪造信用卡通常有两种方式：一是模仿真实信用卡的质地、模式、版块、图样以及磁条密码等，非法制造信用卡；二是在真实信用卡的基础上进行伪造，如在银行空白的信用卡上打印虚假的用户账号、姓名、有效期等内容，使其貌似发行给用户的信用卡。① 我国《刑法》第一百九十六条对犯罪对象为信用卡时，只规定了伪造行为。因为伪造的信用卡只有输入真实有效的信息才能有非法使用的可能，即使行为人使用的是真卡，也必须对该卡利用专门技术进行实质性的加工，这种变造行为实质是伪造行为。

骗领的信用卡，是指行为人在办理信用卡申领手续时，弄虚作假，使用伪造的或虚构的身份或次等证明材料，骗取发卡银行发放信用卡的行为。这里的“骗领”，既包括在金融机构工作人员不知情的情况下，也包括在知情的情况下实施的行为。因为在司法实践中，常发生办卡的金融机构工作人员明知对方提供的是虚假的身份证明，还违规向其发放信用卡，甚至内外编造虚假的身份证明，取得金融机构发放的信用卡后恶意透支的情形。由于发放信用卡者是金融机构，而并非是具体工作人员，因此，相关人员未受骗，并不代表金融机构没受骗，按照有关信用卡的管理规定，申领信用卡者必须如实申报有关情况，特别是身份证明材料必须真实，否则金融机构就不能对其发放信用卡。因此，只要行为人在办理申领手续时，提供的是虚假的身份证明，金融机构对其发放了信用卡，就应当认为行为人欺骗了金融机构。

冒用他人信用卡，是指非持卡人以持卡人名义使用信用卡骗取财物或服务的行为。我国《刑法》条款未明确规定冒用他人的信用卡仅是他人合法有效的信用卡，还是可以包括作废的信用卡或伪造的信用卡。从《刑法》条文使用“冒用”一词，可看出既然是冒用，就应该是他人真实有效的信用卡，如果是他人作废的信用卡、伪造的信用卡和骗领的信用卡，应只有使用的问题，而非冒用。

（二）对伪造信用卡并使用的行为的定性

信用卡具有转账结算、储蓄结算、汇兑功能、消费信贷功能和自动存取款功能。因此“使用”伪造的信用卡行为不仅仅包括购买商品，在银行和自动存款机支取现金，也包括利用伪造信用卡结算支付各种服务费用，如支付交通、旅游、娱乐等形式。对信用卡犯罪行为中同时存在的两种行为应具体情况具体分析，具体包括以下几种情况：

1. 同一行为人伪造了信用卡，又同时实施了使用行为，并且该信用卡是自己伪造的

此种情况也要分别对待：一是该行为人伪造信用卡数量较大，达到了犯罪的程度，而利用伪造的信用卡进行诈骗数额比较小，尚未达到犯罪程度的，仅以伪造金融票证罪论处，其利用信用卡诈骗的情况，可以作为伪造金融票证处罚的酌定量刑情节；二是行为人伪造了大量信用卡，并且利用自己伪造的信用卡骗取构成数额较大财物的，两种行为分别构成了伪造金融票证罪和信用卡诈骗罪。但这种情况下伪造信用卡和使用伪造信用卡的目的都是为了非法占有他人财物，该伪造行为可以被使用行为包含，符合我国《刑法》中牵

① 参见孙军工：《金融诈骗罪》，151页，北京，中国人民公安大学出版社，2003。

连犯的构成要件，此时应实行“从一重处罚”原则，按信用卡诈骗罪定罪处罚，伪造信用卡数量的多少作为该罪的酌定量刑情节；三是如果行为人伪造信用卡的目的是为了出售营利，但可能由于客观原因导致该伪造的信用卡没有出售成功，过了一段时间后行为人又使用该伪造的信用卡进行诈骗。此种情况下的伪造行为和使用行为不具备牵连犯所要求的必须出于同一个犯罪目的要件，客观上两种行为也不具备连续性，也应该按伪造金融票证罪和信用卡诈骗罪数罪并罚。

2. 行为人伪造了信用卡，又使用了他人伪造的信用卡

这种情况下该行为人实质上侵犯了两种客体，前者侵犯了我国的信用卡管理秩序，并没有直接侵犯到公私财产所有权，因此应按伪造金融票证罪定罪处罚；而后者不仅侵犯我国信用卡管理秩序，也同时侵犯了公私财产所有权，应按信用卡诈骗罪定罪处罚，此种情况下两行为不构成《刑法》理论上的牵连关系，应对之数罪并罚。

3. 行为人伪造了信用卡后出售，又使用了自己伪造的信用卡的行为

此种情况下伪造信用卡并出售的行为不能与后来的使用行为构成牵连关系，使用伪造的信用卡骗取的财物达到较大数额时，应按伪造金融票证罪和信用卡诈骗罪数罪并罚；如果使用伪造的信用卡骗取的财物未达到较大数额时，该使用伪造的信用卡行为构不成犯罪行为，应按伪造金融票证罪一罪处罚。

（三）盗划信用卡是否属于冒用他人信用卡的行为

盗划信用卡是指特约商户从业人员利用工作便利，在顾客用信用卡刷卡结算时，私下重复刷卡，非法占有他人信用卡资金的行为。特约商户的工作人员主观上以非法占有他人财物为目的，客观上也采取了秘密的手段盗划持卡人账户里的资金，但是特约商户的工作人员在盗划持卡人信用卡账户的资金时，还必须冒充持卡人的签名，没有这一行为不可能侵犯到他人的财产，因此符合“冒用”行为特征，定性为信用卡诈骗罪较为合理。

（四）恶意透支

恶意透支行为是我国信用卡诈骗在司法实践中比较常见的形式，并伴随着商业银行推出信用卡业务出现。恶意透支行为出现的比较频繁，时期也比较早，我国司法部门也逐步对之加强重视，并出台了相关的法律和司法解释来规范该行为。我国《刑法》第一百九十六条第二款规定：恶意透支，是指持卡人以非法占有为目的，超过规定限额或者规定期限透支，并且经发卡银行催收后仍不归还的行为。该法条把行为人超过规定限额或规定期限透支和经发卡银行催收不归还作为恶意透支的必要客观要件，明确地界定了恶意透支的范围。规定限额，以透支后的信用卡账户余额来计算，而不是指每一次的透支数额。恶意透支本金数额为 1 万元以上的，应受刑事责任追究。恶意透支逃避追查，或自收到发卡银行催收通知之日起 3 个月内仍不归还的，就构成犯罪。恶意透支的主体是以真实身份领取信用卡的行为人，即“合法持卡人”。

根据《最高人民法院、最高人民检察院关于办理妨害信用卡管理刑事案件具体应用法律若干问题的解释的规定》（以下简称《信用卡案件解释》）的规定，持卡人以非法占有为目的，超过规定限额或者规定期限透支，并且经发卡银行两次催收后超过 3 个月仍不归还的，应当认定为“恶意透支”。《信用卡案件解释》同时明确了“以非法占有为目的”的六种情形，包括：（1）明知没有还款能力而大量透支，无法归还的；（2）肆意挥霍透支的资

金，无法归还的；（3）透支后逃匿、改变联系方式，逃避银行催收的；（4）抽逃、转移资金，隐匿财产，逃避还款的；（5）使用透支的资金进行违法犯罪活动的；（6）其他非法占有资金，拒不归还的行为。

对于实践中有的持卡人因短期资金周转不灵或者因客观原因无法及时还款的，若持卡人向发卡行说明情况，积极设法归还的，应当认为不具有非法占有目的，仅承担民事上的违约责任。

发卡银行收取的费用如复利、滞纳金、手续费等不予认定为恶意透支的数额。嫌疑人的透支数额，应为持卡人拒不归还的数额或尚未归还的数额，不包括复利、滞纳金、手续费等，也就是通常所称的本金。

恶意透支应当追究刑事责任，但在公安机关立案后人民法院判决宣告前已偿还全部透支款息的，可以从轻处罚，情节轻微的，可以免除处罚。恶意透支数额较大，在公安机关立案前已全部偿还透支款息，情节显著轻微的，可以依法不追究刑事责任。

（五）“非法占有目的”的认定

本罪在主观方面表现为故意，并且具有非法占有他人财物的目的。[①] 在司法实践中，信用卡诈骗罪的主观要件“以非法占有为目的”较难把握。多数情况下，执法者采用客观事实推定主观故意，以此来认定被告人是否具有“非法占有为目的”。

1. 对于行为人主观方面的认定

司法实践中通常运用犯罪嫌疑人的供述认定被告人的主观目的，当嫌疑人否认犯罪时，往往通过犯罪行为、使用工具、作案时间、作案方式等方面来认定其主观目的。对信用卡诈骗案件，如何认定嫌疑人诈骗的主观目的，2001 年 1 月 21 日《全国法院审理金融犯罪案件工作座谈会纪要》对此作出了明确的规定，并通过列举式的立法方式阐述了金融犯罪中的非法占有为目的的认定方法：（1）明知没有归还能力而大量骗取资金的；（2）非法获取资金后逃跑的；（3）肆意挥霍所骗取资金的；（4）使用骗取的资金进行违法犯罪活动的；（5）抽逃、转移资金、隐匿财产以逃避返还资金的；（6）隐匿、销毁账目，或者搞假破产、假倒闭，逃避返还资金的；（7）其他非法占有他人资金、拒不返还的行为。针对恶意透支型信用卡诈骗非法占有为目的的司法认定，2009 年信用卡诈骗罪司法解释主要规定了六点：（1）明知没有还款能力而大量透支，无法归还的；（2）肆意挥霍透支的资金，无法归还的；（3）透支后逃匿、改变联系方式，逃避银行催收的；（4）抽逃、转移资金，隐匿财产，逃避还款的；（5）使用透支的资金进行违法犯罪活动的；（6）其他非法占有资金，拒不归还的行为。上述两个规定主要侧重于资金不能归还的几种情形来认定被告人具有非法占有的目的，符合目前我国的司法现状。

在司法实践中，行为人认罪的占该类案件的较大部分，在认罪案件中被告人供述能够清晰地描述被告人非法占有的主观目的。在行为人不认罪的情况下，执法者需要从证据中推定被告人的主观目的：在伪造信用卡或使用作废的信用卡的情形下，一般需要以伪造或作废的信用卡、银行对账单、相关银行出具的证明材料、催收记录等证据来认定被告人具有非法占有的主观故意；在以虚假的身份证明骗领的信用卡的情形下可以以信用卡申请表、账户明细表、催收记录、笔迹司法鉴定书、相关证人证言等证据证实被告人的非法占

① 参见张涛、闫强主编：《银行卡犯罪侦查实务》，50 页，北京，中国人民公安大学出版社，2008。

有为目的；在冒用他人信用卡的情形下可以账户明细表、催收记录、被冒用人的证人证言、监控录像照片、案发经过等证据材料认定被告人非法占有为目的的主观故意；在恶意透支的情况下，可以以账户明细表、催收记录、案发经过等证据材料证实被告人非法占有为目的的主观故意。[①]

2. 信用卡诈骗罪案件中认定非法占有为目的的排除情形

随着经济的不断发展，信用卡诈骗的主观认定遭遇了越来越多的挑战。从现实情况来看，在现行经济条件下，行为人更多的是采用一定的手段获取现金后，将资金投入生产、经营，较少采用《刑法》明文规定的赤裸裸的诈骗手段，行为人在经营过程中出现资金短缺等情况时，如何正确区分经济行为与金融诈骗行为就需考虑更多的现实情况，要根据具体情况认定行为人是否具有非法占有目的。从法律层面来看，1996 年最高人民法院发布的《关于审理诈骗案件具体适用法律若干问题的解释》最早认可了认定主观目的采用刑事推定的方法，该解释从无法归还欠款的角度列举了几种情况下可以认定被告人具有非法占有的主观目的。但正如无罪推定原则，刑事推定是一种可否定的推定，推定本身就存在偏离事实甚至错误的可能性。故当出现与推定内容相左的证据时，执法者必须重视相反证据的证明力。如果相反证据不支持非法占有目的，执法者在行为人主观目的的认定上须慎重定性。

根据司法实践及民事免责规则，在涉嫌信用卡诈骗的案件中，排除主观非法占有目的之情形可包括如下几个方面：

（1）行为人在相应银行有存款，足以支付透支数额的。行为人在透支后，经发卡行催交后未归还，行为人没有携款逃跑，也没有恶意改变自己通信、住址的。至案发时，行为人出具在透支时本人在相应银行的存款证明，且存款数额足以支付透支款项的，应排除行为人具有非法占有目的。就该种情形，行为人与银行是典型的互有债权、债务关系，直接适用民法的混同制度就可抵消双方的权利、义务关系。另外，从《刑法》的谦抑性以及刑罚的严厉性，此种情况不应该认定行为人具有非法占有的主观故意，也不应该以刑事案件处理。

（2）行为人与被冒用人系直系亲属关系。在实际生活中，行为人可能会冒用家人的信用卡消费，数额较大，事后及时归还的，该行为客观形式上符合冒用他人信用卡的特征。基于行为人与被冒用人之间具有直系亲属关系，特别是在夫妻双方的情形下，财产区分不明晰，此种情形不能认定行为人主观上具有非法占有他人财物的目的。

（3）因不可抗力等合法因素导致被告人无法归还欠款的。行为人确因个人疾病、出国等原因或因疏忽未能及时归还透支钱款的，应排除行为人具有非法占有的目的，另外，如果行为人认为发卡行在透支后的利息计算上不合理而提出民事诉讼或者以此拒绝给付的，也不能认定被告人具有非法占有的目的。

三、信用卡诈骗案件的追诉标准

根据《立案追诉标准（二）》第 54 条，进行信用卡诈骗活动，涉嫌下列情形之一的，应予立案追诉：

---

① 参见刘鑫、万志尧：《信用卡诈骗罪之司法认定》，载《华北电力大学学报》，2010（3）。

（1）使用伪造的信用卡，或者使用以虚假的身份证明骗领的信用卡，或者使用作废的信用卡，或者冒用他人信用卡，进行诈骗活动，数额在五千元以上的；

（2）恶意透支，数额在一万元以上的。本条规定的“恶意透支”，是指持卡人以非法占有为目的，超过规定限额或者规定期限透支，并且经发卡银行两次催收后超过三个月仍不归还的。

恶意透支，数额在一万元以上不满十万元的，在公安机关立案前已偿还全部透支款息，情节显著轻微的，可以依法不追究刑事责任。

四、信用卡诈骗犯罪案件的作案手段

（一）使用伪造卡或骗领卡进行消费、结算或存取现金

使用信用卡，通常包括用信用卡购买商品、在银行或者自动柜员机上支取现金以及用信用卡进行支付结算的各种服务。如前所述，伪造卡的来源有以下两种：一是非法制造信用卡。二是在真卡的基础上进行伪造，对未正式发行的空白信用卡再加工。骗领卡来源于：行为人伪造身份资料，骗取银行信任获得信用卡。犯罪集团内部常有明确分工：有人专门伪造卡；有人专门窃取他人信用卡信息资料；有人专门刷卡消费或取现。在刷卡消费环节，犯罪行为人通常采用购买奢侈品、套现、从事经营或者非法活动等，急于尽快用完信用额度，获得尽可能多的非法利益。

（二）冒用他人信用卡

主要表现为以下几种行为方式：一是拾得他人的信用卡后冒用；二是擅自使用为持卡人代为保管的信用卡；三是骗取他人的信用卡后冒用；四是特约商户、发卡机构的工作人员利用持卡人的有效信用卡复制签购单，进行冒用；五是窃取或拾得他人的身份证明后骗领信用卡并大肆透支。这五种类型中前面几类并不常见，第五类是最为常见的，犯罪分子往往是通过窃取或是借用等手段获得他人身份证等个人信息后，利用该身份信息骗取银行发卡，然后使用该信用卡消费、取现等，造成大额透支情况。由于犯罪分子在申请信用卡时通常是填写他人信息或是虚假信息，仅留有一个手机号与银行联系。当银行开始不断催款时，犯罪分子只需更换手机号码，就使银行难以再联系到犯罪分子。因此，此类犯罪往往给警方带来较大的破案难度，也给银行造成大量的资金损失。

（三）使用作废卡进行消费、结算或存取现金

前述信用卡作废类型有四种。行为人利用作废的信用卡消费取现，达到骗取财物的目的。使用作废卡的行为人，往往就是持卡人本人或其同伙。最常见的手法是：利用止付信息从发卡银行向特约商户传递的“时间差”进行诈骗活动。

（四）恶意透支

恶意透支信用卡是指持卡人以非法占有为目的，超过规定限额或者规定期限透支，并且经发卡银行催收后仍拒不归还的行为。恶意透支型案件中可细分成三类：一类是犯罪分子自己办理银行卡后透支消费或取现并经发卡行多次催收后超过三个月未还的，信用卡诈骗案件中该类案件所占比例较高；一类是犯罪分子用自身信息取得多张信用卡后，用“以卡养卡”的方式，也就是从一张信用卡中套取现金后偿还先前透支的信用卡，以此循环的方式不断透支各信用卡，并用此手段制造不断还款的假象，由于套现需要一定的手续费，

经过较长时间的套现之后会造成一个较大的资金缺口，最终持卡人无力偿还信用卡上的欠款；一类是犯罪分子在办理银行卡后借与朋友使用，且明知朋友在透支消费或取现后经发卡行多次催收超过三个月未还的仍置之不理的。[①]

五、信用卡诈骗案件的特点

（一）作案人具有一定的特殊性

犯罪主体学历层次逐步提高，大多熟悉电脑的操作，有的甚至熟悉程序的编写；犯罪主体年轻化，这些人思维往往异常敏捷，能够迅速接受新事物，对于网络技巧的掌握具有优势。该群体习惯使用信用卡并存在超前消费、透支消费的理念；犯罪主体多为无固定收入或收入偏低的群体。由于信用卡的发卡量日益增多，申领信用卡的主体资格也相对放宽，导致一些无固定收入或低收入群体申领到信用卡进行消费透支，从而无法及时还款；大多数行为人将透支资金用于日常开销或周转，却缺乏正常的还款能力，这种情况在恶意透支型信用卡诈骗犯罪中尤为明显；犯罪嫌疑人法制意识淡薄。

（二）作案方式相对固定

常用的方式有：使用各种非法方法制造信用卡，购买商品、在银行或者自动取款机上支取现金以及接受信用卡进行支付、结算；使用因法定的原因失去效用的信用卡；非持卡人以持卡人的名义使用持卡人的信用卡而骗取财物的行为；不法分子利用银行信用卡可以透支的特点，以非法占有为目的，经发卡银行催收后仍不归还透支款或者在大量透支后潜逃隐瞒身份、以逃避还款责任；通过信用卡套取现金等。

（三）跨区域、跨国境作案

随着电子商务的发展和网络平台支付方式的普及，犯罪嫌疑人利用互联网非法获取他人信用卡信息资料制作伪卡或直接利用网络支付平台实施购物、套现、参与网上博彩、为他人充值等，为跨区域作案提供了温床。此外，随着我国境内金融业务与国际的接轨，信用卡犯罪的跨国流动性不断增强。目前，有越来越多的国内外信用卡犯罪集团（人员）利用现行政策和法律漏洞，或单独，或结成团伙，或内外勾结，频繁跨国跨境实施信用卡犯罪活动。

（四）科技化、智能化程度高

此类案件中，犯罪嫌疑人利用银行系统存取款全国通存通兑网络等手段进行跨区域作案，同时还针对信用卡磁条资料编制程序过于简单、容易读写、改写，有的无需通过主机CVV（卡校验值）验证，技术防范性能差等缺陷，利用读卡机、改写机和电脑将所窃取或骗取的真实持卡人信用卡资料进行改写、伪造、变造信用卡进行提现或转账到自己的银行卡内、手段隐蔽，成功率高。

（五）呈现有组织化

从预谋策划、人员分工和作案工具制造到具体实施犯罪，往往由不同犯罪集团（人员）分别承担，表现出日益严密的组织性。涉案人大多数是团伙作案，往往是直接使用伪

---

① 参见钟黎、姚晓红、范豫、周艳萍：《新形势下信用卡诈骗罪的现状特征》，载《法制与社会》，2012（1）。

造的信用卡购买大宗物品，或者使用境外信用卡在境内刷卡套现。此类案件中，犯罪嫌疑人分工明确，各司其职，持多张伪造的信用卡在不同地区流窜作案。①

第二节　信用卡诈骗犯罪案件的侦查方法

从表现形式角度分类，信用卡诈骗案件有伪卡类、废卡类、骗领卡类、冒用类、恶意透支类。这些类型中，有的嫌疑人较明确，有的嫌疑人不明确。但总的来讲，案件都以卡为线。在侦办中，侦查人员应以卡的使用流程为线，分析犯罪类型，查找、收集相关证据和线索。从总体侦查模式来看，嫌疑人明确的案件，适用由人到案模式，嫌疑人不明确的案件，适用由案到人模式。在具体案件侦办过程中，两种模式可单独或交替使用。

一、围绕涉案信用卡开展调查布控

此类案件中，往往因受害人发现其卡内资金不明原因地短少或被透支，向公安机关报案，方始发现犯罪。还有的是银行等发卡机构、特约商户发现伪卡而向公安机关报案。受害人、发卡银行能够提供涉案信用卡的详细资料，接到报案后，应针对涉案信用卡进行全面调查。

（一）对涉案的信用卡进行实时监控

由于跨行交易其每笔交易均会记录在银联的电脑系统中，且银联获得每笔交易的时间很短，可以利用银联的这一功能，对所掌握的信用卡进行监控。

（二）查询涉案信用卡的办理及使用情况

应及时向受害人、发卡行查询涉案信用卡的办理及使用情况，收集申领信用卡的相关录像资料。

如果发现犯罪嫌疑人用伪卡购买商品，应对销售商品的特约商户进行调查。重点查明其所购商品的种类、特征，分析犯罪嫌疑人可能的销赃渠道；犯罪嫌疑人的体貌特征、人数、口音等，并请其对从监控录像中提取的犯罪嫌疑人照片进行辨认。也可以通过犯罪嫌疑人在商户骗购物品时留下的信息发现线索，如犯罪嫌疑人骗购了大件物品要求送货、保修的，侦查人员可以通过送货地址、电话追查犯罪嫌疑人；提取其签购单，对签购单上的签名可进行笔迹鉴定；特约商户如果有监控录像的，也应予以提取。

犯罪嫌疑人将受害人信用卡账户资金转往其控制的账户的，要将该转账线索一追到底，彻查开户人情况，及其与犯罪嫌疑人关系。

（三）分析伪造卡制作的工艺特点，判明伪卡来源

个别案件中，犯罪嫌疑人使用的伪卡被银行或特约商户扣留，或者被 ATM 机吞掉，可通过对掌握的伪卡的分析、鉴别，判断伪造信用卡所需要的技术、设备条件，从而进一步研判伪卡的来源。

（四）通过特约商户对涉案信用卡进行布控

与各银行信用卡管理中心取得联系，提供犯罪嫌疑人已经实施诈骗的信用卡卡号，要求下发通知给所辖商户，一旦发现案犯作案即刻的予以控制并向警方报案。

① 参见刘芬莉：《信用卡诈骗案件特点及侦防对策》，载《行政事业资产与财务》，2012（8）。

（五）第一时间冻结信用卡账户，避免资金流失

发现持卡人信用卡信息被窃取后，经侦部门应敦促相关银行在第一时间根据监控录像，查清犯罪嫌疑人安装、拆走窃取信息工具的时间，查清此时间段内被窃走信息的所有卡号，迅速以口头挂失的形式冻结所有涉案信用卡上的存款，使犯罪嫌疑人在异地取现、转账或消费不能得逞。

（六）针对 ATM 机进行调查布控

犯罪嫌疑人大多利用 ATM 机取款。因此，在发现涉案信用卡有取款记录后，即应针对 ATM 机进行调查布控。

（1）将涉案信用卡取款所用 ATM 机的位置标示在地图上，从中发现犯罪嫌疑人的活动规律。

（2）调取 ATM 机的监控录像，一方面，组织受害人、知情人辨认，也可以 ATM 机所在地为中心，召集宾（旅）馆前台接待员、服务员观看或带着录像到周边地区上门走访播放，重点排查外来住宿嫌疑人员；另一方面，将录像资料中犯罪嫌疑人的影像制成照片后，向作案场所附近的机场、车站、宾（旅）馆等有关单位、公安机关请求协查。同时，注意捕捉录像画面中嫌疑人的细微动作，尤其接打电话、乘坐出租车等细节，为破案提供重要线索。根据 ATM 机监控录像，还可进一步分析犯罪嫌疑人来去路线，并调取沿途的监控录像，从而发现更多线索。

（3）对 ATM 机及其周边进行实地勘验，以发现获取犯罪嫌疑人的指纹、遗留物品等。如果犯罪嫌疑人提款或触动 ATM 机不久，要重点勘验作案人容易触摸而其他取款人却很少碰及的 ATM 机顶部、插卡口和出钞口周围等，以发现犯罪嫌疑人安装监控录像设备、加装盗码或夹卡（钞）装置、张贴求助电话、剪传输带时可能遗留的指纹；对于现场发现或报案人、银行上交的盗码夹卡（钞）装置、塑料胶带纸、伪卡等，要进行由表及里的仔细勘验，以发现提取装置、伪卡、胶带纸内部的遗留指纹等痕迹、信息。将现场提取的指纹在指纹库中比对，以发现嫌疑对象。[①] 值得注意的是，犯罪嫌疑人为创造偷窥的机会，很有可能在偷窥前后使用本人的信用卡进行了消费、提款或查询。所以，侦查人员应当调取被害人使用信用卡所在时段内，在同一或者附近的 ATM 机上出现过的信用卡信息资料，发现犯罪嫌疑人的有关线索。[②]

（4）如果犯罪嫌疑人主要通过 ATM 机取款、转账，且活动时间及区域范围相对集中，可通过对 ATM 机布控来抓获犯罪嫌疑人。

二、根据作案手段确定侦查范围

查明嫌疑人如何获取信用卡信息往往是突破案件的关键。犯罪嫌疑人获取信用卡信息的手段有以下几种，一是通过偷窥持卡人取款来获取，如直接在 ATM 机附近或银行用肉眼或通过望远镜偷窥，在 ATM 机上加装摄像头、MP4 偷拍，使用窃听装置录取客户输入密码的声音，经特殊设备过滤，就可得出每个按键的不同音频，再加以判别密码等，还有个别银行工作人员利用工作便利窃取（偷窥或者利用计算机系统的漏洞截取）客户信用卡

---

① 参见袁小萍：《试论 ATM 案件的作案手段及侦查思路》，载《犯罪研究》，2005（4）。

② 参见邹传明：《信用卡犯罪案件侦查刍议》，载《湖南公安高等专科学校学报》，2006（4）。

信息；二是通过特殊装置窃取，如在ATM机或自助银行门禁上加装盗码器，勾结特约商户工作人员以盗码器窃取客户信用卡信息，在ATM机的密码键盘上套装一假键盘等；三是通过互联网以木马病毒或者黑客软件获取被害人电脑或者其他网站数据库中的用户信息，包括银行卡卡号、密码、身份证号码等关键信息；四是编造谎言骗取信用卡信息，如以银行或公安机关工作人员名义向持卡人谎称其信用卡被盗刷，要求持卡人提供卡号及密码以供案件调查等。

接报案后，应通过询问受害人，调取信用卡交易记录等方式，查清涉案信用卡使用情况，特别是分析其信用卡使用的时空特点，进而判定犯罪嫌疑人获取信用卡信息的途径。如果多名受害人均在同一特约商户消费，或在同一ATM机或银行取款，则可以初步判断犯罪嫌疑人可能通过该特约商户、ATM机或银行获取信用卡信息，或者就是特约商户或银行内部人员所为；如果多个受害人以往消费记录无共同点，且该些被害人的卡均为某银行发行，极有可能是该银行内部工作人员作案；如果嫌疑人选择作案地点非常随意，并且有时连续多日在几个地市连续作案，说明其有充足的作案时间，有较强的活动能力，可能为无业或闲散人员。

如果判断是银行或特约商户内部人员作案，即可在银行或特约商户内部开展排查，重点发现有作案条件者。对于银行内部人员的排查，可在银行保卫部门协助下进行，注意发现信用卡业务中存在的漏洞，但应注意保密。对于有条件获取客户信用卡信息的人员，应根据日常表现、业余时间活动情况、个人爱好、经济收入、消费情况等，结合作案方法和作案时间、手段等逐个分析排查；对于特约商户工作人员，可以派出侦查人员佯装消费进行观察，看刷卡装置和收款人员有无可疑之处，同时根据监控录像对有关人员进行辨认。

如果判断是社会上的犯罪嫌疑人以偷窥等方法窃取信用卡信息，即根据掌握的同类案件线索，尝试开展并案侦查；对窃取信用卡信息的装置进行分析，查找其来源；针对多起案件开展旅店、航班、通信等信息的排查；对于犯罪嫌疑人利用黑客软件获取被害人电脑或者其他网站数据库中的用户信息的，可从其上网的IP地址入手，查明其住址及身份。

三、围绕犯罪嫌疑人信息开展侦查

实施信用卡诈骗的犯罪嫌疑人，会遗留多种信息，如监控录像记录、签购单、通信信息、住宿登记信息、查询信息等。此类信息是突破案件的重要线索，如果能够充分挖掘利用，可收到事半功倍的效果。

（一）监控录像的分析

除ATM机监控录像外，侦查中还应注意调取犯罪嫌疑人在银行、特约商户、行走路途、旅馆等地点和场所的监控录像。分析监控录像时，不仅要注意其体貌特征，还应注意观察其有无同伙，是否乘坐交通工具（如有交通工具，应设法查明车牌号），穿着特点（是否符合本地人的穿着特点，判断是本地人还是外地人），随身携带物品（破案时如找到相同物品，可作为认定作案人的依据），是否接打过电话等。

（二）通信信息的分析

犯罪嫌疑人在作案过程中，常和同伙、受害人及发卡行等发生通信联系，在侦查工作中要高度重视对通信信息的收集和研判。如果发现犯罪嫌疑人曾在宾馆落脚的线索，应迅速查明犯罪嫌疑人是否用房间的固话拨打过电话，并顺线追查。如果监控录像中反映出犯罪嫌疑人曾接打过手机，则应较正监控录像时间，根据准确的通话时间、地点调取手机基站信息，再根据案情设定条件从中筛选出犯罪嫌疑人的通信信息。另外，犯罪嫌疑人还可能对受害人信用卡的余额进行查询，为此，可通过银行对查询受害人信用卡余额的电话进行排查，找出犯罪嫌疑人查询时使用的电话。

（三）住宿、航班等信息的分析

信用卡诈骗案件中，犯罪嫌疑人常流窜各地。为此，在侦查中，应注意利用住宿、航班信息。特别是在系列案件中，可将各地发案前后的住宿登记信息、航班乘客名单进行碰撞比对，从而发现犯罪嫌疑人的身份。还可以根据犯罪嫌疑人使用的身份证件，对其实施布控抓捕。

四、及时串并线索，丰富破案信息

信用卡诈骗案件多为系列性案件，犯罪嫌疑人常流窜各地连续作案，而且形成了以地缘、血缘为纽带的职业化信用卡诈骗团伙。如福建安溪魁斗镇曾查获多个信用卡犯罪团伙，团伙成员间沾亲带故。针对团伙作案，在侦查工作中应积极串并案件，充分挖掘已有的信息源。一是通过从本地接到的类似报案、投诉中发现串并线索。二是从外地，特别是信用卡诈骗案件多发地区类似案件中发现并案线索。可通过各地公安机关的协查通报、经济犯罪案件信息系统查找类似案件。

五、全面收集固定证据，完善证据链条

向发卡银行调取涉案信用卡的消费记录，包括消费的日期、消费的金额、消费场所的具体名称、详细地址、联系电话和终端机号码。调取恶意透支者办卡时提供的基本资料；发卡和开卡时间、信用额度、免息期、账单日和最后还款日、卡循环使用状态等情况的证明材料；开卡后至报案前嫌疑人用卡的所有交易明细，利息计算方式、实际透支的具体数额和逾期时间、还款方式及记录；嫌疑人透支消费或提款的对账单和终端交易记录、银行卡组织出具的跨行消费和提款记录；发卡银行的催收证明，包括向嫌疑人催收的电话录音及语音系统记录、盖公章的催收信函（发卡机构底根）及邮局回执、持卡人签字确认的催收信函。

向特约商户调取涉案信用卡的原始签购单、消费明细单、送货的相关凭证以及消费时的录像资料。特别是要注意调取犯罪嫌疑人签字的书证，以便日后进行笔迹鉴定。

向信用卡原持有人收集否认交易和消费的证明。

犯罪嫌疑人已初步确认或已被抓获的，应准备好辨认照片（应当在十张以上），提供给特约商户的营业员进行辨认，并制作辨认笔录和询问笔录。

犯罪嫌疑人归案后，应立即对其住所和其他相关的场所进行搜查。对于发现的涉案款物、签购单、发票、伪卡、制作伪卡使用的电脑、磁条读写器、磁盘等物品予以扣押。

对有关书证、物证进行鉴定。犯罪嫌疑人归案后，应提取其笔迹，连同签购单交由鉴定部门进行鉴定；对于查获的伪卡，应交由至相关的发卡行进行鉴定；对于与伪卡或骗领卡配套使用的假身份证、假护照及其他身份证件或假身份证号、假护照号进行鉴定、查证。[①]

---

① 2007年公安部经侦局发布了《公安机关办理信用卡犯罪案件取证指引》，对于信用卡犯罪案件的调查取证提出了具体要求。

【导入案例简析】

从案情看，犯罪嫌疑人熟语信用卡知识，了解银行办理信用卡业务的程序，预留电话信息全部为呼叫转移，反侦查意识强。基础摸排遇到困难，只能转变思路，找到突破口。可以明确的是：犯罪嫌疑人到银行办理过信用卡，对嫌疑人遗留信息需要过细梳理。遗留信息包括文字资料，而文字资料的特征相对固定，对文字资料可运用专业技术手段；嫌疑人计算机操作水平高，应有较高学历；犯罪嫌疑人熟悉信用卡办理流程，一定使用过本人真实身份证件在受害银行办理过信用卡。根据这一分析，应调整侦查方案，以受害银行的信用卡部为工作重心，充分利用作案者文字书写特征较为固定的有利条件，结合对作案者身份的判断，运用文检鉴定手段在受害银行已办理的信用卡资料中排查。也即，打破原来“从人到案”的侦查模式，改为“从案到人”模式侦查。从嫌疑人前期办卡过程中遗留的细微文字特征入手，确立突破口。①

【资料链接】

恶意透支型信用卡诈骗取证中常见问题及其对策②

恶意透支型信用卡诈骗行为作为信用卡诈骗中最常见且近年来案件数量大增的一种行为，存在办案退补率高、办案时限长等困难。主要原因是在证据环节存在诸多问题：

1. 证据不全面。恶意透支型信用卡诈骗证据材料包括以下几项：发卡银行的报案材料，一般包含申领信用卡的时间，恶意透支开始时间，截至报案时欠款的本金数、利息及滞纳金数等事项；嫌疑人的信用卡申领资料；嫌疑人信用卡交易明细；发卡银行的催收记录；还款凭证等。但在办案实践中，嫌疑人经常在多家银行开通信用卡并存在恶意透支行为，有的恶意透支数额未达到一万元的最低起刑点，因此银行没有报案，或者有的发卡行维权意识不高导致证据材料中经常缺少关键的证据材料。公安机关由于对此类情况存在不同理解以及办理此类案件经验不足，也易导致证据不全的案件移送至检察机关。

2. 证据出错、形式有瑕疵。一是发卡行出具的证据材料中存在数据矛盾，如报案材料与交易明细中的本金数额不同或者与信用卡中心工作人员证人证言中的数据有出入。二是银行出具的证据材料没有加盖银行公章或者在需要出具证据原件的情况下出具了证据复印件等。

3. 证据审核难度大。一是证据形式不统一，指各发卡行出具的证据形式不统一，如在某些情况下出具的交易明细会出现货币代码、交易代码这些银行业专用术语，不仅直接加大了审卷难度，更是需要检察机关办案人员退回补充侦查或联系公安预审出具办案说明来进行完善。二是证据专业性高，检察机关在办理恶意透支型信用卡诈骗中，有一些案件关键点需要专业的知识，容易出现监督盲点，如本金的计算等。

针对上述问题，应采取三方面对策：

第一，公安、检察、银行管理机构三部门要加强沟通与合作，建立长效机制。检察机关、公安机关、银行管理机构可以尝试以检察机关牵头，通过研讨会、论坛、联席会议等形式加强讨论、论证，依法建立恶意透支型信用卡诈骗罪的证据标准，对于报案材料、信用卡申领资料、信用卡交易明细、催收记录等核心证据要统一证据标准，制定全面、易执

---

① 参见徐敏洪：《公安经侦典型案例精解》，127页，北京，中国人民公安大学出版社，2010。

② 参见李君瑞：《三条措施破解恶意透支型信用卡诈骗取证难》，载《检察日报》，2012-01-06。

行的标准化证据执行细则。对于证据链的关键部分如本金数额等，要加强复查监管。

第二，在银行信用卡部设立专门的法务部门或人员，提高案件调查效率。从各银行目前的情况来看，一般没有设置专门的法务部门负责配合司法机关的案件调查工作，各银行的报案、证据调取等工作往往由银行信用卡中心工作人员负责，对案件调查的配合工作并非其"主业"，而是"副业"，这就导致了部分银行工作人员调取证据积极性不高、对证据审核不严的情况，影响了办案质量和效率。在目前信用卡诈骗类案件高发的背景下，银行管理部门可尝试在各银行及主要分支机构设立法务机构或人员从事信用卡业务的法务工作，完成报案、证据调集等工作。

第三，银行应加强发卡制度的完善。从长远看，预防此类案件的发生，要从源头治理。银行管理部门应出台更为严格的信用卡业务监督管理办法，严格对办卡人的身份、收入审核，建立公民信用网络，不盲目追求发卡数量，不向员工指派办卡任务，在制度完善的前提下，恶意透支型信用卡诈骗案发率会得到有效控制。

【本章小结】

信用卡诈骗罪，是指用虚构事实和隐瞒真相的方法，利用信用卡进行诈骗，骗取数额较大的公私财物的行为。

信用卡诈骗罪的犯罪对象不仅有狭义的贷记卡，还包括借记卡，其范围相当于金融实务中的银行卡。信用卡诈骗犯罪案件中的信用卡，可能利用真卡，也可能利用假卡。从表现形式看，除恶意透支型信用卡诈骗外，涉案卡的类型以伪造卡、作废卡、冒用卡、骗领卡为多。

信用卡诈骗罪的主观方面表现为故意，并且具有非法占有他人财物的目的。信用卡诈骗罪的客观方面表现为使用伪造的信用卡，或者使用以虚假的身份证明骗领的信用卡，使用作废的信用卡，冒用他人的信用卡，或者恶意透支，进行信用卡诈骗活动。盗划卡符合冒用的行为特征。恶意透支是合法持卡人出于直接故意，且具有非法占有目的，超过规定限额和规定期限透支的行为。一般情况下，执法者通过获得嫌疑人供述或采用特定的事实推定主观故意的方法来认定非法占有目的。

信用卡诈骗犯罪的链条以信用卡使用为中心，主要手段是伪卡、废卡使用和真卡恶意透支。恶意透支型以外的其他信用卡诈骗犯罪案件，侦查工作须以信用卡为线，从案到人，充分利用犯罪行为人制卡、用卡留下的各种犯罪信息，发现作案人，查找、收集犯罪证据。侦查途径重点把握以下方面：围绕涉案信用卡的使用进行调查布控；针对 ATM 机进行调查布控；根据作案手段确定侦查范围；围绕嫌疑人遗留信息开展侦查。

【关键术语】

信用卡诈骗罪；信用卡；银行卡；伪造信用卡；恶意透支

【推荐阅读与学习资源】

1. 张涛、闫强：《银行卡犯罪侦查实务》，北京，中国人民公安大学出版社，2008。

2. 李睿：《信用卡犯罪研究》，上海，上海社会科学院出版社，2009。

3. 刘宪权：《信用卡诈骗罪若干疑难问题研究》，载《政治与法律》2008（10）。

4. 张明楷：《诈骗罪与金融诈骗罪研究》，北京，清华大学出版社，2006。

5. 中国银联、各大银行的网站。

【案例分析】

2008年10月初，H市一家公司老总周××连续接到一个自称是姜×的广东人的来电，称其公司有一批海关罚没的进口车，价格便宜手续齐全，周××公司正缺一台车，便有意购买。随后几天姜×答复周××说有一台奔驰商务车，价35万元，周××表示要车到付款，姜×称只要公司派人到H市当面验资，证明周××具有购买能力后即可发车过来。10月25日，姜×派公司职员××到H市验资，李××称为便于公司转款，要求周××在当地工商银行开一个账户，建立一卡一折，存入35万元，并表示只要在信用卡账户中看到确实有35万元，就可以立即通知广东发货。

于是，周××从银行提了35万元现金，到工商银行开立了一卡一折的账户，并将款存入该账户。为了验证借记卡是否有效，周××在ATM机上取出100元，并修改了初始密码，办妥之后，周××在李××下榻的宾馆向李××出示了存折和信用卡。李××看了存折，记下了周××的账号和卡号，又请周××在宾馆附近的ATM机上验证了卡上的款项之后，称会与公司联系，尽快发车过来，货到付款。第二天，周××放心不下，又到ATM机上修改密码，却意外地发现账上的34万余元已被人以转账的方式支取，随即赶到经侦大队报案。[1]

问题：此案如何开展侦查？

① 参见袁小萍、赵芳：《经济犯罪案件侦查》，260～261页，北京，群众出版社，2009。

第10章

虚开专用发票犯罪案件侦查[①]

【学习目标】

通过本章的学习，理解虚开专用发票犯罪的概念、构成要件；掌握虚开专用发票犯罪的认定要点；了解虚开专用发票犯罪案件的特点和作案手段；掌握虚开专用发票犯罪案件的侦查取证要点。

导入案例

2012年“破案会战”期间，××县公安局经侦大队民警通过分析研判近年来各地破获的虚开增值税发票案件，发现由于成品油增值税专用发票，可以用来抵扣进项税金，较易进行违规操作，故而成品油发票成为犯罪分子眼中虚开虚抵的“香饽饽”。为了广辟案件线索，民警对县内几家大的成品油生产企业进行了有针对性的调查走访。6月24日，民警在走访一大型炼油化工企业时，发现有三辆“皖D”号牌的油罐车以吉林省一煤炭销售有限公司的名义购买成品油，职业的敏锐让民警感觉到这笔业务不符合常理，于是将该车跟车人员李×三控制。经过审问，李×三供认，他平时负责给加油站跟车拉油，照顾油罐车司机路上的食宿、车辆加油等事宜，加油站是由其福建老乡李×举、李×龙合伙开的，法人代表是李×举。按李×举的指示，李×三每次购完油后，让炼油企业的财务人员开具好增值税发票，由他人来领。一个利用成品油交易而进行虚开增值税发票的大案露出了冰山一角，警方立即着手立案侦查。[②]

问题：请拟订此案的侦查方案。

第一节　虚开专用发票犯罪案件概述

虚开增值税专用发票、用于骗取出口退税、抵扣税款发票犯罪案件在涉税犯罪案件中所占比重一直较大，大要案件屡有发生，犯罪手法亦随增值税征管手段的变化而不断演

① 为表述方便，本章“专用发票”，包括增值税专用发票、用于骗取出口退税、抵扣税款发票，虚开专用发票犯罪，是指虚开增值税专用发票、用于骗取出口退税、抵扣税款发票犯罪。

② 参见聂金刚：《虚开增值税发票非法获利百万》，载《齐鲁晚报》，2012-07-24。

进，无论认定还是侦查均涉及税收领域的专业问题。

一、虚开专用发票犯罪的概念

虚开专用发票犯罪，是指行为人违反国家税收征管制度，为他人虚开、为自己虚开、让他人为自己虚开、介绍他人虚开增值税专用发票和用于骗取出口退税、抵扣税款发票的行为。

《刑法》第二百零五条规定："虚开增值税专用发票或者虚开用于骗取出口退税、抵扣税款的其他发票的，处三年以下有期徒刑或者拘役，并处二万元以上二十万元以下罚金；虚开的税款数额较大或者有其他严重情节的，处三年以上十年以下有期徒刑，并处五万元以上五十万元以下罚金；虚开的税款数额巨大或者有其他特别严重情节的，处十年以上有期徒刑或者无期徒刑，并处五万元以上五十万元以下罚金或者没收财产。单位犯本条规定之罪的，对单位判处罚金，并对其直接负责的主管人员和其他直接责任人员，处三年以下有期徒刑或者拘役；虚开的税款数额较大或者有其他严重情节的，处三年以上十年以下有期徒刑；虚开的税款数额巨大或者有其他特别严重情节的，处十年以上有期徒刑或者无期徒刑。"

本罪侵犯的客体是税收征管秩序，具体而言是发票管理制度尤其是专用发票管理制度。本罪的客观方面表现为违反国家发票管理法规，虚开增值税专用发票和用于骗取出口退税、抵扣税款发票的行为。具体的虚开行为有四种：为他人虚开、为自己虚开、让他人为自己虚开、介绍他人虚开。本罪主体为一般主体，即单位和自然人。本罪的主观方面为直接故意。

二、虚开专用发票犯罪的认定

（一）虚开增值税专用发票罪的主观方面是否须具有偷逃、骗取税款的目的

多数情况下，虚开增值税专用发票犯罪是出于偷逃、骗取税款的目的。但也有行为人虚开增值税专用发票不是为偷逃、骗取税款，如某些企业为虚增营业额或者制造企业虚假繁荣，在没有货物交易及任何资金往来的情况下，相互等额对开或环开增值税专用发票，国家税款没有遭受损失，对此应该如何处理？

对此，多数学者认为，虚开增值税专用发票罪不是目的犯，即本罪主观方面无须具备偷逃、骗取税款目的。因为，《刑法》第二百零五条并未将行为人具有逃税目的作为虚开增值税专用发票罪构成的必要要件，只要行为人着手实施犯罪并达到法律要求的程度就是完成了犯罪行为。由此可见，本罪属于行为犯而不属于目的犯。但是就立法目的而言，本罪旨在惩治那些为自己或为他人偷逃、骗取税款虚开增值税专用发票的行为。对于确有证据证实行为人主观上不具有偷骗税款目的，客观上也不会造成国家税款流失的虚开专用发票行为，不应以虚开增值税专用发票罪论处。

对于实践中下列几种虚开行为，一般不宜认定为虚开增值税专用发票犯罪，如果构成诸如"提供虚假财会报告罪"等其他犯罪的，应以其他犯罪定罪处罚：

（1）为虚增营业额、扩大销售收入或者制造虚假繁荣，相互对开或环开增值税专用发票的行为；

（2）在货物销售过程中，一般纳税人为夸大销售业绩，虚增货物的销售环节，虚开进

项增值税专用发票和销项增值税专用发票，但依法缴纳增值税并未造成国家税款损失的行为；

（3）为夸大企业经济实力，通过虚开进项增值税专用发票虚增企业的固定资产、但并未利用增值税专用发票抵扣税款，国家税款亦未受到损失的行为。[①]

案例(10－1)

2005 年 12 月至 2007 年 1 月，杭州××服饰有限公司及章××（该公司经理）委托个体加工户魏××（另案处理）承担加工服装绣花业务。在结算加工费过程中，章××为了本公司能够抵扣进项税款，在其公司与杭州××化纤纺织有限公司没有真实货物交易的情况下，仍接受魏××从杭州××化纤纺织有限公司虚开的服装面料销售增值税专用发票 4 份，价税合计 116 518.20 元，税额 16 930.00 元，并将上述虚开的增值税专用发票入账申报抵扣进项税金，造成国家税款被骗 16 930.00 元。案发后，杭州××服饰有限公司已补缴被骗税款，并接受了税务机关的处罚。[②]

评析：本案中章××明知魏××提供的增值税专用发票为虚开，仍然接受并抵扣税款，是一种恶意接受虚开的增值税专用发票的行为。对此，《关于〈国家税务总局关于纳税人取得虚开的增值税专用发票处理问题的通知〉的补充通知》（国税发［2000］182 号）有明确规定：有下列情形之一的，无论购货方（受票方）与销售方是否进行了实际的交易，增值税专用发票所注明的数量、金额与实际交易是否相符，购货方向税务机关申请抵扣进项税款或者出口退税的，对其均应按偷税或者骗取出口退税处理。（1）购货方取得的增值税专用发票所注明的销货方名称、印章与其进行实际交易的销货方不符的，即 134 号文件第 2 条规定的“购货方从销售方取得第三方开具的专用发票”的情况。（2）购货方取得的增值税专用发票为销售方所在的省（自治区、直辖市和计划单列市）以外的地区的，即 134 号文件第 2 条规定的“从销货地以外的地区取得专用发票”的情况。在 2000 年 11 月 16 日发布的《国家税务总局关于纳税人善意取得虚开的增值税专用发票处理问题的通知》（国税发［2000］187 号）规定，购货方和销售方存在真实的交易，销售方使用的是其所在省（自治区、直辖市和计划单列市）的专用发票，专用发票注明的销售方名称、印章、货物数量、金额及税额等全部内容与实际相符，且没有证据表明购货方知道销售方提供的专用发票是以非法手段获得的，对购货方不以偷税或者骗取出口退税论处。但应按有关规定不予抵扣进项税款或者不予出口退税；购货方已经抵扣的进项税款或者取得的出口退税，应依法追缴。根据上述规定，税务机关对章××接受虚开的增值税专用发票并抵扣的行为认定为偷税，并做出行政处罚。

章××行为是否构成犯罪，并不完全取决于税务机关对于章××行为性质的认定。首先，章××的行为不构成逃税罪。章××并没有逃税的故意，虽然其使用虚开的增值税专用发票抵扣税款，但抵扣税款的数额并未超出其应抵扣数额。如果其使用由税务机关依法

① 参见茅仲华、叶巍：《全国部分法院“经济犯罪案件审判工作座谈会”综述》，载《经济犯罪审判指导》，2004 年第 4 辑。对此曾有不同意见，如公安部经侦局《关于江苏丹阳格力电器有限公司虚开增值税专用发票案件定性问题的答复》（公经［2003］982 号）指出，企业间相互虚开增值税专用发票是否造成国家税款损失并不影响案件的定性。

② 参见李坤：《被动接受虚开增值税专用发票的收票方是否构成犯罪》，载《中国检察官》，2012（6）。

代开的增值税专用发票，而不是使用虚开的增值税专用发票，则其抵扣行为完全合法。其次，章××的行为不构成虚开增值税专用发票罪。章××的行为虽然构成恶意接受虚开的增值税专用发票罪，但对此类行为应区别对待。只有主动让他人为自己虚开的增值税专用发票的，才构成虚开增值税专用发票罪，而对于被动接受虚开的增值税专用发票的行为，行为人主观上为间接故意，不属于让他人为自己虚开，不构成虚开增值税专用发票罪。综上，章××不构成犯罪。

（二）虚开增值税专用发票罪的犯罪数额认定

虚开增值税专用发票罪中，虚开税款数额、骗取国家税款数额和给国家利益造成的损失数额是衡量犯罪情节轻重的重要方面。虚开税款数额是指增值税专用发票票面上所载明的增值税税款数额，可以根据票面直接认定。骗取国家税款数额是指受票单位或者个人将虚开的增值税专用发票用于抵扣税款的数额或者骗取出口退税的数额。给国家利益造成的损失数额，根据1996年10月最高人民法院《关于适用〈全国人民代表大会常务委员会关于惩治虚开、伪造和非法出售增值税专用发票犯罪的决定〉若干问题的解释》的规定，是指在侦查终结前仍无法追回的已被抵扣或者骗取出口退税的数额。对此，有学者提出了不同意见，认为作为量刑数额的损失数额，其时间的划定应当不同于定罪数额。后者一般可以案发时、立案时、或者侦查终结时为准；但前者计算的截止时间还可以延伸到法院判决时，即骗取国家税款并且在法院判决之前仍无法追回的，应认定为给国家利益造成损失，法院判决之前追回的被骗税款，应当从损失数额中扣除。一审判决以后，二审或复核生效裁判作出之前追回的被骗税款，也应从一审认定的损失数额中扣除，并以扣除后的损失数额作为最终量刑的依据。①

（1）虚开销项增值税专用发票以后，又让他人为自己虚开进项增值税专用发票的案件，如何计算虚开税款数额、骗取税款数额和损失数额？有的行为人为掩盖自己虚开销项增值税专用发票的行为，让他人为自己虚开进项增值税专用发票，以“抵扣”因虚开销项增值税专用发票而产生的“进项税款”。在这种情况下，由于行为人并未实际发生销售货物行为，因而不应承担纳税义务，其虚开进项增值税专用发票的行为并不会导致国家税款的损失，受票单位用这些虚开的增值税专用发票去抵扣和骗取税款，才会导致国家利益的损失。因此，犯罪数额只计算销项方面或者受票方的即可。

通常情况下，行为人虚开的销项税额要大于进项税额，但也有少数行为人让他人为自己虚开的进项税额大于销项税额。在这种情况下，其让他人为自己虚开的行为（取得进项税额）和为他人虚开（得出销项税额）同属虚开行为，因而其虚开税款数额应以其中较大的进项数额为准。骗取税款数额和给国家利益造成损失数额只应计算销项被受票单位抵扣的税款数额和无法追回的税款数额。

上述计算方法仅适用于行为人无正常经营行为的情况。如果行为人有正常经营行为，让他人为自己虚开进项增值税专用发票，一方面掩盖为他人虚开销项增值税专用发票的行为，另一方面非法抵扣自己正常的销项税款，从而偷逃税款，则应把两部分合并计算，其虚开税款数额为虚开的销项税额加上进项税额中用于抵扣应税经营活动的税额部分；其骗

① 参见茅仲华、叶巍：《全国部分法院“经济犯罪案件审判工作座谈会”综述》，载《经济犯罪审判指导》，2004（4）。

取国家税款数额为正常经营活动中不应抵扣的税款再加上他人接受虚开抵扣的税额；其中无法追回的税款作为给国家利益造成的损失数额。

（2）在虚开增值税专用发票过程中向国家缴纳的税款是否应从给国家利益所造成的损失中扣除？在有些虚开增值税专用发票案件中，行为人在骗领增值税专用发票过程中，按照当地税务机关的要求，按所领取票面额的一定比例预缴部分增值税，并且当地税务机关已将增值税上缴国库。尽管其缴纳税款的行为是一种犯罪手段，但是该部分税款的确交给了国家，从公平的角度考虑，该部分税款应从给国家利益造成的损失中扣除。

（三）如实代开增值税专用发票行为的如何定性

实践中，有的行为人在经营活动中未能按规定取得增值税专用发票，为抵扣购进货物而发生的进项税款，而让销货方以外的人为自己代开增值税专用发票。有人认为，如实代开的增值税专用发票的内容是真实的，其所适用的税率是商品交易额的17%，开票人必须向税务机关缴纳票面上填开的税额。因此，客观上也不会造成国家税款的流失。虽然这种行为具有违法性，但不具备《刑法》上的危害性，所以，不必由《刑法》调整。[①] 其实，增值税的纳税环节较多，构成了一根完整的链条，单就某一环节来简单认定是否造成国家税款损失，则是不全面、不客观的。实践中如实代开仍然可能造成税款流失。[②] 1996年最高人民法院《关于适用〈全国人民代表大会常务委员会关于惩治虚开、伪造和非法出售增值税专用发票犯罪的决定〉的若干问题的解释》第一条规定，具有下列行为之一的，属于虚开增值税专用发票：（1）没有货物购销或者没有提供或接受应税劳务而为他人、为自己、让他人为自己、介绍他人开具增值税专用发票；（2）有货物购销或者提供或接受了应税劳务，但为他人、为自己、让他人为自己、介绍他人开具数量或者金额不实的增值税专用发票；（3）进行了实际经营活动，但让他人为自己代开增值税专用发票。根据上述规定，进行了实际经营活动，让他人为自己代开增值税专用发票的行为（即有货代开）构成虚开增值税专用发票罪。

为他人代开增值税专用发票，是否构成虚开增值税专用发票罪？1996年最高人民法院《关于对为他人代开增值税专用发票的行为如何定性问题的答复》规定，根据《全国人民代表大会常务委员会关于惩治虚开、伪造和非法出售增值税专用发票犯罪的决定》（以下简称《决定》）第一条的规定，“虚开增值税专用发票”包括自己未进行实际经营活动但为他人经营活动代开增值税专用发票的行为。对为他人代开增值税专用发票的行为构成犯罪的，应当依照《决定》第一条的规定依法追究刑事责任。据此，为他人代开增值税专用

---

① 参见高传举：《为他人如实代开增值税专用发票行为之定性》，载于《人民检察》2002（9）。

② 假设A先从D处买货，不含税的货价为100元；A再卖给B，不含税货款为200元，税率是17%。如果B只给A 200元，A无需让C给B开专用发票。如果A让C代开并由C报税的税款为34元，A至少要给C 34元税款。这有两种情况：一是A向D买货时只交了100元，没有税款部分，D一定隐瞒该项收入不报税，税款在A的上一环节D处流失，而这种流失的获利方恰恰是A，A少缴的17元正是税款。二是A交给D 117元，交了17元的税款，D是否依法报税与A已经无关。A让C代开交给C至少34元。本来，A实际只需负担17元增值税即可（销项34－进项17），但这种情况下A实际却交了51元（进项17＋销项34）。A吃亏太大。如果只是因为A不是一般纳税人没有增值税专用发票，A完全可以找其主管税务机关代开，而不用多缴34元（51－17）。如果是因煤炭、医药等行业发票A没有，请有经营权的C代开，付出一定代价是可能的，但这个代价太大了。一般讲，绝大多数会在前一环节等（如只给D 100元）做文章。即使A宁愿吃亏交了51元的税，其让C代开后，因没有对应的销项发票，A无法在账上作销售处理，无法报税，流转税虽然在C环节缴纳，但A环节的所得税、城建税等未缴。

发票，仍构成虚开增值税专用发票罪。

(四) 出口退税、抵扣税款的其他发票的范围

根据《刑法》第二百零五条的规定，除增值税专用发票外，虚开可以用于骗取出口退税、抵扣税款的其他发票也构成犯罪。何为"出口退税、抵扣税款的其他发票"？2005年12月29日第十届全国人大常委会第十九次会议通过了《关于〈中华人民共和国刑法〉有关出口退税、抵扣税款的其他发票规定的解释》，规定：《刑法》规定的"出口退税、抵扣税款的其他发票"，是指除增值税专用发票以外的，具有出口退税、抵扣税款功能的收付款凭证或者完税凭证。据此，现行的抵扣税款的其他发票包括一般纳税人因支付货物运输费用、收购农副产品和进口货物缴纳进口环节增值税所取得或开具的凭证，具体包括以下几种：运输发票、海关代征增值税专用缴款书、农产品收购凭证，俗称"三小票"。[①]

(五) 虚开货物运输发票的行为如何定性

由于货物运输发票具有双重功能，既可以作为抵扣税款发票用于直接抵扣进项税款，也可以作为普通发票，用于将票面载明的支出项目列入成本，冲减营业额。相应地，虚开货物运输发票的行为，既可能构成虚开用于抵扣税款发票罪，也可能构成逃税罪。究竟如何定性，可分别从开票方和受票方两个方面考虑。一是对提供发票方，应以其行为方式来定性。若由行为人完整填写发票内容后提供给受票方，并按照票面金额收取一定比例"开票费"、"好处费"，不论受票方将其提供的发票用于抵扣税款还是列入成本，其行为符合虚开的构成要件，应认定为虚开用于抵扣税款发票犯罪；若行为人仅以固定价格出售此类发票，按照份数收取价款，则其行为符合非法出售用于抵扣税款发票犯罪或出售非法制造的抵扣税款发票犯罪的构成要件，应认定为非法出售用于抵扣税款发票犯罪或出售非法制造的抵扣税款发票犯罪。二是对接受发票方，应以其使用发票所产生的功能来认定。若接受发票方直接将发票用于抵扣税款，实现了发票的抵扣功能，则符合虚开用于抵扣税款发票罪的构成要件，应认定为虚开用于抵扣税款发票罪；若仅将货运发票用于冲减营业额，当做普通发票使用的，则符合逃税罪的构成要件，应认定为逃税罪。[②]

(六) 税务机关工作人员以"高开低征"方法为他人代开增值税专用发票如何定性

个别地方税务机关工作人员为了吸引税源，将不具备条件的小规模纳税人虚报为一般纳税人，或利用为小规模纳税人代管监开增值税专用发票的便利，或以不具备一般纳税人资格的虚假企业的名义，不管是否有货物交易和应税劳务的发生，"高开低征"、"开大征小"（即开出价款和税额高的增值税专用发票，但实际只征收远低于票面税额的少量税款），为本辖区内小规模纳税人代开增值税专用发票，同时也为一般纳税人无货虚开增值税专用发票。上述行为同时触犯税务机关工作人员徇私舞弊不征、少征税款罪和虚开增值税专用发票罪两个罪名，构成两罪想象竞合，后者的处罚重于前者，故应以虚开增值税专用发票罪定罪处罚。2003年最高人民检察院研究室《关于税务机关工作人员通过企业以"高开低征"的方法代开增值税专用发票的行为如何适用法律问题的答复》指出，税务机

---

① 2009年之前，废旧物资发票也可作为进项税额抵扣凭证，故有"四小票"的提法；2009年起，国家税务总局取消了生产企业增值税一般纳税人凭废旧物资发票抵扣增值税进项税额的规定，废旧物资发票不再作为增值税抵扣凭证，此后称"三小票"为宜。

② 参见牛克乾：《虚开专用发票犯罪的法律适用》，载《人民司法》，2006（7）。

关及其工作人员将不具备条件的小规模纳税人虚报为一般纳税人，并让其采用“高开低征”的方法的行为，属于虚开增值税专用发票。对于造成国家税款损失，构成犯罪的，应当依照刑法第二百零五条的规定追究刑事责任。

三、虚开专用发票犯罪案件的立案追诉标准

根据《立案追诉标准（二）》第六十一条的规定，虚开增值税专用发票或者虚开用于骗取出口退税、抵扣税款的其他发票，虚开的税款数额在1万元以上或者致使国家税款被骗数额在五千元以上的，应予立案追诉。

四、虚开专用发票犯罪案件的作案手段

自1994年税制改革后，增值税专用发票及其他可抵扣税款的发票就成为犯罪分子谋取暴利的重要侵害对象，尤其是虚开增值税专用发票犯罪一直居高不下。随着公安和税务机关打击力度的不断加大，虚开发票犯罪日趋隐蔽，在“金税工程”二期运行后，该类犯罪呈现出新的动向。

（一）采用造假手段，取得领购发票资格

根据《税法》的有关规定，只有增值税一般纳税人才能领购和使用增值税专用发票，只有废旧物资收购企业、运输企业才能领购和使用货物运输发票、废旧物资收购发票。为了取得领购发票资格，进而骗购防伪税控开票子系统专用设备和电脑版增值税专用发票或其他发票，犯罪分子往往利用假身份证或骗取他人身份证，委托中介公司或招聘的会计代为在同一地点或多个地点重复注册多家小型商贸公司。为了降低“犯罪成本”，他们往往采用在各种“私营经济城”、“开发区”注册成立“空壳”公司。这类公司的注册资金一般在100万元以下，公司注册后很短时间内就将注册资金抽逃，最短的注册资金只在企业账面上存在一天。为了掩人耳目，逃避打击，此类公司常租借宾馆，商务楼作为办公场所，而且注册地点与实际经营地址往往不一致，使用手机、传真机、网络等单线对外联络，使用“特快专递”运送虚开的发票。此类企业经营期往往较短，多数不超过半年，在税务机关没来得及对其采取措施之前就携票走逃。还有的犯罪分子采用“打一枪换一个地方”的方式，频繁变换虚开作案地点；选择城乡结合部居住，且经常变换租住地址，并使用假身份证和假名，也不办暂住证；利用手机短信、电话传真等方式散布虚开、倒卖假发票等违法信息，招揽“生意”。

近年来出现的“买壳”虚开发票犯罪尤为值得关注。所谓“买壳”虚开，是指一些不法分子通过低价购买经营不善的老企业的手段获取增值税一般纳税人资格，然后大肆虚开增值税专用发票。针对新办商贸企业在发票管理中存在的突出问题，国家税务总局于2004年发出国税发明电〔2004〕37号和国税发明电〔2004〕62号文件，对新办商贸企业一般纳税人认定、征管工作作出了具体部署，将新办商贸企业认定为一般纳税人设定的门槛提高，并且对企业在辅导期内的监管也比较严密。一般情况下，新办的商贸企业不容易出现虚开增值税专用发票的问题。而对于老企业领购增值税专用发票的数量没有限制，一般是按需供应，而且还有相当数量的老企业使用的是大额版的增值税专用发票，这样一来，老企业的增值税一般纳税人资格就成了犯罪分子的觊觎对象。同时，由于现行政策对企业变更法定代表人没有限制性规定，这也给不法分子通过变更法定代表人身份，套取一般纳税

人资格留下了可乘之机。

虚开发票犯罪另一个值得关注的演变趋势是由贸易型企业向生产型企业转移。前些年虚开犯罪泛滥的行业多为贸易型企业，随着税务机关监管力度增强和金税工程的影响，虚开发票犯罪开始转到生产型企业。一方面生产型企业的进项可以通过其他可抵扣发票折抵，另一方面生产型企业可以通过设置两套账、销售货物现金结算不入账、伪造入库单、资金体外循环等手法进行虚开，使虚开犯罪与真实业务混杂结合，从企业的账簿、会计资料和纳税申报资料上很难发现、查证。

（二）制造经营假象，逃避税务稽查

为了逃避税务机关稽查，不法分子千方百计制造存在经营行为，开票行为貌似合法的假象。其造假手段主要表现为以下几方面：一是注册为生产型企业后，添置旧设备做样子、撑门面，制造生产假象；二是真假发票相伴、以真掩假，在申报纳税过程中人为地调节应纳税金，采取低税负正常申报纳税，避免零申报、负申报，每月都缴一点税；三是以货款回收安全、快捷为借口，以现金结算，而不通过银行转账，以逃避税务机关对企业资金流向的监控；四是伪造会计凭证，在没有货物购销的情况下，通过伪造原料、产品入库单、出库单和资金收据、私刻、伪造银行印章和票据、付款凭证及账务处理资料，形成“票、货、款”一致的假象；五是制造资金往来假象，受票单位通过银行将货款汇入出票单位，出票单位在开票后即从本单位开户银行以收购原料为名提取现金，在扣除开票手续费后将金额返还购票人，以资金“空转”来逃避税务机关检查，如废旧物资回收企业与加工企业勾结对外虚开增值税专用发票，则可能按下列流程实施资金空转：加工企业向受票企业虚开增值税专用发票，受票企业直接或间接将资金打入加工企业账户，加工企业以支付货款的名义转给对应回收企业，回收企业以收购废品的名义提取现金后，将资金以各种方式返还给受票企业；六是制造虚假进项，使用“三小票”，尤其是使用假海关完税凭证进行进项税额抵扣，形成低税负或零、负申报。

（三）针对征管措施，利用真票虚开

受“金税工程”制约，虚开手工版增值税专用发票犯罪已基本绝迹。但电脑版真票又成为新的犯罪目标，犯罪分子千方百计获取电脑版真票并围绕电脑版真票实施犯罪。具体有以下几种情况：一是注册“开票公司”专门从事虚开发票犯罪。不法分子大多利用招聘的代账会计和办税人员负责购票、作账、报税，在首次骗得专用发票后，在1至2个月内借口销售红火要求调增专用发票用量，以满足虚开牟利的需要。通常作案时间较短，一般在税务机关发觉之前就携票走逃。二是从事正当经营活动的企业偶尔虚开增值税专用发票。这类企业在销售货物的过程中，购货方既有需开具专用发票的增值税一般纳税人，也有小规模纳税人和直接消费者，而后者一般不需要（或不索取）专用发票，这样就出现了无须开具发票的销售业务。在利益的驱使下，一些企业就将该部分销售业务的发票开给第三方，受票方取得专用发票后就可以多抵扣进项税额，偷逃国家税收。而开票方既可以拉拢客户，又可以按虚开金额收取一定比例的手续费。由于虚开发票部分的销售额是实际发生的（只是受票方与实际购货方面不符），所以虚开行为对企业总销售额和应纳税额并无影响，不会出现账面上的漏洞，通过常规税务检查难以发现。三是利用金税工程防伪税控开票子系统存在的漏洞虚开专用发票。有的犯罪分子通过防伪税控开票子系统开出真专用发票后，再克隆一份号码相同的假专用发票，将真票抵扣联交受票抵税，用克隆票去税务机关缴销，然后通过防伪税控开票子系统开一份负数专用发票冲回销售收入与应交税金。还有的犯罪分子采用涂改、套改和克隆的方法变造、伪造增值税专用发票。[①] 所谓涂改法，即用清洗剂将增值税专用发票上的原货物名称涂掉，再打印上其他货物名称的方法进行变造。所谓套改法，即专用发票的密码区以外其他区域用白纸覆盖，用税控机将增值税专用发票的密码区套打出来，再将事先在 word 中编辑好的受票单位虚假信息（货物名称、纳税人中文名称）打印在发票的相应区域内。所谓克隆法，是将真发票的密码区信息用平面设计软件原样输入电脑，调整好位置后打在购买的假发票上，之后再用 word 文档打印票面其他信息。而对于上述虚开发票行为，“金税工程”现阶段尚难以识别。[②] 四是利用失控发票进行虚开。所谓失控发票指防伪税控企业丢失被盗金税卡中未开具的发票以及被列为非正常户的防伪税控企业未向税务机关申报或未按规定缴纳税款的发票。一般情况下，税务机关通过计算机稽核系统发现问题发票，要比抵扣发票认证的时间迟十多天，不法分子往往会利用这个时间差来推销失控发票并逃避查处。

（四）转移犯罪目标，大肆虚开“三小票”

目前，我国所有征收机关已实现统一使用防伪税控认证系统，只有经过认证的增值税发票才能用来抵扣税款，犯罪分子再用假发票或者大头小尾发票骗抵税款就很难蒙混过关。根据现行税制，除增值税专用发票外，增值税还有其他一些抵扣凭证，即俗称的“三小票”。由于这些抵扣凭证还没有完全纳入“金税工程”，没有实现防伪和稽核比对，因此给犯罪分子留下了可乘之机。尤其值得注意的是，近几年来犯罪分子利用税务和海关部门信息系统间未建立连接，税务机关获取海关信息比较滞后的漏洞，制作仿真度很高的虚假海关完税凭证骗抵进项税款。

五、虚开专用发票犯罪案件的特点

（一）犯罪的分布具有明显的行业性和地域性

某些行业的部分企业（如加油站、燃油公司）作为销售方，开票量较大。而部分实际购货方不需要发票入账，犯罪嫌疑人利用这一特点，将这部分发票开给需要进项发票抵扣税款的企业。这种虚开现象在某些行业内部已经成为“公开的秘密”，几乎每家企业均有虚开业务，从而呈现出较强的行业性特点。特别是在油田、煤矿集中的地区，虚开专用发票问题更为突出，开票和受票呈现“供需两旺”的局面，而一些地方政府部门为了维持经济的表面繁荣，甚至对此持纵容态度，使得虚开专用发票犯罪在某些地方持续高发，表现出一定的地域性特点。

（二）犯罪手段随着发票监管方式的改变而不断演变

近 20 年来，虚开专用发票犯罪手段始终围绕专用发票管理方式的转变而不断变化，每当专用发票的管理政策作出调整，虚开犯罪手法便发生相应的演变。总体来看，虚开专用发票犯罪手法的演变大致有三个阶段。第一阶段是“金税工程”推广实施前（2000 年

---

① 伪造、变造增值税专用发票后又虚开的行为，分别触犯了伪造增值税专用发票罪和虚开增值税专用发票罪，是《刑法》上的牵连犯，应从一重罪论处，即应按虚开增值税专用发票罪论处。

② 防伪税控系统只能对增值税专用发票上的数字信息进行加密和认证，而无法处理文字信息。

以前）。这一时期的增值税专用发票为手写版，犯罪分子主要采用“大头小尾”的方法实施虚开。即将复写发票分联分别填写，在存根联、记账联上数额填小数额，在发票联、抵扣联上填大数额或如实填写，两者相差悬殊，以达到少计销项税额的目的。第二阶段是金税工程推广初期（2000 年～2003 年）。电脑版专用发票和手写版专用发票均有使用，一些犯罪分子抓住最后的机会大肆虚开手写版增值税专用发票，使得此类案件一度呈上升势头。有的犯罪分子使用伪造的身份证件，虚假注册公司，雇佣、指使他人到税务部门骗购增值税专用发票，然后开具阴阳发票，在发票存根联上胡编乱造地填写相关内容，或者销毁存根联，逃避税务机关核查。在此期间，伪造、非法出售、非法购买伪造的增值税专用发票的案件也屡屡发生。个别税务机关及其工作人员利用职务之便为犯罪分子虚开增值税专用发票大开方便之门。第三阶段是“金税二期工程”全面推广期（2003 年至今）。尽管虚开增值税专用发票犯罪总体上呈下降趋势，但是虚开大案仍然时有发生，虚开海关代征进口增值税专用缴款书、货物运输发票、农产品销售发票等“三小票”案件尤为突出，犯罪方式多样，手段隐蔽。

（三）犯罪分子结伙作案，多个企业形成虚开链条

当前，虚开发票犯罪日趋有组织化，并呈现区域性、网络化的特点。犯罪分子往往以地缘或血缘关系为纽带纠合在一起，共同实施虚开发票犯罪，同时不断细化内部分工，制作、贩卖、出售、使用等各环节环环紧扣，犯罪过程实行单线联系。他们非常熟悉作案地的经济环境，了解税收政策和税务机关内部管理制度。为了逃避打击，犯罪分子往往同时控制几个企业，互相开票。有的犯罪分子在甲地成立收购原料的商贸企业（开票公司），同时在乙地成立生产企业，甲地商贸企业专门为乙地的生产企业提供用于抵扣进项税额的增值税专用发票，而其乙地企业则借此“洗票”，再对外虚开。另外，不同地区的犯罪分子还相互虚开发票，形成遍及多个地区的复杂虚开链条。

第二节　虚开专用发票犯罪案件的侦查方法

一、从反常现象入手，发现虚开发票犯罪

从已经侦破的案件来看，当前不法分子骗购、虚开发票通常出现以下反常：

（一）购票反常

一旦被认定为增值税一般纳税人后，发票用量突然增加，且增幅较大；购票量和用票量大于同类企业，且不是按月购票，而是每个月内频繁购票。

（二）发票使用反常

其营业初期的“销售额”明显高于申报时预计的销售额，以此大量骗购大面额的发票后，便在购票的第二或第三个月里，集中、大量开票；从公司开具的发票来看，品名繁杂，经营范围较广，进项发票的品名与销项发票的品名却无法对应；发票全部被开往外省市，销售对象没有本省、本市的。

（三）发票作废反常

不仅已经开具的专用发票作废量大，而且从填开的内容上看，常常作废无理由或作废

理由不充分。

（四）经营反常

这类企业常常无仓储，无货物，甚至连经营的“门面”都没有，其银行账户没有或很少有资金往来；货物的发出地与销售方的注册地不一致，付款方向也不一致；公司经营的货物并非本地区优势产业，且都销往外省市；进货中舍近求远、弃好求次，而有些企业根本无需进口原材料，却偏偏有海关完税凭证入账并向税务部门申报抵扣；企业注册法定代表人为本地人，但实际经营人员为浙江、广东、福建等虚开增值税专用发票案件高发地区人员。

（五）税负反常

这类企业实际税收负担率明显偏低。对于涉嫌“买壳”虚开发票的企业而言，其反常则表现为，企业在法定代表人变更后的销售收入快速飙升，随即申请发票增量。

二、对涉嫌虚开企业进行外围调查

犯罪分子一般反侦查能力比较强，一有风吹草动，立即毁证并逃匿。因此，发现线索后，未掌握确凿证据前，不宜正面接触嫌疑人。应从涉案公司的工商、税务以及银行等资料入手，摸清犯罪分子的基本情况。目前，虚开发票案件中作案人用于虚开的发票多为真票，而要取得真票，大多要先成立公司，办理工商及税务登记，这必然会在该公司的工商注册资料、税务资料（包括税务登记、一般纳税人申请认定、领购发票等资料）、银行开户资料中留下蛛丝马迹，从而可以寻找到犯罪分子的有关情况。如通过上述资料查明公司法定代表人、财务人员后，即可着手对其展开调查；对于其登记的公司经营地点，可上门接触值班人员和物业管理人员，并安排力量进行外线监控。

三、围绕“票”、“货”、“款”，查证购销关系的真实性

查明涉嫌开票方与受票方之间是否存在真实的购销关系，是认定虚开犯罪事实是否存在的关键。这方面的调查可以请税务机关协助进行。

（一）看发票与企业基本情况是否相符

结合所掌握的企业基本情况，审查其开出的发票，看开票单位的经营范围、经营内容、生产能力等是否与专用发票所显示的业务相符，如果是超出企业经营范围、经营规模、业务能力的大买卖，则可初步认定存在虚开发票行为。

（二）看发票是否与有关购销记录相符

掌握企业虚开的线索后，可通过调取、检查有关计税凭证，如购买原材料的记录：进项专用发票、材料入库单或验收单、付款凭证、材料运费发票等；产品出厂的登记：如成品出库单、提货单、托运单、运费发票、成品库产品发出明细账及销货合同等原始凭证，注意发现与进项发票和销项发票不符的情况，从而初步证实虚开行为。

（三）看发票是否与资金流向相符

核查银行账户的存款和付款情况，注意发现是否存在与其发票记录的购销货物不符的情况。除核查企业的经营账户外，还应注意核查有关主要涉案人员（厂长、出纳、会计、

主要业务人员等）的个人账户。

（四）审查中间人账户资金流向

虚开发票案通常都有中间人为开票方和受票方牵线搭桥，受票方支付给开票方用于制造支付货款假象的“空转”资金也往往经由中间人账户流回受票方。因此，中间人掌握整个虚开的流程，从中间人可得知发票的流向、物流和资金流的情况。在虚开案的侦查中，抓捕中间人至关重要。抓获中间人后，应立即调出其个人账户的信息，如果资金最终经由中间人账户流回受票企业，说明是无货虚开，如果流向实际的原料供应方，说明是货票不一致。

（五）询问知情人

询问的对象包括法定代表人、经营负责人（厂长）、部门主管、技术人员、仓库保管人、业务员、会计、出纳人员等知情人。通过询问，查明参与虚开发票的人，实施犯罪的时间地点、手段方法、虚开金额，有何物证、书证等，为揭露虚开行为收集证据。

案例(10－2)

2010 年 9 月 26 日上午，浠水县国税局稽查局接到国家税务总局转来的江苏常州国税局协查函，要求核查 A 棉花有限公司于 2008 年 12 月 25 日和 2009 年元月 9 日向常州德光公司开具的 27 份增值税专用发票的真实性。经过浠水县国税局领导进一步讨论研究，决定由浠水县公安局经侦大队和国税局稽查局联合立案侦办。

专案组人员到 A 棉花有限公司财务室进行检查，从商品销售收入账上看到，该公司于 2008 年 12 月 25 日和 2009 年元月 25 日两次向常州××公司开票 27 份，共计收入 2 720 970元，提取销项税额 313 031 元。账务处理没有错，但两个公司相距 1 000 公里，现金提货 272 万元，不符合常理，必须深入检查。

专案组决定转换检查思路，从货、款两方面进行核实。该笔业务具体经办人员是该公司二级单位牛岗棉花收购站，办案人员连夜驱车 20 多公里来到收购站实地检查，发现没有建立库存商品账、产品销售账。办案人员另辟蹊径，从用电情况考证该站是否能生产对方购买棉花的吨数。经查验，该站年生产加工棉花耗电 4.21 万度，按每吨耗电 90 度计算，一年可生产加工 500 吨棉花，能够满足对方需要棉花的数量。但是，销售的货物是否发到常州，还需进一步核实。检查组人员决定直接找收购站负责人杨×。杨×称具体情况是：该笔业务为黄冈市黄梅县赵爱华电话介绍的，由江苏人刘×和李×两人开车来浠水收购棉花，并与 A 棉花有限公司签订产品购销合同，按每吨 10 500 元售价卖给刘×等人 2 720 970元的棉花，分 6 次发出，由刘×亲自提货，并以现金支付棉花款。

在调查中发现该站只有简易的购进、发货日记账以及现金收支日记账。从收购簿中看出：2008 年 11 月 8 日至 2009 年元月 9 日，共收购 43 万元棉花款，而销售业务一笔未发生。至此，检查人员可以下结论，该站无销售行为，27 份专用发票无疑是虚开。为进一步证实虚开犯罪事实，办案人员又调查了现金收款情况。办案人员询问杨×：“你们从常州拿到钱用在哪里?”“钱用于棉花收购和支付职工工资，每天多余的钱存在牛岗信用社。”“职工工资一年有多少?”“不足 20 万。”“你每天都是现金收购吗? 有没有打欠条收购棉花?”“没有！欠条收购，农民不会卖的。”专案人员将牛岗站检查情况又一次进行分析：如果该站收到 272 万元，在短短半个月支付收购款 43 万元，支付工资 20 万元，假如一年都是这笔货物交付，其余210万元应该全部存入牛岗信用社。这可不是一笔小数目！下一步到牛岗信用社检查其基本账户储蓄账户就行了。经查，多年来该账户余额一直为1元，没有发生一笔增减业务，在该信用社也没有其他储蓄账户。事实证明该站没有发货，也没有收取现金。在事实面前，杨×承认了自己先后两次向德光公司虚开了27份专用发票，金额272万元，得到好处费8万多元的违法事实。[①]

评析：虚开增值税专用发票即意味着购销关系的虚假，侦查工作就是要揭示购销关系的虚假性。尽管作案人可能采取各种方式掩盖虚开犯罪事实，“票、款、货”之间存在的矛盾是不可能完全被彻底消除的。本案中，办案人员围绕着“票、款、货”开展了深入调查，发现了矛盾点，揭露了虚开真相：一是用电量与棉花销量之间可能存在的矛盾（未证实）；二是购进、发货日记账以及现金收支日记账与发票之间存在的矛盾（账面未发生销售）；三是销售收入与银行存款之间存在的矛盾（未取得销售收入）。

四、开展协查，全面获取虚开发票犯罪证据

当前虚开发票案件中，犯罪分子往往采取购销“两头在外”的办法（从外地取得虚开进项发票，其虚开的销项发票也提供给外地企业）逃避打击。一起案件常涉及多个地区，甚至全国各地。对于涉嫌虚开企业取得的虚开发票及其虚开给其他企业发票，应及时提请涉案地公安机关和税务机关协助调查取证，这是办理虚开增值税专用发票案件的重要环节，在一定程度上决定着案件侦查工作的成败。主办地公安机关应主动采取措施，推进协作工作。

（一）在协查函中提出明确的取证要求

主办地公安机关在发给涉案地的协查函中，应提出详尽、具体的取证规格，包括要求代为收集的书证、物证的名称、要求代为询问的证人、询问的内容、案卷装订的方式等。如有必要，应附上协查材料样本。协查函应尽可能提早发出，以便协办地公安机关有充裕时间开展工作，在规定的时限内完成协查。

（二）可指派专人督导协查

为了保证协查工作按时保质完成，主办地公安机关有必要指派专人督导协查。具体做法是：派专人负责接听协办地公安机关关于协查事宜的电话咨询，解答相关问题；致电或发函询问协查进展，督促协办地尽快回函；及时向上级公安机关反映协查工作中遇到的困难，请求其协调解决；对于协查工作量较大的地区，可派专人在当地公安机关的协助下，进行调查取证。

除把握以上要点以外，在虚开发票案件侦查中，还应注意抓好调查、控制、缉捕犯罪嫌疑人，突破主要犯罪嫌疑人口供，及时冻结涉案账户，保全有关证据，争取税务机关配合等环节，力求做到“人、赃、证”同步到案。

【导入案例简析】

（一）抓获主犯

根据李×三的交代，他自己只是个“小角色”，对于很多情况只是知道个大概，他们

---

① 参见李传先等：《虚开专票，苦果自尝——浠水县A棉花有限公司虚开增值税专用发票查处纪实》，载《税收征纳》，2011（5）。

交易的“客户”、中间人、账目明细统统掌握在李×举和李×龙手里。李×龙是签字领取增值税专用发票的人，而李×举则是幕后的“大老板”。

专案组民警明白，抓获李×举和李×龙是突破整个案件的关键，但同时也意识到这是个非常棘手的问题。因为抓早了，整个犯罪链条还没有摸清楚，容易打草惊蛇，让中间人逃匿，给整个案件造成被动；抓晚了，要是李×举和李×龙等人听到风声外逃或者销毁账目等罪证，也可能导致警方所有的努力功亏一篑。

为了最终将这伙不法分子一网打尽，专案组决定还是放长线钓大鱼，一方面紧锣密鼓地根据李×三的供述展开侦查，一方面严格做好保密，封锁李×三被警方控制的真实原因，麻痹李×举和李×龙，同时密切监视两人的动向。

李×三被警方拘留后，李×举多次托人向警方打探消息未果，他自己终于坐不住了。7月5日，专案组获取线索，李×举和李×龙将于6日到本地为李×三“活动”关系。

7月6日中午，犯罪嫌疑人李×龙在汽车站一下车，就被早已守候在此的民警抓获，然而令警方意外的是，李×举并没有和李×龙在一辆车上。民警对李×龙进行突审，得知两人坐火车到淄博后，狡猾的李×举让李×龙先来探探路，自己则在火车站附近等着。专案组立即联系淄博警方，请求迅速在火车站附近协助搜捕李×举。下午3时许，从淄博传来消息，主犯李×举在一网吧内被抓获。

（二）审讯突破

在警方一一亮出的大量无可辩驳的证据面前，李×举开始交代自己的犯罪事实。2011年8月以来，李×举和李×龙用合伙购买油罐车为自己加油站运输成品油，同时更主要是为安徽省内其他加油站运输成品油赚取运费。但是，给其他加油站运输成品油也是由李×举联系中间人并安排付款，绝大多数加油站都不要增值税专用发票，中间人则以每吨低于炼化企业当天报价200到300元不等的价格充当开票费，然后由中间人操作将从炼化企业购买成品油后的增值税专用发票开具给其他公司企业。李×举等人作为实际购油方、运输方在购买成品油之前与中间人电话联系，商定好便宜的价格后通过网上银行将货款转账至中间人账户，然后安排油罐车司机或者跟车人员到达销售企业后，与中间人电话联系，中间人将受票企业的名称通过手机短信告诉司机，司机办理装油手续时向销售企业财务人员报这个企业的名称，然后直接去装成品油，装完成品油后在发票领取人上签字并将票留给销售企业财务科，之后由中间人再将增值税专用发票拿走，邮寄至受票企业。截止到案发，根据三部油罐车车号查实的虚开增值税专用发票共计86张，价税合计39 619 873.56元，税额共计5 756 733.81元。犯罪嫌疑人开出的增值税发票已流向辽宁、吉林、黑龙江、内蒙古、天津等九个省、市、自治区的60余家企业。在涉案地公安机关的配合下，侦查人员进一步收集了受票企业接受虚开的增值税专用发票的证据。

【资料链接】

增值税专用发票防伪税控系统简介[①]

防伪税控系统的工作原理是：取消手工开票，改用计算机打印发票。为此采取了两项关键措施：其一，采用先进的数字密码技术将发票上的主要要素进行加密，形成一串密

① 参见高述：《增值税专用发票防伪税控系统简介》，载《中国税务》，1999（1）。

文，打印在发票上，税务机关通过专门研制的认证设备对发票上的该串密文进行识别和解密以恢复主要要素，与发票上打印的明文信息进行比对，从而判别发票的真伪，达到防伪目的；其二，采用超大规模集成电路及大容量存储器构成黑匣子，记录每张发票的信息，每个会计月期满后用IC卡抄取黑匣子中的纳税数据（包括发票信息），送税务机关作为报税的依据，从源头控制税源。

防伪税控系统的核心部件包括金税卡和IC卡两部分。金税卡是一块PC机插件卡，以专用芯片KT1为核心构成，有加密认证、税控黑匣子和IC卡读写接口三部分功能，其集成度达1 000万个晶体管单元。系统的主要功能在金税卡内部完成，而授权、密钥和企业纳税信息等数据则通过IC卡来传递，从而可有效地控制增值税征管。

防伪税控系统采用复合式密码算法。这是我国第一套应用量最大的商用密码算法。它既要限制使用者作伪，又把设备、算法、密钥、通信信道都交给了用户，为此，按照系统的安全模型，从核心芯片、密码算法、密钥、通信信道、微机运行环境的改造、业务功能、信息记录与审计方法、管理诸方面采取相应措施，层层设防，综合治理，使该系统既能防止和发现企业作假，又能防止和发现税务系统内部的个别人与社会上不法分子勾结作案，其保密性和安全性已由国家权威部门审查认可。

防伪税控系统由税务发行子系统、企业发行发售子系统、认证子系统和企业防伪开票子系统构成。这些子系统由普通PC机、票据打印机、金税卡、IC卡读写系统、微机安全保护装置（卡）和相应的软件构成，系统按照国家税务总局-省国家税务局-地市国家税务局-县区国家税务局四级结构逐级发行，与现行税务管理体制保持一致。

防伪税控内部各个系统之间相互协调、相互制约并与“金税工程”的其他系统相互协同，组成一个有机的整体，对增值税进行有效管理。“增值税一般纳税人认定子系统”中的纳税人信息将进入到防伪税控系统，作为企业发行子系统功能模块对所辖企业的开票子系统进行发行的依据：“税务发票管理子系统”向防伪税控系统调拨发票用于增值税专用发票的发售；销货方企业通过防伪税控开票子系统向购货方开具发票，并将发票存根联信息由防伪税控报税子系统功能模块传到计算机稽核系统；购货方企业将发票抵扣联通过防伪税控认证子系统进行真伪认证，认证相符的抵扣联信息进入计算机稽核系统，认证不符的信息传输到发票协查系统进行处理；稽核系统将抵扣联信息和存根联信息进行比对，比对不符、缺联票等信息传输到发票协查系统进行处理；发票协查子系统接受委托或按照上级税务机关的指令，对有疑问的或已经确定为虚开的增值税专用发票进行查处。

由于防伪税控开票子系统在开票时只对票面上的阿拉伯数字进行加密生成密码，而不对汉字进行加密处理，一些不法分子就利用这一漏洞，篡改发票上的汉字信息，伪造发票。为了堵塞这一漏洞，税务总局对防伪税控系统进行强化和升级，以防范不法分子篡改企业名称、商品名称等汉字信息虚开增值税专用发票的犯罪活动。具体做法是在防伪发票七要素的基础上，采用了数字密码和二维码技术，利用可以存储更多信息量的二维码替代了原来的84位和108位字符密文，在加密发票七要素信息的基础上实现了对购买方企业名称、销售方企业名称、货物名称、单位和数量等信息的加密、报税采集和解密认证。

“金税工程”系统运行流程

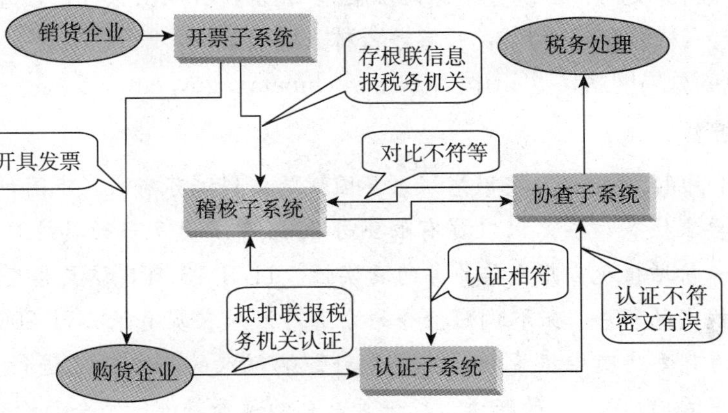

【本章小结】

虚开专用发票犯罪，是指行为人违反国家税收征管制度，为他人虚开、为自己虚开、让他人为自己虚开、介绍他人虚开增值税专用发票和用于骗取出口退税、抵扣税款发票的行为。

虚开增值税专用发票罪的主观方面须具有偷逃、骗取税款的目的。

虚开增值税专用发票罪的犯罪数额认定须注意：虚开税款数额是指增值税专用发票票面上所载明的增值税税款数额，可以根据票面直接认定；骗取国家税款数额是指受票单位或者个人将虚开的增值税专用发票用于抵扣税款的数额或者骗取出口退税的数额；给国家利益造成的损失数额，是指在侦查终结前仍无法追回的已被抵扣或者骗取出口退税的数额，在虚开增值税专用发票过程中向国家缴纳的税款应从给国家利益所造成的损失中扣除。

进行了实际经营活动，让他人为自己代开增值税专用发票的行为（即有货代开）构成虚开增值税专用发票罪。为他人代开增值税专用发票，也构成虚开增值税专用发票罪。

虚开货物运输发票的行为，既可能构成虚开用于抵扣税款发票罪，也可能构成逃税罪。究竟如何定性，可分别从开票方和受票方两个方面考虑。

虚开专用发票犯罪案件的作案手段主要有：采用造假手段，取得领购发票资格；制造经营假象，逃避税务稽查；针对征管措施，利用真票虚开；转移犯罪目标，大肆虚开“三小票”。

虚开专用发票犯罪案件的特点主要有：犯罪的分布具有明显的行业性和地域性；犯罪手段随着发票监管方式的改变而不断演变；犯罪分子结伙作案，多个企业形成虚开链条。

虚开专用发票犯罪案件的侦查要点：从反常现象入手，发现虚开发票犯罪；对涉嫌虚开企业进行外围调查；围绕“票”、“货”、“款”，查证购销关系的真实性；通过开展协查，全面获取虚开发票犯罪证据。

【关键术语】

虚开增值税专用发票；防伪税控系统；金税工程；购销关系

【推荐阅读与学习资源】

1. 牛克乾：《虚开增值税专用发票罪与非罪之认定》，载《人民司法》2008（22）。

2. 张京民等：《国家使命：共和国第一税案调查》，北京，作家出版社，2006。

3. 徐舒：《断头交易：评说金华惊天税案》，北京，群众出版社，1999。

4. 陈运光：《税收犯罪研判》，长春，吉林人民出版社，2004。

5. 国家税务总局网站，见 http：//www.chinatax.gov.cn/。

【案例分析】

2009 年 11 月 12 日上午，安徽省××县国税局接到江苏省××市国税局稽查局发来的一份协查函，要求协查该县××农贸有限公司 2009 年 7 月 7 日开具给××市××纺织服装有限公司的一份增值税专用发票业务的真实性。11 月 13 日，该县稽查局迅速安排两名稽查人员按照规定的程序，采取调账检查的方法对××农贸有限公司 2008 年 1 月 1 日～2009 年 10 月的有关纳税申报资料、协查资料、纳税人的基本情况进行了深入细致的分析，并对该公司 2009 年 7 月的账簿、凭证等有关纳税资料进行了全面检查。

检查显示，该公司资金结算主要通过现金，且流量较大，未发现运费支出，委托加工产品没有明细分类，明显违反财务常规。从账面上无法确认 2009 年 7 月 7 日销售给××市××纺织服装有限公司的棉纱是哪一家加工厂加工的。另外，该公司实际业务与其注册资金明显不匹配，并且委托加工合同甲乙双方无人签字，委托加工费明显低于市场价格。税务机关经过初步调查，将案件移送公安机关。①

问题：对于该案如何开展侦查？

① 参见李宏俊等：《一份协查函牵出虚开增值税发票大案》，载《中国税务报》，2011-06-10。

第11章

假冒注册商标犯罪案件侦查

【学习目标】

通过本章的学习，理解假冒注册商标罪的概念、构成要件；了解假冒注册商标犯罪案件的特点和作案手段；把握假冒注册商标罪的认定；掌握假冒注册商标犯罪案件的侦查取证要点。

导入案例

2009年9月份，吴×西雇请胡××帮其清洗五粮液、剑南春白酒空瓶，并教授给胡××清洗的方法。胡××同意并在江西省鄱阳县××乡彭×（胡××丈夫）姐夫的房子内清洗了一段时间酒瓶后，吴×西见胡××清洗得很彻底，便进一步提出让胡××帮其用低档绵竹大曲酒直接装入清洗好的五粮液、剑南春白酒空瓶内，灌制成假冒五粮液及剑南春白酒。之后，由吴×西负责低价购入绵竹大曲，并将灌制假酒所使用的五粮液、剑南春酒包装及商标等原材料运送至制假窝点，然后由胡××负责洗瓶、灌装、封瓶、装盒等一系列的工序。在此期间，彭×有时也会来给妻子胡××帮忙打下手、搬货卸货等。至2010年1月14日，鄱阳县公安局根据群众举报的线索将该制假窝点查获，并当场扣押了剑南春白酒543瓶（52%vol、500ml）、五粮液白酒314瓶（52%vol、500ml）、绵竹大曲白酒420瓶（52%vol）及若干制假原材料。经鉴定，所查获的五粮液白酒及剑南春白酒均为假冒产品，所使用的外包装等材料亦属假冒，其中假冒五粮液白酒314瓶价值人民币159 826元、剑南春白酒543瓶价值人民币194 394元，总价值人民币354 220元。①

问题：对吴×西、胡××和彭×的行为如何认定？

第一节　假冒注册商标犯罪案件概述

一、假冒注册商标罪的概念

假冒注册商标罪是指行为人违反商标管理法规，未经注册商标所有人许可，在同一种

---

① 参见陈丰华、方红水：《从本案谈假冒注册商标罪的司法认定》，见中国法院网，http：//www. china-court. org/article/detail/2011/07/id/456346. shtml，2014年7月7日访问。

商品上使用与其注册商标相同的商标，情节严重的行为。

《刑法》第二百一十三条规定："未经注册商标所有人许可，在同一种商品上使用与其注册商标相同的商标，情节严重的，处三年以下有期徒刑或者拘役，并处或者单处罚金；情节特别严重的，处三年以上七年以下有期徒刑，并处罚金"。

假冒注册商标罪侵犯的客体是国家商标管理制度和他人注册商标专用权。客观方面表现为违反商标管理法规，未经注册商标所有人许可，在同一种商品上使用与其注册商标相同的商标，情节严重的行为。本罪的主体为一般主体，单位和自然人均可构成。本罪主观方面只能由故意构成。即行为人明知是他人注册商标，而未经注册商标所有人许可，在同一种商品上予以使用。

二、假冒注册商标罪的认定

（一）假冒注册商标罪主体的认定

假冒注册商标罪的主体是一般主体，自然人和单位均可以构成。按照我国《刑法》第三十条的规定，公司、企业、事业单位、机关、团体均可以构成本罪的犯罪主体。同时按照《刑法》第三十一条的规定，单位犯罪的，除对单位判处罚金外，对其直接负责的主管人员和其他直接责任人员要判处刑罚。侦查实践中，此类犯罪案件的犯罪主体除自然人外，有相当一部分由单位构成，即由单位实施的。

（二）假冒注册商标罪主观方面的认定

假冒注册商标罪主观方面只能由直接故意构成，即行为人明知其假冒他人注册商标的行为会发生侵犯他人注册商标专用权的危害结果，而希望这种结果的发生。它包括两个方面的内容：一是从认识因素来说，行为人明知自己使用的商标是他人的注册商标，而且使用他人注册商标的行为没有得到注册商标所有人的许可；二是从意志因素来看，行为人希望危害结果的发生。如果行为人主观上缺乏"明知"，其行为就不能构成该罪。从侦查实践来看，假冒注册商标罪一般以营利或获取其他非法利益为目的，但行为人主观上是否以营利为目的不影响本罪的构成。因为按照《刑法》二百一十三条的规定，假冒注册商标罪不是"目的犯"，所以在具体认定时，无需特别查明行为人的犯罪目的。

（三）假冒注册商标罪客观行为的认定

假冒注册商标犯罪客观方面表现为违反国家商标管理规定，未经注册商标所有人许可，在同一种商品上使用与其注册商标相同的商标的行为。司法实践中具体表现为：

1. 行为人使用他人的注册商标未经注册商标所有人许可

这是构成假冒注册商标罪的前提。如果行为人使用他人的注册商标经过注册商标所有人许可，即使使用行为违反商标法的有关规定，也不构成本罪。未经注册商标所有人许可是指未与注册商标所有人签订商标使用合同，而使用其注册商标。一般来说，商标的使用应当签订许可合同并报商标局备案，由商标局公告。商标使用许可未经备案不得对抗善意第三人。假冒注册商标的实质，在于行为人无权使用他人的注册商标。所谓无权使用是指行为人既没有取得使用的许可，也没有取得商标的转让。

我国《商标法》第八条规定：商标是指任何能够将自然人、法人或者其他组织的商品与他人的商品区别开的标志，包括文字、图形、字母、数字、三维标志、颜色组合和声音等，以及上述要素的组合。也就是说，商标是商品生产者或经营者为了标明其商品并与他人商品相区别，而在自己的商品上附加的用文字、图形、字母、数字、三维标志、颜色组合和声音等以及上述要素的组合构成的显著标志。所以，商标是商品的标志，一个企业商品的代名词，代表商品的形象和声誉，起着区别相同商品不同来源的作用。商标除了具有识别功能、质量功能和经济功能外，还具有促进销售、广告宣传和树立商誉的派生功能。注册商标，是指经国家商标局核准注册的商标。只有经过国家商标局正式核准注册的商标才能称为注册商标，才能成为假冒注册商标罪侵犯的对象，根本没有申请过注册的商标，当然不能成为注册商标；虽然已申请注册但尚未得到核准的商标或不予核准注册的商标也不能称为注册商标。

按照《商标法》第四十八条的规定，商标的使用，是指将商标用于商品、商品包装或者容器以及商品交易文书上，或者将商标用于广告宣传、展览以及其他商业活动中，用于识别商品来源的行为。据此，在对商标刑事保护过程中，“使用”是指将注册商标或者假冒的注册商标用于商品、商品包装或者容器以及产品说明书、商品交易文书，或者将注册商标或者假冒的注册商标用于广告宣传、展览以及其他商业活动等行为。① 与《商标法》规定相比，在司法实践中，将注册商标用于产品说明书的行为也应认定为“使用”。

2. 行为人使用了和他人注册商标相同的商标

在认定行为人客观上使用了和他人注册商标相同的商标时，面临的一个问题是，如何判定行为人使用的商标与他人的注册商标“相同”。对此，一种观点认为，相同是指两个商标的内容和形式的完全相同。如果假冒的是文字商标，则假冒商标和注册商标的文字完全相同；如果假冒的是图形商标，则假冒的图形商标和注册商标的图形完全一样，如果假冒的是混合商标，则要求名称和图形都要同注册商标一样。另一种观点认为，相同除了包括两个商标完全相同之外，还包括“基本相同”的情形，“基本相同”的标准是“足以使公众产生误认”。目前，在司法实践中基本上采用后一种观点。

（1）法律上“相同的商标”，并非是客观存在的“相同”。正像世界上没有完全相同的两片树叶的道理一样，假冒商品的商标可以仿得很像，但是几乎不可能完全一样。因此，只要假冒商标“足以使公众产生误导”，就应视为相同商标。人的认识总是存在一定的局限，即使是两件商标不完全相同，但由于其区别甚微，足以使公众产生误认，一般公众仍然会做出“两者相同”的判断。这种情况也是法律上的“相同”。

（2）“足以对公众产生误导”应以“普通消费者的普通注意”为标准。判断商标是否“相同”，应从普通消费者的识别能力出发，而不是以商标专业技术人员、商标行政审查人员、商标司法审查人员的知识经验为前提。同时，还应遵循隔离观察标准，即对于涉嫌假冒商标的商品与注册商标商品应在彼此隔离的状态下进行比对，因为一般的市场主体在从事市场交易时不可能随身带着商标样品，而是依凭自身的经验记忆作出判断，遵循整体观察标准、主要部分观察标准，即对商标的整体和主要部分进行观察，并在此基础上作出判断，而不能要求消费者进行太精确、细致的观察、认识。②

（3）“相同的商标”区别于“近似的商标”。根据最高人民法院《关于审理商标民事纠

---

① 最高人民法院最高人民检察院关于办理侵犯知识产权刑事案件具体应用法律若干问题的解释（法释〔2004〕19号）第八条。

② 肖中华、涂龙科：《对假冒注册商标罪规定中“相同”的理解》，载《人民检察》，2005（9）。

纷案件适用法律若干问题的解释》的规定，商标近似被解释为“被控侵权的商标与原告的注册商标相比较，其文字的字形、读音、含义或者图形的构图及颜色，或者其各要素组合后的整体结构相似，或者其立体形状、颜色组合近似，易使相关公众对商品的来源产生误认或者认为其来源与原告注册商标的商品有特定的联系。”可见，对于商标近似的判断是通过形、音、义、图以及组合等方面的比较来进行的，且其区别是显而易见的。最高人民法院《关于审理商标民事纠纷案件适用法律若干问题的解释》第九条规定：“商标法第五十二条第（一）项规定的商标相同，是指被控侵权的商标与原告的注册商标相比较，二者在视觉上基本无差别。”①《关于办理侵犯知识产权刑事案件具体应用法律若干问题的解释》（法释〔2004〕19号，以下简称《侵犯知识产权案件解释》）第八条规定，“刑法第213条规定的‘相同的商标’，是指与被假冒的注册商标完全相同，或者与被假冒的注册商标在视觉上基本无差别、足以对公众产生误导的商标。”由此，对于客观上不完全相同，但在视觉上和注册商标基本无差别，足以对公众产生误导的商标，也应认定为是与注册商标相同的商标。有下列情形之一，可以认定其为“与注册商标相同的商标”。

一是改变注册商标的字体、字母大小写或者文字横竖排列，与注册商标之间仅有细微差别的；二是改变注册商标的文字、字母、数字等之间的间距，不影响体现注册商标显著特征的；三是改变注册商标颜色的；四是其他与注册商标在视觉上基本无差别、足以对公众产生误导的商标。这里所称的公众应该是指和商标所标示的商品有某种市场联系的不特定多数人，即与使用商标所示的某类商品有关的消费者，生产前述商品的其他经营者以及经销渠道中所涉及的销售者和相关人员。②

（4）“相同的商标”与“近似的商标”的区分。区分“相同的商标”与“近似的商标”时，可参考以下要点：一是两种商标的显著部分相同外，其他细小特征也基本相同的，为“视觉上基本无差别”；显著部分虽然相同，但其他细小特征不同的，为“近似”。二是从商标的整体进行观察。显著部分与其他细小特征相结合的效果在很大程度上相同的，为“视觉上基本无差别”；结合的效果相同，但不同也很明显的为“近似”。三是以普通消费者的通常识别能力来观察，经常使用某一种商品的大多数消费者如果不是仔细对比两种商标就无法发现其中差别的，为“视觉上基本无差别”；只要经过对比或对比时稍加注意，就能发现不同的为“近似”。

3. 必须是在同一种商品上使用了与他人注册商标相同的商标

按照我国《商标法》第五十七条的规定，有下列行为之一的，均属侵犯注册商标专用权：未经商标注册人的许可，在同一种商品上使用与其注册商标相同的商标的；一是未经商标注册人的许可，在同一种商品上使用与其注册商标相同的商标的；二是未经商标注册人的许可，在同一种商品上使用与其注册商标近似的商标，或者在类似商品上使用与其注册商标相同或者近似的商标，容易导致混淆的；三是销售侵犯注册商标专用权的商品的；四是伪造、擅自制造他人注册商标标识或者销售伪造、擅自制造的注册商标标识的；五是未经商标注册人同意，更换其注册商标并将该更换商标的商品又投入市场的；六是故意为侵犯他人商标专用权行为提供便利条件，帮助他人实施侵犯商标专用权行为的；七是给他

---

① 戴蓬：《经济犯罪侦查对策新解》，398～403页，北京，中国人民公安大学出版社，2011。

② 《最高人民法院、最高人民检察院、公安部关于办理侵犯知识产权刑事案件适用法律若干问题的意见》（法发〔2011〕3号）。

人的注册商标专用权造成其他损害的。根据《刑法》二百一十三条规定，只有第一种侵犯注册商标专用权的行为，达到一定的社会危害性，才能够构成假冒注册商标罪，其他六种侵犯注册商标专用权的行为不构成假冒注册商标犯罪，而只能是商标侵犯行为或者构成其他商标犯罪。也就是说，只有行为人在未经注册商标所有人许可，在同一种商品上使用与其注册商标相同的商标的行为，或者故意为此种行为提供便利条件，帮助他人实施此种行为，才能够构成假冒注册商标罪。

那么，如何理解“同一种商品”呢？“同一种商品”是指名称相同的商品以及名称不同但指同一事物的商品。“名称”是指国家工商行政管理总局商标局在商标注册工作中对商品使用的名称，通常是指《商标注册用商品和服务国际分类》（尼斯分类，第十版）中规定的商品名称。“名称不同但指同一事物的商品”是指在功能、用途、主要原料、消费对象、销售渠道等方面相同或者基本相同，相关公众一般认为是同一种事物的商品。侦查中认定“同一种商品”，应当在权利人注册商标核定使用的商品和行为人实际生产销售的商品之间进行比较。

（四）共犯的认定

明知他人实施假冒注册商标的犯罪，而为其提供贷款、资金、账号、发票、证明、许可证件，或者提供生产、经营场所或者运输、储存、代理进出口等便利条件的、帮助的，以假冒注册商标罪共犯论处。明知他人实施假冒注册商标犯罪，而为其提供生产、制造侵权产品的主要原材料、辅助材料、半成品、包装材料、机械设备、标签标识、生产技术、配方等帮助，或者提供互联网接入、服务器托管、网络存储空间、通信传输通道、代收费、费用结算等服务的，以假冒注册商标犯罪的共犯论处。在共犯的认定中，关键是要认定行为人是否明知，司法实践中只要行为人知道或者应当知道他人生产、加工假冒注册商标，或者销售假冒注册商标的商品的，就可以认定其“明知”。

（五）既假冒注册商标，又销售假冒注册商标商品的行为的认定

《侵犯知识产权案件解释》第十三条规定，“实施假冒注册商标罪，又销售该假冒注册商标的商品，构成犯罪的，以假冒注册商标罪定罪处罚；实施假冒注册商标罪，又销售明知是他人的假冒注册商标的商品，构成犯罪的，应当实行数罪并罚”。《侵犯知识产权案件解释》之所以这样规定，是因为行为人自己实施假冒注册商标的行为，又销售该假冒注册商标的商品，从《刑法》理论上属于牵连犯，一般应从一重处，不实行并罚；而行为人如果既自己实施了假冒注册商标的行为，又实施销售明知是他人的假冒注册商标的商品的行为，则构成实质的数罪，应当数罪并罚。

关于《侵犯知识产权案件解释》第十三条中“明知”的认定，《侵犯知识产权案件解释》第九条第二款做了规定：“具有下列情形之一的，应当认定为属于刑法第二百一十四条规定的‘明知’：（一）知道自己销售的商品上的注册商标被涂改、调换或者覆盖的；（二）因销售假冒注册商标的商品受到过行政处罚或者承担过民事责任，又销售同一种假冒注册商标的商品的；（三）伪造、涂改商标注册人授权文件或者知道该文件被伪造、涂改的；（四）其他知道或者应当知道是假冒注册商标的商品的情形。”

在侦查中对于尚未销售或者部分销售假冒注册商标的商品的情形如何认定？

按照《最高人民法院、最高人民检察院、公安部关于办理侵犯知识产权刑事案件适用

法律若干问题的意见》(法发〔2011〕3号，以下简称《侵犯知识产权案件意见》)第八条的规定："销售明知是假冒注册商标的商品，具有下列情形之一的，依照刑法第二百一十四条的规定，以销售假冒注册商标的商品罪（未遂）定罪处罚：

一是假冒注册商标的商品尚未销售，货值金额在十五万元以上的；

二是假冒注册商标的商品部分销售，已销售金额不满五万元，但与尚未销售的假冒注册商标的商品的货值金额合计在十五万元以上的。

假冒注册商标的商品尚未销售，货值金额分别达到十五万元以上不满二十五万元、二十五万元以上的，分别依照《刑法》第二百一十四条规定的各法定刑幅度定罪处罚。

销售金额和未销售货值金额分别达到不同的法定刑幅度或者均达到同一法定刑幅度的，在处罚较重的法定刑或者同一法定刑幅度内酌情从重处罚。"

案例(11－1)

2004年3月到10月期间，朱××、李×未经注册商标所有人，即思科系统（中国）网络技术有限公司（以下简称思科公司）的许可，合伙在广东省深圳市及东莞市进行生产和销售假冒思科公司的"CISCO SYSTEMS"字样与图案组合的注册商标的犯罪活动。其中，朱××负责委托东莞××公司生产假冒思科公司注册商标的网络模块及对返修模块的维修，并将生产出的模块分批运往深圳交给被告人李×。李×则从卢××及王××处购入由卢、王自己制造或委托他人制造的假冒思科公司注册商标的标识、说明书、外包装纸盒，用以包装上述假冒思科公司的网络模块，然后予以销售。销售时无固定场所，有时就在路边交易，当场结算，不开发票，也不记账，非法经营数额达4 805 466元。①

评析：本案中朱××生产假冒思科公司注册商标的网络模块的行为构成假冒注册商标罪无疑，问题是负责销售假冒商品的李×是与朱××共同构成假冒注册商标罪，还是单独构成销售假冒注册商标的商品罪？就本案来看，朱××、李×是按照明确的分工，分别从事假冒思科公司注册商标的商品的组织生产和销售行为，他们在共同的犯意支配下，彼此配合，共同完成了假冒思科公司注册商标的商品的行为。这种行为符合我国《刑法》规定的共同犯罪的特征，属于共同犯罪。朱××、李×的犯罪情形属于牵连犯的形态，根据《侵犯知识产权案件解释》第十三条规定，构成假冒注册商标罪。卢××、王××制造或委托他人制造假冒思科公司注册商标的标识、说明书、外包装纸盒的行为构成非法制造、销售非法制造的注册商标标识罪。②

（六）假冒注册商标罪与生产、销售伪劣商品罪的界限

生产、销售伪劣商品罪是指生产者、销售者违反国家有关产品质量管理的法律、法规，生产、销售伪劣商品，破坏社会主义市场经济秩序，情节严重的行为，包括生产、销售伪劣产品罪，生产、销售假药罪，生产、销售劣药罪等九个具体罪名。在司法实践中，

---

① 参见胡捷、邱华红：《朱某某等四人假冒思科公司注册商标案评析》，见华律网，http://www.66law.cn/laws/54426.aspx，2014年5月7日访问。

② 根据国家工商行政管理局商标局《关于商标印制管理范围的批复》(商标案〔1997〕443号)，商标标识是指附着于商品、商品包装或者容器上，或者与商品一并提供给消费者的带有商标的物质载体。所以，说明书、包装物也属于商标标识。

两罪往往存在交叉竞合的情况。

《刑法》第三章第一节中具体规定了伪劣商品的几种情形：(1) 特定伪劣商品：假药，劣药，生产、销售不符合安全标准的食品，有毒、有害食品，伪劣医疗器械、医用卫生材料，不符合安全标准的产品，伪劣农药、兽药、化肥、种子，不符合卫生标准的化妆品等八种商品。(2) 其他伪劣商品（伪劣产品）：1) 掺杂、掺假的产品。是指在产品中掺入杂质或者异物，致使产品质量不符合国家法律、法规或者产品明示质量标准规定的质量要求，降低、失去应有使用性能。2) 以假充真的产品。是指以不具有某种使用性能的产品冒充具有该种使用性能。3) 以次充好的产品。是指以低等级、低档次产品冒充高等级、高档次产品，或者以残次、废旧零配件组合、拼装后冒充正品或者新产品。4) 冒充合格产品的不合格产品。"不合格产品"，是指不符合《中华人民共和国产品质量法》第二十六条第二款规定的质量要求的产品。由上述规定可以看出，假冒注册商标的商品不同于伪劣商品，有的假冒注册商标的商品也是伪劣商品，因此，对下列情形，在侦查中特别注意：一是假冒他人注册商标的商品不属于伪劣产品，也就是我们通常说的"假冒不伪劣"，即行为人在自己生产、销售的同类合格产品上假冒他人的注册商标，此种情形行为人只实施了一个犯罪行为（假冒他人注册商标），如果构成犯罪，一般按照假冒注册商标罪追究刑事责任；二是假冒他人注册商标的商品同时又是伪劣商品，但该商品与被假冒的注册商标所真正代表的商品不属于同一种商品，对此，构成犯罪的，只能单独追究生产、销售伪劣商品罪的刑事责任。三是假冒他人注册商标的商品同时又是伪劣商品，且该商品与被其假冒的注册商标所真正代表的商品属于同一种商品，即行为人在自己生产、销售的同种类伪劣商品上，使用他人注册商标。对此，构成犯罪的，应按照牵连犯的处罚原则择一重罪处罚。

三、假冒注册商标犯罪案件的追诉标准

按照《立案追诉标准（二）》第六十九条规定，未经注册商标所有人许可，在同一种商品上使用与其注册商标相同的商标，涉嫌下列情形之一的，应予立案追诉：

（一）非法经营数额在五万元以上或者违法所得数额在三万元以上的；

（二）假冒两种以上注册商标，非法经营数额在三万元以上或者违法所得数额在二万元以上的；

（三）其他情节严重的情形。

在追诉标准中，涉及"非法经营数额"，司法实践中如何把握"非法经营数额"呢？"非法经营数额"是指行为人在实施侵犯知识产权过程中，制造、储存、运输、经营批发、零售等侵权产品的价值。既包括行为人已经售出的数额，还包括行为人尚未售出的货值数额。多次实施假冒注册商标行为，未经行政处理或者刑事处罚的，非法经营数额、违法所得数额累计计算。二年内多次实施假冒注册商标违法行为，未经行政处理，累计数额构成犯罪的，应当依法定罪处罚。实施假冒注册商标犯罪行为的追诉期限，适用《刑法》的有关规定，不受前述二年的限制。侦查中，非法经营额的核定主要有三种计算方式：一是已经销售的，按实际销售的价格计算；二是没有销售的按照标价或者已经查清的侵权产品的实际销售平均价格计算；三是侵权产品没有标价的或者无法查清其实际销售价格的，按照被侵权产品的市场中间价格计算。此外，还可以请法定估价机构确定非法经营数额。

关于尚未附着或者尚未全部附着假冒注册商标标识的侵权产品价值是否计入非法经营数额的问题，侦查中应注意，在计算制造、储存、运输和未销售的假冒注册商标侵权产品价值时，对于已经制作完成但尚未附着（含加贴）或者尚未全部附着（含加贴）假冒注册商标标识的产品，如果有确实、充分证据证明该产品将假冒他人注册商标，其价值应计入非法经营数额。

值得注意的是，在司法实践中由于假冒品的价格一般要远低于真品的价格，如果以假冒品的价格计算非法经营额会造成对行为人的放纵，而权利人正常市场份额的损失和对消费者利益的侵害却并不因为行为人销售价格低而减少。同时，同一侵权产品在不同的生产经营环节其价格是不一样的，一般生产商的出厂价格要低于批发商的批发价格，批发价格又低于销售商的销售价格，如果简单地以各行为人在各自生产经营环节的价格计算，就很有可能出现销售商已经构成犯罪而批发商特别是作为侵权源头的生产商却可能逃脱刑罚处罚的尴尬局面。因此，非法经营额数额标准的确定值得认真研究，做到既不放纵犯罪，又不加重对行为人的处罚。

"违法所得数额"也是假冒注册商标罪的定罪标准之一。从有关的司法解释的规定看，违法所得额是一个小于非法经营额的概念。实践中，如何计算所谓的"违法所得数额"，争议较大。最高人民检察院 1993 年 12 月 1 日在《关于假冒注册商标犯罪立案标准的规定》中，就把"违法所得数额"理解为"销售收入"而"销售收入"实际上就是"销售金额"。1997 年《刑法典》修订后，最高人民法院发布的《关于审理非法出版物刑事案件具体应用法律若干问题的解释》第 17 条第 2 款则规定：本解释所称"违法所得数额"，是指获利数额。我们认为，"违法所得额"应理解为行为人通过特定违法犯罪行为获得的或应当获得的收入。

案例(11-2)

2004 年初，赖×忠出资成立××县文忠针织厂（该厂未经工商部门注册登记，系无证经营），并投资进行袜子生产及销售，赖×忠为主要负责人。自 2005 年 3 月份起，在未取得"NIKE"商标注册人耐克国际有限公司，"adidas"商标注册人阿迪达斯国际有限公司及"PUMA"商标注册人鲁道夫·达斯勒体育用品彪马股份公司的同意情况下，赖×忠在其经营的文忠针织厂内，组织工人生产、包装有"NIKE"、"adidas"、"PUMA"商标的运动袜，生产好的假冒品牌运动袜准备通过义乌市针织品市场销售牟利。案发后办案单位从文忠针织厂内扣押假冒"NIKE"商标运动袜 61364 双，假冒"adidas"商标运动袜 60 160 双，假冒"PUMA"商标运动袜 10 560 双。

评析：本案中涉案的假冒注册商标运动袜是在储存状态下被查获的，系赖×忠自主生产的假冒产品，且尚未销售，也无标价，在市场上也无价格参考，因为袜子所使用的原料不同，也难以查清其实际销售价格。那么在本案中是否能以被侵权产品的市场中间价格来认定非法经营数额呢？假冒注册商标的商品与被侵权产品的外观设计及内在质量等存在较大的差距，行为人往往不可能以被侵权产品的价格销售，更何况实践中存在大量"知假买假"的情况，如按被侵权产品的市场中间价格进行计算，往往会加重对行为人的处罚，行为人对处理结果也缺乏认同感。如"劳力士"手表，正牌价格上万元，市场上假冒的只需几百元就可买到，在此情况下若按被侵权产品的市场中间价格进行计算，明显不够合理。

因此，对按照被侵权产品的市场中间价格计算的适用，应是最后的选择，是在穷尽标价、实际销售平均价格、行为人供述价、估价后的不得已而为之。[1]

侦办该案过程中，侦办单位委托××县价格认证中心对扣押的假冒注册商标运动袜进行价格认定，××县价格认证中心以制造、储存假冒产品的成本为参考做出了价格鉴定，使本案顺利地被移送起诉。

四、假冒注册商标犯罪案件的作案手段

（一）自建窝点，加工假冒注册商标的商品

（1）采购原材料加工成品，非法制造他人注册商标标识。犯罪嫌疑人选择加工场所，采购生产设备和原材料，组织、招聘人员非法制造他人注册商标标识，加工假冒注册商标商品，涉及原料的采购、加工、运输、储存等多个环节。

（2）采购原材料加工成品，加贴购得的他人的注册商标标识。在假冒窝点内，加工成品，然后加贴假冒的注册商标。

（3）采购半成品加工成品，加贴购得的他人的注册商标或者非法制造的他人的商标标识。采购半成品，经过加工成品之后，加贴假冒的注册商标。如 2011 年广西公安机关破获的綦×等人制售假冒化妆品案，綦×等人从浙江、广东、上海、湖北等地 20 余家不法企业处购进原材料、半成品后，加工生产各种假冒化妆品，销售范围涵盖国内 20 余个省份和印度、阿联酋、香港、澳门等 10 余个国家和地区，涉案价值 2 000 万元。[2]

（4）购得成品，加贴非法制造的他人注册商标标识或者加贴购得的他人的商标标识。

（5）购得他人注册商标的商品包装，经加工假冒他人注册商标的商品。

（二）委托他人生产假冒注册商标的商品

伪造商标权利人证明，委托他人生产假冒注册商标的商品、商品包装、容器，印制说明书、商品交易文件等。还有的委托他人生产、加工成品，然后加贴他人注册商标，假冒注册商标。

（三）利用合法公司作掩护生产假冒注册商标的商品

在合法公司掩盖下，利用合法公司场所、设备假冒注册商标。如专门印制、生产各类假冒包材，成套假冒酒瓶、瓶盖、防伪标签、包装盒、装饰钉、礼品酒杯、专用衬布、手提袋甚至防伪宣传手册等。有的虽取得了商标权利人授权，但在注册商标权利人授权许可的范围外，生产假冒注册商标的商品。

（四）明知他人假冒注册商标，而为其提供帮助

为假冒注册商标的犯罪行为人提供材料、辅助材料、半成品、包装材料、机械设备、标签标识、生产技术、配方等帮助，或者提供互联网接入、服务器托管、网络存储空间、通信传输通道、代收费、费用结算等服务。

---

① 参见朱铁军、蔡丽明：《未销售假冒注册商标商品“货值金额”的认定》，载《人民法院报》，2008-01-30。

② 《公安部召开新闻发布会通报公安机关“亮剑”行动整体进展情况和打击假酒犯罪“猎手”破案战役成效有关情况》，公安部网站，http://www.mps.gov.cn/n16/n1237/n1432/n1522/2754191.html，2014 年 5 月 7 日访问。

五、假冒注册商标犯罪的特点

（一）犯罪行为复合化和多样化

假冒注册商标犯罪行为表现形式多种多样，既有假冒注册商标，又有销售假冒注册商标的商品；既有非法制造注册商标标识，又有销售非法制造的注册商标标识的。犯罪行为已经逐渐从单一型向着复合型方向发展。同时，不仅多种侵犯商标权犯罪行为交织在一起，而且往往伴随着生产、销售伪劣商品、非法经营等其他违法犯罪活动。

（二）犯罪手段智能化和隐蔽化

假冒注册商标犯罪手段开始由传统的手工作坊向规模化、科技化加工升级，智能化手段日趋提高，作案手段更为隐蔽，职业化特征凸显。主要体现在假冒注册商标过程中生产设备、工艺水平的技术含量不断提高，假冒商品的仿真度更高，甚至假冒他人的防伪技术或者直接利用他人注册商标作为自己商品的包装、以假乱真，使普通消费者难以分辨。为逃避打击，假冒窝点往往选在偏僻农村、城乡结合部、城中村或者以正规厂区为掩护；联系方式上利用手机、互联网等非直接接触方式；生产上“以销定产”，不留库存或者委托加工，定期更换雇用人员，增加人员流动性；在销售上，由个体经销户销售或冒充厂家推销向网络销售发展。可以说，犯罪手段网络化、专业化趋势明显，隐蔽性和反侦查能力大大增强。如 2010 年 12 月 8 日，江苏省公安机关对袁×等人利用互联网销售假冒箱包、服装案，查获假冒“AMANI”、“VERSACE”、“PRADA”等国际知名品牌箱包、服装近两万件。在“淘宝”网上开设网店，以正品价格 10%～20%的售价在互联网上大肆销售假冒各种国际名牌的箱包、服装，涉案价值 5 000 余万元①。

（三）犯罪主体复杂化，涉案领域多元化

以往犯罪主体多为个人、个体工商户、私营企业等，现在个别集体企业、有限责任公司也参与其中，单位犯罪明显增多；假冒的规模由过去的散兵游勇向资金、技术、生产、运输、销售等一条龙的规模化犯罪发展。涉案的领域已从传统的服装、烟酒、箱包、名表、化妆品等日常生活领域扩展到电子产品、汽车配件、打印机耗材、音响器材等多个领域。

（四）结伙作案为主，涉案地区多

此类案件通常结伙作案，且团伙成员多为其家人、亲戚或者同乡，团伙成员之间分工明确，产业化、规模化经营模式明显，产、销一条龙运作。在这一过程涉及加工、储存、包装、运输、销售多个环节、多个地区、多个受害人，犯罪嫌疑人在不同地区间完成整个犯罪行为。犯罪行为实施地和犯罪结果发生地通常不在一地。随着国际贸易的不断发展，跨国假冒注册商标犯罪也不断增多。如广州破获的钱×等特大假冒注册商标案，共抓获犯罪嫌疑人 73 名，捣毁制假售假窝点 37 个，缴获假冒“路易威登”、“爱马仕”、“蔻驰”等名牌箱包两万多个，查明累计制售各种假冒名牌箱包 96 万余个，缴获制假设备 17 台（套），以及用于收款转账的存折、银行卡 91 本（张），涉案总价值 50 亿元人民币，彻底

---

① 《公安部召开新闻发布会通报公安机关“亮剑”行动整体进展情况和打击假酒犯罪“猎手”破案战役成效有关情况》，见公安部网站，http：//www.mps.gov.cn/n16/n1237/n1432/n1522/2754191.html，2014 年 5 月 7 日访问。

铲除一个向美国、中东等多个国家和地区贩卖假冒名牌箱包的生产源头。

（五）侵害对象多为国内、国际知名品牌

犯罪嫌疑人为了获取非法利益，往往将知名品牌的注册商标作为犯罪对象，大肆假冒。如2011年河北省公安机关破获一起特大销售假冒名牌汽车挡风玻璃案，现场查扣假冒“宝马”、“通用”、“大众”、“日产”等38家中外厂商百余种品牌共计16万余件汽车挡风玻璃，假冒商标标识50余万件，经加工后销售给北京、上海、黑龙江等18个省份的60余家汽车配件经销商，涉案价值4 000余万元。

第二节　假冒注册商标犯罪案件的侦查方法

一、及时开展立案审查，认定案件性质

假冒注册商标犯罪案件线索主要有三个来源：一是被害人报案；二是群众举报；三是工商行政执法机关移送。不论犯罪线索来自何处。侦查机关在受案后，应及时依法全面、细致地对线索材料进行审查，以准确认定案件性质。为了使案件的定性建立在充足的证据基础之上，在立案审查阶段，应注意做好证据的收集与保全工作。首先，审查是否存在未经注册商标所有人许可，在同一种商品上使用与其注册商标相同的行为，有无相关的证据证明侵权行为的发生。为此，应要求商标注册人提供商标注册证书，以核实其商标是否为注册商标，同时由商标注册人提供未许可行为人使用其注册商标的证明。其次，应收集涉嫌侵权商品的样品或照片。通常在报案前，被害人或者工商部门已经进行了初步调查，应能够提供上述样品或者照片。对于样品或照片的来源，应进行进一步核实，以确认其是否真实可信，是否存在伪造的可能。第三，审查该假冒注册商标行为“情节严重”的程度，即是否达到了追诉标准。第四，审查假冒注册商标的行为是否归自己管辖，是否存在不追究刑事责任的法定情形。如果不归自己管辖，应依法移送有管辖权的机关。在确定管辖时要特别注意，假冒注册商标犯罪案件的犯罪地，包括假冒注册商标产品制造地、储存地、运输地、销售地，销售侵权产品的网站服务器所在地、网络接入地、网站建立者或者管理者所在地，权利人受到实际侵害的犯罪结果发生地。通过审查认定犯罪线索是否涉嫌犯罪，涉嫌什么犯罪，是否归受理的侦查机关管辖。

二、全面深入了解案情，缜密开展侦查

案件启动侦查后，应在全面深入了解案情的基础上制定缜密的侦查计划，采取有效的侦查措施，积极开展侦查。

（一）查明嫌疑人的基本情况

其中包括查证犯罪嫌疑人或犯罪嫌疑单位的基本情况；如果是单位犯罪，查明单位直接负责的主管人员或者其他直接责任人员的证据；证明行为人是否有前科的证据。

（二）获取犯罪嫌疑人供述和辩解

重点获取实施假冒注册商标的动机、时间、地点、参加人员；证实实施假冒注册商标犯罪行为时的主观心态，犯罪动机和犯罪故意产生的原因和过程。单位犯罪的，应讯问直

接负责的主管人员和其他直接责任人员如何预谋、策划、商议实施犯罪等；假冒他人注册商标的具体过程；非法经营额或违法所得数额；假冒商标未经许可的供述。

（三）获取被害人陈述和证人证言

证实未经商标所有权人（被害人）许可，行为人在同一种商品上假冒其注册商标的事实。

（四）查证犯罪嫌疑人实施假冒注册商标行为的客观证据

一是查证犯罪嫌疑人在同一种商品上使用与他人注册商标相同的商标的证据。即假冒注册商标的物证、书证，包括假冒他人注册商标的商品、产品包装、广告或其他宣传材料、假冒他人注册商标的合同。二是注册商标获得注册的证据。证明何时注册、注册商标所有人及是否允许他人使用的证据。三是获取犯罪嫌疑人非法经营额或者获利额的证据。如生产记录、财务账册、原料入库、产品出库单、采购和销售合同、银行对账单、银行卡资金等。

（五）进行技术鉴定

主要是对价格的鉴定和“相同商标”的认定。目前，对于涉嫌侵权商品商标与注册商标是否为“相同的商标”，通常有两种做法，一是被侵权一方出具“鉴定意见”来认定。[①]二是由国家工商总局商标局出具认定意见。[②] 前一种做法明显有失公正，作为争讼一方的商标注册人不具有鉴定人的必备的中立性，得出的所谓“鉴定意见”也不尽客观。商标注册人只能证明涉嫌侵权商品并非其制造，且未授权犯罪嫌疑人使用其注册商标。后一种做法中的鉴定主体也不符合法律规定，商标局作为商标管理机关，是行政执法部门，没有商标的鉴定权，不能进行商标的鉴定。实际上，关于“相同的商标”并没有法定的鉴定部门。实践中，一些公、检、法机关存在对于鉴定结论过分依赖的倾向。其实，涉嫌侵权商品商标与注册商标是否为“相同的商标”并不需要通过鉴定来得出结论。对于“相同商标”的认定，侦查机关可先获取真实的“商标”标识，再将其与涉案商标进行对比测定，如果认为相同即可予以追诉。法院经过庭审质证，对比两个商标，由法官根据双方质证辩论，凭心证进行认定即可。[③]

（六）追查并摧毁假冒商品生产窝点

侦查中应先行查清假冒网络中销售、仓储等各个环节的犯罪情况，再适时开展破案及抓捕行动，力求一网打尽。具体而言，可以通过以下途径追查线索：一是安排专门力量对可能的售假场所进行调查走访，从中发现假冒商品，暗中调查假冒商品来源以及送货人体貌特征，进行跟踪守候；二是在具备接触售假场所条件的人员中物建特情，与售假人员周旋，发现线索和证据；三是在技侦部门配合下，对调查工作发现的重点售假场所的业主进

---

① 工商部门在查处商标违法案件时也采取这一做法。国家工商行政管理总局商标局 2005 年 11 月 14 日作出的《关于假冒注册商标商品及标识鉴定有关问题的批复》指出，在查处商标违法行为过程中，工商行政管理机关可以委托商标注册人对涉嫌假冒注册商标商品及商标标识进行鉴定，出具书面鉴定意见，并承担相应的法律责任。被鉴定者无相反证据推翻该鉴定结论的，工商行政管理机关将该鉴定结论作为证据予以采纳。

② 参见《江苏省南通市中级人民法院审理李亚德、陈俊犯假冒注册商标案一审刑事判决书》，中国法院网，http：//old. chinacourt. org/public/detail. php？ id＝330952，2015 年 7 月 31 日访问。

③ 参见周建中、邹积超、赵丹：《知识产权刑事司法鉴定若干问题研究》，载《中国司法鉴定》，2007（5）。

行监控，发现假冒商品来源和储存地点，确定上下线嫌疑人；四是对物流市场进行控制，发现假冒商品的流通渠道和假冒窝点，查清全案。

三、迅速查扣假冒注册商标的商品，准确核定非法经营数额

为了全面获取假冒注册商标的犯罪证据，捣毁制假窝点，防止犯罪嫌疑人销毁和隐匿犯罪物证，侦查中，要及时发现假冒注册商标犯罪的制假窝点，依法迅速查扣假冒商标商品及相关物证。通过现场查验、核实供销渠道，检查经营账册，准确核定假冒注册商标的种类、数量、来源、非法经营额和违法所得数额。同时，注意追踪制假源头，扩大战果。

在假冒注册商标犯罪案件的侦查中，不仅要查清犯罪嫌疑人制假的情况，而且对于与之相关的生产、运输、储存、销售等各个环节，包括进货渠道、销售商、包装厂商等有关单位和个人也应进行详尽的调查，从而形成完整的证据链条，并查明有关厂商是否涉嫌非法制造、销售非法制造的注册商标标识、销售假冒注册商标的商品等犯罪。在查明犯罪嫌疑人制假详情的同时，还应全面收集相应证据，如进货及销货的合同、发票、收付款凭证、入库与出库证明、有关账目、被工商部门处罚的情况等；印刷商标标识的样品、图纸、模具、胶片、印刷合同、发票、提货单。实践中，常难以证明为犯罪嫌疑人提供货源、经销假冒商品的单位和个人涉嫌犯罪，而上述单位和个人担心被追究刑事责任，又拒不配合调查取证工作，对此，可通过让犯罪嫌疑人指认现场的办法来获取关于货源、销售渠道等方面的证据。

非法经营数额和违法所得数额关系到犯罪嫌疑人的假冒行为能否构成犯罪以及承担刑事责任的轻重，可通过以下途径来查证：一是通过讯问犯罪嫌疑人、询问造假工厂的工作人员来获取制假的数量、金额等情况，并通过搜查获取会计资料来加以印证；二是通过向销售商、提供货源的厂商核实犯罪嫌疑人进货、销货等情况，印证犯罪嫌疑人经营情况；三是委托法定机构对查获的会计资料进行司法会计鉴定，得出非法经营数额和违法所得数额；四是委托价格认证机构对价格不明的假冒商品进行估计鉴定，以便据以计算非法经营数额和违法所得数额。

追缴假冒商品，查明制假源头及销售渠道后，应尽力追缴假冒商品，摧毁其销售渠道，特别是对于可能对于消费者人身、财产等可能造成危害的假冒商品，更应彻底追缴，以最大限度地降低其危害。在追缴假冒商品的同时，还应通过媒体宣传识别假冒商品的方法，提高人们对假冒商品危害的认识，不断扩大打假战果。

四、查获犯罪嫌疑人

通过查明假冒注册商标的各个环节，查清涉案犯罪嫌疑人员的基本情况，将全部犯罪嫌疑人纳入视线后，综合运用多种侦查手段，展开收网抓捕，力求一网打尽。

【导入案例简析】

吴×西、胡××的行为构成假冒注册商标罪。理由：本案中，吴×西、胡××以非法营利为目的，未经“五粮液”、“剑南春”注册商标所有人许可，在同种商品上使用与其注册商标相同的商标，货值金额高达 35 万多元，情节特别严重，其行为已触犯刑律，构成假冒注册商标罪；彭×明知胡××实施假冒注册商标的行为而提供帮助，其行为亦触犯刑律，构成假冒注册商标罪。在共同犯罪中，吴×西系策划、提议者，胡××系直接实施

者，二人均起主要作用，系主犯；彭×起辅助作用，系从犯。

【资料链接】

商标的概念及分类①

一、商标的概念

商标是商品生产经营者或服务业提供者为使自己的商品或服务与其他生产经营者、服务业提供者的商品或服务相区别而使用的标记。任何能够将公民、法人或者其他组织的商品与他人的商品区别开的可视性标志，包括文字、图形、字母、数字、三维标志和颜色组合，以及上述要素的组合，均可以作为商标申请注册。申请注册的商标，应当有显著特征，便于识别。

人们之所以在商品或服务上使用商标，其主要目的是将不同生产经营者的商品和服务区别开来，以利于消费者认识、了解、购买与使用。经营者需要以一种最为快捷、简单的方式以利于消费者对自己商品和服务的认识与了解，从而在争夺消费者的竞争中获得优势，加速企业的产品与服务销售，从而实现更好的经济效益。

《商标法》对于商标，特别是申请注册的商标规定了形式与内容构成上的要求。第九条规定："申请注册的商标，应当有显著特征，便于识别，并不得与他人在先取得的合法权利相冲突。"第八条规定："任何能够将自然人、法人或者其他组织的商品与他人的商品区别开的标志，包括文字、图形、字母、数字、三维标志、颜色组合和声音等，以及上述要素的组合，均可以作为商标申请注册。"

形式上，商标应当具备可识别性或显著性，既不能过于简单以至没有显著性，也不能过于复杂以致其显著性无法体现；商标与商品本身具有可区分性，使消费者不至于将商标与商品相混淆。如"电视机"牌电视机的商标，其商标与商品名称本身是同一的，就不具备可区分性和显著性。

内容上，商标应当是由可感知标志构成，包括文字、图形、字母、数字、三维标志、颜色组合和声音等。从商标的目的出发，其显著性主要取决于消费者对商标构成内容的感知与了解，主要表现为可以为视觉和听觉感知的各种因素。

商标不同于企业名称。企业名称是区别不同企业的标志，而商标则是区别不同生产经营者所生产的商品或提供的服务的标志。

商标不同于地理标志。地理标志，根据《商标法》第十六条的规定，是指标示某商品来源于某地区，该商品的特定质量、信誉或者其他特征，主要由该地区的自然因素或者人文因素所决定的标志。目前在我国，地理标志有两种法律保护方式。第一种是行政保护方式。根据国家质量监督检验检疫总局2005年发布的《地理标志产品保护规定》，对于地理标志产品，由当地县级以上人民政府指定的地理标志产品保护申请机构或人民政府认定的协会和企业（以下简称申请人）向国家质检总局提出申请，审查合格的，由国家质检总局发布批准该产品获得地理标志产品保护的公告。地理标志产品产地范围内的生产者使用地理标志产品专用标志，应向当地质量技术监督局或出入境检验检疫局提出申请。这样，任何未经许可的生产者均不得使用该地理标志，从而使该地理标志所标示的产品均符合统一

---

① 参见徐棣、枫解亘、李友根：《知识产权法：制度·理论·案例·问题（第二版）》，283～300页，北京，科学出版社，2011。

的要求。第二种是商标保护方式。根据《商标法》的有关规定，地名（尤其是地理标志中的地名）可以注册为证明商标或集体商标，从而得到《商标法》的保护。也就是说，未经商标注册人的许可，任何人均不得使用该地理标志，否则将承担商标侵权的法律责任。因此，地理标志不仅可以运用注册商标的方式获得法律保护，而且往往是一种更为有效的法律保护方式。

商标不同于特殊标志。根据1996年国务院发布的《特殊标志管理条例》，特殊标志是指经国务院批准举办的全国性和国际性的文化、体育、科学研究及其他社会公益活动所使用的，由文字、图形组成的名称及缩写、会徽、吉祥物等标志。经国务院工商行政管理部门核准登记，特殊标志受该条例保护，有效期为四年，期满可延期。其主要内容是：特殊标志的所有人有权在与其公益活动有关的广告、纪念品及其他物品上使用，有权许可他人在核准使用该标志的商品或服务项目上使用。

二、商标的分类

（一）依据商标的构成进行分类

商标的构成也就是商标的构成要素，据此可以对商标进行不同层次的分类。

第一个层次是根据商标构成要素对于消费者的感受表现分为视觉商标、味觉商标和听觉商标。味觉商标就是以特殊气味作为构成要素来区别不同商品生产经营者的商标，听觉商标就是以特殊声音作为构成要素来区别不同商品生产经营者的商标。味觉商标虽然在实践中也客观存在并且也具有足够的区别力，有些国家也予以注册保护，但我国《商标法》尚未将其纳入保护范围，仅允许其作为未注册商标而使用。

第二个层次是针对视觉商标中不同的视觉感受，分为平面商标与立体商标。平面商标就是各种构成要素体现在平面上的商标。立体商标也可称为三维商标，是指以具有三维特征的产品外形或包装物等为构成要素的商标。我国《商标法》对立体商标允许注册并予以保护。

第三个层次是根据平面商标的不同内容而分为文字商标、图形商标、颜色商标和组合商标。其中，文字商标中的“文字”不仅可以是汉字，也可以是数字和外文字母；图形商标中的“图形”，不仅可以是各种图形，也可以是某些特殊的记号。所谓组合商标是指商标构成要素中综合文字、图形或者颜色等内容的商标。

（二）依据商标的使用领域进行分类

商标的使用领域，总体上可以分为商品与服务，因此可以分为商品商标和服务商标。从商标的本来意义上来看，它仅指商品的标记，因此仅适用于商品领域。因此，《保护工业产权巴黎公约》虽然也规定了服务标记，但并未将其与商标同等对待，也未要求成员国必须给予注册保护。但是随着服务业的发展与地位的提高，特别是服务标记的作用提高与保护必要性的增加，以及服务标记与商标的类似性，将商品领域的商标制度移用于服务领域的服务标记也就成为一种必然趋势。

服务商标是指提供服务的经营者，为将自己提供的服务与他人提供的服务相区别而使用的标志。我国在1993年修改《商标法》时对服务商标的保护作出了明确规定，有关商品商标的规定同样适用于服务商标。

（三）依据商标的特殊功能进行分类

商标的主要功能是区别功能与商业信誉载体功能，但是在商标的发展过程中，逐渐产生了一些特殊的商标，它们与一般商标的重要区别就是具有特殊的功能，并且往往并不具备商标的一般功能，从而成为商标家族中特殊的一类。这些特殊功能的商标主要有证明商标、集体商标、联合商标和防御商标。

1. 证明商标

证明商标，是指由对某种商品或者服务具有监督能力的组织所控制，而由该组织以外的单位或者个人使用于其商品或者服务，用以证明该商品或者服务的原产地、原料、制造方法、质量或者其他特定品质的标志。如纯羊毛标志、绿色食品标志等。在以注册商标形式加以保护的地理标志中，大部分都是注册为证明商标，如“信阳”毛尖、“大兴”西瓜等。

2. 集体商标

集体商标，是指以团体、协会或者其他组织名义注册，供该组织成员在商事活动中使用，以表明使用者在该组织中的成员资格的标志。集体商标的主要功能在于向消费者传递商标使用人属于特定组织的信息，在一定程度上具有区别某一群体生产经营者的功能。因此，集体商标也存在着与一般商标不同的特征，表现在法律制度上也有其特殊性。

3. 联合商标

联合商标，是指商标所有人将近似于其主商标并使用于与主商标指定的商品相同或者类似的商品上的若干商标申请注册而形成的系列商标，如“老虎”牌万金油的主商标是“老虎”，但商标注册人在万金油商品上还注册了猪、牛、羊、马、猫、免等14种动物的商标，这个商标就是“老虎”商标的联合商标。

4. 防御商标

防御商标是指同一商标所有人将与其注册商标相同的商标，在非类似商品上分别申请注册并经核准的商标。防御商标的功能在于防止他人在不同类别的商品上使用其商标，以保护该商标的影响与利益不被他人所利用。例如，我国的TCL集团有限公司，除了在9类商品电话机、电视机上注册“TCL”商标外，还在其他的37个商品或服务类别上注册了71个“TCL”商标。

（四）依据商标的知名度与法律保护力度进行分类

《商标法》根据商标知名度的区别，建立了对驰名商标的特殊保护制度，从而将商标分为普通商标与驰名商标两类。根据我国现行法律的规定，驰名商标是指在我国为相关公众广为知晓并享有较高声誉的商标。商标只要具有广泛的知名度，即使未经注册，也同样可以被认定为驰名商标。

【本章小结】

假冒注册商标罪是指行为人违反商标管理法规，未经注册商标所有人许可，在同一种商品上使用与其注册商标相同的商标，情节严重的行为。

假冒注册商标罪的主体是一般主体，自然人和单位均可以构成。假冒注册商标罪主观方面只能由直接故意构成，即行为人明知其假冒他人注册商标的行为会发生侵犯他人注册商标专用权的危害结果，而希望这种结果的发生。假冒注册商标罪客观上表现为：一是行为人使用他人的注册商标未经注册商标所有人许可；二是行为人使用了和他人注册商标相同的商标；三是必须是在同一种商品上使用了与他人注册商标相同的商标；四是假冒注册商标的行为达到“情节严重”的程度。在认定中要正确把握“使用”、“相同商标”和“非法经营额”的界定，正确区分假冒注册商标和销售假冒注册商标商品的行为，正确区分假冒注册商标罪与生产、销售伪劣商品罪的界限。

假冒注册商标犯罪案件的侦查应把握以下环节：一是及时开展立案审查，认定案件性质；二是全面深入了解案情，缜密开展侦查；三是迅速查扣假冒注册商标的商品，准确核定非法经营数额；四是查获犯罪嫌疑人，不断扩大打假战果。

【关键术语】

商标；注册商标；相同商标；假冒注册商标罪；非法经营额

【推荐阅读与学习资源】

1. 肖中华主编：《侵犯知识产权罪-办案一本通》，北京，中国长安出版社，2007。

2. 王志广：《中国知识产权刑事保护研究（实务卷）》，北京，中国人民公安大学出版社，2007。

3. 刘远山：《我国侵犯商标权犯罪定罪和量刑研究》，北京，知识产权出版社，2010。

【案例分析】

2005年3月13日，××市公安局经侦支队和质量技术监督局相继接到举报，××日用化学品有限公司大量生产假冒知名品牌的洗化用品。随即，经侦支队派员参与质监部门的先期调查。

调查中发现，××日用化学品有限公司门卫森严，陌生人等一律不得入内，平时就连执法人员例行检查也遭到百般阻拦。经了解，平日里，该公司厂房一直用遮阳布、硬纸板密闭；其生产产品不是放置于公司仓库，而是在距公司500米之外另行租用了一间500平方米的偏僻仓库存放产品，该公司开张营业后不久，就将本地工人全部换成了100多名外地临时工。

工商资料显示，该公司2004年8月份注册成立，为外商独资性质，注册资金为500万美元，实到资金13.7万美元，法人代表为哈×，股东为李×、哈×等。

随后，检查人员在厂内仓库发现了大量的国际知名品牌洗化用品半成品和包装物。

侦查人员通过艰苦努力抓获了犯罪嫌疑人巴米日用化学品有限公司主要负责人李×、技术员陈×，找到了主要知情人总经理助理付×、车间主任吴×。[①]

问题：对此案如何开展侦查？

---

① 参见公安部经济犯罪侦查局：《经济犯罪案例选编（四）》，521～522页，北京，中国人民公安大学出版社，2009。

第12章 侵犯商业秘密犯罪案件侦查

【学习目标】

通过本章的学习，理解侵犯商业秘密罪的概念、构成要件；了解侵犯商业秘密案件的特点和损失数额的认定；掌握侵犯商业秘密犯罪案件的侦查取证要点。

导入案例

2005年10月、2006年7月，泽×、张×分别加入易罗公司，先后担任公司研发经理及产品部经理、副总经理，二人入职时均与公司签订了《劳动合同》及《员工保密合同》，保证自合同生效之日起至合同终止或解除后，遵守保密规定，不得直接或间接泄露公司的商业机密和技术信息，不得为自己的利益使用或计划使用这些信息，不得使他人获得、使用或计划使用这些信息。

2010年起，易罗公司开始自主研发“集思宝”移动GIS数据采集器，其中一款定名为E750型，张×、泽×担任研发工作的主要组织、领导者，两人均掌握了GIS采集器的相关技术信息及经营信息，包括该产品核心部件PCBA板设计的相关技术秘密。2010年底，二人共谋离开易罗公司自行另设新公司并经营原公司的同类产品，遂委托上海××信息科技有限公司设计、制作PCBA板，欲再自行采购其他零部件后组装出类似GIS采集器销售后牟利。2011年1月，张×违反公司相关保密规定，通过其个人邮箱，将包含有E750产品PCBA板设计图纸等的邮件发送给上海××信息科技有限公司的吴×，用于设计、制作其GIS采集器的PCBA板。同月25日，泽×通过私人邮箱将包含有E750产品制板工艺文件等的邮件发送给吴×，同年3月又将包含有E750产品相关技术内容的邮件通过私人邮箱发送给吴×。后上海××信息科技有限公司共计交付两PCBA板500余片。2011年3月，张×与冯×（系泽×之丈夫）、宋×三人成立了昊纬公司，同年4月，张×、泽×从易罗公司离职后进入昊纬公司，张×担任总经理，泽×为研发经理。二人组织他人将上海××信息科技有限公司生产的PCBA板及采购的其他零部件组装成GIS数据采集器，并定型为S10对外销售。案发后，泽×、张×先后归案。[①]

问题：本案侦查阶段需要搜集哪些证据？

① 上海市徐汇区人民法院：《张某、泽某犯侵犯商业秘密罪一审刑事判决书》，中国裁判文书网，http://www.court.gov.cn/zgcpwsw/sh/shsdyzjrmfy/shsxhqrmfy/zscq/201504/t20150427_7607150.htm，2015年7月30日访问。

第一节 侵犯商业秘密犯罪案件概述

一、侵犯商业秘密罪概念

侵犯商业秘密罪，是指非法获取、披露、使用或非法允许他人使用权利人的商业秘密，给权利人造成重大损失的行为。

《刑法》第二百一十九条规定："有下列侵犯商业秘密行为之一，给商业秘密的权利人造成重大损失的，处三年以下有期徒刑或者拘役，并处或者单处罚金；造成特别严重后果的，处三年以上七年以下有期徒刑，并处罚金：（一）以盗窃、利诱、胁迫或者其他不正当手段获取权利人商业秘密的；（二）披露、使用或者允许他人使用以前项手段获取的权利人的商业秘密的；（三）违反约定或者违反权利人有关保守商业秘密的要求，披露、使用或者允许他人使用其所掌握的商业秘密的。明知或者应知前款所列行为，获取、使用或者披露他人的商业秘密的，以侵犯商业秘密论。本条所称商业秘密，是指不为公众所知悉，能为权利人带来经济利益，具有实用性并经权利人采取保密措施的技术信息和经营信息。本条所称权利人，是指商业秘密的所有人和经商业秘密所有人许可的商业秘密使用人。"

本罪侵犯的客体是商业秘密权利人对其商业秘密拥有的合法权益。本罪在客观方面表现为违反国家反不正当竞争法律法规规定，侵犯商业秘密，给商业秘密的权利人造成重大损失的行为。本罪的主体为一般主体。自然人和单位均能构成本罪。本罪的主观方面是故意。

二、侵犯商业秘密罪的认定

（一）商业秘密的认定

商业秘密，是指不为公众所知悉、能为权利人带来经济利益、具有实用性并经权利人采取保密措施的技术信息和经营信息。商业秘密的权利人可分为商业秘密的所有权人和使用权人。前者是指对商业秘密享有所有权的人，即有权控制、使用、许可他人使用以及处分该商业秘密的人；后者是指对商业秘密享有使用权的人，即有权使用该商业秘密的人。

作为商业秘密的只能是技术信息和经营信息。技术信息是指符合商业秘密定义的非专利技术，其范围主要包括：技术设计、应用实验、工艺流程、工业配方、化学配方、制作工艺、技术样品、质量控制、制作方法和计算机程序等信息。经营信息是指符合商业秘密定义的有关经营管理方面的方法、经验和策略，主要包括：发展规划、竞争方案、管理诀窍、货源情报、产销策略、财务状况、投融资计划、标书标底、谈判方案等信息。作为商业秘密的信息具有下列特征：有明确载体，如图纸、技术资料、存储在电脑中的客户信息；具有可转让性；有明确的权利人。商业秘密不同于员工通过工作实践或培训所获得的技能、经验及行业信息。虽然实践中有的员工跳槽使用或者泄漏该项技能或信息也会影响到原单位的竞争地位和利益，但是不构成对原单位商业秘密的侵犯，原单位的利益应通过竞业禁止来维护。[①]

实践中，侵犯权利人客户名单的案件时有发生，客户名单是否构成商业秘密常引起争议。有鉴于此，《关于审理不正当竞争民事案件应用法律若干问题的解释》（以下简称《不正当竞争民事案件解释》）专门对客户名单作出了规定。商业秘密中的客户名单，一般是指客户的名称、地址、联系方式以及交易的习惯、意向、内容等构成的区别于相关公知信息的特殊客户信息，包括汇集众多客户的客户名册，以及保持长期稳定交易关系的特定客户。可见，单纯的客户名称是不能构成商业秘密的，通常必须有名称以外的深度信息才可称得上商业秘密。鉴于诸如律师、医生这类职业的特殊性，其客户往往是基于对律师、医生等个人能力和品德的信赖，而且流动性也很强，如果他们离开原单位，其原先的客户不能再与其有业务往来，有失公平。因此，《不正当竞争民事案件解释》规定，客户基于对职工个人的信赖与职工所在单位进行市场交易，该职工离职后，能够证明客户自愿选择与自己或者其新单位进行市场交易的，应当认定没有采用不正当手段，但职工与原单位另有约定的除外。[②]

一般认为，商业秘密具有以下几个特征：

1. 非公知性

非公知性，即不为公众所知悉。国家工商行政管理局《关于禁止侵犯商业秘密行为的若干规定》将“不为公众所知悉”解释为“是指该信息是不能从公开渠道直接获取的。”最高人民法院在《关于审理技术合同纠纷案件若干问题的纪要》（法〔2001〕84 号）中指出：“不为公众所知悉，是指该技术信息的整体或者精确的排列组合或者要素，并非为通常涉及该信息有关范围的人所普遍知道或者容易获得”。最高人民法院《不正当竞争民事案件解释》（法释〔2007〕2 号）第九条规定：“有关信息不为其所属领域的相关人员普遍知悉和容易获得，应当认定为《反不正当竞争法》第十条第三款规定的‘不为公众所知悉’”。由上述规定可知，首先，“不为公众所知悉”是相对的，即只是在相关技术或者经营领域内不为相关人员普遍知悉即可，且允许权利人在采取保密措施的情况下让有必要知道商业秘密的人员知悉，而不是除权利人以外的任何人都不能知道。这里的“公众”不是一般意义上的社会公众，而是指有关信息所属领域的相关人员，即所谓的“业内人士”。其次，获得该项信息要有一定的难度。但对于这种难度的要求不宜过高，只要能与本行业普通信息内有最低限度的差异和优点、效益，就可构成商业秘密。江苏省高级人民法院《关于审理商业秘密案件有关问题的意见》第 6 条规定：“公众所知悉一般包括：已由国内外公开媒体所公开；已为国内所公开使用；已为相关领域技术人员所普遍掌握。”

《不正当竞争民事案件解释》第九条还规定：“具有下列情形之一的，可以认定有关信息不构成不为公众所知悉：（一）该信息为其所属技术或者经济领域的人的一般常识或者行业惯例；（二）该信息仅涉及产品的尺寸、结构、材料、部件的简单组合等内容，进入市场后相关公众通过观察产品即可直接获得；（三）该信息已经在公开出版物或者其他媒体上公开披露；（四）该信息已通过公开的报告会、展览等方式公开；（五）该信息从其他公开渠道可以获得；（六）该信息无需付出一定的代价而容易获得。”

---

① 竞业禁止是指雇主禁止特定的雇员在雇佣关系终止后一段时间内从事某项业务或工作。

② 参见蒋志培、孔祥俊、王永昌：《〈关于审理不正当竞争民事案件应用法律若干问题的解释〉的理解与适用》，载《法律适用》，2007（3）。

2. 价值性

商业秘密的价值性是指商业秘密具有价值和使用价值，即通过对商业秘密的使用，能够为权利人带来经济利益；拥有商业秘密能够使权利人获得竞争优势。商业秘密的价值性包括现实的或者潜在的商业价值，能为权利人带来竞争优势。① 现实的价值性是指信息可以现实地直接应用；潜在的价值性是指虽不能现实地应用，但将来可以应用，如阶段性研发成果等。

3. 实用性

实用性，是指信息必须能够实际运用，而不是可能性的、还存在于理论中的或者无法付诸实施的信息。实用性也是相对的，有的信息对于权利人虽不具有实用性，但对竞争对手则可能具有一定的价值，所以保守其秘密，可为权利人带来竞争优势。对于这样的"消极信息"也应认定为商业秘密。

4. 保密性

保密性是指权利人为防止信息泄漏所采取的与其商业价值等具体情况相适应的合理保护措施。对于保密措施的要求，应与信息的商业价值等相适应，既不能不足，也不能过度。根据《不正当竞争民事案件解释》第十一条，认定权利人是否采取了保密措施，应当根据所涉信息载体的特性、权利人保密的意愿、保密措施的可识别程度、他人通过正当方式获得的难易程度等因素进行判断。具有下列情形之一，在正常情况下足以防止涉密信息泄漏的，应当认定权利人采取了保密措施：（一）限定涉密信息的知悉范围，只对必须知悉的相关人员告知其内容；（二）对于涉密信息载体采取加锁等防范措施；（三）在涉密信息的载体上标有保密标志；（四）对于涉密信息采用密码或者代码等；（五）签订保密协议；（六）对于涉密的机器、厂房、车间等场所限制来访者或者提出保密要求；（七）确保信息秘密的其他合理措施。当然，司法实践中，有些信息原属于商业秘密，但因权利人加盖"解密"、"作废"等标识而解除保密措施的，不再是商业秘密；虽未正式解除保密措施，但已以废纸垃圾等方式进行处理的，可以视为解除了保密措施。② 如果权利人虽然采取了上述措施，但正常情况下并不足以防止信息泄密的，则不认定为是采取了保密措施。

（二）本罪的客观方面

本罪在客观方面表现为违反国家反不正当竞争法律法规规定，侵犯商业秘密，给商业秘密的权利人造成重大损失的行为。根据《刑法》第二百一十九条的规定，侵犯商业秘密罪的客观行为表现有以下四种：

一是以盗窃、利诱、胁迫或者其他不正当手段获取权利人的商业秘密。盗窃的方式是该罪中最为常见的犯罪手段，个人以这种手段实施侵犯商业秘密的犯罪，在构成上也完全符合盗窃罪，这种情况构成理论上的法条竞合，按照特殊法优于普通法的原则，以侵犯商业秘密罪认定，不再适用盗窃罪。

二是披露、使用或者允许他人使用以前项手段获取权利人的商业秘密。这些行为既可

---

① 《关于审理不正当竞争民事案件应用法律若干问题的解释》第十条规定："有关信息具有现实的或者潜在的商业价值，能为权利人带来竞争优势的，应当认定为反不正当竞争法第十条第三款规定的'能为权利人带来经济利益、具有实用性'"。

② 参见蒋志培、孔祥俊、王永昌：《〈关于审理不正当竞争民事案件应用法律若干问题的解释〉的理解与适用》，载《法律适用》，2007（3）。

以是为自己牟取非法利益，也可以是损人不利己，无论行为人出于何种动机和目的，只要给权利人造成一定的损失，即可构成该罪。

三是违反约定或者违反权利人有关保守商业秘密的要求，披露、使用或者允许他人使用其所掌握的商业秘密。根据司法实践，可能通过合法手段获知商业秘密的人主要有以下几类人员：因业务需要而了解商业秘密的职工；为商业秘密的权利人提供某种服务的外部人员，如公司顾问、律师、会计师等；商业秘密权利人的合作伙伴，如贷款银行、供货商、代理商等；合法取得商业秘密使用权的受让人；商业秘密的出售人；以商业秘密作为投资或入股的权利人的合资、合作伙伴等。上述行为人因合法方式获得和掌握了权利人的商业秘密，但必须严格履行保密义务。如果行为人违反保密义务，将其掌握的商业秘密予以非法处置，显然也是一种严重的侵权行为。

以上三种行为所涉及的商业秘密，都是指行为人以正当或者不正当的手段直接从权利人处获得的，属于对他人商业秘密的直接侵犯，也是最主要的侵犯商业秘密的犯罪形式。

四是第三人在明知或者应知前述三种违法行为的情况下，仍然从侵权人那里获取、使用或者披露他人的商业秘密的。[①] 此种行为属于间接侵犯商业秘密的行为。如果第三人是在不知或不应知即善意的情况下获取或处置了该商业秘密的，因其主观上没有过错，其行为不构成犯罪；不过，行为人一旦知道该商业秘密属于侵权商业秘密后，应立即停止使用，如果继续使用，则转化为明知，属事后的恶意行为，应构成对商业秘密的侵权。

他人只要没有采用不正当手段或者违反合同约定获取商业秘密，都不构成侵犯商业秘密。《不正当竞争民事案件解释》第十二条规定自行开发研制和反向工程不构成侵犯商业秘密。同时，还对反向工程进行了界定。所谓反向工程，是指通过技术手段对从公开渠道取得的产品进行拆卸、测绘、分析等而获得该产品的有关技术信息。当然，当事人通过不正当手段知悉了他人的商业秘密之后，又以反向工程为由主张获取行为合法的，不予支持。

（三）本罪的主体

侵犯商业秘密罪的主体为一般主体，既可以是自然人，也可以是单位。此外，根据2004年最高人民法院、最高人民检察院《关于办理侵犯知识产权刑事案件具体应用法律若干问题的解释》第十六条的规定，明知他人实施侵犯知识产权犯罪，而为其提供贷款、资金、账号、发票、证明、许可证件，或者提供生产、经营场所或运输、储存、代理进出口等便利条件、帮助的，以侵犯知识产权犯罪的共犯论处。

（四）本罪的主观方面

对第一种以盗窃、利诱、胁迫或者其他不正当手段获取商业秘密的，其主观心理状态为直接故意，这在刑法学术界已经没有争议。对于第二种和第三种侵权行为，其中的使用和允许他人使用有关的商业秘密，是出于明知的故意，这一点也不存在争议。争议较大的是“披露”这一行为，有些学者认为既可以由故意构成，也可以由过失构成。我们认为，这里的“披露”也只能出于故意。根据《刑法》第十五条第二款规定：“过失犯罪，法律

---

① 第三人是相对而言的，即第一人是指商业秘密的权利人，第二人是指前述三种直接侵犯商业秘密的行为人，第三人则是指权利人和第二人之外的人，即与商业秘密权利人既没有保密关系也没有使用不正当手段取得该项秘密的人。

有规定的才负刑事责任。”而且我国刑事政策是以惩罚故意犯罪为主，以惩罚过失犯罪为例外。因此，对于需要作为犯罪处罚的过失行为，除了根据刑法传统理论而规定的几种过失犯罪外，如交通肇事罪等，其他则是明文规定过失行为构成犯罪的才算。实践中，虽然第二人存在过失非法披露他人商业秘密的情况，但是《刑法》第二百一十九条并没有明文规定对于这种过失披露他人商业秘密的行为应当按照犯罪论处。因此，认为第二人过失披露他人商业秘密行为也构成本罪的看法缺乏根据。

第四种行为即间接侵犯商业秘密行为的主观认定是本罪的主观方面争议的焦点。对《刑法》第二百一十九条的规定进行分析，间接侵犯商业秘密的主观方面实际包括两个内容，其中“明知”应是指故意，亦无异议，而对“应知”如何理解？我们认为，法条所列的“应知”与“明知”是并列关系，是行为人负有应该知道的义务表示，第三人客观上没有认识到但是有义务应当知道的意思。这点符合因疏忽大意而过失的特征，即应当意识到自己的行为会发生侵犯他人商业秘密的结果，由于疏忽大意而没有意识到[①]。所以，我国《刑法》规定的侵犯商业秘密罪包括过失，但仅限于第三人应知情形下的过失侵犯商业秘密行为。

三、侵犯商业秘密犯罪案件的追诉标准

《刑法》第二百一十九条规定，构成侵犯商业秘密罪，必须要“给商业秘密的权利人造成重大损失”。《立案追诉标准（二）》第七十三条将“造成重大损失”细化为四点，即“（一）给商业秘密权利人造成损失数额在五十万元以上的；（二）因侵犯商业秘密违法所得数额在五十万元以上的；（三）致使商业秘密权利人破产的；（四）其他给商业秘密权利人造成重大损失的情形”。2004 年 12 月“两高”颁布的《关于办理侵犯知识产权刑事案件应用法律若干问题的解释》第七条规定：“实施刑法第二百一十九条规定的行为之一，给商业秘密的权利人造成损失数额在五十万元以上的，属于‘给商业秘密的权利人造成重大损失’……”。从办案实际来看，对“重大损失”的认定非常重要。

从承担刑事责任的因果范围上看，在一般情况下《刑法》是在直接因果关系范围内确定刑事责任，只有在法律有明确规定的情况下，间接因果关系才是承担刑事责任的客观基础。换句话说，在法律没有明确规定行为人对间接后果负刑事责任的情况下，就只限于在直接因果关系范围内追究刑事责任。[②] 因此，这里的“重大损失”应理解为“直接经济损失”。犯罪行为与危害后果之间须具有直接的因果关系，而侵犯商业秘密行为与被侵权人利润减少、市场份额下降之间就存在着这样的直接因果关系。“重大损失”应局限在直接因果关系范围内，不包括被侵权人为防止商业秘密丧失、调查侵权行为等支付的费用。

首先，尽可能计算被侵权人遭受的经济损失。由于导致被侵权人利润减少的因素有多种，很难完全归因于侵权行为，因此，将其利润减少数额作为侵犯商业秘密损失数额显然不能令人信服。而“以侵权人侵权产品的销售数量乘以权利人因被侵权而被迫降价前的平均销售利润”的计算方法则可在一定程度上解决上述问题。这种方法虽然并非绝对公正，但与其他方法相比更为可行，司法机关办理侵犯商业秘密案件采用此种方法认定被侵权人

---

① 林亚刚：《侵犯商业秘密罪再探》，载《法制与社会发展》，2000（1）。

② 参见裴广川、薛武：《认定侵犯商业秘密罪要注意三个问题》，载《检察日报》，2007－06－07。

损失的居多。事实上，法院在审理侵犯商业秘密民事纠纷案件时也常采用这种方法确定赔偿数额。

其次，以侵权人在侵权期间因侵权行为所获得的利润为依据认定被侵权人经济损失。这种方法虽然有其局限性，但是在被侵权人损失难以查明的情况下，仍不失为一种可行的方法。公安部曾会商最高人民法院，批复湖北省公安厅“对难以计算侵犯商业秘密给权利人造成的损失的，司法实践中一般可参照执行《反不正当竞争法》规定的民事赔偿额的计算方法。”除了依据《反不正当竞争法》第二十条外，在运用这种方法时还应参照最高人民法院《不正当竞争民事案件解释》第十七条的规定：“确定反不正当竞争法第十条规定的侵犯商业秘密行为的损害赔偿额，可以参照确定侵犯专利权的损害赔偿额的方法进行……”《专利法》第六十五条规定：“侵犯专利权的赔偿数额，按照权利人因被侵权所受到的损失或者侵权人因侵权所获得的利益确定。”最高人民法院《关于审理专利纠纷案件适用法律问题的若干规定》（法释〔2007〕2号）第二十条三款规定：“侵权人因侵权所获得的利益可以根据该侵权产品在市场上销售的总数乘以每件侵权产品的合理利润所得之积计算。一般按照侵权人的经营利润计算，对于完全以侵犯为业的侵权人，可以按照销售利润计算。”①

第三，在被侵权人损失难以准确计算的情况下，可以根据商业秘密许可使用费认定被侵权人的损失数额。如果采用上述两种方法计算被侵权人遭受损失数额均存在困难的情况下，可以以商业秘密许可使用费确定被侵权人损失数额。法院在审理专利纠纷案件中即将专利许可使用费作为确定赔偿数额的依据，在办理商业秘密案件中可参照这一做法。

第四，侵权行为导致商业秘密已为公众所知悉的，应当根据该项商业秘密的商业价值确定损失数额。商业秘密一旦被公开，其给权利人带来的竞争优势即随之丧失，其价值自然也就归零。《不正当竞争民事案件解释》第十七条第二款规定：“因侵权行为导致商业秘密已为公众所知悉的，应当根据该项商业秘密的商业价值确定损害赔偿额。商业秘密的商业价值，根据其研究开发成本、实施该项商业秘密的收益、可得利益、可保持竞争优势的时间等因素确定。”在因侵权导致商业秘密被公开的情况下，可参照上述规定确定损失数额。

第五，侵权人采取不正当手段取得商业秘密后尚未获取利益即案发，应根据具体案情使用不同的方法衡量其侵权行为情节轻重。对于这种情况，如何定性，目前尚存在争议。笔者认为，此种情形应认定为犯罪未遂。因为，从理论上来讲，直接故意犯罪都存在未遂形态。对于《刑法》规定的侵犯商业秘密的四种行为来说，无论哪种情况，都存在行为人已经着手实施犯罪实行行为，但由于行为人意志以外的原因而没有给权利人造成重大损失的情况。② 是否对于所有的侵犯商业秘密未遂的情形均须追究刑事责任？对此，应根据侵权人可能造成的损失进行具体分析。如果其行为一旦得逞，其造成的必然会给商业秘密权利人造成50万元以上损失的，就应当依照侵犯商业秘密罪的未遂处理。否则，可免予追究刑事责任。如何衡量其可能造成的损失？如果侵权人非法获取商业秘密后尚未使用或披露的，可以根据商业秘密的许可使用费来衡量其可能造成的损失；如果侵权人已经使用商

① 营业利润＝销售利润-管理费用-财务费用；销售利润＝产品销售收入-产品销售成本-产品销售费用-产品销售税金及附加。

② 参见杨志国：《侵犯商业秘密罪未遂形态辨析》，载《中国刑事法》，2005（3）。

业秘密生产出产品但尚未销售的，可以根据其生产的产品一旦销售可能获得的利润来衡量其可能造成的损失。

四、侵犯商业秘密犯罪案件特点

在利益的驱使下，侵犯商业秘密的现象越来越多，但由于该类犯罪隐蔽性较强，查证困难，导致现实中，因商业秘密被侵犯而寻求司法救济的受害人不在少数，但实践中对责任者进行刑事追究的比例很低，司法保护的现状不容乐观。其中侵害商业秘密犯罪案件呈现如下特点：

（一）案件专业性强，犯罪嫌疑人文化程度较高

侵犯商业秘密案件多发生在高科技企业，涉及的商业秘密具有一定的专业性，对办案人员专业素质要求很高，否则在侦查初期难以做出判断；犯罪嫌疑人以掌握高科技的专业人士为主，文化程度普遍达到大专以上，呈现出高智商犯罪特点。

（二）作案手段科技化、多样化，手法隐蔽

随着互联网的广泛应用，企业之间的信息传输越来越多采用电子邮件、网络视频会议等方式。侵犯商业秘密案件的作案手段也日趋科技化，如采用黑客技术非法侵入公司内部数据库或者非法攻击企业网络；犯罪嫌疑人通过非法解密等手段登录他人的远程终端，窃取保密信息；在互联网上采用欺骗、胁迫等手段获取他人商业秘密等。此外，还有的以文档传输（FTP）、电子公告板（BBS），新闻组和远程登录等方式披露非法获取的商业秘密，使多数人得以任意下载、转载读取，给权利人带来损失。[①]

（三）犯罪所造成的损失具有不确定性

一方面，侵犯商业秘密损失额当时很难确定，有时经过较长时间后才能显现出来。潜在的市场价值很难估算，而且商业秘密本身的价值也是处于变化之中。另一方面，《刑法》及相关司法解释将犯罪造成的损失数额作为定罪量刑的主要依据，使得损失数额的认定成为双方争议的焦点。

（四）计划性强，内外勾结共同作案

侵犯商业秘密犯罪中的犯罪行为人往往是公司、企业的内部人员或同行业人员，他们通常精心选择窃取商业秘密的地点、时间、方式，窃取者多为内部人员，使用者为外部人员，不同犯罪主体的犯罪需求达成一致，最终实现获利。

（五）电子证据多，案件定性、取证难度大

目前大量企业将信息存储于网站、邮箱、网盘、数据库中，这种存储方式与互联网有机结合，便于快速寻址、调用，或将秘密信息存储于软盘、光盘、闪盘、硬盘等存储介质中，这些都增加了对商业秘密性质认定、网络侵权人认定、保密手段认定、犯罪地确定等的难度。[②] 另一方面，导致侵犯商业秘密案件中需要调取大量的电子证据，电子证据在采集、固定过程较传统证据更为严格，需要侦查人员更为细致、严谨，稍有疏忽就可能造成证据瑕疵。

---

①② 参见李红：《网络视角下侵犯商业秘密罪界定之思考》，载《北京警察学院学报》，2013（5）。

第二节 侵犯商业秘密犯罪案件的侦查方法

在侵犯商业秘密案件侦查中，应遵循“相似+接触+排除合法来源=侵权”的思路开展调查取证工作。“相似”是指权利人拥有商业秘密，侵权人的技术或经营信息与自己的商业秘密相同或实质相同；“接触”是指侵权人接触过权利人的商业秘密；“排除合法来源”是指侵权人对其技术或经营信息，不能证明有合法来源。

一、审查线索，确定定性和管辖

侵犯商业秘密案件主要来源于权利人报案，也有少数案件来源于行政管理机关移送。侦查机关在受理此类案件线索后，要详细询问报案人，仔细阅读他们提供的材料，从而掌握基本案情，判断是否涉及侵犯商业秘密罪。对于报案材料只反映了一些表面现象而没有涉案具体事实的，公安机关应先进行初查。初查主要围绕以下几个方面展开。

（一）核实商业秘密的真实性

涉案的技术信息或经营信息是否为商业秘密，这一问题往往是当事人双方争议的焦点，也是决定案件性质的关键因素。解决这一问题，需要根据被害人提供的材料对技术信息或经营信息是否符合商业秘密的四个方面的特征进行充分论证。如有必要，还要咨询有关的专家。权利人在报案时，应当准确说明自己的技术的秘密点，但由于不少权利人不熟悉法律，往往将公知技术和商业秘密一起要求保护。这时办案人员应帮助权利人理清其秘密点。在受案后，应对控告人提供的证据进行审查，着重看其是否提供了以下证据：（1）技术信息、经营信息的相关资料；（2）表明技术信息、经营信息的价值的资料，包括生产、经营、销售方面的情况如销售记录等；（3）表明技术信息、经营信息的保密措施的资料，如建立保密规章制度的有关文件、与职工或他人订立的保密协议、在劳动合同中附加的保密条款、商业秘密载体的保管和管理措施等；（4）表明技术信息、经营信息新颖性的资料，如技术开发文件资料特别是技术需求分析报告、技术立项文件以及技术开发费用支付单据、账册等证据；（5）被控告人所使用的信息与其商业秘密具有一致性或相同性的证据；（6）被控告人具有获取其商业秘密条件的证据；（7）因技术信息、经营信息被侵犯造成损失的情况。控告人应该在报案时提供商业秘密的名称、范围，尤其是作为商业秘密的加以保护的核心要点。至于其将哪一部分技术资料提供给公安机关，要视情况而定。如果控告人认为只有一部分技术秘密受到侵犯，他就可以只提供被侵权的部分技术资料。实践中有的控告人报案时不肯提供有关的技术资料，使公安机关无法进行审查。其理由是，如果这些资料作为证据被对方看到，或在法庭上出示，其利益势必受到更严重的损害。这种担心固然可以理解，但是提供相关资料是保护其商业秘密的前提，只有提供这部分资料，公安机关才能进行审查并决定是否立案。当然，对于控告人提供证据不能做过高要求，只能要求其提供与商业秘密有关的资料及其被侵犯的证据，而不宜要求其提供被控方侵犯商业秘密的证据。有人主张只要权利人有下列证据之一就可以造成其重大损失为由向公安机关报案：一是商业秘密已经被非法披露进入公知领域或者非法被多个竞争对手获取；二是侵权人使用商业秘密正在生产产品或者已经生产出产品。[①]

（二）核实商业秘密的权利人

根据《刑法》第二百一十九条的规定，权利人是指商业秘密的所有人和经商业秘密所有人许可的商业秘密的使用人。因此，只要是商业秘密的合法持有者就是该商业秘密的权利主体。既然是权利人，当其权利受到他人侵犯时，就有权向公安机关报案、控告。对权利人的核实，一般通过其提供许可使用的书面证据（如技术转让合同），特别注意查清是否为独家使用许可，有无期限的限制。因为可能存在多名合法许可使用人，或者超期使用商业秘密的情况，那么就不构成侵权。

（三）了解受害单位或个人遭受损失的情况

根据《立案追诉标准（二）》，只有给商业秘密权利人造成直接经济损失数额在 50 万元以上的，或因侵犯商业秘密违法所得数额在 50 万元以上的，或者致使权利人破产或其他严重后果的，才构成犯罪。所以在初查阶段，应初步了解受害单位或个人因其商业秘密被侵犯而遭受损失的情况，是否达到了需要追究刑事责任的标准。侦查人员可以要求报案人提供涉嫌侵权单位的订货数量变化、产品价格变化等情况，或者亲自秘密收集上述信息，这有助于进一步认定涉案的损失数额。对于因商业秘密被侵犯而导致停产、破产的，要对停产、破产的情况进行全面调查了解，取得相应的证据。

（四）确定案件管辖

侵犯商业秘密案件中，一部分为可由人民法院可直接受理的刑事自诉案件（检察院没有提起公诉，被害人有证据证明的轻微刑事案件），只有严重危害社会秩序和国家利益的、被害人证据不足的案件，公安机关才能作为公诉案件立案侦查。但在实践中，侵犯商业秘密刑事自诉案件很少，不少被侵权人倾向于向公安机关报案，依赖公安机关的侦查手段进行取证，然后进入刑事公诉程序，最后解决民事赔偿问题。其中的原因在于，通过刑事自诉程序追究侵犯商业秘密行为，一方当事人为获得胜诉，不仅要花费较大的诉讼成本，还可能面临败诉的风险；而通过公权发动刑事诉讼，不仅成本低，而且能够迅速叫停被控告方的生产、经营行为。在办理侵犯商业秘密案件中，须注意防止一方当事人利用滥用知识产权和利用侵犯商业秘密案件的刑事介入打击竞争对手。

对于报案人已经取得充足证据，且影响不大的侵犯商业秘密案件，可建议其直接向法院提起刑事自诉。对于犯罪数额未达到追诉标准的侵犯商业秘密案件，应建议其向法院提起民事诉讼。受案时，还应注意了解报案人是否已经向法院提起民事诉讼或刑事自诉（实践中，有的报案人在已经向法院提起民事诉讼或刑事自诉的情况下，向公安机关报案）。如果已经向法院提起民事诉讼或刑事自诉的，则应建议其撤诉并在取得准予撤诉裁定书后再向公安机关报案，否则公安机关不予立案。同时，还应注意审查案件是否属于本地公安机关管辖。刑事案件由犯罪地或犯罪嫌疑人居住地公安机关管辖。有的案件被侵权人虽为本地企业，但是被控告人实施侵权行为的地点（犯罪地）不在本地，且被控告人也不居住（犯罪嫌疑人居住地）在本地，这样的案件本地公安机关就不具有管辖权。

---

① 参见魏宇航：《企业商业秘密保护的刑事法思考》，见法律教育网，http：//www.chinalawedu.com/news/20800/212/2006/6/xi678211340132660024059-0.htm，2014 年 4 月 1 日访问。

二、开展摸底调查，发现犯罪嫌疑人

大部分侵犯商业秘密犯罪案件，权利人在向公安机关报案前都经过初步调查，能够提供明确的犯罪嫌疑人，但也有少数案件，犯罪嫌疑人身份不明。对此，应采取有效措施发现犯罪嫌疑人。侵犯商业秘密是一种不正当竞争行为，行为人以攫取他人商业秘密为手段，扩张其市场份额，排挤对手，或降低其成本，赚取高额利润。此类案件的犯罪嫌疑人往往与被害人存在某种同业竞争关系，且有条件接触商业秘密，因此，应围绕这两项条件开展调查。

首先，对被害人竞争对手的产品及销售情况进行分析。通过市场调查或者向被害人原有客户查询其购买意向发生变化的原因，以判明是否发生侵权以及侵权人身份。其次，对有条件接触商业秘密者进行排查。实践中，主要有以下几类人员：（1）因业务需要而了解商业秘密的职工，包括在职的、退休的、调离的；（2）为商业秘密的权利人提供某种服务的外部人员，如公司高级顾问、注册会计师、律师等；（3）商业秘密权利人的业务伙伴，如贷款银行、供货商、代理商等；（4）付出使用费用后取得商业秘密使用权的受让人；（5）对企业有监督、检查、调查和管理权的人员，如审计人员、税务人员、工商行政管理人员、主管行政机关人员等。

对上述人员，在侦查中要了解掌握其姓名、性别、年龄、职业、住址等基本情况以及涉案的嫌疑程度，并结合现场勘验嫌疑人的具体作案手法和特点，以确定犯罪嫌疑人。

三、全面收集侵犯商业秘密的有关证据

从侵犯商业秘密罪的四个构成要件开展侦查工作，主要围绕嫌疑人和嫌疑单位展开，收集能够证明犯罪嫌疑人实施侵犯商业秘密行为的相关证据，排除嫌疑单位其技术的合法来源及证明技术来源于犯罪嫌疑人。

（一）实物证据的收集与保全

立案后，为了保全证据，必须尽快对相关涉案场所进行搜查、勘验，包括嫌疑人非法获得商业秘密的现场和利用商业秘密进行产品的设计、生产制造、销售的现场，以及可能窝藏有与以上犯罪行为有关的书证、物证的现场。侦查人员应重点收集被害人与嫌疑人签订的保密协议、被害单位有关技术保密的技术规范和章程、载有商业秘密的文件资料、计算机软件、录音录像带、实物标本、经营信息资料、嫌疑单位研发记录、生产制造记录、销售记录、嫌疑人获利记录。并及时予以查封、扣押，防止被转移、销毁，以供鉴定。为了确保扣押、查封的资料、物品与案件相关，不至于遗漏重要的证据，可以请技术人员到场协助，但被害单位人员不宜到场，更不应接触从犯罪嫌疑人处提取的相关证据。

（二）电子证据的收集与保全

对于电子证据的采集、固定，应注意保持证据的原始性，按照《电子数据鉴定规则》和《计算机犯罪现场勘验与电子证据检查规则》的要求固定证据。如对移动硬盘、U盘等移动媒介，侦查人员应当场贴上封条并由当事人在封口处签名捺印；扣押工作电脑时在工作状态下直接拔掉电源，以保持原始状态，再封住接口封存。再由网监部门对移动硬盘和电脑中的电子数据采用镜像分析的方式进行了固定，由当事人亲自验看封口，并当场开拆

封口，再进行镜像分析的操作，完毕以后重新封好，再在封口上签字捺印，直至最后提交法庭，对整个过程通过录音录像固定。

（三）言词证据的收集与保全

证人证言主要围绕：犯罪嫌疑人获得商业秘密所采取的方式、时间、地点、有无书面证明材料；商业秘密权利人对商业秘密的开发投入、研制开发过程、商业秘密的成熟程度、商业秘密的利用周期及其是否可以重复利用，以及商业秘密的使用和转让、市场的供求状况等；犯罪嫌疑人将获得的商业秘密进行产品设计、生产制造的情况。

根据知情人与犯罪嫌疑人的不同关系，侦查人员对他们所提供的情况和报案材料的真伪可以有一大致的了解。同时，侦查人员可在对已掌握情况的核实、查证中发现疑点，从而选择侦查的突破口。

在收集、保全证据的同时，可择机对犯罪嫌疑人展开讯问，取得口供。重点了解作案的时间、地点、人员、经过，非法获取、滥用商业秘密的方式、手段，藏匿商业秘密载体的地点，使用商业秘密所获取的利益，出售侵权产品签订的合同，生产和销售的数量、价格，侵权产品的生产、存放地点，第三人使用的情况等。由于讯问中可能涉及有关技术问题，可聘请有关领域的专业技术人员参与协助讯问。在讯问中，应结合商业秘密鉴定结论中确定的秘密点，着重问清犯罪嫌疑人侵犯了权利人的哪些核心秘密从而使鉴定结论与犯罪嫌疑人供述形成完整的链条。

在侵犯商业秘密案件侦查中，应实行适度的举证责任倒置，责成犯罪嫌疑人提供技术信息或经营信息的来源，如不能举证，则可以认定其非法“获取或使用”。为证明犯罪嫌疑人持有的技术信息或经营信息不具有合法来源，应对犯罪嫌疑人的专业背景情况进行调查，以证明其不具备独立研发相关技术的能力。

应要求犯罪嫌疑人对被害人的控告进行质证。由于侵犯商业秘密案件往往涉及较为复杂的技术问题，而侦查人员往往对这些问题知之不多，只能从粗浅的常识的角度出发认识这些问题。对于稍微复杂些的技术问题就需要求教专家，但仅依靠专家还不够，专业技术人员研究某项技术的起点常常偏高，有时不能从同一技术领域普通技术人员的角度去分析问题，作出的鉴定结果可能带有“专家性”。为了正确认定双方争议问题，侦查人员就不能只听信被害人的一面之词，而且要听取犯罪嫌疑人的辩解。在侦查中，出于保护自身利益的需要，被害人习惯于夸大其技术方案的新颖性。连那些常规的技术也会被冠以商业秘密。而对此，嫌疑人常持否定态度，通常会以该项技术不具有新颖性为由进行抗辩，而且会提供国内外公开出版的文章、书籍、专利文件等证据来支持其观点。这样一来，侦查人员就会更为全面地分析技术问题。借助于双方的反复质证，可能会发现一些技术新颖性不强，甚至已经是公知技术，从而避免错误地追究嫌疑人的刑事责任。要允许嫌疑人对被害人提出的控告、出示的证据等进行反驳。如果忽略了犯罪嫌疑人的质证环节，不仅失去了分析争议技术方案的良好素材，也是对其辩护权的剥夺。不仅要允许犯罪嫌疑人对被害人的控告进行质证，而且要允许犯罪嫌疑人对鉴定人出具的鉴定结论进行质证。其中的道理是相同的，只有犯罪嫌疑人对自己使用的技术及经营情况最清楚，而专家的鉴定结论，也不见得就是完全可靠的。所以其中如果存在问题，犯罪嫌疑人也最清楚。

在质证中，一些侵权人常将其与权利人相同的技术归因于反向工程，以此说明其技术具有合法来源。对此可以从以下三方面着手分析：一是用于反向工程的基础产品如何取得，必须是从公开渠道合法取得，基础产品的合法取得是反向工程合法的前提条件；二是要求其提供实施反向工程的有关证据，包括实施反向工程的人员及其技术背景，实施反向工程的方法和过程等；三是从技术上分析有无通过反向工程取得商业秘密的可能，这往往需要求助于技术鉴定。①

四、对涉案的技术信息、经营信息进行鉴定

（一）对被害人技术信息、经营信息的新颖性进行鉴定

信息是否具有新颖性，也就是被害人所称被侵犯的技术或经营信息是公知技术还是非公知技术，是公知信息还是非公知信息，是认定该项技术信息或经营信息是否为商业秘密的关键。为解决这个问题通常需要进行鉴定。此项鉴定对于案件的定性具有决定性意义，可安排在受案后尽快进行。

（二）将犯罪嫌疑人使用的技术、掌握的客户名单与被害人的商业秘密相对照，比较异同

犯罪嫌疑人所使用的技术、掌握的客户名单，与被害人的商业秘密是否相同，这是判定犯罪嫌疑人是否侵犯商业秘密的另一关键。如果二者相同，而犯罪嫌疑人又无法证明其来源合法，则可在一定程度上证明其侵权事实的存在。此项鉴定通常在外围调查告一段落，初步认定侵犯商业秘密行为存在的前提下，采取搜查、扣押等手段获取犯罪嫌疑人的有关技术资料、经营资料后进行。如果在立案前已经获取涉嫌侵权的产品，也可以在立案前进行此项鉴定和商业秘密鉴定。有的案件中，还需要对犯罪嫌疑人提供的技术资料进行鉴定，看能否依照资料制造出相应的产品，或能否通过反向工程掌握涉案技术信息。在侵犯商业秘密案件中，犯罪嫌疑人常提出涉嫌侵权的产品是其独立开发、研制的，或者是根据公知技术独立制造的，或者是通过反向工程获取技术的，并提供相应的技术资料。为了查明其辩解是否属实，就需要对其提供的技术资料进行鉴定，看犯罪嫌疑人能否根据其所声称的专有技术、公知技术制造出涉嫌侵权的产品，能否根据通过反向工程掌握涉案技术信息。

（三）通过司法会计鉴定确定被侵权人遭受的经济损失

被侵权人利润减少数额、犯罪嫌疑人生产、销售涉嫌侵权产品所得利润数额、商业秘密许可使用费、商业秘密的价值等是确定被侵权人损失的重要依据。上述数额一般由专业的中介机构通过司法会计鉴定得出。需要说明的是，侵犯商业秘密行为给权利人造成的损失数额的认定往往不是一次性做出的，而是分阶段进行的。在初查或立案侦查初期阶段，常需要根据掌握的证据对损失数额进行初步司法会计鉴定，从而为立案提供依据。在侦查终结之前，则需要根据检察机关的意见和全案证据对损失数额再次进行司法会计鉴定。两次鉴定的方法不一定一致，可根据案情决定采用适宜的方法。为提高效率起见，两次鉴定可由同一家鉴定机构进行。

【导入案例简析】

应搜集知情人证人证言、企业工商登记资料、劳动合同、员工保密合同、涉案资金往来证据、技术秘密检索报告、电子邮件截屏、设计图纸、有关的协议、合同、发票、涉案

① 参见张景朝、何茂斌：《泛马公司商业秘密侵权案引发的五点思考》，载《工商行政管理》，2007（11）。

技术的鉴定意见、涉案产品销售情况的鉴定意见书、张×、泽×的供述等。

【资料链接】

侵犯商业秘密罪认定中的鉴定结论使用

根据我国《刑法》第二百一十九条的规定，商业秘密是指不为公众所知悉，能为权利人带来经济利益，具有实用性并经权利人采取保密措施的技术信息和经营信息。根据这一定义，侵犯商业秘密罪的证明体系主要由三个部分组成，即认定存在商业秘密、认定存在侵犯商业秘密的行为、认定重大损失的损失数额。鉴定结论可以用于证明这三大问题，并且都起着关键性的作用，是诉讼中的证明焦点。笔者认为，在刑事诉讼中运用鉴定结论需要注意三个问题：必须要取得推导证据，必须明确查新报告的检索范围，必须证明检样与鉴定结论之间具有关联性。

举一案例说明：被告人H系印染行业A公司的电脑染色调浆系统研发人员，其违反保密协议，从A公司辞职时带走了技术资料，到B公司后生产了同类产品，并低价销售了两台染色调浆机。侦查机关从B公司扣押和保全了H的电脑，里面存有A公司的部分软件源代码；在B公司也取得了A公司的图纸；并且鉴定结论为：A公司的图纸具有秘密性，B公司的产品在机械系统、电气系统和软件源代码上都与A公司的图纸在关键部位上具有同一性。粗看上述证据已经确实充分，但鉴定结论本身不能直接证明案件事实，必须通过有效组织证据来运用鉴定结论才能达到证明目的，其中应注意以下问题：

一、获取和运用“推导证据”使鉴定结论与案件具有关联性

要证明侵权事实存在，首先要证明被告人所使用的信息与商业秘密在实质上一致，才能进而认定存在侵犯商业秘密的行为。在实践中，鉴定结论所依据的检样与案件是否具有关联性、鉴定方法是否准确、鉴定结论能否证明侵权事实等问题常常成为控辩双方争论的焦点，而这些问题都与鉴定结论与案件的关联性有关。鉴定所依据的检样是侦查机关通过调取、搜查、扣押等手段取得的，承载着商业秘密的物证、书证等，受侦查机关委托的鉴定机构也主要是根据检样来作出技术上的对比和认定。被告人一般都会提出，其所使用的信息与检样存在各种差别，也就是说与被害人的商业秘密在实质上并不具有完全的一致性，所以，鉴定结论与案件没有关联性。检察机关如果要证明侵权事实存在，首先就要证明被告人所使用的信息与检样具有一致性，这里，在组织证据时如何准确运用鉴定结论，存在几个较为细微的环节。

例如，要证明被告人使用的技术与商业秘密“在实质上一致”尚存在下列问题：(1) A公司的图纸在B公司取得，并不足以证明B公司使用了该图纸，更不足以证明B公司的产品是依据A公司的图纸制造的，即图纸和产品之间的联系不是必然的，这里缺少一个能够证明必然性联系的证据x；(2) A公司的图纸具有秘密性a。B公司的产品与图纸具有同一性b，但是，这个有同一性的b部分是不是包括在被列为秘密性的a部分里呢？这里缺少一个证明b包含于a的证据Y。

笔者把x和Y暂且称为“推导证据”，在运用鉴定结论的时候，必须要取得推导证据，才能使鉴定结论和其他物证、书证相互印证，使鉴定结论与案件具有关联性。但是，推导证据往往不是以物证、书证或鉴定结论等证据形式单独存在的，而是常常包含于作出鉴定结论所依据的检样以及鉴定方法中，不但容易被忽略，更是难以取证固定，或者有的案件根本不能够取得推导证据。目前，我国在采集、提供检样和作出司法鉴定这两个重要的侦

查手段方面，尚处于无法律法规明确规定、无相对成熟的做法的尴尬阶段。因此，检察机关必须有意识地利用庭审中的讯问程序和质证程序，当庭取得必要的“推导证据”并在法庭辩论中明确运用“推导证据”，使鉴定结论与其他证据通过被告人的当庭供述来达到相互印证，从而构筑完善的证据体系。

二、明确查新报告的检索范围

查新报告是指鉴定机关通过检索已公开出版的各类技术文献，并将案件涉及的商业秘密与相关文献相比对，从而对该技术成果是否已经在事前完全公开这一问题作出的结论性报告，查新报告作为鉴定结论的一种，主要用于证明案件涉及的技术成果是否具有秘密性。但是在侵犯商业秘密案件中被告人总是能提出辩解，称其使用的技术已经在司法鉴定机构检索范围之外的××文献中公开，从而对鉴定结论中查新报告的检索范围提出质疑，进而否定商业秘密的存在。此时，公诉方就必须取得其他证据来印证鉴定结论，从而证明存在商业秘密。如证明被告人不可能取得，或者没有能力直接利用其所称的文献，如该文献没有在国内出版，没有中译本，而被告人又不具备相应的语言能力等；或者在庭审之前，对辩解所涉及的文献作出补充取证和鉴定，尽量使鉴定结论和其他证据相互印证，形成一组证据链。

三、证明检样与鉴定结论之间具有关联性

鉴定所依据的检样是指侦查机关通过调取、搜查、扣押等手段取得的，承载着商业秘密的物证、书证等。受委托的鉴定机构主要是根据检样来作出技术上的对比和认定。在把商业秘密提升为“知识产权”之后，一般的民事诉讼中只要确认存在“侵入”的事实，原告就可以胜诉了，但刑事诉讼则要求进行合乎程序的取证和质证，因此，鉴定结论所依据的检样与案件是否具有关联性、检样的取得和提供程序是否合法、鉴定方法是否准确等与鉴定结论有关的问题也较为重要：

1. 商业秘密点应固定，不能随意改变。商业秘密中的技术方案或商业信息是起诉的依据，也是案件审理的基础，如果在庭审过程中出现变更或增加秘密点的情况，相当于改变了起诉的部分重要事实，势必动摇诉讼证明的基础。为防止此类情况发生，案件的商业秘密点应该从侦查阶段开始就基本固定，所有的诉讼工作，如取得和提供检样、确定鉴定方法、开展技术方案对比认定等，都应该围绕确定的秘密点来开展。

2. 对重要的评估资料应进行查证。侦查机关委托评估或鉴定时提供的检样如果不确切，评估机关如果对被评估对象不作了解核实，就难免导致评估和鉴定所依据的材料与商业秘密点没有关联性，也就是说缺少前文所述的“推导证据”。因此，提供用于司法鉴定的检样必须与商业秘密点相关联，同时，与商业秘密的范围也要能够相互印证。

3. 涉及商业秘密的物证、书证应与相关言词证据印证。对某些商业秘密而言，作出鉴定结论不仅是根据物证、书证等检样，而且要使用较多的参考资料。比如，商业秘密中的经营信息，只有那些经过一定的商业努力而取得的客户名单才具有秘密的特征，所以，经营信息的价值应该从商业价值和商业道德等方面进行全面考虑，这就不是物证、书证本身所能证明的了。因此，涉及商业秘密的物证、书证，必须要有与之配套并能够证明其价值的言词证据作为辅助材料，同时两者之间必须相互印证。①

① 参见薛萍、耿艳苹、姚淑娟：《侵犯商业秘密罪认定中的鉴定结论使用》，载《人民检察》，2011 (21)。

【本章小结】

侵犯商业秘密罪是指实施了《刑法》第二百一十九条规定的以盗窃、利诱、胁迫、或者其他不正当手段获取权利人的商业秘密等四种侵权行为，给商业秘密权利人造成重大损失，应当追究刑事责任的行为。侵犯商业秘密罪的主体是一般主体，包括自然人和单位。侵犯商业秘密罪的主观方面主要是故意，间接侵犯商业秘密的情形下可以由过失构成。行为人的犯罪动机和目的不是本罪成立的必要条件。侵犯商业秘密罪侵犯的是复杂客体，一方面侵犯了他人的商业秘密专用权，另一方面侵犯了国家商业秘密保护管理制度。侵犯商业秘密罪的客观方面表现为行为人实施了侵犯权利人的商业秘密，给权利人造成重大损失的行为。其表现形式有四种：一是以盗窃、利诱、胁迫或者其他不正当手段获取权利人的商业秘密的行为；二是披露、使用或者允许他人使用以前项手段获取权利人的商业秘密的行为；三是违反约定或者违反权利人有关保守商业秘密的要求，披露、使用或者允许他人使用其所掌握的商业秘密的行为；四是第三人在明知或者应知前述三种违法行为的情况下，仍然从侵权人那里获取、使用或者披露他人的商业秘密的行为。侵犯商业秘密罪的追诉标准：(一) 给商业秘密权利人造成损失数额在五十万元以上的；(二) 因侵犯商业秘密违法所得数额在五十万元以上的；(三) 致使商业秘密权利人破产的；(四) 其他给商业秘密权利人造成重大损失的情形。

在侵犯商业秘密案件侦查中，应遵循"相似＋接触＋排除合法来源＝侵权"的思路开展调查取证工作。一是审查线索，确定定性和管辖。包括核实商业秘密的真实性、核实商业秘密的权利人、了解受害单位或个人遭受损失的情况、确定案件管辖。二是开展摸底调查，发现犯罪嫌疑人。三是全面收集侵犯商业秘密的有关证据。包括实物证据、电子证据和言词证据的收集与保全。四是对涉案的技术信息、经营信息进行鉴定。

【关键术语】

侵犯商业秘密罪；商业秘密；权利人；损失数额；司法鉴定

【推荐阅读与学习资源】

1. 薛萍、耿艳苹、姚淑娟：《侵犯商业秘密罪认定中的鉴定结论使用》，载《人民检察》，2011 (21)。

2. 周映彤：《侵犯商业秘密犯罪案件的特点与证明要求》，载《人民检察》，2011 (11)。

3. 邹思平：《论侵犯商业秘密犯罪案件的侦查》，载《江西公安专科学校学报》，2006 (6)。

4. 李红：《网络视角下侵犯商业秘密罪界定之思考》，载《北京警察学院学报》，2013 (5)。

【案例分析】

2007 年 1 月 17 日，四川××科技有限责任公司（以下简称××公司）向××市公安局报案称：2006 年下半年以来，该公司陆续有 10 余名各个部门的骨干技术人员，在未办理相关离职手续的情况下，擅自前往江苏为当地××公司提供多晶硅生产技术服务，其中个别人员还窃取了公司主要工艺技术的全套图纸，导致了公司核心技术秘密外泄，给公司的建成投产造成了严重的影响。

经××市公安局对相关报案材料和情况反映的认真审查，发现这很可能是一起有组织、有预谋的非法窃取公司技术秘密的刑事犯罪案件。由于××公司系四川省××集团有限责任公司投资控股企业，该公司建设投产的 1 260 吨多晶硅项目，是经原国家计委批准建设的高技术产业化示范项目，是四川省委、省政府的“一号工程”，先后投资人民币 12 亿多元，目前也是我国唯一正式投产的千吨级多晶硅生产项目。[①]

问题：试分析该案的侦查思路。

① 参见公安部经济犯罪侦查局：《经济犯罪案例选编（四）》，891～892 页，北京，中国人民公安大学出版社，2009。

第13章

合同诈骗犯罪案件侦查

【学习目标】

通过本章的学习，理解合同诈骗罪的概念、构成要件；了解合同诈骗犯罪的案件特点；掌握合同诈骗罪主观方面的认定；掌握合同诈骗犯罪案件的侦查取证要点。

导入案例

2008年11月5日，王×到公安机关报案称，她妹妹王×茜跟做投资担保生意的郑××有生意来往。郑××通过同行的乐清人吴××，得知台州的张××准备在乐清注册一家担保公司，需要8 000万元验资。于是11月5日上午，王×在郑××的陪同下，替妹妹王×茜在乐清与张××签订了一份借款合同：规定8 000万元借款专用于张××在乐清所注册的公司验资，用期2至3天；事前张×支付给王×茜68万元费用，结束后如数归还。

为确保这8 000万元的资金安全，张××将自己的中信银行卡和密码、身份证原件放在王×处，叫王×茜将8 000万元汇入张××所提供的银行卡。之后王×凭张某的银行卡和密码、身份证原件到中信银行提取8 000万元，转入张××在该行临时验资户的账号上。于是，当日上午9时30分许，王×茜在苏州将8 000万元汇入张××的银行卡。

当天下午张××没有按规定将68万元费用支付给王×茜。下午3时许，王×到银行准备取回8 000万元并解除借款合同时，发现张××的中信银行卡上8 000万元已被他人在网上银行转走，而张××联系不上，去向不明。①

问题：试分析本案的侦查思路。

第一节　合同诈骗犯罪案件概述

一、合同诈骗罪的概念

合同诈骗罪，是指以非法占有为目的，在签订、履行合同过程中，骗取对方当事人财

① 参见许勋磊：《浙江乐清“11.5”特大合同诈骗案侦破纪实》，见东方法治网，http：//law.eastday.com/dongfangfz/node15/node21/u1a23565.html，2014年7月1日访问。

物数额较大的行为。

《刑法》第二百二十四条规定："有下列情形之一，以非法占有为目的，在签订、履行合同过程中，骗取对方当事人财物，数额较大的，处三年以下有期徒刑或者拘役，并处或者单处罚金；数额巨大或者有其他严重情节的，处三年以上十年以下有期徒刑，并处罚金；数额特别巨大或者有其他特别严重情节的，处十年以上有期徒刑或者无期徒刑，并处罚金或者没收财产：（一）以虚构的单位或者冒用他人名义签订合同的；（二）以伪造、变造、作废的票据或者其他虚假的产权证明作担保的；（三）没有实际履行能力，以先履行小额合同或者部分履行合同的方法，诱骗对方当事人继续签订和履行合同的；（四）收受对方当事人给付的货物、货款、预付款或者担保财产后逃匿的；（五）以其他方法骗取对方当事人财物的。"

合同诈骗罪侵犯的是双重客体，包括社会主义市场经济秩序和对方当事人财物的所有权，并且由于对前者的侵犯，使得合同诈骗罪较普通诈骗罪具有更大的社会危害性，并将其独立出普通诈骗罪。

合同诈骗罪客观方面表现为在合同签订、履行过程中使用欺诈手段，骗取对方当事人数额较大的财物的行为。其特征概括为以下两点：(1) 诈骗行为必须是利用了合同，发生在合同的签订和履行过程中。这是区分合同诈骗罪与其他形式诈骗罪的重要标志。(2) 行为人必须是采取了欺骗手段。所谓欺骗，也就是指虚构事实或隐瞒真相。虚构事实，是一种积极作为的欺诈手段，是指行为人捏造主观上不存在的事实，骗取受害人的信任，使其作出错误的意思表示而与之订立并履行合同；隐瞒真相，是指行为人根据法律、合同和交易惯例有义务告知对方当事人真实情况而故意不予告之，遂使对方被骗，是一种消极的不作为。需要注意的是，隐瞒真相必须是有告之义务而沉默，如果没有告之义务而沉默，不属于作为欺骗表现形式之一的隐瞒真相。

合同诈骗罪主体既可以是已满十六周岁、具有辨认控制能力的自然人，也可以是单位。对自然人犯罪一般不难认识和把握，对单位犯罪的认定则有一定难度。构成单位利用合同诈骗必须符合两个条件：其一，单位合同诈骗行为必须是经单位决策机构或由单位负责人在其职权范围内决定实施的；其二，非法所得归单位所有或基本归单位所有。只有符合上述这两个条件，才可认定是单位诈骗。个人为进行违法犯罪活动而设立的公司企业，或者公司企业成立后，以实施犯罪为主要活动的不能认定为单位犯罪。盗用单位名义实施犯罪，但其违法所得由实施犯罪个人私分的，不能以单位犯罪论处，只能依照《刑法》有关自然人犯罪的规定处理。①

合同诈骗罪主观方面只能是故意，即行为人主观上具有非法占有对方当事人财物的目的。非法占有的目的既可以存在于签订合同时，也可以存在于履行合同的过程中，但产生非法目的后并未实施诈骗行为的，不构成合同诈骗罪。②

二、合同诈骗罪的认定

（一）合同诈骗罪中的"合同"

根据传统民法理论，合同，是指平等主体的自然人、法人、其他组织之间设立、变

---

① 参见肖中华：《合同诈骗罪的认定与处罚》，载《刑事司法指南》，2000（3）。

② 参见张明楷：《刑法学》，3版，627页，北京，法律出版社，2007。

更、终止民事权利义务关系的协议。

1. 合同诈骗罪中的合同主要是指体现市场交易行为的合同

并非所有冠以“合同”之名的协议都可以成为本罪中的“合同”，只有那些用于进行市场交易的合同才是本罪中的“合同”。之所以对“合同”进行上述界定，主要是考虑到1997年《刑法》将合同诈骗从诈骗罪中分离出来，并置于《刑法》分则第三章“破坏社会主义市场经济秩序罪”中的第八节“扰乱市场秩序罪”一节内，其目的主要是为了保护市场秩序。在具体的案件中，应考虑利用合同诈骗是否扰乱了市场经济秩序，如果行为人利用合同形式进行诈骗不致扰乱市场经济秩序，则不应构成合同诈骗罪。例如，行为人以生活窘迫为名，立下借条（合同）骗借他人财物后挥霍一空而不予偿还的，不宜以合同诈骗罪定罪处罚。合同诈骗罪中合同的范围除包括买卖合同、加工承揽合同、仓储合同、建设工程合同等债权合同外，也应包括抵押合同、质押合同、国有土地使用权出让合同等物权合同，以及合伙合同、联营合同、承包合同等；而《行政法》上的行政合同、《劳动法》上的劳动合同以及婚姻、收养、监护等有关身份关系的合同不属于合同诈骗罪中的合同的范围。利用行政合同、劳动合同、人身合同实施诈骗犯罪的，可以考虑认定为传统诈骗犯罪或其他罪名。

2. 合同诈骗罪中的合同一般指书面合同

书面合同包括合同书、信件和数据电文，如电报、电传、传真、电子数据交换和电子邮件等可以有形地表现所载内容的形式。口头合同如果发生于生产、销售领域，且具备《合同法》规定的要件，也可以成为本罪中的“合同”。对于在日常生活中，利用口头合同进行诈骗的，一般可不以合同诈骗定罪，构成其他犯罪的，可以其他犯罪认定。之所以对口头合同做上述限定，是因为日常生活中口头合同大量存在，如果将所有口头合同均归入本罪，普通诈骗犯罪即无存在必要，也与保护市场秩序的立法初衷相悖；另外，在合同诈骗罪的认定中，能够证明嫌疑人所利用“合同”的存在也是起码的要求。

（二）“以非法占有为目的”的认定

1996年12月16日最高人民法院颁布的《关于审理诈骗案件具体应用法律的若干问题的解释》（以下简称《诈骗案件解释》）第2条第3款：“行为人具有下列情形之一的，应认定其行为属于以非法占有为目的，利用经济合同进行诈骗：（一）明知没有履行合同的能力或者有效的担保，采取下列欺骗手段与他人签订合同，骗取财物数额较大并造成较大损失的：1. 虚构主体；2. 冒用他人名义；3. 使用伪造、变造或者无效的单据、介绍信、印章或者其他证明文件的；4. 隐瞒真相，使用明知不能兑现的票据或者其他结算凭证作为合同履行担保的；5. 隐瞒真相，使用明知不符合担保条件的抵押物、债权文书等作为合同履行担保的；6. 使用其他欺骗手段使对方交付款、物的。（二）合同签订后携带对方当事人交付的货物、货款、预付款或者定金、保证金等担保合同履行的财产逃跑的；（三）挥霍对方当事人交付的货物、货款、预付款或者定金、保证金等担保合同履行的财产，致使上述款物无法返还的；（四）使用对方当事人交付的货物、货款、预付款或者定金、保证金等担保合同履行的财产进行违法犯罪活动，致使上述款物无法返还的；（五）隐匿合同货物、货款、预付款或者定金、保证金等担保合同履行的财产，拒不返还的；（六）合同签订后，以支付部分货款，开始履行合同为诱饵，骗取全部货物后，在合同规定的期限内或者双方另行约定的付款期限内，无正当理由拒不支付其余货款的。”

但是行为人的主观心理活动具有潜隐性和动态性，无法直观识别，只能通过其客观行为综合判定，一般考虑以下几个因素：

1. 行为人签订合同时的主体资格

正常的经济交往应遵循诚实、信用的准则，签约的双方应当如实表明各自的身份。但合同诈骗罪的行为人签约时多在其主体上大做文章，如伪造营业执照、身份证件，私刻公章，使用假单位、假姓名、假地址等。行为人假冒身份，可在一定程度上表明其具有非法占有他人财物的故意。但需要注意的是，实践中有的行为人为了取得对方信任，争取到营利的项目，也冒用他人（通常为实力雄厚的企业）身份与对方签订合同。对此，只要行为人不以非法占有为目的，对其采取的此类欺诈手段就不能以犯罪论处。

案例(13-1)

2008 年 11 月 28 日，孙×私刻濮阳宏亚建筑集团公司的合同专用章，冒用濮阳宏亚建筑集团公司的名义与江苏华美工程建设集团有限公司（以下简称“华美公司”）签订了东营市市直机关经济适用住房 H 区 14、15、16、17、20 号楼的工程承建分包协议。根据协议，华美公司按照孙×每月的实际工程量给其拨工程款。截至 2009 年 9 月 23 日，孙×总共完成了 10 336 084 元的工程量，占总工程量的 70%。按工程的进度，华美公司在扣除管理费、税金、钢筋水泥款、水电费等费用后，总共应向孙×拨工程款 4 299 882 元。2009 年 7 月，华美公司发现孙×拖欠民工工资后，便要求他必须拿着濮阳宏亚建筑集团公司的收款委托书来领取工程款。由于孙×是冒用濮阳宏亚建筑集团公司的名义与华美公司签的合同，拿不出该公司的收款委托书。华美公司便以此为由停止向孙拨工程款。华美公司共向孙×拨款 3 989 016 元，除去直接给供货商拨付的 950 000 元，实际上拨付给孙世界工程款 3 039 016 元。孙×在支付了 1 002 567 元材料款和租赁费、1 243 700 元民工工资后，于 2009 年 9 月 23 日携余款 792 749 元潜逃。

评析：孙×的行为不构成合同诈骗罪。首先，孙×私刻濮阳宏亚建筑集团公司的合同专用章，并以濮阳宏亚建筑集团公司名义与华美公司签订了工程承建分包协议，但孙×一直在履行该协议，截至 2009 年 9 月 23 日，已经完成总工程量的 70%。以此看来，孙×私刻濮阳宏亚建筑集团公司的合同专用章，并冒用该公司名义与华美公司签订工程承建协议的目的是为了承揽工程。其次，孙×并未非法占有华美公司财物。华美公司与孙×签订的是工程分包协议，该公司按照孙×每月的实际工程量给其拨工程款，孙×带走的款项不属于华美公司所有。

在行为人冒用他人身份签订合同的情况下，特别要注意是否存在表见代理的情形。所谓表见代理，是指被代理人的行为足以使善意第三人相信无权代理人具有代理权，基于此项信赖与无权代理人进行交易，由此造成的法律效果由法律强制被代理人承担的代理。表见代理制度的设立是为了保护善意第三人的信赖利益与交易安全，并令疏于注意的被代理人自负后果。表见代理的构成要件是：(1) 客观上存在使善意第三人相信无权代理人拥有代理权的理由；(2) 第三人为善意且无过失；(3) 无权代理人与第三人所为的法律行为，合于法律行为的一般有效要件和代理行为的表面特征；（4）无权代理行为的发生与本人有关。[①] 一般说来，在司法实践中承认的表见代理的发生原因有如下几种：（1）被代理人以书面或口头形式直接或间接地对第三人表示以他人为自己的代理人，而事实上他并未对该他人进行授权，第三人信赖被代理人的表示而与该他人为交易；（2）被代理人将有证明代理权之存在意义的文件交给他人，第三人信赖此项文件而与该他人为交易，而事实上，被代理人对该他人并无授予代理权的意图；（3）代理证书授权不明，代理人超越代理权限为代理行为，第三人善意无过失地因代理证书的授权不明相信其为有权代理；（4）代理关系终止后，被代理人未采取必要措施公示代理关系终止的事实，并收回代理人持有的代理证书，以致造成第三人不知代理关系终止而仍与代理人为交易；（5）被代理人知道他人以自己的名义进行活动而不置可否。[②] 根据《合同法》第四十九条："行为人没有代理权、超越代理权或者代理权终止后以被代理人的名义订立合同，相对人有理由相信行为人有代理权的，该代理行为有效。"如果行为人冒用他人身份签订合同构成表见代理，则其行为就不构成合同诈骗，如其行为构成其他犯罪的，则应按相应罪名追究其刑事责任。

案例(13－2)

锦州市泰丰房地产开发公司在开发住宅楼时，将工程交由太和区第一建筑工程公司承包，该建筑公司又将工程转包给个体"包工头"赵龙章进行施工。泰丰实际上无力支付工程款，故授权给各个施工负责人（包括赵龙章）预售房屋，以房款抵工程款。赵龙章被授权出售22户房屋。22户房屋售出后，赵龙章又先后售出23户房屋，其中存在一户卖给多人的情况，共得款193万余元，公安机关认定赵龙章合同诈骗193万元。

评析：对于赵龙章预售房屋的行为应区分不同情况予以认定：首先，其被授权出售的22户房屋是正常的民事代理。其次，其超越授权范围出售的23户房屋，由于赵龙章与泰丰房地产开发公司之间事先存在着代理关系，故购房人据此有理由相信赵龙章有权代理泰丰售房，于是交钱购房，由此产生的民事法律后果应由泰丰承担，赵龙章的这种行为是民事表见代理行为，泰丰在承担这部分民事责任后，可向赵龙章追偿。如果赵章龙将售房所得款项据为己有则构成侵占罪。

2. 行为人的履约能力或担保

履约能力是指合同当事人全部履行合同所应具备的主、客观条件，包括人员、场地、设备、专业技能、资金、货源等。履约能力要从行为人的主体身份、以往经营状况、资信状况、经营能力、负债情况、担保能力等多方面进行综合判断。合同诈骗罪的行为人大都不具备履约能力，因其签约的目的是骗取对方的财物。履约能力是一个可变性较强的因素，所以不宜一概而论，实践中应区分不同情况，如出现下列情形多以合同诈骗论：

（1）有完全履约能力，但行为人自始至终无任何履约行为，而以欺骗手段让当事人单方履行合同，占有对方财物。

（2）有完全履约能力，但行为人只履行一部分，意在诱使相对人继续履行，从而占有对方财物。

---

① 参见王利明：《民商法研究》（修订本），第4辑，161页，北京，法律出版社，2001。

② 参见彭万林主编：《民法学》，第2次修订版，178～179页，北京，中国政法大学出版社，1999。

(3) 有部分履约能力，但行为人自始至终无任何履约行为，而以欺骗手段让对方当事人单方履行合同，占有对方财物。

(4) 有部分履约能力和履约行为，但行为人本意不在承担合同义务，而在于诱使相对人继续履行合同，从而占有对方财物。

(5) 签订合同时无履约能力，之后仍无此种能力，而依然蒙蔽对方，占有对方财物。

行为人签订合同时无履行能力，但事后经过各种努力，具备了履约能力，并且有积极的履约行为，则无论合同最后是否得以完全履行，均只构成民事欺诈。

需要注意的是，行为人是否具备履约能力，不宜仅从人员、场地、设备、资金等“硬件”的角度进行衡量，货源、销售渠道、业务能力等“软件”也是履约能力的重要方面。

履约担保是指合同当事人按照法律规定或合同约定向对方当事人提供的物的保证或第三者的保证。履约担保一般是在签订合同时，应对方要求提供，合同诈骗犯罪的行为人为了顺利签约，骗取财物，往往提供虚假担保。对于以伪造、变造、作废的票据或者其他虚假的产权证明作担保的，或者隐瞒真相，使用明知不符合担保条件的抵押物、债权文书等作为履行合同的担保的，或者骗取及串通第三人为其担保的，一般可以认定其具有非法占有他人财物的目的。

3. 行为人的履约行为

履约行为是推定行为人是否具有“非法占有目的”的关键因素。一般而言，合同诈骗的行为具有无偿占有他人财物的故意，因而通常都不会有履行合同的行为，即使有部分履约行为，往往也是以此诱骗对方当事人，意图占有对方财物。而民事欺诈的行为人则在获取不法利益的同时，一般还会承担合同约定的义务，而且其不法利益的取得，多是通过履行一定的合同义务而获得的。需要指出的是，有履约行为并不一定意味着完全履约。一般而言，在依合同取得对方财物后，虽未能完全履约，但能够积极采取措施，设法避免或减少对方损失，主动承担责任的，不应定为合同诈骗。

案例(13-3)

被告人张×与陈×商议合伙经营加油站。2003年6月得知华孚加油站需要搬迁，二被告人便从该加油站原法定代表人胡×手中购买了该加油站的设备和手续。同年7月初，张×、陈×在未经文物、规划、土地部门审批的情况下，擅自将华孚加油站迁址于文物保护区内。同年7月22日至9月8日，××区规划分局、文化体育旅游局、国土资源局先后给华孚加油站下达了《关于停止违法建设的通知》、《行政处罚事先告知书》、《拆除违法建筑决定书》、《责令停止土地违法行为通知书》、《土地行政处罚告知书》。但二被告人对以上行政命令及处罚置若罔闻，仍继续修建加油站。2004年11月15日，加油站基本建成，二人隐瞒该加油站已被相关行政部门限期拆除的实情，经他人介绍，以370万元的价格将加油站卖予刘×等人，张×、陈×将所获价款按投资比例分配。按合同约定，张×将加油站卖给刘×后，须协助刘×办理加油站相关手续。按规定，加油站开业前，须经市经委验收，并办理《变更成品油零售经营许可证》。因该加油站缺少相关手续，成品油零售经营许可证的变更手续没有申办下来。2005年1月27日，规划分局再次张贴限期自拆通告，刘×才知华孚加油站属违法建筑。2005年3月9日，市规划局、市建委、市文物局会同区土地、建设、公安对该加油站强制拆除，所有设备只卖了8万元。检察院指控张、陈两人犯合同诈骗罪。人民法院在审理本案过程中，就被告人是否构成犯罪，形成两种意见，一种意见认为张×、陈×的行为构成合同诈骗罪。另一种意见认为，张×、陈×的行为不构成合同诈骗罪，是一种民事欺诈行为，属可撤销的民事行为。[①]

评析：法院最终认定本案为民事欺诈，不构成合同诈骗罪。主要理由如下：一是张×、陈×具备履约能力且实际履行了合同。本案中，张、陈不仅将加油站的部分手续移交给刘×，且将投资 230 万元建成的一座加油站也及时交付，证明二人具有履约能力，加油站不具备的部分手续应视为合同标的的瑕疵。二是就加油站管理的实际状况来看，在合同签订时加油站虽然为违法建筑，但未必会被实际拆除（事实上刘×也确实经营了三个月），张×和陈×并不存在非法占有刘×财物的直接故意。由于种种原因，违法建设的加油站未被拆除的比比皆是，因此，本案中张×和陈×建设加油站及将加油站出售给刘×是出于侥幸心理，实际上对于刘×的损失持一种放任态度，并不具有非法占有他人财物的直接故意。

但对于下列情形，虽有履约行为，仍应以合同诈骗罪论处：

(1)"拆东墙补西墙"式的履约。即行为人签订合同取得对方财物后，并不积极履约，而是在履约期限届满时，迫于对方追讨，又与第三方签约，将从第三方骗取的财物归还给对方。第三方追讨时，又如法炮制新的合同，骗取他人财物归还。虽然行为人表面上履行了部分合同，但从整体看，行为人却始终非法占有他人财物，只不过形式更隐蔽。

(2) 故意玩弄钓鱼合同的，即先履行小额合同或者部分履行合同为诱饵，骗取对方当事人信任，继续履行合同，骗取对方财物，应认定为合同诈骗罪。

(3) 以无使用价值的伪劣商品履约，骗取对方当事人货款。近年来，在部分省份相继发生多起以销售"纳米布"为名的合同诈骗犯罪案件。在此类案件中，多名犯罪嫌疑人"分工协作"，有的扮演生产厂家销售人员，向被害人推销所谓"纳米布"；有的扮演部队买方，向被害人高价求购"纳米布"。见有利可图，被害人即从"厂家"大量购进"纳米布"，收货付款后，被害人才发现高价购进的所谓"纳米布"不过是质次价廉的纱布，而"卖方"和"买方"早已溜之大吉。对于此类案件，各地均按合同诈骗罪论处。或许有人认为，该类犯罪更符合生产、销售伪劣产品罪的构成特征。笔者认为，以合同诈骗罪认定更为适宜。首先，犯罪嫌疑人使用欺骗手段签订合同，导致被害人产生错误认识，将货款支付给嫌疑人，嫌疑人作案后迅速逃匿，其犯罪模式是典型的诈骗，且主观上表现出明显的"非法占有目的"。而生产、销售伪劣产品罪的主观方面仅为故意，即明知自己生产、销售伪劣商品的行为会发生危害社会的结果，仍然追求或希望这种结果的发生。其次，嫌疑人的"履约"行为不过是诱使被害人上钩，拖延案发的手段，有的案件中，犯罪嫌疑人甚至根本未向被害人交付货物。

4. 行为人未履约的原因及事后态度

行为人未履约的原因及事后态度也是推定其是否具有"非法占有目的"的重要依据。

(1) 行为人签订合同时，具有履约能力，但签约后，因主客观条件变化，丧失了履约能力，而未能履约的，且事后不赖账，愿意承担违约责任，不应定为合同诈骗罪。

---

① 参见杨晓梅、赵学玲：《将违法待拆的加油站转卖他人是合同诈骗罪还是民事欺诈行为?》，载《中国审判》，2007 (8)。

(2) 收取对方财物后，不积极履约，而履约条件丧失，导致合同不能履行，若事后又拒不承担责任，企图占有对方当事人的财物，甚至逃匿，则应认定为合同诈骗罪。

(3) 在通过合同取得对方当事人部分货物、货款、预付款、定金或者保证金后，在对方未出现法定事由的情况下，以"行使不安抗辩权"为借口，故意不履行合同义务，又无正当理由不返还应当返还给对方当事人的款物的，应认定为合同诈骗罪。[①]

5. 行为人取得的财物的去向

行为人如何处置签约后从对方当事人处取得的财物，是判定其行为性质的又一重要的客观依据。在合同纠纷中，行为人多将从对方取得的财物用于正常的生产经营，以履行合同义务。如果行为人将取得的财物用于个人挥霍，或用于从事违法犯罪活动，或者加以隐匿，拒不归还，或者低价变卖，则说明其具有非法占有的目的，构成合同诈骗罪。

(1) 如果行为人将取得的财物全部或大部分用于合同的履行，即使客观上未能完全履行合同的全部义务，一般应认定为民事欺诈，不宜以合同诈骗罪论处。

(2) 如果行为人将取得的财物全部或大部分用于挥霍，或者从事非法活动、偿还他人债务、低价销售并携款逃匿等，应认定为行为人有"非法占有"之故意，其行为构成合同诈骗罪。

(3) 如果行为人将取得的财物未用于履约，而用于自己合法的经营活动，当其积极设法归还对方款物时，应认定为民事欺诈；当其没有履约行为，在有能力归还对方款物的情况下，又拒不归还的，应认定为合同诈骗罪；行为人虽未履行合同，却在合同有效期内将对方财物予以退还，仍应视为民事欺诈。

合同诈骗罪与合同民事欺诈行为的界限

合同民事欺诈行为是指合同签订和履行中，因一方当事人的欺诈行为而引起的权利义 务争议。其与合同诈骗罪的共同点是都有欺诈行为，都发生在合同的签订和履行过程中。

但两者也存在本质上的区别：(1) 合同诈骗与合同民事欺行为人对待合同的态度和履行诚意不同。合同诈骗行为人的根本目的只是非法骗取另一方当事人的财物，合同只是其借以实施诈骗的一种手段，一旦目的达成，合同便可弃之脑后，主观上并没有履行合同的意图。这种合同对行为人而言，根本不具有权利义务约束的作用。而合同民事欺诈中，行为人知晓其所签订的合同存有瑕疵的，自己因欺诈获取财物的行为不能得到法律的肯认。但是，行为人还是决意切实按照合同条款履行自己的义务、获取自己的权利，甚至行为人所谋求的不当或不法利益恰恰是通过合同的履行而实现的。此时，合同并不只是一纸空文，而是确实能够产生权利义务约束作用。(2) 与内在态度相适应，履行合同的外在行为表现也存在差异。实施合同诈骗的行为人客观上不存在实质意义上的履行行为。即使有小额履行，也只是为了实现诱骗对方当事人、获取信任的目的，这种情况即实践中所谓的"钓鱼合同"。合同诈骗行为人在取得对方当事人的财物后，常采用逃匿、挥霍、还债等方法予以处分，并且继续采用虚构事实、隐瞒真相的手段掩盖自己占有他人财物的情形。而

① 《合同法》第六十八条规定，应当先履行债务的当事人，有确切证据证明对方有下列情形之一的，可以中止履行：(一) 经营状况严重恶化；(二) 转移财产、抽逃资金，以逃避债务；(三) 丧失商业信誉；(四) 有丧失或者可能丧失履行债务能力的其他情形。当事人在上述情形下中止履行合同的权利就是"不安抗辩权"。

合同民事欺诈的行为人，对合同义务能够积极的承担和履行。如果出现没有履行合同义务的情况，大多数也是出于客观原因，例如，资金周转困难、货物确实难以备好、信息障碍、自然条件变化等。对已经占有的对方当事人的财物，行为人没有侵吞，而是想方设法偿还债务或者交货。这与合同诈骗罪是有区别的。[①]

（三）合同诈骗罪与其他诈骗犯罪的关系

1. 合同诈骗罪与金融诈骗罪

金融领域中的许多活动也以合同方式进行，如果在这些活动中一方当事人以非法占有为目的而骗取对方当事人财物且数额较大的行为只能构成金融诈骗罪，其罪与合同诈骗罪的主要区别表现在：其一是活动所属的领域不同，其二是合同双方当事人的一方具有特定性。

2. 合同诈骗罪与诈骗罪

《刑法》第二百六十六条规定的“诈骗公私财物，数额较大的”是诈骗罪，该条最后规定“本法另有规定的，依照规定”。《刑法》第二百六十六条与第二百二十四条相比，是普通法条与特别法条的关系，在适用时应首先考虑适用第二百二十四条的规定。

三、合同诈骗犯罪案件的追诉标准

合同诈骗罪的追诉标准为数额在 2 万元以上的，应予立案追诉，而实践中如何认定数额是一个较为复杂的问题。合同诈骗罪涉及的数额有以下几种：合同的标的额，包括主合同的标的额与从（如担保合同）合同的标的额；被骗方交出数额；犯罪造成的被骗方损失，包括直接损失与间接损失；犯罪分子个人所得额和犯罪骗入数额。在单个人犯罪的情况下，犯罪分子个人所得额与犯罪骗入数额是相同的，在共同犯罪中，犯罪骗入数额是共同犯罪总的骗入数额，犯罪分子个人所得额是指其实际分得的数额。但这里只讨论合同诈骗罪成立的数额的认定，而不是个人承担刑事责任的数额确定问题。因此，这里将犯罪分子个人所得数额与犯罪骗入数额合称为犯罪所得数额。另外，犯罪造成的损失包括直接损失与间接损失，而被骗方交出的数额属于直接损失。所以，实际上只有三种数额：合同标的额，犯罪造成的损失额与犯罪所得额。根据《案件追诉标准（二）》第七十七条的规定，以非法占有为目的，在签订、履行合同过程中，骗取对方当事人财物，数额在二万元以上的，应予立案追诉。

在认定合同诈骗犯罪数额时，应注意以下几个问题：

（1）对于行为人实际骗取的数额与合同标的数额不一致的，合同诈骗犯罪数额应当以行为人实际骗取的数额认定，合同标的数额可以作为量刑的情节加以参考。有人主张在这种情况下，以犯罪造成的直接损失作为认定犯罪数额的标准。在实践中，行为人实际骗取的数额与被害人的直接损失往往是一致的。只有在受骗人交出财物后，在犯罪分子实际取得财物之前，财物因被害人以外的原因而减少的情况下，二者才会有不一致的情况。在这种情况下，如何认定犯罪数额？笔者认为，应以行为人实际取得的财物数额认定，被害人损失数额可以作为量刑的参考。

（2）对于多次进行诈骗，并以后次诈骗财物归还前次诈骗财物（即拆东墙补西墙式的

---

① 参见马玉美：《合同诈骗罪的司法认定》，中国政法大学硕士论文，2012－03－01。

诈骗），在计算诈骗数额时，应当将案发前已经归还的数额扣除，按实际未归还的数额认定，量刑时可将多次诈骗的数额作为从重情节予以考虑。

（3）诈骗货物后销赃，而销赃所得数额与货物合同价格不一致的，应按两种不同情况区别对待：销赃所得数额高于货物合同价格的，诈骗数额应以销赃所得数额认定；销赃所得数额低于货物合同价格的，应以合同价格来认定其诈骗数额。

（4）多次诈骗未经处理的，应累计其数额。

（5）量刑时，对诈骗集团的首要分子，按集团诈骗的总额从重处罚；其他共同诈骗犯罪，应当以行为人参与共同诈骗的数额认定其犯罪数额，并结合行为人在共同犯罪中的地位、作用和非法所得数额等情节依法处罚。

四、合同诈骗犯罪案件的作案手段

《刑法》第二百二十四条明示了几种典型作案手段：（1）以虚构的单位或者冒用他人名义签订合同的；（2）以伪造、变造、作废的票据或者其他虚假的产权证明作担保的；（3）没有实际履行能力，以先履行小额合同或者部分履行合同的方法，诱骗对方当事人继续签订和履行合同的；（4）收受对方当事人给付的货物、货款、预付款或者担保财产后逃匿的。

但在实践中，随着经济活动的日渐活跃和经济组织形式的日益丰富，合同诈骗犯罪的手法也越来越多样。如：（1）无实际履行能力，但通过贿赂收买对方工作人员等方式签订合同并预先提货或收付定金，实施诈骗行为；（2）虚构货源、项目或其他合同标的，签订空头合同；（3）在签订合同过程中，设置合同陷阱，在履行合同过程上，一旦取得对方货物、货款，便以种种不正当理由拒绝履行，达到非法占有的目的。此类诈骗手段表现形式多样，而且因司法解释不完善使其与纠纷界限不易划分，给犯罪分子造成许多可乘之机；（4）利用虚假广告实施的合同诈骗。利用广播、电视、报纸等媒体大肆宣传，以技术转让、包收产品为幌子，以高额回报为诱饵，以收取技术转让费、预付款、管理费等实施诈骗，在回收时以质量不合格等为借口拒绝履行或直接携款逃匿；（5）假冒联合经商、投资、合作、协作名义，签订、履行合同骗取对方当事人财物；（6）打着加盟连锁的旗号，在社会上散播虚假加盟信息，采用欺诈手段诱骗群众上当，大肆骗取受害人的加盟费；（7）利用合同，合伙实施骗购诈骗。犯罪分子周密策划分工，由A犯罪分子出面与受害方协商合伙作生意，并指定受害方与B犯罪分子签订合同，购买其设备或原料，诈骗得手后迅速逃匿，这一诈骗手段具有很强的迷惑性。

五、合同诈骗犯罪案件的特点

（一）犯罪人体貌特征有充分暴露，多留有物证、书证

大多数合同诈骗案件中，犯罪分子都与被害人有正面直接接触，被害人对犯罪分子的外貌、口音等比较了解，还能提供一定的犯罪人的身份证明、联系方式等，以及犯罪过程中所使用的一些虚假证明文件等，通过对这些信息的综合分析、运用，去伪存真，往往有助于找到案件突破口。

（二）合同诈骗犯罪往往与其他犯罪形成互渗或牵连关系

合同诈骗犯罪由于其自身的性质决定了它必然与其他犯罪行为交织在一起，呈现出复

杂牵连的情形。例如，诈骗分子为了给实施利用合同诈骗犯罪创造有利条件，一般会仿造、盗窃公章、委托函、介绍信，进出口许可证明文件等公文、印章，或者冒充国家工作人员招摇撞骗等。一旦诈骗得手后，他们往往又拿着赃款赃物进行其他危害社会的违法犯罪活动。所以，作案人在实施合同诈骗的过程中，其采取的各种行为就会与合同诈骗犯罪构成手段和结果的关系，并涉及多种下游犯罪。

（三）诈骗方式复杂、智能、隐蔽，诈骗行为的认定具有复杂性

科学技术的进步和发展，特别是网络和通信技术的日益发达，为犯罪分子实施诈骗提供了便利条件，使得诈骗手段由传统的简单诈骗向智能化方向转化；同时犯罪分子的专业化程度也在不断提高，对相关法律法规、经济制度、金融工具运用等都十分熟悉，并在与公安机关的较量中，具备了一定的反侦查能力，使得诈骗活动具有较强的隐蔽性，不易被人察觉；再则合同诈骗行为与合同的正常纠纷，夸大履行能力骗签的合同等民事性质的行为不容易区分开来，其认定具有复杂性。

（四）具有较强的预谋性

犯罪人在作案之前已经规划好诈骗步骤，如何掩饰身份、如何造假、如何逃匿、如何处理赃物。在合同诈骗中，犯罪分子多使用假身份，加上又不是本地人员，因此，侦查机关很难确定犯罪分子的真实身份，即便确定下来，犯罪分子也已经离开本地，而犯罪分子不能及时归案，将给调查取证、追赃等工作带来很大难度，侦查机关在侦查中容易出现定性难、抓人难、追赃难等问题。

（五）合同诈骗呈现流窜性和习惯性特征

犯罪分子实施诈骗后，为防止被害人找上门及逃避公安机关打击，往往会迅速转移，携款潜逃，因此流动性强。然而，虽然流窜作案危害性极大，但犯罪分子多次作案得逞后，犯罪心理和作案手法必然会得到强化，形成习惯性的并且带有明显特征的作案手法，这一特点又为侦破工作提供了契机。

第二节　合同诈骗犯罪案件的侦查方法

一、缜密开展初查，准确认定合同诈骗犯罪

合同诈骗罪与合同纠纷具有某些相似之处，不易区分，加上报案材料反映的情况往往不完整、不真实，因此，接到报案时，对于事件性质常难以认定。这就需要在立案前进行一定的调查研究，即初查。

（一）审查报案材料

初查的重点是相关材料的收集、整理和审查。应要求报案人、举报人或案件移送单位提供证明合同诈骗罪成立的各种证据材料。这些证据材料的内容包括被害单位的单位基本情况、犯罪嫌疑人的基本情况、合同诈骗发生过程的情况、涉案赃款和赃物的有关情况等。上述情况有的在案件受理时就已经进行了调查，但还没有完全查清，在初查中应进一步查清，为正确立案提供必要的条件。

（二）审查判断事件性质，严把立案关

在全面调查取证的基础上，应严格依据合同诈骗罪与合同纠纷的界限，对事件性质进行审查判断。认为确属合同诈骗犯罪的，应报请主管领导批准，予以立案；认为属合同纠纷的，应建议报案人向人民法院起诉；事件性质一时难以认定的，可在进一步调查取证后，商请法制部门或者有关方面的专家进行法律论证，务使定性准确。需要强调的，在初查中，只能进行一般性的调查，不能采取强制措施。

二、查证合同签订、履行的过程

从合同诈骗案件作案过程来看，犯罪嫌疑人大多是在合同的签订、履行等方面进行欺诈。因此，对作案过程的调查主要应对犯罪嫌疑人的上述情况进行认真的调查了解。

（一）查清嫌疑人的主体资格和履约能力

1. 对有关的书证、物证进行检验、鉴定，查明真伪

对嫌疑人签订合同时所使用的公章、证件、所留签名等，如怀疑系伪造、摹仿，可进行检验、鉴定，所得出的鉴定结论如能证实嫌疑人使用假冒身份，则应进一步查明其真实身份。

2. 到犯罪嫌疑人的生产经营场所进行实地调查，对其生产经营、债权债务情况及其账目进行核查，以查明其身份及履约能力

为查明嫌疑人的主体资格和履约能力，侦查人员还应到对方单位进行实地调查，了解其场地、设备、资金、人员、货源、规模等情况。为了不惊动嫌疑人，侦查人员可以律师、税务人员、工商行政管理人员等身份前往调查。

3. 调取犯罪嫌疑人的注册登记资料，以查明其主体资格情况

工商行政管理部门建立并保存的工商登记，详细记载了企业的法定代表人、注册资金、场地、经营范围、所有制性质、隶属关系等方面的情况，侦查人员可以到对方单位所在地的工商行政管理部门查阅并复制，作为证明其主体资格和履约能力的证据。

（二）查清嫌疑人有无实际履约行为、不履约的原因及事后态度

在合同履行中，履约的或不履约的不一定均构成合同诈骗，还要看行为人是否为履约作出过实际的努力，查明其主观上有无履约的诚意。如果事后拒绝返还财产、赔偿损失，甚至收受对方当事人给付的货物、货款、预付款或担保财产后逃匿的则构成合同诈骗犯罪。反之，则不构成合同诈骗。因此，要将这方面情况调查清楚。

1. 围绕合同签订、履行的过程，进行询问

对被害人和知情人进行询问时，要详细了解合同签订、履行的经过，包括签约阶段发出或收到合同要约的经过、双方协商的过程、签订合同的时间、地点及参加人员，合同的内容等；履约阶段发送货物或支付货款的时间、地点、数量、方式、对方未履约的原因及事后态度等。

2. 注意调取相关的书证和物证

在询问被害人和知情人的同时，要向其全面调取与案情有关的书证和物证，包括合同书、介绍信、企业和产品的有关资料、营业执照、发票、运输单据、银行对账单、双方往来函电、电话记录等。

（三）查明涉案资金和货物的流向

嫌疑人如何处置其利用合同取得的资金、货物，是认定其是否具有非法占有他人财物目的的重要依据。同时，追缴赃款、赃物，减少、挽回损失也是侦查工作的一项重要任务。因此，对涉案资金、货物的流动情况必须及时查清，并予以控制。

1. 通过查对账目，查明涉案款物流向

资金、货物的流向一般会在账目上得到反映，因而侦查人员要不失时机地进行检查，必要时，可聘请专业财会人员予以协助。对有关的账页、单据、票据等及时查封、扣押、复印、拍照。

2. 通过运输部门、海关、仓储部门查明涉案货物流向

对于被骗货物，可到运输部门，通过查阅运输单据，查明其去向，若发现被骗货物，也应予以查封。

3. 通过银行、邮政部门，查明涉案款物流向

对于被骗资金还可以通过银行、邮局查询其流向，若发现被骗资金还应依法予以冻结。

4. 通过调查收受涉案款物的单位，证实涉案款物流向

有的案件中，犯罪嫌疑人依据合同取得被害人交付的款物之后，交给第三方用于抵债，或者低价售出，牟取暴利。遇到这种情况，就需要到收受涉案款物的单位进行调查其收受款物的原因、收购价格、结算方式。

查明赃款、赃物的去向后，应立即查封、冻结、扣押等强制措施，以免犯罪嫌疑人再次转移。

三、采取搜查、扣押等措施获取证据

在条件成熟或确有必要时，应对犯罪嫌疑人的住所、藏匿地点、涉案物品的隐藏地点进行搜查，并对已获取的涉案物品等物证、书证进行查封和扣押。涉案证据材料需要进行鉴定的，应由刑事技术等有关部门进行鉴定。

四、拘捕并讯问嫌疑人

在主要犯罪事实已经查清，并有证据证明的情况下，可考虑对犯罪嫌疑人采取强制措施。如果嫌疑人在逃，应积极采取措施进行抓捕。

讯问嫌疑人，应查清其真实姓名、住址、单位、工作生活经历、违法犯罪前科等；所使用的假公章、假介绍信、假合同书、假证件的来源或伪造途径；与被害人结识、协商及签约的过程；签约时如何虚构或夸大履约能力、真实情况如何；骗取的赃款、赃物的去向；共同犯罪的团伙成员情况及其犯罪事实。

五、合同诈骗犯罪案件侦查中的注意事项

（一）注重串并案侦查

由于合同诈骗犯罪流窜性、习惯性特点，侦查人员应通过公安专网搜索本地和外地类似案件发、破案信息，将近一段时间内在不同地点发生的，但作案手法相似、侵害对象类

似、犯罪嫌疑人体貌特征相近，具有类似诈骗活动规律的若干案件进行综合分析，及时与有关地方公安机关取得联系，了解案情，以便实施并案侦查。串并案侦查能够汇集个案材料，最大限度的拓宽破案渠道，找到侦查突破口，提高破案效率。为了实现信息共享，丰富并案条件，各地要建立信息平台，对发、破案的信息录入要按时间、被骗人、作案公司、涉案人员、交货地点、银行凭证及电话号码等详尽录入上网，以便其他地方上网查询。

（二）加强与其他部门的沟通

合同诈骗案件中经常涉及公司、企业的主体资格问题，资金查询、冻结问题，会计账簿、票据、单证等书证的真伪证明问题，这些都需要公安机关与金融、工商等部门密切联系，及时取证，并发现堵塞有关管理环节存在的漏洞。公安机关要与金融机构、工商等部门协商落实安全防范措施，形成情报信息互联通畅的网络化管理。同时，积极发挥公安、检察院、法院之间的协作功能，对一些严重破坏社会经济秩序的案件，公、检、法在集中办理的同时，及时总结犯罪分子的作案手段，发出警示，起到预防教育的作用。

【导入案例简析】

首先，侦查人员对报案人反映的情况进行核实，了解张×和吴×的基本情况。其次，第一时间控制涉案款项。本案中，侦查人员对张×的中信银行卡进行了查询，发现王×茜当日上午9时30分从苏州将8 000万元电汇到张×的中信银行乐清支行卡上，不到四分钟，张×的银行卡上8 000万元通过网上银行转到吴×的中信银行杭州分行卡上。而吴×的中信银行卡上只留下405万元，进一步调查发现吴×通过网上银行转给其他13个人，其中将5 000万存入自己在工商银行杭州涌金支行个人卡上。专案组在中信银行乐清支行的大力配合下，当日下午17时以前对吴×转给13个有关个人中信银行卡上的共计1 140万元涉案款项予以冻结。又连夜赶到工商银行涌金支行，对吴×的工商银行卡上5 007万元涉嫌赃款进行冻结。经查询，又发现有810万元汇给吴×在上海的一个亲戚，迫于压力吴×亲戚于6日上午9时许退回810万元；另外，民警调查发现吴×将一百万现金转到杭州的郑先生，当日郑先生将100万元现金送交到乐清公安局经侦大队。此案发不到18小时，警方共追回涉案款项7 057万元，为案件成功告破奠定扎实基础。此后，专案组辗转各地，陆续追回涉案款项共计7 117万。第三，快速控制犯罪嫌疑人。侦查人员将两名犯罪嫌疑人提请刑拘并上网缉捕。侦查人员分成三个小组，一组民警连夜赶赴张×的户籍地玉环县进行抓捕，一组民警在乐清吴×的户籍地进行抓捕，一组民警继续掌握并控制资金流向。由于犯罪嫌疑人早有准备，逃之夭夭，抓捕计划落空。专案组民警又二赴杭州，多次到玉环，主动到吴×和张×有可能落脚的亲戚家抓捕和动员。迫于法律的威严，11月18日，犯罪嫌疑人吴×来到乐清市公安局投案。一开始，吴×称过来谈谈和张×之间的事情，并称张×欠他8 500万元，而且出具两份借条复印件。有着丰富办案经验的侦查员意识到吴×并没有交代事情真相，不管民警如何做思想工作，吴×闭口不谈自己参与合同诈骗事由。尽管如此，在相关铁证和事实面前，当晚民警对吴×依法刑事拘留。为尽快弄清事实真相，张×的到案显得尤为重要。经过缜密部署，19日傍晚民警掌握一条重要线索，张×很有可能出现在福鼎。民警赶到福鼎，在有关部门的配合下，将张×抓获。张×

交代了伙同吴×进行合同诈骗的犯罪事实。第四，开展外围调查和相关证据的固定，突破吴×口供。

【资料链接】

“非法占有目的”的推定

诈骗类犯罪行为人的“非法占有目的”是一种主观心理状态，难以直观体察，认定行为人是否具有“非法占有目的”难度较大，且容易在公、检、法机关之间产生争议，这导致退查率、改判率、发回重审率长期居高难下。针对“非法占有目的”认定难题，不少学者主张采用刑事推定的方法加以解决。

所谓推定，是指根据事实之间的常态联系，基于某一确定的事实，而推断另一不明事实的存在。其中，已查明的事实为基础事实，未查明、需要推定的事实为推定事实。推定主要基于基础事实与推定事实之间的普遍的、常规的共存关系，即当基础事实存在时，在绝大多数情况下，推定事实也存在。故而在推定事实无法证明或直接证明成本过高时，就可以通过证明基础事实的存在而间接证明推定事实的存在。[①] 推定所依据的是经验法则，即人们在长期生产、生活以及科学实践中对于对客观外界普遍现象与通常规律的理性认识，推定所得出的结论具有高度盖然性，也就是说推定事实只是一种法律事实，不等于客观事实，现实生活中的特例及偶然因素的存在使得推定事实不总是为真。正是由于推定具有上述局限性，所以要对推定的适用加以限制。“非法占有目的”的推定应遵循下列原则。

一、基础事实真实原则

即据以推定的基础事实必须是可以借由证据加以证明的客观事实。如果基础事实失真，其推论势必虚假。在推定合同诈骗罪行为人是否具有“非法占有目的”时，应对签订合同主体资格是否真实、行为人有无履约能力、有无履行合同的实际行动、未履行合同的原因、对财物的主要处置方式、事后态度是否积极等方面查证清楚，相关证据必须确实、充分。

二、具有高度盖然性原则

基础事实和待证事实之间应当有紧密常态联系，具有高度盖然性，即根据通常规律如果出现情况 A，一般会导致情况 B，现已知情况 A，所以推定存在情况 B。如果上述“有 A 必有 B”的大前提不成立，则不能进行从 A 到 B 的推定。

三、可辩驳原则

刑事推定结论具有一定的或然性，因此，应允许行为人进行辩解和反驳。允许行为人反驳，以行为人不反驳或反驳无理而成立，是推定的重要特点。反驳推定的方式有两种，一是直接反证，如控方通过 a、b、c 三个间接事实，推定 A 存在，辩方则可争执原告所证明的主题 a、b、c 的不存在，并提出其不存在的证据，以阻碍推定 A 的存在；二是间接反证，上述例子中的辩方用其他的间接事实 d、e 来论定 A 不存在。需要说明的是，当行为人提出确切事实足以使推定结论“真伪难辨”的（不必要求推翻或者否定推定结论），推定即不能成立。在具体办案过程中，应当全面收集对被告人有利和不利的证据，避免作出片面推定。[②]

---

① 参见陈增宝：《诈骗犯罪非法占有目的的认定方法探究》，载《人民检察》，2004 (6)。

② 参见浙江省人民检察院：《诈骗类犯罪案件专题研讨会会议纪要》(检诉〔2005〕20 号)。

四、主客观相一致原则

合同诈骗案件之所以案发，大多起因于行为人取得对方当事人财物后，既不履约合同又不返还财物，给对方当事人造成损失。是否据此就可以认定行为人具有“非法占有目的”呢？当然不是。损失结果的发生存在多种可能，不一定是行为人“非法占有”所致。如果仅依据结果来定案，就会陷入“客观归罪”的泥潭。司法实践中，认定是否具有非法占有目的，应当坚持主客观相一致的原则，既要避免单纯根据损失结果客观归罪，也不能仅凭被告人自己的供述，而应当根据案件具体情况具体分析。

【本章小结】

合同诈骗罪，是指以非法占有为目的，在签订、履行合同过程中，骗取对方当事人财物数额较大的行为。合同诈骗罪的主体是一般主体，包括自然人和单位。合同诈骗罪的主观方面为故意，且有非法占有的目的，间接故意或过失均不构成本罪。合同诈骗罪侵犯的是复杂客体，一是侵犯了国家对经济合同的管理秩序，二是侵犯了公私财产所有权。合同诈骗罪的客观方面表现有三点：一是诈骗行为是在签订合同或在合同的履行过程中实施的，也就是说是利用了合同的形式实施诈骗犯罪。二是行为人必须是采取了欺诈的手段。在合同诈骗中，虚构事实是行为人采用的积极作为的欺诈手段，使得订立合同的对方当事人信以为真，自愿交出财物、上当受骗；隐瞒真相是行为人采用的不作为的欺诈手段，即行为人向对方当事人有义务告知真实情况而不告知，遂使对方被骗。当然如果按法律、合同约定或交易惯例没有义务告知的，则原则上不应认定为欺诈行为。三是行为人骗取的财物价值较大。合同诈骗罪的追诉标准为数额在 2 万元以上的，应予立案追诉。

合同诈骗犯罪案件的侦查方法：首先，应缜密开展初查，准确认定合同诈骗犯罪；其次，对作案过程开展调查，包括查清嫌疑人的主体资格和履约能力、查清嫌疑人有无实际履约行为、不履约的原因及事后态度、查明涉案资金和货物的流向等；在侦查过程中应注意采取搜查、扣押等措施获取证据，并结合讯问嫌疑人取得口供。

【关键术语】

合同诈骗罪；合同；非法占有目的；民事欺诈

【推荐阅读与学习资源】

1. 吴海伦：《合同诈骗犯罪实证研究》，载《人民检察》，2010（12）。

2. 殷玉谈、丁晶：《合同诈骗罪的司法认定》，载《中国刑事法杂志》，2009（1）。

3. 黄晓亮等：《合同诈骗罪专题整理》，北京，中国人民公安大学出版社，2008。

4. 沙君俊：《合同诈骗罪研究》，北京，人民法院出版社，2004。

【案例分析】

2004 年 5 月 31 日，××县木材公司经理朱×到××县公安局经侦大队报案称：一名叫张××的男子冒充××市南方贸易公司业务员，以做坑木生意为名，到××县进行诈骗活动，要求查处。

接报后，经初步调查查明，2003 年 3 月，张××以××市南方贸易公司业务员的名义与朱×签订坑木购销合同，朱×按合同约定将 10 万元货款汇到张××指定的账户，张在 4 月发货。6 月份双方又签订价值 15 万元的购货合同，双方均按约履行。8 月双方签订了 89

万元的坑木购销合同，朱×按合同约定付款后，张×分三次发货，至11月仅发了价值63万元的部分坑木，余下的价值26万元的坑木却一直以种种理由拒不发货，亦不退款，朱×经多次催办，张×仍不予以理会。至2004年4月因手机换号，朱×已经无法与张×联系，询问××市南方贸易有限公司亦无此人。①

问题：此案应如何定性？并说明理由。接报后应做好哪些工作？重点是做什么？

① 参见袁小萍、赵芳：《经济犯罪案件侦查》，359页，北京，群众出版社，2009。

第14章

组织、领导传销活动犯罪案件侦查

【学习目标】

通过学习本章，了解组织、领导传销活动犯罪案件的构成要件，界定传销与直销的区别，掌握组织、领导传销活动犯罪案件的作案手段和特点；掌握组织、领导传销活动犯罪案件的侦查方法。

导入案例

2012年公安部开展全国行动打掉了以太平洋直购网为依托，唐庆南设立的江西精彩生活投资发展有限公司（以下简称精彩生活公司）领导的传销组织。精彩生活公司的主要业务是经营太平洋直购官方网，同时推出企业、中间人、消费者三位一体的所谓“BMC”运营模式，通过互联网和召开商业模式生活会等形式在全国发展诚信渠道商户、招收会员，并推出会员消费积分返利制度。在太平洋直购网上销售的商品除标注商品价格外，设立标注PV值，凡在该网上购买商品，根据不同的购物金额和商品，会产生不同的PV值（PV值往往远远小于商品价格），消费积累可以累计获得PV值。该网站推广发展的人员包括会员和渠道商户两类。任何人都可以在太平洋直购官方网免费注册为普通会员，普通会员只能享受在网站上购物和购物累计到一定金额的奖金返还。渠道商户从最低级别的合格诚信渠道商户到最高级别的全球诚信渠道商户共分12个级别，渠道商户可以代理太平洋直购官方网站上的所有商品，可在本人的网站或实体店进行销售。任何人以公司名义申请并向精彩公司交纳7 000元的保证金或者消费累计达到1000PV可以成为网站的最低一级的合格诚信渠道商户，也可以根据精彩公司规定的不同级别的渠道商户所要求的保证金数额或消费累计要求的PV值，交纳保证金或完成消费成为不同级别的渠道商户。精彩生活公司的这种运作模式中有太平洋直购网上发生的真实商品交易，相当于提供了一种多方盈利获益的电子商务平台，具有极强的迷惑性和欺骗性。但是根据司法机关的介入以及调查取证工作的不断深入，查实绝大多数的渠道商户在加盟太平洋直购官方网时均以经人介绍后交纳保证金的方式取得渠道商户的资格，每个诚信渠道商向下推广发展自己的下级渠道商。各级诚信渠道商户往下发展下线渠道商户时，能够根据自己的级别按照不同的比例从精彩公司获取推广发展渠道商的返利，同时通过累计积分不断提升自己的等级，成为更高级别的渠道商，获取更高的返利比例。诚信渠道商户向下发展低级别的诚信渠道商户是各级渠道商收回保证金并获利的最快方式，绝大多数诚信渠道商户的保证金返还和获利均非发展的会员实体消费所得，而是通过不断往下按照层级发展诚信渠道商户，下线诚信渠道商户向精彩公司交纳保证金后，按照各自级别获得的返利。司法审计结果进一步表明，精彩生活公司渠道商户获取的业绩返利中90%以上来源于发展下线渠道商，只有极小部分来源于其自身和发展会员的消费返利。最终，精彩生活公司的经营行为被认定为传销活动，公司设立人、法定代表人被刑事拘留。该案涉及全国多个省份地区，参与传销的人数超过万人，涉案金额达数亿元。①

问题：

1. 此案如何开展侦查工作？

2. 应收集哪些证据？

第一节　组织、领导传销活动犯罪案件概述

一、组织、领导传销活动罪的概念

组织、领导传销活动罪是指组织、领导以推销商品、提供服务等经营活动为名，要求参加者以缴纳费用或者购买商品、服务等方式获得加入资格，并按照一定顺序组成层级，直接或者间接以发展人员的数量作为计酬或者返利依据，引诱、胁迫参加者继续发展他人参加，骗取财物，扰乱经济社会秩序的传销活动的行为。

《刑法》第二百二十四条之一规定："组织、领导以推销商品、提供服务等经营活动为名，要求参加者以缴纳费用或者购买商品、服务等方式获得加入资格，并按照一定顺序组成层级，直接或者间接以发展人员的数量作为计酬或者返利依据，引诱、胁迫参加者继续发展他人参加，骗取财物，扰乱经济社会秩序的传销活动的，处五年以下有期徒刑或者拘役，并处罚金；情节严重的，处五年以上有期徒刑，并处罚金。"

组织、领导传销活动罪侵犯的客体为复杂客体，既侵犯了公民的财产所有权，又侵犯了市场经济秩序和社会管理秩序。组织、领导传销活动罪客观方面表现为组织、领导以推销商品、提供服务等经营活动为名，要求参加者以缴纳费用或者购买商品、服务等方式获得加入资格，并按照一定顺序组成层级，直接或者间接以发展人员的数量作为计酬或者返利依据，引诱、胁迫参加者继续发展他人参加，骗取财物，扰乱经济社会秩序的传销活动的行为。组织、领导传销活动罪的主体为特殊主体，即传销活动的组织者和领导者。组织、领导传销活动罪的主观方面表现为故意，过失不构成本罪。

二、组织、领导传销活动罪的认定

（一）传销的认定

传销是指组织者或者经营者发展人员，通过对被发展人员以其直接或间接发展的人员数量或者销售业绩为依据计算和给付报酬，或者要求被发展人员以交纳一定费用为条件取

① 参见林静、周治成：《论组织、领导传销活动罪的若干问题》，载《中国检察官》，2013（6）。

得加入资格等方式牟取非法利益，扰乱经济秩序，影响社会稳定的行为。

1. 传销的两个基本要件

(1) 组织要件，即发展人员，组成网络。传销组织者承诺，只要参加者交钱加入后，再发展他人加入，就可获得高额的“回报”或“报酬”。这就是俗称的“发展下线”。下线还可以再发展下线，以此组成上下线的人际网络，形成传销的“人员链”。

(2) 计酬要件，包括两种形式。一种是以参加者本人直接发展的下线人数和间接发展的下线人数为依据计算和给付报酬，即以直接和间接发展的人员数量计提报酬，形成传销的“金钱链”；另一种是以参加者本人直接发展和间接发展的下线的销售业绩为依据计算和给付报酬，形成传销的“金钱链”。

2. 传销与直销的区别

《直销管理条例》第二条规定，本条例所称直销，是指直销企业招募直销员，由直销员在固定营业场所之外直接向最终消费者推销产品的经销方式。同时还规定，直销企业至少应当按月支付直销员报酬，报酬额只能按照直销员本人直接向消费者销售产品的收入计算，报酬总额不得超过直销员本人直接向消费者销售产品收入的30%。直销按照国家法律条例规定是单层级的，由直销企业招募的销售员把产品直接卖给消费者，直销企业以向消费者销售商品为获得报酬的前提，不需要交纳任何入门费，也不需要事先购买一定数量的产品。而传销往往是多层级的，要求交纳入门费，并且以发展人员数量和收取入门费的多少作为获取报酬的依据。

20世纪90年代初，传销作为一种营销方式传入我国。由于传销本身具有组织上的封闭性、交易上的隐蔽性和传销人员的分散性等特点，加之我国市场发育程度低，相关法律法规不完善，管理手段滞后，消费者自我保护意识不强，一些不法组织和个人利用传销从事诈骗活动，推销假冒伪劣商品，各种形式的传销活动一时比较猖獗，一些不法分子利用虚假宣传，诱骗大量人员参加传销活动，组成封闭的人际网络，收取高额的入门费骗取财物，严重扰乱经济社会秩序，影响社会稳定。为此，1998年国务院发布了《关于禁止传销经营活动的通知》，明确指出传销活动不符合我国现阶段国情，已造成严重危害，对传销活动必须予以坚决禁止。2001年最高人民法院颁布《关于情节严重的传销或变相传销行为如何定性的批复》中，明确对于1998年4月18日国务院《关于禁止传销经营活动的通知》发布以后，仍然从事传销或者变相传销活动，扰乱市场秩序，情节严重的，应当依照《刑法》第二百二十五条第（四）项的规定，以非法经营罪定罪处罚。实施上述犯罪，同时构成《刑法》规定的其他犯罪的，依照处罚较重的规定定罪处罚。2005年8月国务院颁布的《禁止传销条例》和《直销管理条例》对传销行为进一步进行细化和打击。2009年颁布的《刑法修正案（七）》增设了“组织、领导传销活动罪”，这是对传销的第一次刑事立法，使执法部门在查处传销违法犯罪案件时有了更加充分、有力的法律依据。2013年11月14日，最高人民法院、最高人民检察院、公安部联合颁布了《关于办理组织领导传销活动刑事案件适用法律若干问题的意见》，有利于使打击组织领导传销活动犯罪行为更加细化、更加具有操作性。

（二）犯罪主体的认定

组织、领导传销活动罪的主体是组织者、领导者。这里所指的传销活动的组织者、领导者，是指在传销活动中起组织、领导作用的发起人、决策人、操纵人，以及在传销活动中担负策划、指挥、布置、协调等重要职责，或者在传销活动实施中起到关键作用的人员。也就是说，传销活动的普通参与者是不对本罪承担刑事责任的，当然，这并不意味着普通参与者不负任何刑事责任，如果其行为符合其他犯罪的构成要件，并实施了共同行为，对参与者完全可以以其他罪名定罪处罚。“组织”传销活动，是指策划、发起、设立、指挥传销组织，进行传销活动。组织者既可能直接出面设立和领导传销组织的活动，在传销组织中居于一定层级和位置，也可能在幕后策划、指使，不直接在传销组织中担任具体职务，而由其代理人出面领导传销组织进行活动。随着近年来司法机关对传销活动的打击，相当一部分传销活动的组织者采取幕后操纵的方式以逃避打击。实践中应当注意深挖隐藏在幕后的传销组织的实际控制人，只有如此，才能彻底摧毁传销组织发展、坐大的基础。“领导”传销活动，在广义上包括一些躲在幕后的组织者对传销组织的实际操纵和控制，但主要是指在传销组织中居于领导地位的人员，对传销组织的活动进行策划、决策、指挥、协调的行为。传销组织的领导者主要是在传销组织的层级结构中居于最核心的，对传销组织的正常运转起关键作用的极少数人员。2013 年 11 月 14 日，最高人民法院、最高人民检察院、公安部联合颁布的《关于办理组织领导传销活动刑事案件适用法律若干问题的意见》第二条规定：下列人员可以认定为传销活动的组织者、领导者：（一）在传销活动中起发起、策划、操纵作用的人员；（二）在传销活动中承担管理、协调等职责的人员；（三）在传销活动中承担宣传、培训等职责的人员；（四）曾因组织、领导传销活动受过刑事处罚，或者一年以内因组织、领导传销活动受过行政处罚，又直接或者间接发展参与传销活动人员在十五人以上且层级在三级以上的人员；（五）其他对传销活动的实施、传销组织的建立、扩大等起关键作用的人员。以单位名义实施组织、领导传销活动犯罪的，对于受单位指派，仅从事劳务性工作的人员，一般不予追究刑事责任。

（三）客观方面的认定

1. 组织、领导以推销商品、提供服务等经营活动为名，要求参加者以缴纳费用或者购买商品、服务等方式获得加入资格

“经营”形式上具有欺骗性。行为人往往以从事商品、服务的推销等经营活动为名，诱骗他人参加。传销活动为国家法律法规所严厉禁止，近年来行政执法部门和司法机关针对传销违法犯罪活动抬头的实际情况，加大了对传销活动的打击力度，一些不法分子为了逃避打击，改头换面，使得传销活动更具欺骗性。为了诱骗不明真相的群众参加，传销活动的组织者利用一些群众急于“发财致富”的心理，编造各种名目的“经营项目”，如“种植”、“养殖”、“共销入股”、“网络倍增”、“消费联盟”、“资本运作”、“连锁销售”、“网络加盟”等，有的甚至在媒体上打广告，拉名人做宣传。不论行为人编造何种名目，其承诺或者宣传的高额回报是虚假的，至于其经营的商品，只是象征性的“道具”，有的甚至没有任何商品或者服务，而纯粹欺骗参加者去“拉人头”。

2. 以敛取参加者“入门费”为目的

传销活动无论花样如何翻新，最基本的一条，就是要求参加者以缴纳费用或者购买商品、服务等方式获得加入资格，其最终目的就是诱骗尽可能多的参加者加入传销组织，以骗取参加者以各种名义缴纳钱财。参加传销组织的条件，就是按照传销组织的要求，购买传销组织“经营”的“商品”或者“服务”，又称“入门费”。需要注意的是，这里的所谓“商品”和“服务”，有的具有真实内容，但物非所值，有的仅仅是名义上的，有的是虚拟

的。无论以何种形式存在，其本质是只有在“购买”了一定数量或者金额的“商品”或者“服务”后，才能取得进一步发展其他成员加入传销组织并按照一定比例获取报酬的资格。

3. 按照一定顺序组成层级

这是传销的组织结构特点。按照一定顺序组成层级，直接或者间接以发展人员的数量作为计酬或者返利的依据，这是《刑法》关于传销组织在结构特征上的层级性的规定。各种传销活动不论名目如何，在组织结构上都是按照加入的顺序、发展人员的多少、“业绩”大小等因素组成“金字塔”型层级结构。尽管每一个传销组织具体确定层级所采用的计算方式和称谓可能各不相同，如有的实行“五级三阶制”等，但所有传销组织的共同特征是，传销收入来源于参加者缴纳的各种名义的“入门费”；参加传销者的回报取决于其在传销组织中的层级位置；而参加传销者的层级位置则取决于其（直接或者间接）发展的人员的数量多少。由于每一个参加传销组织者都要先交纳一定的入门费以获得加入资格，发展的人员越多，传销组织骗取的财物越多，诱骗他人参加者的报酬也就越多。

传统的传销表现为“五级三阶制”，“五级”，是奖金制度的五个级别，一般表现为E级会员、D级推广员、C级培训员、B级代理员、A级代理商，不同的传销组织，对于不同层级有不同的称谓；“三阶”，是加入者晋升的阶段。即从E级会员升为C级培训员为第一个阶段，从C级培训员升为B级代理员为第二个阶段，从B级代理员升为A级代理商为第三个阶段。随着打击传销犯罪的力度加大，传销犯罪组织出现了扁平化趋势，发展一定下线，上线即出局，从而规避打击。但本质上仍然具有一定的层级。

4. 直接或者间接以发展人员的数量作为计酬或者返利依据，引诱、胁迫参加者继续发展他人参加

这是传销组织计酬方式的特点。传销组织按照上线发展的下线人员的数量作为计酬或返利依据，并按照“五级三阶制”等方式进行分红。参加者只有不断地发展下线，才能获得报酬。所谓“直接或者间接”以发展人员的数量作为计酬或者返利的依据，是指有的传销组织直接以参加者所发展的人员的数量作为计算其回报的依据。这样一种机制就诱使传销的参加者不断挖空心思，欺朋骗友地“发展”他人参加，使得传销组织像滚雪球一样越滚越大。因此，也有的将传销组织形象地称为“老鼠会”。这里的“计酬”与“返利”，并无本质不同，是针对传销组织所采用的不同名目的回报计算方式所作规定，不论称为“计酬”或者“返利”或者其他任何回报方式，实质上都是传销组织诱骗参加者不断发展新成员的一种方式。从实践的情况看，传销组织发展成员不仅靠计酬规则“刺激”。有的传销组织诱使、教唆其成员以找工作等为名，将不明真相的亲朋好友骗来以后，限制受骗者的人身自由，集中办“培训班”，对其进行“洗脑”宣传。对不从者往往还进行殴打、伤害。因此，法律对胁迫其成员继续发展新成员也作了规定。如果传销组织对其成员进行殴打、伤害、拘禁的行为情节严重，构成犯罪的，还应当追究其相关行为的刑事责任。在拉人头聚集型的传销犯罪中“引诱、胁迫”都比较突出，在网络传销中主要表现为通过欺骗性质的语言，以貌似合法的电子商务、电子营销、连锁经营等方式加以“引诱”参加者继续发展他人参加。

5. 骗取财物

这是传销活动的最本质特征。传销活动尽管名目繁多，组织内部的结构也不尽相同，但其共同点在于以高额回报为诱饵，对参加者进行精神乃至人身控制，诱骗甚至迫使其成

员不断发展新成员（下线），以敛取成员缴纳的入门费。传销组织所虚假宣传的“经营”活动，根本不可能保持传销组织的运转。有的传销组织甚至没有任何实际经营活动。传销组织许诺或者支付给成员的回报，来自成员缴纳的入门费，要保持传销组织的运转，必须使新成员以一定的倍数不断增加。传销组织这种拆东墙补西墙的方式，根本不具有可持续性，因为其计酬规则本身是建立在不可能实现的虚假前提之上，即有无限多的人员能够以一定倍率不断加入到传销组织中。由于其人员不可能无限增加，资金链必然断裂。传销组织人员不断增加的过程，实际上也是风险不断积累和放大的过程。由此可见，传销活动实际上是一种特殊的诈骗活动，传销组织是一种诈骗组织。这种诈骗的特殊性在于，传销组织实际上建立了一种诈骗机制。有的传销人员一开始是被欺骗参加传销的，有的参与传销的人员是自愿的，不论对传销组织的诈骗本质是否有所认识，其一旦加入传销组织，就成为这种诈骗组织的一部分，其不断发展下线的活动本身又导致更多的人卷入传销诈骗组织。不断加入的传销参与者共同使得传销组织的诈骗机制发挥作用，推动传销组织骗取大量参加者的财物。传销活动的参加者既是这种诈骗活动的受害者，又使得这种诈骗机制发挥作用，是违法者。因此，也有人将传销称为“层压式诈骗”。传销活动的组织者、领导者采取编造、歪曲国家政策，虚构、夸大经营、投资、服务项目及盈利前景，掩饰计酬、返利真实来源或者其他欺诈手段，实施《刑法》第二百二十四条之一规定的行为，从参与传销活动人员缴纳的费用或者购买商品、服务的费用中非法获利的，应当认定为骗取财物。参与传销活动人员是否认为被骗，不影响骗取财物的认定。

6. 扰乱经济社会秩序

这是传销活动的多重社会危害。一是传销破坏了社会道德、社会诚信体系。传销组织一般是以“骗熟”、“杀熟”、“坑熟”作为层层垒建金字塔层级的基本方式。传销组织通过灌输、“洗脑”、教唆参与者以“善良的谎言”将亲朋好友诱骗参与传销，导致人与人、人与社会之间的信任度严重下降，亲情、友情被欺骗和讹诈所侵害，社会伦理道德被践踏，人与人之间的基本信任关系被瓦解，造成社会赖以存在和发展的诚信基石被破坏。二是侵犯了公私财产，破坏了社会主义市场经济秩序和金融管理秩序。传销组织利用几何倍增原理发展人员，发展速度快，涉及人员多，骗取了大量资金。大部分被骗参与传销者被传销害的倾家荡产，血本无归。而且，传销的组织者、领导者在短期内就能聚敛巨量社会财富，甚至利用传销的手段进行非法集资行为，使得大量民间资金非法聚集到非法人员手中，脱离了金融监管，隐藏着很大的金融风险。三是传销易引发治安、刑事以及群体性事件，危害社会稳定。一些传销组织利用迅速暴富、新型营销等谎言对参与者进行精神上的控制，甚至限制人身自由，导致非法拘禁、伤害、绑架、械斗、聚众闹事等违法行为时有发生，一旦被查处后，还会聚众上访，甚至有组织地暴力抗法，严重危害了社会的和谐稳定。以非法占有为目的，组织、领导传销活动，同时构成组织、领导传销活动罪和集资诈骗罪的，依照处罚较重的规定定罪处罚。犯组织、领导传销活动罪，并实施故意伤害、非法拘禁、敲诈勒索、妨害公务、聚众扰乱社会秩序、聚众冲击国家机关、聚众扰乱公共场所秩序、交通秩序等行为，构成犯罪的，依照数罪并罚的规定处罚。

三、组织、领导传销活动罪的立案追诉标准

最高人民检察院、公安部颁布的《关于公安机关管辖的刑事案件立案追诉标准的规定

(二)》第七十八条规定：组织、领导以推销商品、提供服务等经营活动为名，要求参加者以缴纳费用或者购买商品、服务等方式获得加入资格，并按照一定顺序组成层级，直接或者间接以发展人员的数量作为计酬或者返利依据，引诱、胁迫参加者继续发展他人参加，骗取财物，扰乱经济社会秩序的传销活动，涉嫌组织、领导的传销活动人员在三十人以上且层级在三级以上的，对组织者、领导者，应予立案追诉。本条所指的传销活动的组织者、领导者，是指在传销活动中起组织、领导作用的发起人、决策人、操纵人，以及在传销活动中担负策划、指挥、布置、协调等重要职责，或者在传销活动实施中起到关键作用的人员。对立案追诉标准的适用中应注意以下几个方面。

（一）正确把握组织、领导传销活动罪的打击面

传销活动是非法活动，传销人员是违法人员。但是，由于传销活动是一种机制性的层压式诈骗活动，传销组织中大量的传销活动参加者既是违法人员，实际上也是传销活动的受害者。因此，对传销人员需要根据其在传销活动中的地位、作用区别情况，作出不同的处理。根据《刑法》第二百二十四条之一的规定，对传销活动的组织者、领导者，应当依法追究其刑事责任。对于屡教不改、多次组织、领导传销活动但又不够刑事打击标准的人员，可以考虑采取治安处罚、劳动教养等打击措施，而对一般违法参与人员，本着教育、挽救大多数的原则，可以由工商行政管理部门根据禁止传销条例的规定予以行政处罚。这样足以起到警戒作用，也较为妥当。最高人民法院于1999年6月18日发布的《关于审理单位犯罪案件具体应用法律有关问题的解释》第二条规定：“个人为进行违法犯罪活动而设立的公司、企业、事业单位实施犯罪的，或者公司、企业、事业单位设立后，以实施犯罪为主要活动的，不以单位犯罪论处。”所以，对专门从事传销行为的公司，依照司法解释的规定，不以单位犯罪论处，而对其组织者和领导者以自然人犯罪定罪处罚。

（二）关于传销组织层级及人数的认定问题

以推销商品、提供服务等经营活动为名，要求参加者以缴纳费用或者购买商品、服务等方式获得加入资格，并按照一定顺序组成层级，直接或者间接以发展人员的数量作为计酬或者返利依据，引诱、胁迫参加者继续发展他人参加，骗取财物，扰乱经济社会秩序的传销组织，其组织内部参与传销活动人员在三十人以上且层级在三级以上的，应当对组织者、领导者追究刑事责任。组织、领导多个传销组织，单个或者多个组织中的层级已达三级以上的，可将在各个组织中发展的人数合并计算。组织者、领导者形式上脱离原传销组织后，继续从原传销组织获取报酬或者返利的，原传销组织在其脱离后发展人员的层级数和人数，应当计算为其发展的层级数和人数。实践中，有的传销活动的组织者、领导者大幅度提高“入门费”门槛，在传销活动人员尚未达到立案追诉标准规定的人数和层级时即获利“出局”，然后另行组建团伙、继续发展人员。有的则在“出局”后，仍从原传销组织继续发展的人员和收取的传销费用中获取报酬或者返利。上述“强制出局”、“化整为零”等犯罪手段以逃避打击为目的，实质上仍在组织、领导传销活动和发展传销人员，客观上推动了传销活动的复制、传播和蔓延，具有很大的社会危害性，因此，应按照上述规定予以打击。实践中，传销组织为逃避法律制裁，结构日趋严密，活动日趋隐蔽，有的传销组织中加入门槛不断提高，下线人员不断减少，上下线之间单线联系。还有的网络传销活动中参与人员使用虚假身份，上下线之间互不相识，缴纳费用没有实物凭证，这都使侦

破案件和收集证据的难度不断加大。[①] 为有效打击传销犯罪，在办理组织、领导传销活动刑事案件中，确因客观条件的限制无法逐一收集参与传销活动人员的言词证据的，可以结合依法收集并查证属实的缴纳、支付费用及计酬、返利记录，视听资料，传销人员关系图，银行账户交易记录，互联网电子数据，鉴定意见等证据，综合认定参与传销的人数、层级数等犯罪事实。

这里所称的"以上"、"以内"，包括本数，这里所称的"层级"和"级"，系指组织者、领导者与参与传销活动人员之间的上下线关系层次，而非组织者、领导者在传销组织中的身份等级。对传销组织内部人数和层级数的计算，以及对组织者、领导者直接或者间接发展参与传销活动人员人数和层级数的计算，包括组织者、领导者本人及其本层级在内。

（三）对传销的刑事认定是否以行政认定为前置条件

根据《禁止传销条例》第四条的规定，工商行政管理部门、公安机关在各自的职责范围内查处传销行为。对于传销违法行为，由县级以上工商行政管理部门进行认定、查处。但对于构成犯罪的传销案，是否也须工商部门做出认定，公安机关才能据以查处？这也涉及刑事认定是否以行政认定为前置条件的问题。为此，2007 年 6 月 6 日，国务院办公厅向公安部、工商总局发出《对〈禁止传销条例〉中传销查处认定部门解释的函》，明确了工商部门和公安机关在各自的职责范围内都应当对传销行为进行查处，并依照各自职责分别依法对传销行为予以认定。据此，公安机关在办理组织、领导传销犯罪案件时，可以独立对传销行为进行认定，而无需先经工商部门认定。

四、组织、领导传销活动犯罪的作案手段

随着打击传销犯罪的力度不断加大，传销犯罪的手段也在不断变化，有的假借国家政策之名实施传销，有的利用网络开展传销，人员聚集型传销与网络传销并存，新型的传销手段层出不穷，连锁销售、电子营销、框架营销、资本运作等方式不断变化。组织领导传销活动罪的立案追诉标准颁布后，传销组织纷纷利用 29 人出局制来规避发展传销人员 30 人的立案追诉标准。无论组织、领导传销活动犯罪行为具体方式如何变化，其本质上可以归纳为以下三种：

（一）"拉人头"式传销

组织者或者经营者通过发展人员，要求被发展人员发展其他人员加入，对发展的人员以其直接或间接发展的人员数量为依据计算和给付报酬，牟取非法利益。如刘某等人组织、领导传销活动案。2009 年 1 月至 2011 年 5 月间，刘某等四人先后在广西灵川县八里街从事所谓"连锁销售"即加入非法传销组织，并形成传销体系。该组织骗取下线人员每人缴纳 3 800 元，获得加入资格后，不向购买者实际交付产品，而是按照发展下线人数在传销中设 A、B、C、D、E 五个层级，直接或间接以发展人员的数量作为计酬或返利依据。至案发前，刘某、赵某、魏某、梅某等四人均成为该组织的高级业务员，并发展传销人员共 200 多人。案发后，2013 年 8 月 19 日魏某在四川主动到公安机关投案自首，并退

---

① 参见陈国庆、韩耀元、吴峤滨：《关于办理组织领导传销活动刑事案件适用法律若干问题的意见：七条规定明确了六个方面》，载《检察日报》，2014－01－20。

出违法所得20多万元。其他三人也先后被抓获归案。刘某、赵某驾驶的轿车被分别扣押。四人均被法院以组织、领导传销活动罪分别判处有期徒刑三年至一年不等刑罚，并处3万至1.5万元不等罚金。①

（二）骗取“入门费”式传销

组织者或者经营者通过发展人员，要求被发展人员交纳费用或者以认购商品等形式变相交纳费用，取得加入或者发展其他人员加入的资格，牟取非法利益的。②

（三）“团队计酬”式传销

最高人民法院、最高人民检察院、公安部于2013年11月14日颁布的《关于办理组织领导传销活动刑事案件适用法律若干问题的意见》（公通字〔2013〕37号）第五条规定：传销活动的组织者或者领导者通过发展人员，要求传销活动的被发展人员发展其他人员加入，形成上下线关系，并以下线的销售业绩为依据计算和给付上线报酬，牟取非法利益的，是“团队计酬”式传销活动。以销售商品为目的、以销售业绩为计酬依据的单纯的“团队计酬”式传销活动，不作为犯罪处理。形式上采取“团队计酬”方式，但实质上属于“以发展人员的数量作为计酬或者返利依据”的传销活动，应当依照刑法第二百二十四条之一的规定，以组织、领导传销活动罪定罪处罚。

五、组织、领导传销活动犯罪的特点

（一）金字塔形的多层次组织架构

组织领导传销活动犯罪行为一般需要吸收众多人的参与。传销组织主要通过各种理由吸收会员参与，交纳会员费、入会费等。原来的传销组织按照“五级三阶制”发展组织会员，现在则由于借用网络，不再严格按照“五级三阶制”，但基本上仍然属于金字塔形的组织架构。

（二）网络传销突出

传销犯罪分子充分借助互联网的辐射范围广的特点，租用境内外服务器建立互联网站，利用网络平台，以“电子商务”、“框架营销”、“私募基金”、“连锁销售”等各种形式为掩护，以高额利润为诱饵，通过网上银行电子支付，使其传销活动从人员招募、介绍加入、产品销售、酬金发放等各个环节实现了网络化。如江西精彩生活公司组织、领导传销案中，唐庆南宣称经营模式是新型的“电子商务”，在互联网上开立公司网站，在网上进行宣传、网上注册、网上支付、网上发放酬金等。如万家购物组织、领导传销活动案。“万家购物”模式的创始人应建成与其他朋友共四人于2010年5月组建了浙江金华亿家电子商务有限公司，“万家购物”网站也应运而生。成立之初，“万家购物”只是一家年营业额为165万元的第三方导购网，网站业务只限于金华地区。随后，公司通过“你消费、我返钱、零成本购物”这样诱惑性极强的返利模式，吸引众多人员和加盟商成为“万家购物”会员。按照“万家购物”的返利模式，加盟商每销售500元金额的产品，需上缴16%

① 参见王晓：《四男子组织领导传销活动获刑》，载《中国消费者报》，2014-03-03。

② 参见国家工商行政管理总局直销监管局编：《禁止传销与规范直销知识问答》，10页，北京，中国工商出版社，2007。

的佣金给“万家购物”，这16%就是“万家购物”的返利来源。譬如，加盟商销售价值1 000元的商品，就必须拿出160元上缴给“万家购物”。对消费者而言，“万家购物”以每500元划为1个分红权，就是说消费者购买价值500元的商品，就可以得到1个分红权，1 000元就是2个分红权。以此类推，每个分红权每天最多可返利1元。如果你消费了500元，一天可能收到1元钱，账户累计100元后可以取现。从理论上分析，500天后，消费者便可能收回全部消费款，最终成为“零成本消费”。随着会员爆炸式的增长，销售模式逐渐演变为传销行为。“一元返利”计划推出后，众多会员只缴纳16%的“佣金”，不再进行线下商品交易，即虚假消费。为了提高效率，大家干脆就舍弃了购物的环节，不再从事线下商品交易。所谓虚假消费，就是加盟商或者消费者虚拟一笔订单，这样只需缴纳16%的“佣金”，就能获得100%的返现。例如，虚拟一笔1 000元的订单，只需补给“万家购物”160元的费用，未来就可以获得1 000元的返现。于是，“消费返利”变成了“投资返利”，而网站也从“返利促销”逐渐成为“返利投机”的金融游戏，卷入这个黑洞的金额急速膨胀。短短两年间，“万家购物”就在全国2 300多个县（市）设立了代理店，实体联盟店遍地开花，有10万多家加盟商、拥有分红权的会员达75万多人。2013年8月7日，浙江省金华市婺城区人民法院对全国最大网络传销案“万家购物”案做出一审判决。被告人应建成犯组织、领导传销活动罪，判处有期徒刑十年，并处罚金二百万元；犯故意伤害罪，判处有期徒刑七年；两罪并罚，决定执行有期徒刑十五年，并处罚金二百万元。①

（三）裂变性、可复制性强

传销行为自从1998年4月国务院发出《关于禁止传销经营活动的通知》，明确将传销界定为违法行为进行打击后，经过多年的发展、演变，传销的本质没有改变，但传销的形式一直在变化。犯罪分子一直在想方设法逃避打击，有的是改头换面重张旗鼓，有的是异地发展，有的是部分传销人员掌握了传销的基本手段后另起炉灶，有的是被行政处理甚至被判刑后不思悔改重新从事传销活动，如江西精彩生活公司组织、领导传销活动案中的唐庆南以前就是因从事传销犯罪被判刑出狱后，重新设立公司开展新型的网络传销活动，手段更加隐蔽，更具有迷惑性。

（四）涉及地域广、人员多

传统的人员聚集型的传销犯罪仍然高发，新型的网络传销犯罪不断更新，但两者都具有设计地域广、人员多的特点。实践中，传统的人员聚集型的传销犯罪中的参与人员基本上都不属于传销窝点所在地的人员，如广西一些地方的传销活动比较突出，但这些传销人员基本上都不是当地人，大部分是外地人，人数众多。先期参与的传销人员发现被骗后或者被洗脑后，编造“合伙做生意”、“招工”等名义继续骗自己老家的亲戚朋友来广西参加传销。网络传销更是跨越了地区、省份之间的界限，足不出户就可以实现全国范围内的人员沟通。网络传销发展人员更快、涉及地域更广。如江苏镇江警方侦破的世界通组织、领导传销活动案涉及30个省份的代理商13万人，非法获利10亿元；浙江金华警方查获的万家购物组织、领导传销活动案涉及全国31个省份，2 300多个县（市），涉及人员200

---

① 参见郑宾：《从“万家购物”到万劫不复》，载《检察风云》，2013（18）。

万名。

（五）易引发群体性事件

传销犯罪涉及人员多，一旦资金链断裂或者被警方查获，一些上当受骗或者不明真相的传销人员就会聚集上访，容易引发群体性事件。由于传销组织本质上仍然是骗取钱财，一旦参与人员人财两空时，就会情绪激动，互相串联，甚至是网上通过QQ群、微信群等进行串联，群体到政府部门上访，一旦控制不力，容易引起传销人员的集体上访，甚至引发故意伤害、敲诈勒索等其他类案件。

第二节　组织、领导传销活动犯罪案件的侦查方法

随着我国打击组织、领导传销活动犯罪的力度不断加大，传销犯罪的手段不断发生变化，传统的拉人头、聚集式传销犯罪继续存在，新型的网络传销蔓延速度比较快，一些传销组织以“电子商务”、“网络投资”、“网络购物”、“网络加盟”、“购物返利”、“私募基金”、“股权投资”、“网上培训”等名义，通过在互联网上发布传销活动信息，甚至直接建立网站作为缴纳费用、发展人员、组成人员层级和网络、计提报酬的平台，大肆从事网络传销犯罪活动，具有隐蔽性强、欺骗性强、涉及人员多、跨区域作案、易引发群体性事件等特点，存在着发现难、取证难、认定难、抓人难、维稳难等办理难点。针对这种形势，经侦部门应延伸情报网络，积极展开网上网下巡查，注重经营，摸清网络架构，适时动手，及时、全面收集证据，加强稳控，争取一网打尽。

一、拓宽案源，深度经营，摸清传销网络

针对拉人头、聚集型的传销犯罪行为，围绕传销犯罪嫌疑人身份资料、通信资料、银行资料、暂住地、活动地等要素，综合运用公安情报平台加以研判，各警种协作配合，加强对重点人员、重点地域、重点场所、重点资金等进行阵地控制，及时发现犯罪线索。

针对网上传销犯罪行为，应加强同网监、工商、银监会等部门的联合，加强对网上相关信息的搜索与巡查，及时发现涉案犯罪线索。网络传销尽管具有一定的隐蔽性，但是其网站一般是公开的，仍然离不开人员的参与、层级的形成、资金的聚集等传销的本质活动。办案部门应坚持网上网下相结合的方式，联合网监、工商等部门，对网上信息，尤其是对于宣称“购物返利”、“新型电子商务”、“网络框架营销”等名义实施传销的信息进行深入剖析，及时发现涉案线索。

通过反洗钱机制加强对传销犯罪资金流的监控。传销犯罪离不开资金运作，传销犯罪资金具有一定的规律可循，如资金数额呈现出一定的倍数，或者异地多人向一个账户汇入一定数额的资金，就可能是各地参与传销者向上线汇款；或者一个账户定期向全国多个地方的多个账户汇入资金，就可能是传销组织上线向下线返利；或者一个账户频繁地从全国各地收款后取现，再存到另一张银行卡，就可能是企图截断资金流向，逃避打击。公安部门要与银监会紧密合作，利用反洗钱机制，争取提前发现传销犯罪可疑资金的流动，及时发现传销犯罪活动，打早打小。

树立长期经营思想，准确选择抓捕机会，避免因草率收网造成证据不足和给案侦工作带来影响。因为传销犯罪行为不是单个一对一的犯罪行为，而是具有涉及人员众多、层级

较多、点多面广、证据较多等特点，贸然出击容易打草惊蛇，从而导致只断其枝叶、难以撼其根基的问题。对于发现的涉嫌传销犯罪线索或报案，涉嫌犯罪的，应及时立案，但对于出击的时间应综合考虑。应注重经营，在条件允许的情况下，可以顺线深挖，多策并举，可以在传销组织内部挑选加入不久、受害不深的传销人员，通过正面教育，感情投入，将其物建为秘密力量；也可以派遣侦查人员以参与传销为名，秘密打入传销组织内部，开展卧底侦查，秘密拍摄，获取相关视听资料。通过公安信息网查询犯罪嫌疑人真实身份资料，通过特情、技侦等部门确定联系方式，通过开户资料、资金流向等核查其在传销组织中的层级关系，通过走访物业部门、尾随跟踪及技术侦察等方法查明其住址，通过外围监控、技术手段摸清传销组织聚集地点，以此勾画传销组织架构图，并确定主要犯罪嫌疑人。

对于网络传销，应积极取得网监、技侦、银监会等部门的配合，做好前期工作。网络传销组织一旦发现风吹草动，就可能会关闭网站，对后期侦查取证工作带来难度。因此，侦办网络传销应特别注意做好收网前期的取证工作。网监部门应充分运用技术手段，对涉案传销网站进行远程监控，及时、有效、依法收集传销组织的电子证据，尤其是要及时获取网站服务器后台数据。技侦部门应及时对掌握的涉案人员手机等进行监控，确定涉案人员身份、所在地点、在传销组织中的作用等。尽量摸清涉案人员身份及涉案账户，在银监会的支持下，及时对可疑人员的开户信息进行查询，发现涉案资金流向，但尽量不要冻结账户，以免打草惊蛇，待条件成熟后，再统一收网。

经过主动经营，全面摸排，初步了解传销组织运行网络，查明主要涉案人员身份、聚集地点、行踪轨迹、涉案公司总部、传销组织模式、分支机构所在地、参与人员身份、资金支付方式、涉嫌账户等。通过及时掌握传销人员聚集地点和重点人员住处，落实具体抓捕对象的行踪和银行账户情况。抓捕前采取“人盯人”的战术，抓捕后立即开展现场搜查取证和资金账户冻结，确保人赃俱获。

二、适时出击，加强现场控制，及时抓捕犯罪嫌疑人

在先期摸排的基础上，制定周密的行动计划，适时出击，统一收网。对主要涉案人员身份及行踪轨迹、主要涉案窝点（网点）场所周围环境、主要涉案证据存储方式、主要传销运行网络摸清楚后，统一开展行动。行动前，要充分考虑各种因素，制定缜密的行动计划，从现场控制、证据收集、调查访问、群体性事件防控、询问讯问等方面进行综合考虑，诸警配合，尤其是网监部门一定要参加，分工协作，有序开展工作。

对于现场的控制，要突出“快”、“细”、“全”。“快”就是尽快进入传销窝点、传销课堂、传销公司办公场所、寝室等。否则，传销人员会将传销资料、手机联系方式、手机信息、授课教材、电脑上传销文件数据、网上数据资料等重要证据销毁处理，给后期侦查工作带来被动。因此，对于所要查处的场所，一定要调查清楚位置、大概人数、内部布局，必要时要反复演练，研究短时间内进入并控制现场的有效措施和方法。“细”就是现场取证要仔细。进入现场后先逐人检查身份，登记造册，对现场的手机、文件资料、电脑、移动存储介质、光盘、随身手提包等都要控制，第一时间将涉案人员与这些物证分离，避免损毁证据。“全”就是在组织辨认时“全”。因为传销人员一般都是异地人员，一旦放走，很难二次取证。因此，现场要对传销人员逐人拍照，做好辨认笔录。

对现场控制人员进行询问和讯问，应重点围绕传销人员真实身份、上下级关系、传销组织中的作用、资金流向等制定统一的讯问（询问）提纲，避免遗漏。对于主要涉案人员，现场核实身份后，围绕提纲，应逐个开展讯问或询问工作。由于传销组织人员多具备反侦查对策，并专门编制了应对公安机关打击的“授课教材”，在应对审查中通常有固定的“台词”，即“刚刚到这里”、“是朋友叫来的”、“朋友回原籍了”、“不知道是传销”等。在现场打击过程中，往往一次查获的传销人员少则十余人，多则上百人，如果不能迅速打开突破口，工作就会陷入僵局。可在逐个讯问的基础上，选择两头作为突破口：即高层次的传销人员与刚入门的传销人员，组织经验丰富的民警进行攻心式审查，只要两头突破，中间传销人员的审查工作便迎刃而解。同时，注意口供之间的相互印证。

对现场进行搜查，应注意发现并扣押下列证据：（1）购买传销产品的客户注册登记表或记录有客户资料的资料，包括业绩单（即收入明细表，表明传销人员某一个月或者某一个开薪水的周期的收入多少）、网络图（反映传销网络的组织构成、上下线关系的树形图）、人员花名册、考勤簿等；（2）传销人员的存折、银行卡、银行凭证等；（3）集会、讲课时的录音、录像、光盘等视听资料和课件、听课笔记；（4）用于传销的商品；（5）由网监部门协助对储存有与传销有关资料的电脑、移动存储设备、服务器等依法进行现场查封、扣押。对于网络传销犯罪现场，则第一时间控制网络管理员或其他高级管理人员，说服、教育网管员或其他涉案人员协助侦查人员获取网络数据，尤其是传销服务器的后台数据。可通过讯问网管员或其他高管人员获取用户名和密码，并及时登录，将网站上的有关传销数据下载并打印，让当事人签字确认；同时，更改密码，以防密码被其他知情同伙更改。在获取电子证据时，应有网监部门全程支持，严格遵守收集电子证据的有关程序规定，坚决避免违规取证。（6）相关人员的通信资料，包括通信录和手机。

及时抓捕犯罪嫌疑人。在前期侦控的基础上，多路出击，多策并举，针对主要涉案人员进行集中抓捕。运用技侦手段，对主要犯罪嫌疑人进行抓捕；运用攻心战，劝说涉案人员尽快投案自首；通过涉案人员亲属的动向，发现涉案人员的行踪；及时上网追逃。

三、全面收集证据，证明传销犯罪网络

要围绕组织、领导传销活动犯罪的要件，注意从传销组织规模、组织架构、层级关系、经营模式、计酬返利方式、骗取钱财数额、涉案人员名单等方面收集证据。对于传销组织者、领导者，要从组织者、领导者的身份、级别、地位、通信记录、内部称谓、运作模式、作用、主观认知、组织、策划、管理等方面加以收集证据。

从传销窝点、办公场所、寝室、随身携带提包等地方收集犯罪证据，尤其是传销网络图、上下线层级图、组织结构、经营模式、各层级人员名单、返利、提成、资金流向、讲课录像、授课资料、传销宣传单等方面收集相关证据。

对于网络传销，则主要收集网站服务器后台数据，在网站没有关闭前，可以通过网监部门运用技术手段，依法获取网站后台数据，直接、有效地获取网络传销组织的内部运作模式、返利名单、注册会员名单等相关证据；如果网站已经关闭，一般来说，传销组织内部的高级管理人员、网络管理员会有多个后台数据备份，将来统一收网时应着重从涉案人员的电脑、移动存储介质、光盘等方面收集数据资料。

四、加强资金查控

传销犯罪本质上仍然是围绕资金运转的，如果采取哪种传销方式，最终都归结到骗取财物。因此，办理传销犯罪案件，要紧紧围绕资金流向查明犯罪网络、涉案资金账户、追缴涉案款物、收集犯罪证据。

传销犯罪主要是采取缴纳入门费或购买商品、服务等方式收取资金，如以销售商品、提供服务、加盟连锁、特许经营、保证金、地区代理等理由收取各种资金。要查明这些资金是如何支付的，如银行汇款、电子汇兑、网上支付、现金缴纳等。到银行调取相关银行交易凭证，重点调查涉案公司或人员的银行卡交易记录，查明可疑资金账户，追查资金流向，适时冻结涉案资金账户。

积极追赃涉案款物。围绕涉案资金流向，从资金的来源、转账、取款等方面仔细调查清楚各类资金的流向，尤其是对涉案人员的各个银行卡、公司的银行卡或者其他相关人员的银行卡进行重点调查；对负责传销组织的高级管理人员、会计等进行讯问，获取资金去向；对涉案传销组织的财务资料、会计凭证、银行凭证等进行对账，必要时请会计师事务所进行司法会计鉴定；对参与传销的一般人员进行询问，查明缴纳资金数额、方式、凭证。最后，将传销组织的收取资金凭证、银行凭证、参与传销人员缴款凭证进行对账，确认涉案资金数额，追缴涉案款物。

五、攻心为上，突破口供

组织、领导传销活动犯罪的组织者、领导者有的多次参与传销，对传销的行为心知肚明，但就是拒不承认。对此，办案人员要多策并举，攻心为上，认真分析每个犯罪嫌疑人的性格、教育经历、组织中地位、发挥的作用、家庭背景、是否以前从事过传销等几个方面，然后，选择发挥的作用相对比较小、悔罪心理严重的嫌疑人为突破口，进而再突破其他犯罪嫌疑人。针对思想比较顽固、存在幻想的犯罪嫌疑人，只要涉案犯罪证据符合刑拘条件的，一律予以拘留，彻底打消他们的侥幸心理。传销骨干在被采取刑拘强制措施后大多如梦初醒，切实感受到了法律的威严，自动放弃抵抗，如实供述犯罪事实。

针对一般参与传销者，在尽可能的条件下，应该对每个传销参与者都要进行询问。有的案件涉及传销者上千人甚至上万人，在警力有限的情况下，适当可以考虑采取有比例地询问，如上千人的，可以询问40%，上万人的，可以询问20%，再结合其他书面证据、电子证据等综合加以认定犯罪事实。办案人员应制定统一的询问提纲，主要围绕加入传销组织的时间、如何加入的、是否交钱了、交了多少钱、如何交的、交钱时间、地点、方式、有无交款收据、银行凭证、银行账号、本人在传销组织中的级别、上下级人员、介绍人情况、是否已经获得返利或提成、传销组织模式、核心人物、是否发展下线等。

六、制定维稳预案，全程加强稳控

传销犯罪涉及的众多一般传销参与者因经济受损、不认同是传销犯罪行为、受少数人蛊惑、对政府介入存在抵触心理等，很容易造成情绪激动，心理压力大，常常甚至以传销公司成立获得政府批准、某政府领导剪过彩、讲过话为由，要求政府为其损失“埋单”，因而到地方政府、党委或公安机关提出一些不合理的诉求，容易引发群体性聚集、串联、上访。因此，要把维稳工作贯穿于办案始末。在受理案件后，要及时摸排涉案人数、案件的性质、涉案地点分布等，评估不稳定因素，进而制定维稳措施，积极向当地党委、政府报告，获得当地党委、政府的大力支持。在决定统一收网时，制定详细的维稳方案，配备足够的警力，积极预防群体性事件的发生，尽可能地在短时间内分散传销人员，防止聚集闹事。在侦查过程中，也要积极预防群体性上访事件，尤其是越级上访。一方面要依法办案，区别对待，按照“严惩传销头目、摧毁传销网络、教育广大群众”的原则，重点打击组织者、领导者，对待一般传销参与者，则做好教育遣返工作，切实维护社会稳定。另一方面要积极防控、正确对待群体性聚集、串联、上访事件。要制定详尽的预案，制定统一的答复口径。加强交流与沟通，说明法理，加强舆情监控和舆情引导。按照以教育、劝导为主的疏散方式，本着“可顺不可激，可散不可聚，可解不可结”的原则，尽量避免激化矛盾，分流处置，要从内部分解、控制、训诫组织者，立足于疏导、劝解、平息，不使规模扩大，不使事态升级，不酿成大的事端。

【导入案例简析】

江西精彩生活公司组织、领导传销案是一个典型的网络传销犯罪案件，警方在立案之初就对案件的定性、电子证据的收集、涉案人员的控制、动手时机的选择、资金查控、维稳等各方面进行了细致的安排。对于案件定性上，由于此案中涉及电子商务销售方式属于比较新的一种形式，所以在案件定性上全国各地的工商部门、公安部门有不同的看法。江西南昌市公安局曾经对此案进行立案侦查，但由于在定性上存在不同意见，后来又撤案。这反映出网络传销犯罪案件定性难的特点。2012 年 4 月 15 日，公安部会同国家工商总局，统一指挥协调山东、广州、南昌等 20 多个省、市公安机关，组织数千警力，对江西“精彩生活”投资发展有限公司涉嫌组织、领导传销活动案开展统一抓捕、取证行动。江西省南昌市公安局经过长期艰苦细致的工作，根据公安部的统一部署，在江西省公安厅的指挥下，一举捣毁“精彩生活”南昌总部，抓获多名主要犯罪嫌疑人，彻底摧毁了这一特大涉嫌传销犯罪团伙。2013 年 8 月 30 日，南昌市中级人民法院开庭宣判：第一被告唐庆南被判组织、领导传销活动罪，判处有期徒刑 10 年，罚金 4 000 万；其他五人分别被判 8 至 3 年有期徒刑，并处罚金。

【资料链接】

组织、领导传销活动犯罪案件的证据收集①

办理传销犯罪案件时在确定其模式符合传销特征的前提下，必须要有充分的证据将该传销组织的经营模式、非法所得和主要犯罪嫌疑人在案件中的作用和地位等事实证明到位。所以，我们要树立证据理念，围绕组织、领导传销活动犯罪案件的取证要求，通过各种侦查手段和方法，从已有证据出发，寻找发现其他重要证据，并将证据合理整合，使之相互印证。

一、传销窝点现场的证据收集

侦办传销犯罪案件时，要尽量收集相关的物证、书证。尤其是在对传销窝点或传销办公地点进行勘验、搜查时，要重点收集与案件事实相关的证据，为准确认定案件事实打下

① 参见石会燕：《论组织、领导传销活动犯罪案件的证据收集》，载《新疆警官高等专科学校学报》，2012 (2)。

基础。具体包括：一是传销组织的宣传资料，上面通常有传销组织的详细介绍，并对如何成为其会员，如何返利等有说明；二是产品申购单或交款凭证，会员加入传销组织，通常情况会有产品申购单，而新进成员通常会通过银行汇款，将钱款存入传销组织者的账户，这都是传销数额的重要书证；三是传销人员的笔记本，传销人员通常在培训中会做笔记，记录授课的内容便于下课后再学习，这就会记录下其参与传销活动的全过程，甚至在笔记内容中透露出传销组织某些重要信息或其在传销组织中所处的位置及部分上下线的网络关系；四是各类银行卡及存折，各类钱款通常先汇到当地组织者的银行卡或存折上，再由当地的组织者统一汇到其上线的账户，同时上线向下线发放的“工资”、“奖金”等也都先汇到当地组织者的银行卡或存折，再由当地组织者进行发放，通过查询交易明细，可以理清资金的来龙去脉；五是人员名单、考勤簿等，这些能够证明传销组织的人员数量和结构；六是传销组织用于办公的电脑，现在很多传销组织都打着某公司的旗号进行传销犯罪，尤其是网络传销犯罪，传销组织的办公电脑中存有很多犯罪证据，在搜查时一定要注意寻找发现，及时予以扣押并交给网监部门进行专门处理，扣押中切勿进行关机操作，以防传销分子安装关机自动删除软件，避免犯罪资料的丢失；七是传销窝点中张贴或保管的《五级三阶制》、《经理室管理规定》及《经营管理二十条》等传销组织的各种管理规定等。

对于现场收集来的证据，要进行仔细审查，深挖犯罪线索。一是对发现的电话号码、电子邮箱、地址等通信信息进行深入调查，发现其他可能是传销组织C级以上的组织者或领导者。二是对于发现的银行账号，要及时进行查询，对其资金的往来明细进行梳理，找出与入门费和奖金金额相同及倍数的资金流水，深挖上线人员。三是其他窝点信息。传销组织的窝点通常不止一二个，所以对发现的相关地址要予以核查，寻找其他窝点。

二、讯问传销活动组织者、领导者的证据收集

第一，证实传销体系的管理模式。即关于传销组织如何运作，具体而言即如何发展人员，由哪些人来授课，授课内容是什么，入门的手续如何，如何计算提成返利等问题进行讯问，并对搜查所获得的传销组织的各种管理规定进行核实，证实传销人员对自己伞下体系的管理任务以及各个不同级别时的其他具体管理任务，以证实犯罪嫌疑人是否具有组织、领导行为。第二，证实传销体系相关人员的上下线关系。即传销组织的人员情况，包括传销组织的结构，有几家公司，有几个办事处，有多少个窝点，有哪些部门，各自的负责人分别是谁，其上下级分别是谁，如何联系，人员等级关系如何划分等。还要要求被讯问人员亲笔绘制其所处的传销体系图并标明相应所购产品的份额，以确认犯罪嫌疑人在传销体系中的地位、其发展的下线的体系及下线购买“产品”累计的份额。第三，证实资金整体的运作情况。主要包括：现在产品是多少钱一份，返利多少；下线一共有几级有多少人；钱是怎么汇、汇给谁？具体用什么账户、密码进出钱；根据约定多长时间往返，了解汇钱的周期规律是多少；目前用的存折或者银行卡在哪里，上面有没有存量；人员花名册以及电脑、网络设备、相关资料在哪里。第四，对于网络传销，要重点讯问犯罪嫌疑人关于电脑登录密码、邮箱密码、传销网站服务器登录密码等较为隐秘的问题。第五，通过讯问犯罪嫌疑人后收集到的相关物证、书证（如产品申购单、笔记本、传销体系图等）予以固定。特别是通过讯问对收集到的学习笔记本、会议记录笔记本中记录的各种传销组织的

活动，如晨会、晚会、经理会、授课等具体活动的组织管理者的管理行为的固定，以证实犯罪嫌疑人是否具有组织、领导行为。在运用证据确认犯罪嫌疑人在传销体系中的地位、其发展的下线的体系及下线购买“产品”累计的份额时，要充分利用传销活动的特点，坚持印证的证明模式，注重证据之间的相互支持、相互说明、相互吻合、相互印证，同时也要注意对证据进行补强。具体而言，既要审查其与直接上线、直接下线能否相互印证，也要审查其与间接上线、间接下线能否相互印证，还要注意是否有旁支的传销人员予以佐证补强。对传销组织者或领导者的讯问，要充分熟悉案情，寻找薄弱环节，可以充分使用审讯策略，如利用矛盾法或使用证据法等，打消其侥幸心理，促使其坦白交代。

三、询问参与传销人员，收集证人证言

对于在取缔窝点中抓获的传销人员，要立即核实身份，确定其与传销组织的关系和在传销组织中所处的位置。询问的内容有：（1）个人身份的审查。主要包括：家庭真实情况；在传销组织内担当的角色；（2）传销窝点的情况（包括其他窝点）、核心人员以及骨干人员组成；（3）参与传销的经过及其上下线情况。以上询问内容可通过在传销窝点中搜查到的传销人员名单、考勤簿、业绩单等记录人员信息的资料及身份证件、听课笔记、日记等资料以及同一窝点其他人员的证言进行核实。对于涉及同一地区，涉案人员较多的传销案件（特别是网络传销案件），可以结合宣传工作，采取公告取证的方法，通过电视、报纸等媒体发布公告，请受害群众到指定地点向公安机关提供证据；还可以通过电信部门向当地手机用户发送短信公告。对于参与人员分布区域广泛，特别是跨省市，参与人数众多、主动取证在规定侦查期限内无法完成的，可采取集约化取证方式，减轻办案地警方侦办期间的压力。

四、会计资料勘验与检查中的证据收集

传销案件的资金交易呈现出以下特征：一是账户开设后短期即启用，然后出现短期休眠，一段时间后又突然启用；二是交易量大的多个账户开户人有一定社会关系，且相互间偶有大宗交易；三是收款账户众多，开户无固定商业银行网点、交易极为频繁，资金散进整出，余额每日清空；四是交易方式以汇款、转账、柜面现金、异地存取现居多；五是存款资金一般为倍数关系，比如：一份是 3 800 元，那么入储资金往往是 3 800 的数倍或者是数十倍，但由于存在借支与挪用，并非所有的申购款存储都存在 3800 元固定倍数关系。“资金流就是经济犯罪的 DNA”。通过传销组织资金流向分析，可以摸清传销组织结构，理清传销网络，制作资金流向网络图，确定犯罪嫌疑人在整个传销网络中所处的位置。公安机关可请求人民银行反洗钱监测部门利用传销犯罪的资金交易特征来进行集中批量查询，快速发现传销案件新的线索，为制作资金流向图提供支撑，为确定传销组织者或领导者提供证据支撑。

五、相关电子证据的收集

网络传销犯罪案件中传销组织者常常租用境外服务器，购买专门的软件实行网上计酬的方式实施其传销活动，科技含量高，调查取证难。办案部门要严格按照电子证据取证规范，积极、及时地收集相关电子证据。对传销网站，网监部门可以采取远程勘查方式，破译传销人员的 ID 密码，网上发现和扩展传销人员网络结构图、奖金发放表，提取犯罪嫌疑人个人电脑、手机中用于传销活动的存储记录和浏览信息，由网监部门依法出具勘查报告并制作光盘。对取缔窝点时收缴的电脑、移动硬盘、U 盘等数据存储介质要进行审查，如有密码，要通过讯问或技术手段实施破解，收集并固定存储的电子证据。此外，还要注意传销人员使用的网络通信工具，如QQ聊天记录、电子邮箱等，其中通常包含大量电子证据。侦查人员在收集电子证据时一定要注意全面、详细地记录被提取的电子证据所存在的计算机硬盘或其他储存介质的型号、存储位置、文件名、文件后缀名等详细情况。以证明被提取的电子证据的客观真实状态。电子数据信息容易因病毒、系统及设备的故障造成丢失、损坏，所以应对所收集到的电子证据进行软盘及外接硬盘的复制备份，以防止证据的灭失。

【关键术语】

组织、领导传销活动罪；传销；组织者；领导者；团队计酬；网络传销

【本章小结】

组织、领导传销活动罪是指组织、领导以推销商品、提供服务等经营活动为名，要求参加者以缴纳费用或者购买商品、服务等方式获得加入资格，并按照一定顺序组成层级，直接或者间接以发展人员的数量作为计酬或者返利依据，引诱、胁迫参加者继续发展他人参加，骗取财物，扰乱经济社会秩序的传销活动的行为。组织、领导传销活动罪既侵犯了公民的财产所有权，又侵犯了市场经济秩序和社会管理秩序。

组织、领导传销活动犯罪手段主要包括“拉人头”式传销、骗取“入门费”式传销和“团队计酬”式传销。组织、领导传销活动犯罪案件具有金字塔形的多层次组织架构、网络传销突出、裂变性、可复制性强、涉及地域广、人员多、易引发群体性事件等特点。

侦查组织、领导传销犯罪案件，应注重初查工作，对案件正确定性，积极、及时收集相关证据，查明传销组织网络，作好资金查控，全程加强维稳工作。

【推荐阅读与学习资源】

1. 戴蓬：《经济犯罪侦查对策新解》，北京，中国人民公安大学出版社，2011。

2. 任克勤：《涉众型经济犯罪及其对策研究》，北京，中国人民公安大学出版社，2012。

3. 贺电、陈祥民、姜万国：《涉众经济犯罪研究》，北京，中国人民公安大学出版社，2012。

4. 国家工商行政管理总局直销监管局：《禁止传销与规范直销知识问答》，北京，中国工商出版社，2007。

5. 刘敏：《直销与传销》，北京，中国工商出版社，2007。

6. 元坤：《中国二十年重案追踪：传销案》，北京，中国长安出版社，2010。

7. 唐楠：《A级代理商》，北京，群众出版社，2006。

8. 反传销网，见 http：//www. chinafcx. com。

【案例分析】

2009年11月，陈世军经曹莉莉介绍参加了以资本运作为名，实为“拉人头”，收取“入门费”的传销活动。该传销组织规定，每个参加者必须至少缴纳3 800元（其中500元是购买一套西服套装或者一套化妆品），才能获得加入该组织的资格，然后购买者可购买一份至数份额或通过自己（该传销组织规定：一个上线只能发展三个以下直接下线）或自

己的下线直接或者间接滚动式地不断发展下线以提升自己的级别，组织按业务员级别高低支付提成比例。该组织分为五级：个人业绩一份至两份的是实习业务员，个人业绩三份致九份的是组长，个人业绩十份至六十四份的是主任，个人业绩六十五份至五百九十九份的是经理，个人业绩六百份以上的是老总。陈世军申购21份额交纳69 800元加入“资本运作”传销活动。陈世军加入该传销组织后，分别又发展了陈小艳、陈华和陈良为其下线，陈小艳又发展了陈玲玲和赵万青为其下线，陈华又发展杨姗美为其下限，陈良又发展了陈华、许利为其下线，陈玲玲、赵万青、陈华、许利又各自发展了自己的若干下线。经各下线人员直接或间接地发展下线人员，使被告人拥有400份额以上，成为该组织的经理，享受下线人员申购份额的提成，从中获得非法收入。[①]

问题：

1. 如何认定本案属于组织、领导传销活动罪？
2. 本案应收集哪些证据？

---

① 参见苏传清：《男子以资本运作为幌子组织领导传销活动获刑》，见光明网，http://court.gmw.cn/html/article/201303/08/121941.shtml，2014年6月1日访问。

第15章

非法经营犯罪案件侦查

【学习目标】

通过学习本章，了解非法经营犯罪案件的构成要件，掌握非法经营犯罪的常见手段及特点，理解非法经营犯罪案件的侦查方法。

导入案例

2014年1月16日，湖南省岳阳市银行监控系统发现，一特约商户申领的一台POS机，从2013年12月30日至2014年1月7日，出现大量利用POS机预授权交易特点的可疑交易。连续9天时间内，该POS机利用预授权交易可透支信用卡可用额度的115%的交易规则，分数十次将当天存入资金额度和可用透支额度全部刷出，有虚假交易进行大额套现犯罪嫌疑。面对这一新型犯罪案件，湖南省岳阳市公安局迅速召开部署会，责令经侦支队限期破案。①

问题：此案如何开展侦查工作？

第一节　非法经营犯罪案件概述

一、非法经营罪的概念

非法经营罪是指违反国家规定，从事非法经营行为，扰乱市场秩序，情节严重的行为。非法经营罪是1997年《刑法》新增加的罪名，主要是从原来的投机倒把罪演变来的。为了打击非法从事证券、期货、保险业务的行为，1999年颁布的《刑法修正案》将未经国家有关主管部门批准，非法经营证券、期货或者保险业务，扰乱市场秩序，情节严重的行为，规定为非法经营罪。为了打击日益猖獗的地下钱庄行为，2009年全国人大常委会通过的《刑法修正案（七）》将非法从事资金支付结算业务，情节严重的行为增加规定为非法经营罪的行为方式。

非法经营罪侵犯的客体是市场交易的正常秩序。非法经营罪的客观方面表现为行为人

① 参见吴明治、张子光：《岳阳市首例预授权POS机非法套现案成功告破》，载《长江信息报》，2014-03-28。

违反国家规定，从事非法经营活动，扰乱市场秩序，情节严重的行为，具体包括：未经许可经营法律、行政法规规定的专营、专卖物品或者其他限制买卖的物品的；买卖进出口许可证、进出口原产地证明以及其他法律、行政法规规定的经营许可证或者批准文件的；未经国家有关主管部门批准非法经营证券、期货、保险业务的，或者非法从事资金支付业务的；其他严重扰乱市场秩序的非法经营行为。非法经营罪的主观方面表现为故意。非法经营罪的主体是一般主体，即自然人和单位均可以成为本罪的主体。

二、非法经营罪的认定

（一）本罪客观方面的认定

1. 违反国家规定

即违反全国人大及其常委会制定的法律和决定，国务院制定的行政法规、规定的行政措施、发布的决定和命令。从实质而言，非法经营属于行政犯。非法经营涉及的犯罪行为同时违反国家有关行政法规，只有达到了犯罪的程度，才被认定为犯罪行为。①

2. 从事了非法经营行为

具体表现为：

（1）未经许可经营法律、行政法规规定的专营、专卖物品或者其他限制买卖的物品的。未经许可，是指未经国家有关主管部门的批准。专营、专卖的物品，是指由法律、行政法规规定的专营、专卖的物品，如食盐、烟草等。其他限制买卖的物品，是指国家根据经济发展和维护国家、社会和人民群众利益的需要，规定在一定时期实行限制性经营的物品。未经许可经营法律、行政法规规定的专营、专卖物品或者其他限制买卖物品的行为，违反的就是国家关于专营、专卖物品或者其他限制买卖物品的国家规定，诸如《中华人民共和国烟草专卖法》、《食盐专营办法》、《国务院关于化肥、农药、农膜实行专营的规定》、《中华人民共和国矿产资源法》等法律、行政法规中都有专营、专卖或限制买卖的具体规定。认定非法经营罪，应当以相关的规范市场秩序的行政法规为参照系，如果达到犯罪程度，可考虑追究行为人的相关刑事责任。②

（2）买卖进出口许可证、进出口原产地证明以及其他法律、行政法规规定的经营许可证或者批准文件。进出口许可证，是指国家外贸主管部门对企业颁发的可以从事进出口业务的确认资格的文件。进出口原产地证明，是指从事进出口经营活动中，由法律规定的，进出口产品时必须附带的由原产地有关主管机关出具的证明文件。其他法律、行政法规规定的经营许可证或者批准文件，是指其他法律、行政法规规定的所有的经营许可证或者批准文件，如林木采伐、矿产开采等许可证及批准文件。

（3）未经国家有关主管部门批准，非法从事经营证券、期货、保险业务的，或者非法从事资金支付结算业务的。其中，非法经营证券、期货业务，主要包括：非法设立证券交易所、期货交易所进行证券、期货交易；非法从事证券、期货经纪行为，如未经工商行政管理部门核准登记，擅自开展证券或期货经纪业务行为；证券、期货交易所、证券公司、期货公司超越经营权限非法从事证券、期货交易等。非法经营保险业务，主要包括：未经授权进行保险代理业务；保险经纪人超越范围从事保险业务等。资金支付结算业务，是指

①② 参见曹坚：《非法经营犯罪认定适用审判时法》，载《上海金融报》，2008-11-11。

通过银行账户的资金转移实现收付的行为，即银行接受客户委托代收代付，从付款单位存款账户划出款项，转入收款单位存款账户，以此完成经济活动主体之间债券债务的清算或资金的调拨。银行结算的种类有银行汇票、商业汇票、银行本票、支票、汇兑、委托收款和托收承付、信用卡、信用证等。

（4）其他严重扰乱市场秩序的非法经营行为。这一款属于兜底条款，主要是针对现实中发生的，又难以对应以上三款的具有一定危害性的违反国家规定的非法经营行为。这是针对现实生活中非法经营犯罪活动的复杂性和多样性所作的概括性的规定。但必须把握住三个原则：第一，是属于市场经济中的经营行为；第二；违反了国家的规定；第三，具有社会危害性，严重扰乱市场的行为。同时，为了避免打击犯罪的扩大化，适用本款时，必须采取谨慎的态度，严格把关限制范围。[①]

（二）非法经营罪与擅自设立金融机构罪的界限

擅自设立金融机构罪，是指未经国家有关主管部门批准，擅自设立商业银行、证券交易所、期货交易所、证券公司、期货公司、保险公司或者其他金融机构的行为。两罪的主要区别是：非法经营罪是针对经营行为的，即使行为人形式上没有成立所谓的商业银行、证券交易所等，但是实际上从事了证券、期货、保险等业务活动，情节严重的，就可以过程犯罪。而擅自设立金融机构罪是针对设立行为的，只要行为人有非法设立商业银行、证券交易所、期货交易所、证券公司、期货公司、保险公司或者其他金融机构的行为，不必实际开展证券、期货、保险等金融业务，就可以构成犯罪。实践中，许多从事非法经营证券、期货、保险业务的犯罪分子，表面上不设立公司，但从事的是证券、期货、保险业务，这种情况就涉嫌属于非法经营罪。

三、非法经营罪的立案追诉标准

最高人民检察院、公安部《关于公安机关管辖的刑事案件立案追诉标准的规定（二）》第七十九条规定：

违反国家规定，进行非法经营活动，扰乱市场秩序，涉嫌下列情形之一的，应予立案追诉：

（一）违反国家有关盐业管理规定，非法生产、储运、销售食盐，扰乱市场秩序，具有下列情形之一的：

1. 非法经营食盐数量在二十吨以上的；

2. 曾因非法经营食盐行为受过二次以上行政处罚又非法经营食盐，数量在十吨以上的。

（二）违反国家烟草专卖管理法律法规，未经烟草专卖行政主管部门许可，无烟草专卖生产企业许可证、烟草专卖批发企业许可证、特种烟草专卖经营企业许可证、烟草专卖零售许可证等许可证明，非法经营烟草专卖品，具有下列情形之一的：

1. 非法经营数额在五万元以上，或者违法所得数额在二万元以上的；

2. 非法经营卷烟二十万支以上的；

---

① 参见孟庆丰、陈国庆、孙茂利主编：《经济犯罪案件立案追诉标准最新适用指南》，495～496页，北京，中国人民公安大学出版社，2012。

3. 曾因非法经营烟草专卖品三年内受过二次以上行政处罚，又非法经营烟草专卖品且数额在三万元以上的。

（三）未经国家有关主管部门批准，非法经营证券、期货、保险业务，或者非法从事资金支付结算业务，具有下列情形之一的：

1. 非法经营证券、期货、保险业务，数额在三十万元以上的；

2. 非法从事资金支付结算业务，数额在二百万元以上的；

3. 违反国家规定，使用销售点终端机具（POS 机）等方法，以虚构交易、虚开价格、现金退货等方式向信用卡持卡人直接支付现金，数额在一百万元以上的，或者造成金融机构资金二十万元以上逾期未还的，或者造成金融机构经济损失十万元以上的；

4. 违法所得数额在五万元以上的。

（四）非法经营外汇，具有下列情形之一的：

1. 在外汇指定银行和中国外汇交易中心及其分中心以外买卖外汇，数额在二十万美元以上的，或者违法所得数额在五万元以上的；

2. 公司、企业或者其他单位违反有关外贸代理业务的规定，采用非法手段，或者明知是伪造、变造的凭证、商业单据，为他人向外汇指定银行骗购外汇，数额在五百万美元以上或者违法所得数额在五十万元以上的；

3. 居间介绍骗购外汇，数额在一百万美元以上或者违法所得数额在十万元以上的。

（五）出版、印刷、复制、发行严重危害社会秩序和扰乱市场秩序的非法出版物，具有下列情形之一的：

1. 个人非法经营数额在五万元以上的，单位非法经营数额在十五万元以上的；

2. 个人违法所得数额在二万元以上的，单位违法所得数额在五万元以上的；

3. 个人非法经营报纸五千份或者期刊五千本或者图书二千册或者音像制品、电子出版物五百张（盒）以上的，单位非法经营报纸一万五千份或者期刊一万五千本或者图书五千册或者音像制品、电子出版物一千五百张（盒）以上的；

4. 虽未达到上述数额标准，但具有下列情形之一的：

（1）两年内因出版、印刷、复制、发行非法出版物受过行政处罚二次以上的，又出版、印刷、复制、发行非法出版物的；

（2）因出版、印刷、复制、发行非法出版物造成恶劣社会影响或者其他严重后果的。

（六）非法从事出版物的出版、印刷、复制、发行业务，严重扰乱市场秩序，具有下列情形之一的：

1. 个人非法经营数额在十五万元以上的，单位非法经营数额在五十万元以上的；

2. 个人违法所得数额在五万元以上的，单位违法所得数额在十五万元以上的；

3. 个人非法经营报纸一万五千份或者期刊一万五千本或者图书五千册或者音像制品、电子出版物一千五百张（盒）以上的，单位非法经营报纸五万份或者期刊五万本或者图书一万五千册或者音像制品、电子出版物五千张（盒）以上的；

4. 虽未达到上述数额标准，两年内因非法从事出版物的出版、印刷、复制、发行业务受过行政处罚二次以上的，又非法从事出版物的出版、印刷、复制、发行业务的。

（七）采取租用国际专线、私设转接设备或者其他方法，擅自经营国际电信业务或者涉港澳台电信业务进行营利活动，扰乱电信市场管理秩序，具有下列情形之一的：

1. 经营去话业务数额在一百万元以上的；

2. 经营来话业务造成电信资费损失数额在一百万元以上的；

3. 虽未达到上述数额标准，但具有下列情形之一的：

（1）两年内因非法经营国际电信业务或者涉港澳台电信业务行为受过行政处罚二次以上，又非法经营国际电信业务或者涉港澳台电信业务的；

（2）因非法经营国际电信业务或者涉港澳台电信业务行为造成其他严重后果的。

（八）从事其他非法经营活动，具有下列情形之一的：

1. 个人非法经营数额在五万元以上，或者违法所得数额在一万元以上的；

2. 单位非法经营数额在五十万元以上，或者违法所得数额在十万元以上的；

3. 虽未达到上述数额标准，但两年内因同种非法经营行为受过二次以上行政处罚，又进行同种非法经营行为的；

4. 其他情节严重的情形。

以上关于非法经营罪的具体表现行为列明了七类，第八类是兜底项，对于其他非法经营行为，情节严重的，也可以构成非法经营罪。

除了《关于公安机关管辖的刑事案件立案追诉标准的规定（二）》对非法经营罪的构成进行了规定以外，在其他的相关司法解释、规章、规范性文件中，也有涉及适用非法经营罪的规定：

一是有关“瘦肉精”的非法经营行为。根据2002年最高人民法院、最高人民检察院《关于办理非法生产、销售、使用禁止在饲料和动物饮用水中使用的药品等刑事案件具体应用法律若干问题的解释》规定，未取得药品生产、经营许可证件和批准文号，非法生产、销售盐酸克仑特罗（俗称“瘦肉精”）等禁止在饲料和动物饮用水中使用的药品，扰乱药品市场秩序，情节严重的，依照《刑法》第二百二十五条第（一）项的规定，以非法经营罪追究刑事责任。在生产、销售的饲料中添加盐酸克仑特罗等禁止在饲料和动物饮用水中使用的药品，或者销售明知是添加有该类药品的饲料，情节严重的，依照《刑法》第二百二十五条第（四）项的规定，以非法经营罪追究刑事责任。

二是擅自从事互联网上网服务业务的行为。2004年7月最高人民法院、最高人民检察院、公安部《关于依法开展打击淫秽色情网站专项行动有关工作的通知》第二条：“对于违反国家规定，擅自设立互联网上网服务营业场所，或者擅自从事互联网上网服务经营活动，情节严重，构成犯罪的，以非法经营罪追究刑事责任。”根据国务院《互联网上网服务营业场所管理条例》第二十七条，违反该条例规定，擅自设立互联网上网服务营业场所，或者擅自从事互联网上网服务经营活动，触犯刑律的，依照《刑法》关于非法经营罪的规定追究刑事责任。

三是非法经营彩票行为。2005年4月最高人民法院、最高人民检察院通过的《关于办理赌博刑事案件具体应用法律若干问题的解释》第六条规定：“未经国家批准擅自发行、销售彩票，构成犯罪的，依照《刑法》第二百二十五条第（四）项的规定，以非法经营罪定罪处罚。”

四是非法经营销售国内机票的行为。根据2002年中国民用航空总局、国家发展计划委员会、公安部、国家税务总局、国家工商行政管理总局联合发出的《关于坚决打击暗扣销售和非法经营销售国内机票行为规范航空运输市场秩序的通知》，各地公安机关对非法经营销售国内机票涉嫌犯罪的行为，按照《中华人民共和国刑法》第二百二十五条第（一）款的规定查处。

五是灾害期间非法经营行为。2003 年 5 月，最高人民法院、最高人民检察院颁布的《关于办理妨害预防、控制突发传染病疫情等灾害的刑事案件具体应用法律若干问题的解释》第六条规定："违反国家在预防、控制突发传染病疫情等灾害期间有关市场经营、价格管理等规定，哄抬物价，严重扰乱市场秩序，违法所得数额较大或者有其他严重情节的，依照刑法第二百二十五条第（四）项的规定，以非法经营罪定罪，依法从重处罚。"

六是非法买卖林木、野生动物等进出口证明书的行为。2000 年 11 月最高人民法院通过的《关于审理破坏森林资源刑事案件具体应用法律若干问题的解释》第十三条第二款："对于买卖允许进出口证明书等经营许可证明，同时触犯刑法第二百二十五条、第二百八十条规定之罪的，依照处罚较重的规定定罪处罚。"2000 年 11 月最高人民法院通过的《关于审理破坏野生动物资源刑事案件具体应用法律若干问题的解释》第九条规定："伪造、变造、买卖国家机关颁发的野生动物允许进出口证明书、特许猎捕证、狩猎证、驯养繁殖许可证等公文、证件构成犯罪的，依照刑法第二百八十条第一款的规定以伪造、变造、买卖国家机关公文、证件罪定罪处罚。实施上述行为构成犯罪，同时构成刑法第二百二十五条第二项规定的非法经营罪的，依照处罚较重的规定定罪处罚。"2001 年 4 月最高人民法院、最高人民检察院通过的《关于办理生产、销售伪劣商品刑事案件具体应用法律若干问题的解释》第十条："实施生产、销售伪劣商品犯罪，同时构成侵犯知识产权、非法经营等其他犯罪的，依照处罚较重的规定定罪处罚。"

七是生产、销售非食品原料的行为。2013 年 5 月 2 日最高人民法院、最高人民检察院公布的《关于办理危害食品安全刑事案件适用法律若干问题的解释》第十一条规定："以提供给他人生产、销售食品为目的，违反国家规定，生产、销售国家禁止用于食品生产、销售的非食品原料，情节严重，依照刑法第二百二十五条的规定以非法经营罪定罪处罚。"第十二条规定："违反国家规定，私设生猪屠宰厂（场），从事生猪屠宰、销售等经营活动，情节严重的，依照刑法第二百二十五条的规定以非法经营罪定罪处罚。"

八是非法经营网络删帖、有偿提供网络发布信息的行为。2013 年 9 月 9 日，最高人民法院、最高人民检察院颁布的《关于办理利用信息网络实施诽谤等刑事案件适用法律若干问题的解释》第七条规定：违反国家规定，以营利为目的，通过信息网络有偿提供删除信息服务，或者明知是虚假信息，通过信息网络有偿提供发布信息等服务，扰乱市场秩序，具有下列情形之一的，属于非法经营行为"情节严重"，依照刑法第二百二十五条第（四）项的规定，以非法经营罪定罪处罚：（一）个人非法经营数额在五万元以上，或者违法所得数额在二万元以上的；（二）单位非法经营数额在十五万元以上，或者违法所得数额在五万元以上的。实施前款规定的行为，数额达到前款规定的数额五倍以上的，应当认定为刑法第二百二十五条规定的"情节特别严重"。第八条规定：明知他人利用信息网络实施诽谤、寻衅滋事、敲诈勒索、非法经营等犯罪，为其提供资金、场所、技术支持等帮助的，以共同犯罪论处。第九条规定：利用信息网络实施诽谤、寻衅滋事、敲诈勒索、非法经营犯罪，同时又构成刑法第二百二十一条规定的损害商业信誉、商品声誉罪，第二百七十八条规定的煽动暴力抗拒法律实施罪，第二百九十一条之一规定的编造、故意传播虚假恐怖信息罪等犯罪的，依照处罚较重的规定定罪处罚。第十条规定：本解释所称信息网络，包括以计算机、电视机、固定电话机、移动电话机等电子设备为终端的计算机互联网、广播电视网、固定通信网、移动通信网等信息网络，以及向公众开放的局域网络。实践中，一些所谓的“网络公关公司”、“营销公司”、“网络推手”、“网络水军”等以营利为目的，未经许可，在信息网络上向他人有偿提供删除信息服务，或者明知是虚假信息，通过信息网络向他人有偿提供发布信息等服务。这类行为违反了上述国家规定，不仅扰乱了网络秩序，也扰乱了市场秩序，具有较大的社会危害性，对于情节严重构成犯罪的，应当以非法经营罪定罪处罚。[①] 本条明确规定，通过信息网络向他人有偿提供发布信息等服务，构成非法经营罪的，必须以行为人明知所发布的信息为虚假信息为前提。如果行为人不明知所发布的信息为虚假信息，即使收取了一定的费用，也不应认定为非法经营罪。但对于通过信息网络向他人有偿提供删除信息服务的，不要求行为人明知所删除的信息为虚假信息。这里指的违反国家规定，主要是违反《关于维护互联网安全的决定》、《互联网信息服务管理办法》等规定。如《关于维护互联网安全的决定》第五条规定：“利用互联网实施本决定第一条、第二条、第三条、第四条所列行为以外的其他行为，构成犯罪的，依照刑法有关规定追究刑事责任。”《互联网信息服务管理办法》第四条规定：“国家对经营性互联网信息服务实行许可制度；对非经营性互联网信息服务实行备案制度。未取得许可或者未履行备案手续的，不得从事互联网信息服务”，该办法第十九条对未取得经营许可，擅自从事经营性互联网信息服务的行为规定了没收违法所得、罚款、责令关闭网站等行政处罚。

九是利用伪基站的非法经营行为。“伪基站”设备是未取得电信设备进网许可和无线电发射设备型号核准的非法无线电通信设备，能够搜取一定半径范围内的手机信息，可任意冒用他人电话号码强行向用户手机群发各类短信息。“伪基站”设备体积小、易携带，不法分子一般在城市商圈、机场、车站等人流密集的场所，冒用他人电话号码或者伪装成通信运营商、银行客服，甚至是司法、行政机关，强行向不特定人群发送短信，非法经营广告业务，或者发送虚假广告，甚至实施诈骗等犯罪活动，获取巨额利益。非法生产、销售和使用“伪基站”设备，不仅破坏正常电信秩序，危害公共安全，扰乱市场秩序，而且严重损害群众财产权益，侵犯公民个人隐私，社会危害严重。2014年3月25日，最高人民法院、最高人民检察院、公安部、安全部出台了《关于依法办理非法生产销售使用“伪基站”设备案件的意见》，明确对非法生产、销售、使用“伪基站”设备犯罪行为，依法以非法经营罪、破坏公用电信设施罪、诈骗罪、虚假广告罪、非法获取公民个人信息罪、破坏计算机信息系统罪、扰乱无线电通信管理秩序罪、非法生产销售间谍专用器材罪等罪名追究刑事责任；对明知他人实施非法生产、销售和使用“伪基站”设备犯罪，为其提供资金、场所、技术、设备等帮助的，以共同犯罪论处；对组织指挥、实施非法生产销售使用“伪基站”设备的首要分子、积极参加的犯罪分子等，予以重点打击、依法严惩。[②]

---

① 参见赵阳：《法学专家释疑“两高”网络诽谤司解五热点》，载《法制日报》，2013-09-26。

② 《九部门联合打击“伪基站”今年缴获2 600余套》，见新华网，http://news.xinhuanet.com/fortune/2014-03/26/c_119943432.htm，2015年7月31日访问。

四、非法经营犯罪的作案手段

非法经营犯罪概括地规定了几类具体手段不同的犯罪行为，从立案追诉标准以及相关司法解释规定的构成非法经营罪的相关规定来看，非法经营犯罪手段包括非法经营食盐、烟草、证券、期货、保险、资金支付结算、外汇、非法出版物、出版物、国际电信以及瘦肉精、黑网吧、彩票、国内机票、灾害期间哄抬物价、动植物进出口证明、非食品原料、删帖等行为。这里主要介绍几种常见的犯罪手段。

（一）通过地下钱庄非法进行资金支付结算业务

地下钱庄是一类以盈利为目的，未经国家有关主管部门批准，秘密从事非法资金支付结算业务的机构或组织。实际上就是地下银行，因为它具有银行所特有的业务性质，内部的结构简单，分工明确，职责分明，能够实现大量资金的周转，形成了具有一定规模的、有组织的、跨地区甚至跨国境从事人民币和外汇非法交易活动的组织。地下钱庄在我国东南沿海地区有着悠久的历史，主要从事非法集资、高利放贷、洗钱、跨境转移资金等业务。在我国的福建、浙江、江苏等地，传统意义上的“抬会”、“标会”等以共同投资、向社会公众非法吸收资金等形式吸收资金，再以高利对外发放赚取利差的地下钱庄普遍存在，由此引发的非法集资犯罪案件比较常见。

地下钱庄的另一主要业务就是非法从事跨境的外汇交易业务。跨境的地下钱庄在境外、境内各设银行账号，拥有相对独立的融资清算系统，一方面，为境外需要人民币资金的企业或个人在境内提供人民币，而在境外收取外币；另一方面，为境内需要外币的企业或个人在境外提供外币，同时在境内收取人民币。其主要操作手法是：换汇人在境内将人民币交给地下钱庄或汇到地下钱庄指定的银行账号上，地下钱庄按当日外汇黑市价计算出应支付的外汇的数量并通知其在境外的合伙人将外汇打入换汇人所指定的境外账户，反之亦然。地下钱庄在境内外之间采取余额清算，当外汇头寸不足时，地下钱庄再通过“换汇专业户”兑换后汇给境外合伙人。①

如江苏省扬州市公安局经侦支队侦破的何家财地下钱庄案。2008 年初，扬州市检察院收到的一封网络举报信牵出了一起挪用公款近亿元窝串案件，从而顺利抓获了正准备登机潜逃的犯罪嫌疑人王勇。王勇身为扬州市交通局财务材料科科长，在加拿大购有豪华别墅一套。经过调查，王勇并没有从银行将钱汇到加拿大，他是通过什么渠道把钱汇到国外的呢？很快，检察人员发现，原来王勇之妻肖某曾多次通过一个账号将资金汇往加拿大，买别墅的钱就是来自这个渠道。扬州市检察院即派专人赴上海跟踪调查，终于发现肖某多次通过一个户主为“何家财”的上海个人账户将资金汇往加拿大。随后，检察院将何家财账户调查情况移交扬州市公安局。扬州市公安局在该市人民银行反洗钱中心帮助下，对何家财的个人账户进行了监控，发现资金流动“异常”，单日发生交易在百笔以上，且数额特别巨大，单笔交易百万元以上的累计超过 2 亿元，且交易对手来自全国各地。通过调查何家财设在上海市农业银行的账户，又牵出另外 17 个可疑账户，17 个账户中重点是厦门市账户，一共涉及 70 亿元。进出这些账户的大宗现金，流向和流量既不像经商，也不像存款，十分可疑。根据这些线索，扬州市公安局与人民银行总行反洗钱中心取得联系，提

① 参见赵晓红、解春雷：《地下钱庄的现状考察及防范打击对策研究》，载《济南金融》，2003（1）。

请人行总行做分析。人民银行总行对何家财开设的相关账户进行分析后，定性为特大地下钱庄。2008年9月22日，扬州警方正式对何家财经营地下钱庄一事立案，并将其列为网上逃犯。2008年10月6日，准备去香港的何家财在深圳黄冈口岸被抓获。经查：何家财于2003年开始非法从事跨境外汇交易业务。他在加拿大列志文市和本拿比市分别注册了“快速汇款公司”，后来在经济较为活跃的阿联酋也设了点。他的公司没有获得中国人民银行的批准，打着提供金融汇款服务的幌子，是一个地地道道的地下钱庄。何家财通常从每笔“业务”中抽取千分之一至千分之三的佣金。而银行的手续费通常要达到千分之五。地下钱庄还通过银行的汇差和返利优惠来赚钱。外汇兑换有现钞和现汇之别。客户通常是汇现钞，比现汇略高，何家财就利用其中差价赚钱。此外银行对资金量大的账户有返利优惠。何家财经营地下钱庄5年内几乎没有发生信用问题。他在接到国内客户汇款要求后，首先把相应数额的外币汇入客户指定在海外的账户。国内客户在确认款已汇到后，才把人民币汇入何家财的账户。这种方式几乎让每个客户都感到可靠。同时，地下钱庄很讲究效率，比如，从扬州汇款到加拿大，往往在客户提出要求后，5分钟内就将钱汇到，客户不用像在银行办理时经过正规的审批环节。本案牵涉到国内客户4 000多个，通过对其中438个客户的调查显示，这些客户绝大多数是普通老百姓。比如，汇出人民币的客户，多数资金来源合法，其中，移民或子女到国外读书的281个，做生意的33个，还有123个客户是接收境外汇款，主要是亲属寄回在国外打工的收入。

何家财地下钱庄采用的是典型的对冲账户模式。即在国内和国外分别开设账户，国内账户存人民币、国外账户存外币。国内客户汇出的钱由境外账户支付，国外客户汇入的钱由国内账户支付，用现金进行对冲。国内、外账户的钱不直接往来，以规避监管风险。例如，加拿大的A先生找何家财的公司想要汇5万美元到中国，何家财就将该5万美元分成小额款项存到加拿大的10个账户。中国的B女士想将价值等同5万美元的人民币汇到加拿大，何家财也将其钱分成小额账户存在中国的10个账户上。然后，何家财把中国的10账户交给加拿大的A先生，再把加拿大的10个账户交给中国的B女士，双方等额的账户在何家财的操纵中互换了一下。案发时，何家财在国内开设的账户有336个。①

（二）非法经营POS机套现

2009年12月15日最高人民法院、最高人民检察院颁布的《关于办理妨害信用卡管理刑事案件具体应用法律若干问题的解释》第七条规定：“违反国家规定，使用销售点终端机具（POS机）等方法，以虚构交易、虚开价格、现金退货等方式向信用卡持卡人直接支付现金，数额在100万元以上的，或者造成金融机构资金20万元以上逾期未还的，或者造成金融机构经济损失10万元以上的”构成非法经营罪。

“POS”是英文“Point of sales”的缩写，意为销售点终端，而POS机是一种配有条码或OCR码（Optical character recognition，光字符码）的信用卡终端阅读器。目前主要用于信用卡特约商户受理信用卡的消费、预授权、查询、止付、撤销、退货。所谓POS机套现是指信用卡特约商户和持卡人联合违反与发卡银行的约定，将贷记卡中的透支额度以虚假交易、虚开价格等方式通过POS机刷卡全部或部分地直接转换成现金的行为。从侦查实践反馈的情况分析，不法经营者一般先通过非法途经购买或租赁、注册空壳公司和

① 参见邓华宁、王骏勇：《85亿元地下钱庄案调查》，载《检察风云》，2009（10）。

利用自营公司设法从银联或银行取得使用POS机“资格”，然后以“融资公司”、“理财公司”、“财务代理公司”、“财产置换公司”等身份，以“提供小额贷款”、“无抵押贷款”等名义，通过短信、QQ、EMAIL以及互联网的各种平台发布POS机套现的“招商广告”，在招揽到“客源”后，再通过POS机制造虚假交易，“刷”出现金。目前，POS机套现的作案手法主要有以下有三种：

1. 简单套现

即非法经营者以销售商品的名义将持卡人的信用卡在POS机上刷卡，然后直接向持卡人支付扣除手续费后的刷卡金额，次日再从银行收取“货款”的方式。

2. 以卡养卡套现

即非法经营者利用多张信用卡的不同还款时间，通过循环刷卡套取现金、让持卡人占用透支款而不断“赚取”刷卡手续费的行为。如用B信用卡的信用额度去还A信用卡透支款项，用C信用卡的信用额度去还B信用卡透支款项等。

3. 翻倍套现

即非法经营者利用部分信用卡的分期付款功能，通过POS机套取超出信用卡信用额度几倍的现金给持卡人，以“赚取”高额刷卡手续费的行为。不少银行的信用卡除有基本信用额度外还附加有分期付款额度，持卡人可以通过先后使用“分期付款额度”和“信用卡信用额度”在POS机上刷卡透支消费。非法经营者利用这一功能，可套取等同于“分期付款额度＋信用卡信用额度”现金。由于使用这种方式往往能套出比普通套现多几倍的现金，故称“翻倍套现”。比如，某一信用卡的信用额度是10 000元，分期额度是20 000元，非法经营者就可以分期付款为由虚假销售30 000元商品，即可给持卡人套取30 000元现金，从而实现三倍套现。

随着公安机关、银行等部门加大对POS机套现的打击和监管力度，犯罪分子不断升级套现手法。如针对银联及银行严格限制无线移动POS机发放的情况，有的对POS机的通信模式进行技术解码，有的将POS机接入IP电话账户，有的利用电信部门“一号双机”的业务，在POS机上安装信号转换器等，私自将固定POS机转换为移动POS机，使银行方面无法通过查询电话号码的方式掌握情况；针对银行部门加强对接近信用卡最高额度透支消费的交易进行审查的情况，采用化整为零、分批套现的形式套取现金；在套现方式上，从注册“空壳”公司专业套现逐渐转向更为稳妥的开设正规商场、店铺等，使正常经营活动与虚假交易交织，使POS机套现活动变得更加隐蔽。[①]

（三）非法经营外汇业务

外汇交易只能在我国指定的地点进行交易，违反国家规定，在指定场所以外实施外汇交易，超过20万美元以上的就涉嫌构成非法经营罪。这种在金融体系外循环的外汇交易，会严重扰乱外汇市场秩序，给外汇资金的有序流动造成恶劣影响。

如张某非法买卖外汇案。2012年5月，中国银行某支行发现，本行的外汇买卖交易量明显下降，感觉可能与该行营业网点附近一些从事非法外汇买卖的“黄牛”有关，遂向本市公安局经侦部门举报。公安局接到举报后，通过实地侦查并运用人脸识别系统等高科技手段，迅速锁定了犯罪嫌疑人张某。公安局通过张某，很快抓获了其他犯罪嫌疑人。为查

① 参见袁小萍：《基于POS机套现非法经营犯罪行为及其侦查方法探讨》，载《犯罪研究》，2011（5）。

清资金的来龙去脉，当地公安立刻启动了警银合作机制，提请外汇管理局协查。外汇局接到协查通知后，立刻组织人员对张某的银行开户及账户资金往来情况展开调查。调查发现，张某在中国银行、农业银行开有多个银行账户，且账户资金来往十分频繁、金额巨大：仅2011年4月7日至2012年5月15日期间，在其中国银行、农业银行的账户上，人民币收入即逾5.7亿元，支付超过3.6亿元；美元收入逾4 000万，支出逾5 000万；英镑收入逾75万，支付逾33万；欧元收入逾2 500万，支出逾740万。其他交易币种还有澳元、加元、台币、港币、日元、韩元、泰铢、罗马尼亚币等。面对海量的交易数据，办案人员从9 000多页账户流水中整理出张某及其他人员从事非法交易的资金往来情况，在取得这一关键性证据后正式立案，并以张某为突破口，通过技侦手段，发现了张某的交易对手吴某及其助手黄某，并一举将该三人成功抓获并实施了刑拘。

通过审讯，张某又交代了与其有交易往来或从事类似非法外汇买卖的人员13人。通过张某交代的线索，公安部门最终将所有涉案犯罪嫌疑人一一归案，并绳之以法。经查，本案犯罪嫌疑人的外汇资金来源主要来自当地侨民的手持现钞，笔数多，主体分散。由于张某非法买入的外汇交易价格高于银行结汇价格，故一些持有外币现钞的华侨及侨属愿意将外汇卖给张某等人；而同时，张某等人卖出外汇的交易价格也比银行优惠，亦吸引了部分企业和个人向张某等人购汇，用于他们的国外参展、公务出差和旅游等支出。该系列案共刑拘15人，网上追逃1人。案件涉及人民币9.3亿元，外汇逾9 000万美元、逾3 400万欧元、逾100万英镑。[①]

（四）非法经营网络删帖业务

随着互联网的发展，网上一些负面信息逐渐增多，尤其是涉及个人、公司等自身的负面信息。本来，各个互联网的网站经营者都设有专门的客服中心，经过查证，确实属于诽谤、捏造、无中生有的相关负面信息，网站专门提供无偿的删帖业务。但是，由于广大网民不了解这方面的相关规定，一旦有相关的负面信息，就找一些所谓的中介公司进行有偿删帖，而国家的相关规定，未经国家相关主管部门批准，不得经营删帖业务。这种行为根据2013年9月9日最高人民法院、最高人民检察院颁布的《关于办理利用信息网络实施诽谤等刑事案件适用法律若干问题的解释》相关规定，属于非法经营行为。

如北京口碑非法经营案件。北京警方在工作中发现“北京口碑互动营销策划有限公司”存在非法经营行为。随后查明，口碑公司是以网络形象营销为外衣、以即时通信工具为媒介、以网络非法删帖为手段、以虚假网络交易为掩护的非法经营公关公司。为了满足客户需求，直接联系或委托中介、其他非法网络公关公司间接联系网站工作人员，通过向相关人员行贿的方式，为其客户提供非法有偿删除负面信息服务。2013年10月17日，在公安部指挥协调和10省市公安机关支持配合下，北京警方一举摧毁了这一非法经营犯罪网络。经调查，自2007年北京口碑公司成立以来，除了为近50家大客户提供舆情监测、正面品牌维护外，很重要一项业务就是通过信息网络有偿提供删除信息服务，公司年营业额达7 000多万元。

公司内由公关部和社会媒体化部联系各大媒体网站，分别负责新闻和论坛中有关负面信息删帖业务；监测部在网上监测到公司客户的负面信息后，将信息通过邮件方式发送到

---

① 参见谢梓平：《汇警合作破获特大非法外汇买卖案》，载《中国外汇》，2013（4）。

客户部对应的客户经理手中，再由客户经理反馈给客户联系人，双方协商是否需要在网上删除并确认价格。公司根据所删帖的网站不同、难度大小等因素确定价格，一般在几百到两三千元之间。最高人民法院、最高人民检察院关于办理网络案件司法解释出台后，公司为掩人耳目，修改了与客户签订的合同，隐藏了原合同内“为客户网上出现的负面信息删除处理”等内容，继续顶风作案。删帖时，公司先是直接找网站工作人员来操作，如果达不成交易，就找中介来完成，找中介还有一个主要原因，就是规避风险。仅 2013 年 1 月至 9 月，公关部用于支付公关中介和贿赂网站工作人员删帖费用就达 47 万余元。犯罪嫌疑人郅某（QQ 号“米勒”，因涉嫌向非国家工作人员行贿罪被逮捕）是口碑公司固定联系的诸多中介之一。据郅某交代，他每天在 QQ 群里用网名接活干活，帮助联系发帖和删帖并从中获利，仅 2012 年底与口碑公司合作以来，每月帮助其联系删帖业务数十次，每次 200 元至 1 000 元不等。“如果没有口碑这样的网络公关公司，没有网站的那些人，我们中介也挣不到这份钱，也不会轻松地在中间获利。”郅某说。

在口碑公司等公关公司利用互联网非法经营的犯罪网络中，还有许多拥有删帖能力的网站工作人员，涉及数十家网站，他们是网络非法删帖利益链条的关键环节。赵某（QQ 号“夜鹰”，东方网网络工程师，因涉嫌非国家工作人员受贿罪被逮捕）是被抓获的 20 个网站工作人员中的一个。据赵某交代，每天有很多人找上门来求帮忙删帖，不断的诱惑最终打破了底线，害人害己。其实删帖也有正常途径，各个网站都会有客服人员专门负责受理投诉，如果认为某个帖子侵害了合法利益，可以与客服联系，并提供相关证据。一些人之所以花钱找人，可能还是渠道不通，想尽快删掉了事。①

（五）非法有偿提供网络发布信息业务

互联网作为一个信息交流的平台，有利于人们快速发布信息、获取信息。但有些人却利用互联网的特点，成立网络公关公司，组织“网络水军”，违反国家规定，以营利为目的，明知是虚假信息，通过信息网络有偿提供发布信息等服务，扰乱市场秩序，情节严重。所谓“网络水军”，是指由网络公关公司雇佣的、以获取利益为目的、在互联网上集体炒作某个话题或人物，以宣传、推销或攻击某些人或产品的网络人员。这些受雇人员在“网络推手”的带领下，以各种手法和名目在各大互联网论坛上发帖，为他人发帖回帖造势。“网络水军”的表现形式多种多样，一般是以网络公关公司的形象和名义在互联网注册和对外承接工作任务，接受工作任务后由专人负责对外承接炒作任务、策划操作方案，然后组织“水军”实施。其运转模式和操作流程一般为接单收钱、发动“水军”、支付报酬、赚取剪刀差。具体而言，“网络水军”的表现形式就是版主把主帖发出去后，获得最广大网民的注意，进而营造出一个话题事件。他们或者根据雇主的要求到处发帖、跟帖，在短时间内打造出具有轰动效应的“新闻事件”，形成自编自导的舆论场；或者为企业提供品牌推广、口碑维护服务；或删除对己不利的帖子；或者对竞争对手进行诽谤、栽赃和陷害，通过网络舆论传播打击、破坏竞争对手的形象。②

如“边民”董如彬非法经营案。网名为“边民”的董如彬刚开始涉足网络时，并不纯粹为了提升粉丝量，也不打算通过制造谣言牟利，而是立志成为网上“意见领袖”。在

---

① 参见宫贝：《斩断有偿删帖链条》，载《经济日报》，2013－12－09。

② 参见王志祥：《网络水军非法经营行为应予定罪》，载《法制日报》，2013－09－11。

“事业”起步阶段，“边民”每天都会编发转载不少于20条微博，可靠这些不能成为“意见领袖”。在2009年后云南发生的一系列热点敏感案件中，他高调发声，引发大量网友点击、跟帖，网络名气暴涨。董如彬认识到，既然微博有媒体属性和信息互动传播快捷等特点，用它炒作难道不是很正常的吗？不会炒作的微博不是好微博。不少人找他对事件包装炒作，“边民”多会尽量满足要求。而从“寻甸黄四狼”事件开始，“边民”的做法变了。

2011年3月，昆明某企业法定代表人委托“边民”对与其有矛盾的黄氏四兄弟进行恶意炒作。董如彬借用热映电影《让子弹飞》的情节，把黄氏四兄弟说成“黄四狼”，并将他们与昆明警方此前打掉的“洪兴帮”黑社会性质组织联系在一起，一口咬定黄氏四兄弟是其成员。董如彬又安排人撰写文章，称黄氏四兄弟不是“洪兴帮”成员，两种截然相反的观点形成交锋，吸引网友持续关注。同时，董如彬把上述文章转载到自己的微博里发表攻击性评论。炒作中，董如彬等人共发帖36篇，总点击量超过48万次，引起云南省内某报大量引用帖文进行报道。而报社随后被黄氏四兄弟以侵犯名誉权起诉，法院判决报社败诉并公开道歉。这起事件后，“边民”的网络知名度不仅再一次提升，还拿到委托人的9万元炒作费。正是这9万元让他走上一条利用“微博名人”身份造谣牟利之路。

2011年6月，董如彬伙同他人虚报注册资本金100万元，注册成立云南边民文化传播有限公司。公司很快成为董如彬在网上传播虚假信息、牟取经济利益的伪装。为了在赚钱的同时提升“边民”名气，董如彬形成一种完整的炒作模式——通过购买的300余个“马甲”ID将编造的虚假信息发到网上，雇佣“网络水军”跟帖、评论，并通过“马甲”在微博上请“边民”进行评论。随后，“边民”粉墨登场，邀请一些“网络推手”和“知名博主”参与评论，必要时撬动传统媒体跟进报道，使之迅速成为网络热点，达到非法获利目的。2012年8月，“边民”受某房地产老板委托，以17.3万元为条件，捏造事实发布帖文恶意攻击时任西双版纳州主要领导。经云南省纪委调查不属实并劝诫董如彬不得“不顾客观事实诽谤他人”后，董如彬公开在网上“叫板”回应，共发布微博、帖文264篇，点击量22万余次。2013年1月，云南某房地产老板在宣威的一个楼盘销售一直不理想，怪罪于附近一家火电厂。董如彬主动向其表示，“炒掉一个厂我们很有经验”。董如彬策划推出“宣威火腿”原料被火电厂污染的话题，但委托方觉得，拿全国知名品牌恶意炒作太过分。董如彬转而将目标锁定在距火电厂20公里的一个癌症高发村。董如彬先安排自己公司的王某以“癌症村”村民口吻杜撰文章《云南第一“癌症村”是怎样炼成的》，后又授意公司网络写手以“专家学者”角度写一篇关于该火电厂污染与癌症村有关的帖文《世界第一“癌症村”形成的罪魁祸首》。两篇文章发表后，董如彬安排公司员工购买多个“马甲”ID发帖，并雇佣“网络水军”大量点击、跟帖和评论。随后，董如彬利用自己的网络影响力，以“第三方”身份转发上述帖文并发表攻击性评论。这次炒作共发布类似帖文39篇，总点击量超过15万次，使“火电厂致污染”迅速形成舆论热点。董如彬非法获利10万元。

湄公河惨案发生后仅数天，“边民”就在其微博上称，“湄公河惨案不是贩毒案、刑事案而是政治阴谋案”编造虚假信息进行污蔑。在湄公河惨案从案发到主犯伏法近一年半时间里，“边民”在网上编造、传播443条言论。仅其中5条虚假信息就被转发4 852次、评论4 194条，点击量31万余次。2013年10月16日，董如彬因涉嫌虚报注册资本罪、非法经营罪、寻衅滋事罪被依法逮捕。[①]

五、非法经营犯罪案件的特点

（一）犯罪对象的特殊性

非法经营行为必须是违反了国家规定，犯罪对象必须是国家相关规定中由相关主管部门批准才能经营的业务，如外汇、食盐、烟草、保险等。随着我国改革的不断深化，政府简政放权，相关市场逐渐放开，但是关乎国计民生、风险较大的业务仍然需要由国家相关部门批准才能经营，这是我国为了维护正常的市场经济秩序而进行的必要的监管。现实中发生的非法经营行为，必须违反了国家规定才能构成非法经营罪，否则不构成。由此，决定了非法经营犯罪对象的特殊性。

（二）犯罪手段的多样性

非法经营对象的不同，导致非法经营的手段各不相同。尽管本质上都属于“经营”行为，也就是买卖行为，但是在具体手段上又有所不同。如非法经营食盐的，主要是未经批准，通过非法途径获得食盐后，将食盐进行销售的行为。非法经营外汇的，主要是在非指定的银行外从事外汇买卖行为。不同的经营对象，在具体经营方式上都有所不同。

（三）犯罪组织的严密性

由于行为人一般明知经营的对象比较特殊，在经营过程中一般会比较隐蔽，团伙作案，家族、亲戚朋友一起作案居多。为了不被发现，在经营过程中，上下家之间往往单线联系，组织严密，反侦查能力强。

第二节　非法经营犯罪案件的侦查方法

非法经营犯罪案件手段多样，危害严重，一般是家族式经营，以形式上的合法行为掩盖实质上的非法行为，侦办此类案件主要围绕查明经营链条、全面收集证据、及时开展追赃工作等方面开展工作。

一、注重案件初查工作

非法经营犯罪案件一般形式上具有合法性，鉴于只有违反了国家规定的经营行为，才有可能涉嫌构成非法经营犯罪，因此，在案件初查阶段，先期要围绕经营对象、经营方式、经营人员、经营资格等方面开展调查过程。对于经营对象、经营方式，主要是查明涉案人员主要经营的是什么、是否有相关主管部门的批准文件、涉案人员是哪些、经营地点、经营时间等。根据初查的情况，认真界定是否违反了国家规定、是否属于《刑法》、《立案追诉标准》以及其他司法解释规定的非法经营行为，如果不是已经有明确规定的非法经营行为，立案时就需要更加慎重，一定要与当地的检察院、法院及时进行沟通。经过初查，符合非法经营犯罪立案条件的，及时立案侦查。

① 参见蒋皓：《网络名人“边民”给钱死人都敢炒》，载《法制日报》，2013－10－17。

二、查明犯罪网络

非法经营犯罪案件一般涉及生产、运输、存储到批发、零售等多个环节。单独打掉一个环节，会惊动了其他几个环节，对于将来收集证据就会带来难度。条件允许时，可以对于其生产、运输、存储、批发、零售等各个环节进行秘密调查，尤其非法经营的地点，包括非法经营对象的生产地点、运输工具、存储仓库、销售方式、销售价格等具体环节进行调查，查明犯罪链条。充分运用信息化侦查的方法，对涉案人员的通信记录进行分析，对其活动轨迹展开视频侦查，对其同伙进行跟踪守候，对其窝点进行监控，对各个环节的涉案人员进行查明。具体调查方式可以采用化妆侦查方式，化妆为买家、卖家进行直接接触，但要注意方式方法，不要被对方识破。这时收集证据主要是秘密取证，主要是运用公安网络资源对于涉案人员的身份、资金账户、活动轨迹、同行人员、通信方式、组织中的作用等进行外围调查取证。

三、适时出击，全面收集证据

在前期查明犯罪网络的基础上，及时开展收网行动。要对相关地点及时进行搜查，对相关人员及时进行控制，对相关账户及时进行冻结。非法经营涉及多个地点，为了体现出“查源头、打窝点、破网络”的整体侦查目的，侦查人员应多点布控，多方联动，多警合作，同时动手，争取一网打尽。在收网过程中，点面结合，侦查人员要有效控制涉案人员，查扣非法经营对象，全面收集证据，全程录音录像。

应收集的证据包括：证明是违反国家规定的非法经营对象的证据，包括非法经营的实物以及实物的照片、录像以及相关主管部门出具的没有授权经营该项业务的证明；证明非法经营的行为，包括入库单、出库单、收货记录、销售记录、财务记录、购买合同、运输合同、销售合同等；证明犯罪嫌疑人身份的证据，包括公安网查证的身份资料、任职证明、工资条等；证明犯罪嫌疑人主观故意的证据，包括口供、证人证言以及其他实物证据、书面证据等。

【导入案例简析】

本案中，办案民警从领取POS机的机主入手，追查该POS机的使用者。2014年1月21日，侦查民警对商户法人代表李中民进行讯问，李中民的交代印证了吴越的犯罪嫌疑人身份。办案民警按照证人的指引，对吴越的住所依法进行了搜查，在其家中查获吴越留存的整个POS机刷卡套现活动的记录。参考这份记录材料，办案民警调取了相关出行、酒店住宿等记录，另一方面该案其他犯罪嫌疑人的身份也浮出水面。根据对相关线索的比对，办案民警锁定了该案的主要犯罪嫌疑人张涛及另一犯罪嫌疑人赵明。2月10日，通过分析已掌握的相关证据，办案民警对犯罪嫌疑人的生活习惯、活动规律和心态进行了推测，认为其藏匿、外逃的可能性不大，果断对其二人采取了网上追逃。同时，根据抓捕方案，侦查员兵分三路，一路在岳阳做家属工作、一路前往长沙蹲守、一路赶赴河北秦皇岛抓捕。2月17日，吴越迫于法律的威严，在其父亲的陪同下主动到公安机关投案自首；2月19日，犯罪嫌疑人赵明在河北秦皇岛其公司内被办案民警当场抓获；2月24日，犯罪嫌疑人张涛在其长沙家中被长沙警方抓获。审讯室内的时钟一分一秒地走着，侦查员们对吴越、张涛、赵明的审讯却不是很顺利。对于自己利用POS机套现的犯罪事实，三人不是避重就轻，就是轻描淡写，只承认小部分有套现行为，大都是在帮助亲友、朋友还款，极力回避向刷卡人收取手续费，有时干脆沉默不语。经验丰富的侦查员们心里清楚，如果没有十足的证据，犯罪嫌疑人绝不会轻易供出实情。当鲜活的证据摆到三人面前时，犯罪嫌疑人顿时像泄了气的皮球，无奈地低下了头。证据面前，三人终于如实供出了全部的犯罪事实。2013 年 12 月，按照三名犯罪嫌疑人的约定，由吴越提供特约商户 POS 机及刷卡地点，张涛负责联系客户，赵明提供资金支持。3 人在 2013 年 12 月 30 日至 2014 年 1 月 7 日内，在该 POS 机上利用向信用卡账户内存入溢缴款，在预授权完成后可在预授权金额 115%内予以付款承兑的业务特性，疯狂刷卡近 200 笔，金额高达 1 700 余万元，套取银行额外信用资金近 300 多万元。此后，全部涉案资金 1 700 余万元均由吴越通过网银和银行柜面转账转至其本人的卡内后再转至刘利的工行个人账户内，获利 40 余万元。

【资料链接】

利用信息网络实施非法经营犯罪的构成要件解析

最高人民法院、最高人民检察院出台的《关于办理利用信息网络实施诽谤等刑事案件适用法律若干问题的解释》（以下简称《网络诽谤案件解释》）规定了网络非法经营行为，对于打击网上非法删帖和有偿提供发布信息行为提供了依据。《网络诽谤案件解释》第七条规定：违反国家规定，以营利为目的，通过信息网络有偿提供删除信息服务，或者明知是虚假信息，通过信息网络有偿提供发布信息等服务，扰乱市场秩序，具有下列情形之一的，属于非法经营行为“情节严重”，依照《刑法》第二百七十五条第（四）项的规定，以非法经营罪定罪处罚：1. 个人非法经营数额在五万元以上，或者违法所得数额在二万元以上的；2. 单位非法经营数额在十五万元以上，或者违法所得数额在五万元以上的。《网络诽谤案件解释》所规定的非法经营犯罪行为，突出强调非法牟利特征，实践中需要注意把握以下问题。

一、“违反国家规定”的认定

一般认为，“成立非法经营罪的前提，是违反国家规定，即违反全国人民代表大会及其常务委员会制定的法律和决定，国务院制定的行政法规、规定的行政措施、发布的决定和命令。”《网络诽谤案件解释》第七条规定认定行为人“违反国家规定”的依据，主要是指《全国人民代表大会常务委员会关于维护互联网安全的决定》和国务院《互联网信息服务管理办法》（以下简称《办法》）的相关规定。依据《办法》的规定，国家对经营性互联网信息服务实行许可制度，对非经营性互联网信息服务实行备案制度，未取得国家有关部门的许可，不得从事互联网有偿信息服务。当前，一些网络公关公司以营利为目的提供非法删帖等服务，扰乱市场秩序，属于未经国家许可，“通过互联网向上网用户有偿提供信息或者网页制作等服务活动”中“等服务活动”的情形。行为人违反国家有关规定，实施上述行为，情节严重的，应当以非法经营罪定罪处罚。

二、“以营利为目的”的认定

当前，“一些商业门户网站奉行‘流量为王’的经营理念，一些网站靠不同于官方话语和态度的新闻信息来增加网站流量，突出网站的媒体功能。”一些网络公关公司、营销公司以此为契机，通过在信息网络上炒作“网络红人”，攻击社会名人，发布不实信息等方式，吸引公众关注，进而谋取非法利益。这种以营利为目的，通过信息网络向他人有偿提供删除信息服务，或者明知是虚假信息，通过信息网络有偿提供发布信息等服务的行为，实际上是为诽谤、敲诈勒索、寻衅滋事等违法犯罪提供了传播虚假信息的手段、平台，扩大了信息网络上虚假信息的影响范围，不仅严重破坏网络秩序，而且严重扰乱了市场秩序，是当前信息网络上种种乱象的直接推手，具有较大的社会危害性，应当以非法经营罪定罪处罚。对于个别网民，并不以营利为目的，偶尔帮助他人发帖，并收取一定费用的，则不应当认定为非法经营罪。

三、犯罪方式的认定

《网络诽谤案件解释》第七条规定了利用信息网络实施非法经营犯罪的两种行为方式。一种是有偿提供删除信息服务，一种是有偿提供发布信息等服务。两种行为方式具有一定的差异。对于通过信息网络向他人有偿提供删除信息服务的，《网络诽谤案件解释》不要求行为人明知所删除的信息为虚假信息。当前一些网络公关公司的业务主要是“删帖”业务，但删除的信息中有相当一部分是广大网民发布的真实信息。国家依法保护信息网络用户正常的、合法的言论和信息交流活动，这属于信息网络服务基本市场管理秩序的重要组成部分。行为人以营利为目的有偿删除信息网络用户发布的真实信息的行为，既侵犯了广大网民的合法权益，也破坏了信息网络服务市场秩序，应当以非法经营罪定罪处罚。对于通过信息网络向他人有偿提供发布信息等服务的，《网络诽谤案件解释》明确规定，必须以行为人明知所发布的信息是虚假信息为前提。如果行为人通过信息网络有偿提供发布信息服务，但发布的信息是真实的，即使收取了费用，也不应当认定为非法经营罪。此外，考虑到利用信息网络实施非法经营犯罪活动，往往是以公司、企业等形式组织进行的，《网络诽谤案件解释》第七条也对单位通过信息网络实施非法经营犯罪作出了规定，并根据非法经营数额或者违法所得数额，规定了单位犯本罪适用不同法定刑幅度的数额标准。[①]

【本章小结】

非法经营罪是指违反国家规定，从事非法经营行为，扰乱市场秩序，情节严重的行为。非法经营罪侵犯的客体是市场交易的正常秩序。非法经营罪的客观方面表现为行为人违反国家规定，从事非法经营活动，扰乱市场秩序，情节严重的行为，具体包括：未经许可经营法律、行政法规规定的专营、专卖物品或者其他限制买卖的物品的；买卖进出口许可证、进出口原产地证明以及其他法律、行政法规规定的经营许可证或者批准文件的；未经国家有关主管部门批准非法经营证券、期货、保险业务的，或者非法从事资金支付业务的；其他严重扰乱市场秩序的非法经营行为。非法经营罪的主观方面表现为故意。非法经营罪的主体是一般主体，即自然人和单位均可以成为本罪的主体。

非法经营犯罪案件经营手段除了经营食盐、香烟、外汇、期货外，还有经营地下钱庄、互联网上非法删帖以及有偿提供网上发布信息等。

非法经营犯罪案件具有犯罪对象的特殊性、犯罪手段的多样性、犯罪组织的严密性等特点。

对非法经营犯罪案件的侦查，应主要围绕查明经营链条、全面收集证据、及时开展追赃工作等方面开展工作。

【关键术语】

非法经营；国家规定；地下钱庄

---

① 参见刘静坤：《网络敲诈勒索、非法经营案件法律适用问题探讨》，载《法律适用》，2013（11）。

【推荐阅读与学习资源】

1. 刘静坤：《网络敲诈勒索、非法经营案件法律适用问题探讨》，载《法律适用》，2013（11）。

2. 樊蓉、张玮：《外汇证券领域非法经营罪若干问题探讨》，载《犯罪研究》，2009（3）。

3. 阴建峰、万育：《非法经营罪的困境与出路》，载《中国检察官》，2011（2）。

4. 王作富、刘树德：《非法经营罪调控范围的再思考》，载《中国法学》，2005（6）。

【案例分析】

2011年9月19日，湖北省老河口市警方根据掌握的线索，破获了一起由湖北省公安厅和省烟草专卖局挂牌督办的全省首例利用互联网非法经营境外走私卷烟的案件，涉案金额高达数百万元。2011年3月，根据上级机关统一部署，老河口市警方联合烟草专卖管理部门，秘密对居住在该市的两名涉嫌非法经营香烟的嫌疑人进行调查，随后在掌握大量证据之后，于5月底将上述两名嫌疑人抓捕归案。经查，嫌疑人王×夫妇通过QQ群和淘宝网交易平台，频繁从上海、山东、广东、广西等地买入境外多个品牌走私香烟，又通过淘宝网将购买的上述香烟分销至全国31个省及直辖市、自治区，以赚取差价。仅3至5月份三个月时间，他们就完成网上交易2 000余次，涉嫌非法经营额达90余万元。立案后，老河口市公安局、烟草专卖局迅速从两部门抽调精干力量成立专案组，各指定一名副局长牵头负责协调案件侦办；要求专案组每周报告案件进展情况，对重大情况随时报告。由于案情繁杂、涉及范围广，案件迅速上报至襄阳市公安局及湖北省公安厅，引起了湖北省、襄阳市两级公安机关以及烟草专卖行政主管部门的高度关注。很快，这起案件被列为湖北省公安厅挂牌督办案件。专案组在抓捕嫌疑人王×时，一次性从其住处查获还未来得及销售的境外品牌香烟，共计52个品种、400余条，案值达5万余元。据王×交代，2010年初，他在互联网烟悦网站上搜索到一些外烟信息，尝试着通过网络购买了一些，用于自己吸或送朋友。通过QQ聊天，他逐渐掌握了一些在淘宝网买卖香烟的技巧，并开始大胆尝试。经查，王×自2010年以来，多次在淘宝网上，通过支付宝平台购买境外品牌香烟，随后，他又用注册的其他网名，发布信息，加价销售，从中获利。由于其上线涉及上海、山东、广东、新疆、黑龙江等八个省（市），下线更是涉及全国31个省市，抓捕及取证工作难度较大。自2011年6月份以来，专案组兵分两路，一路负责追查涉案卷烟的来源，即“上线”；另一路负责追踪卷烟的去向，即下线。专案人员足迹踏遍上海市、深圳市、汕头市等全国多地调查取证，在各地警方的大力协助下对该案的上下线实施抓捕。在各地警方的全力配合下，先后抓获上海×船务公司员工张×、深圳×船舶代理公司梁×、汕头×物流公司钟×等11名犯罪嫌疑人，其中部分嫌疑人移交当地警方另案处理。经查，上述境外品牌卷烟有的是船员利用职务之便零散从境外携带入境，后有人专门集中收购后通过互联网销售的；也有的是不法人员偷偷从境外走私入境后通过网络转卖的。[①]

问题：

1. 该案中主要应收集哪些证据？

2. 谈一下本案的侦查思路。

---

① 参见左艾甫、杨宏伟：《湖北省首例网上非法经营香烟案件告破》，见中国广播网，http：//news.cnr.cn/gnxw/201109/t20110919_508520200.shtml，2014年5月6日访问。

第16章 职务侵占犯罪案件侦查

【学习目标】

通过本章的学习，理解职务侵占罪的概念、构成要件；了解职务侵占犯罪案件的特点和作案手段；掌握职务侵占罪主体的认定要点；掌握职务侵占犯罪案件的侦查取证要点。

导入案例

魏×原系××公司深圳分公司业务员，其后调入东莞分公司任业务员。魏×伙同时任××公司东莞分公司的会计邱×（另案处理），持盖有××公司深圳分公司公章和该公司财务专用章的委托付款证明书前往深圳市金×公司，要求金×公司将到期未付的××深圳分公司的货款人民币202 944.68元支付到东莞分公司账户。在取得金×公司出具的以××东莞分公司为收款人的支票后，盖印“××公司东莞分公司财物专用章”和“张×”法人代表印章背书给深圳市宝安区××建材行后变现。××建材行老板廖×扣除魏×欠其的人民币2万元后，魏×分三次拿走剩余的人民币18余万元。后魏×在深圳市竹子林转交了人民币7万元货款给××公司深圳分公司工程部经理刘×、出纳丁×。公安机关接到被害单位报案后，经侦查将魏×抓获。

经鉴定，委托付款证明书所盖的××深圳分公司公章及其财务章与送检单位提供的现使用的公章、财务章印文样本不是同一印模盖印形成；支票背书上盖印的××东莞分公司财务章及法人代表印章与送检单位印文样本是同一印模盖印形成。①

问题：本案涉嫌哪些犯罪？

第一节 职务侵占犯罪案件概述

一、职务侵占罪的概念

职务侵占罪，是指公司、企业或者其他单位的人员利用职务上的便利，将本单位财物占为己有，数额较大的行为。

---

① 参见江涛：《通过诈骗手段收走公司货款构成职务侵占罪》，载《人民司法》，2012（4）。

《刑法》第二百七十一条规定："公司、企业或者其他单位的人员，利用职务上的便利，将本单位财物非法占为己有，数额较大的，处五年以下有期徒刑或者拘役；数额巨大的，处五年以上有期徒刑，可以并处没收财产。"

本罪侵犯的客体为公司、企业或者其他单位的财产所有权。本罪的客观方面表现为利用职务上的便利，将本单位的财物非法占为己有。本罪的主体为公司、企业或者其他单位的除国家工作人员以外的人员。本罪的主观方面表现为直接故意，并且具有非法占有本单位财物的目的。

本罪侵犯的客体是公私财产所有权。因为这里的公司、企业或者其他单位既可能是集体性质的，也可能是私人所有的。侵犯的对象必须是行为人所在单位的合法财物。客观方面表现为利用职务上的便利，将本单位财物非法占为己有并且数额较大的行为。主体是特殊主体。即只有公司、企业或者其他单位的人员才能构成，而且公司、企业或者其他单位的人员不属于国家工作人员。根据《刑法》第二百七十一条第二款的规定，国有公司、企业或者其他国有单位中从事公务的人员和国有公司、企业或者其他国有单位委派到非国有公司、企业以及其他单位从事公务的人员有前款行为的，依照贪污罪定罪处罚。主观方面必须是故意，过失不构成本罪。

二、职务侵占犯罪案件的认定

（一）本罪主体的认定

本罪的主体为公司、企业或者其他单位的人员。

1. 行为人与国家工作人员勾结共同侵占单位财物的行为定性

2000年6月最高人民法院《关于审理贪污、职务侵占案件如何认定共同犯罪几个问题的解释》规定：(1) 行为人与国家工作人员勾结，利用国家工作人员的职务便利，共同侵吞、窃取、骗取或者以其他手段非法占有公共财物的，以贪污罪共犯论处；(2) 行为人与公司、企业或者其他单位的人员勾结，利用公司、企业或者其他单位人员的职务便利，共同将该单位财物非法占为己有，数额较大的，以职务侵占罪共犯论处；(3) 公司、企业或者其他单位中，不具有国家工作人员身份的人与国家工作人员勾结，分别利用各自的职务便利，共同将本单位财物非法占为己有的，按照主犯的犯罪性质定罪。

2. 村民小组组长利用职务便利非法占有公共财物行为的定性

根据1999年6月最高人民法院《关于村民小组组长利用职务便利非法占有公共财物行为如何定性问题的批复》，对村民小组组长利用职务上的便利，将村民小组集体财产非法占为己有，数额较大的行为，以职务侵占罪定罪处罚。

应当注意，这里的"村民小组长"不属于2000年4月29日《全国人民代表大会常务委员会关于〈中华人民共和国刑法〉第九十三条第二款的解释》中提到的"村民委员会等村基层组织人员"。村民委员会等村基层组织人员具体包括主任、副主任和委员。村党支部组成人员与村民委员会组成人员一样，也具有协助人民政府开展工作的职责。而村民小组长是村民委员会等村基层组织人员之外的人员，不适用该解释的有关规定。如果村民委员会等村基层组织人员在协助人民政府开展：（一）救灾、抢险、防汛、优抚、扶贫、移民、救济款物的管理；（二）社会捐助公益事业款物的管理；（三）国有土地的经营和管理；（四）土地征用补偿费用的管理；（五）代征、代缴税款；（六）有关计划生育、户籍、征兵工作；（七）协助人民政府从事的其他行政管理工作的过程中，利用职务上的便利，非法占有公共财物、挪用公款、索取他人财物或者非法收受他人财物，构成犯罪的，应以贪污罪、挪用公款罪、受贿罪论处。

案例(16-1)

某村民小组出纳吴××将其收到的该村民小组的一笔征地补偿7万余元占为己有，经乡村组干部多次做工作拒不交出，对吴××的行为是构成侵占罪还是职务侵占罪现有两种意见：一种意见认为吴××侵占组上的征地款是利用了其担任该村村民小组出纳这一特殊身份而得逞的，根据《刑法》第二百七十一条的规定吴××的行为构成职务侵占罪；另一种意见认为吴××担任的村民小组出纳身份，目前法律没有明确规定构成职务侵占罪的犯罪主体，故其侵占村民小组征地款的行为只能构成《刑法》第二百七十条规定的侵占罪，请问以上意见哪种正确?①

评析：村民小组出纳吴××并非村民委员会组成人员，其利用职务上的便利，将村民小组的征地款非法占为已有，数额较大的行为，应当依照《刑法》第二百七十一条第一款的规定，以职务侵占罪定罪处罚。

3. 国有资本控股、参股的股份有限公司中从事管理工作的人员利用职务便利非法占有本公司财物的定性

随着国有企业的改革，现代企业制度逐步建立，除直接关联到国计民生或生产特殊产品、特殊行业的企业外，大部分国有企业都逐渐改组为由多个投资主体组成的股份有限公司和有限责任公司。国有资本控股、参股的股份有限公司中从事管理工作的人员利用职务便利非法占有本公司财物的问题日益突出。为此，2001年5月最高人民法院作出了《关于在国有资本控股、参股的股份有限公司中从事管理工作的人员利用职务便利非法占有本公司财物如何定罪问题的批复》，明确了在国有资本控股、参股的股份有限公司中从事管理工作的人员，除受国家机关、国有公司、企业、事业单位委派从事公务的以外，不属于国家工作人员。对其利用职务上的便利，将本单位财物非法占为已有，数额较大的，以职务侵占罪定罪处罚。

4. 受委托管理、经营国有财产的几种特殊情况的定性

根据最高人民检察院《关于人民检察院直接受理立案侦查案件立案标准的规定（试行)》，受委托的方式主要是指承包、租赁、聘用等。如果国有单位将国有资产委托给集体经济组织经营管理，该集体经济组织中的工作人员或者该集体经济所委托的人员，利用职务便利，侵吞、窃取、骗取该国有资产的，应以职务侵占罪论处；如果受委托人是自然人，且属于直接委托，则可以以贪污罪论处。同时，还应注意：委托和委派不同。委派是单位内部的一种组织行为，委派人和被委派人有隶属关系，被委派人属于原单位的一员。而委托人和被委托人是平等的民事法律主体，委托关系发生在两个平等的主体之间，被委托人因委托关系而具有管理、经营权。

5. 保险公司的工作人员利用职务上的便利，故意编造未曾发生的保险事故进行虚假

① 参见胡永志：《村民小组出纳利用职务之便非法侵占集体财产的行为如何定性》，载《人民司法》，2012（3）。

理赔，骗取保险金归自己所有的

根据《刑法》第一百八十三条的规定，这种情况也构成职务侵占罪。

（二）本罪与相近罪的界限

1. 本罪与贪污犯罪的界定

职务侵占罪与贪污罪有许多相似之处，都是利用职务之便将非本人所有的财物非法占为己有。二罪的主要区别是：（1）犯罪主体不同。前罪的犯罪主体是非国有公司、企业或其他单位，如非国有事业单位、社会团体等单位中非国家工作人员构成，包括公司、企业和其他单位中的主管人员、职员和工人。后者只能由国家工作人员和受国有单位委派管理、经营国有财产的人员构成。[①]（2）犯罪对象不同。前罪的犯罪对象是公司、企业或其他单位的财物，这里的公司、企业或其他单位不受所有制性质的限制，即职务侵占罪侵占的财物既可以是国有、集体所有的财物，也可以是个体财物，而贪污罪的犯罪对象是公共财物。根据《刑法》第九十一条的规定，下列财产为公共财产：国有财产、劳动群众集体所有的财产、用于扶贫和其他公益事业的社会捐助或者专项基金的财产。在国家机关、国有公司、企业、集体企业和人民团体管理、使用或者运输中的私人财产，以公共财产论。

2. 本罪与侵占罪的界定

二者在名称上虽有相近之处，但有根本区别。侵占罪，就是将代为保管的他人财物非法占为己有，数额较大，拒不退还的；或者将他人的遗忘物、埋藏物非法占为己有，数额较大，拒不交出的行为。二者的界限是：（1）犯罪主体不同。职务侵占罪的犯罪主体是特殊主体，即行为人必须是公司、企业和其他单位的人员；而职务侵占罪的犯罪主体是一般主体。（2）犯罪的手段不同。职务侵占罪的犯罪手段是，行为人利用职务上的便利，将本单位的财物非法占为己有；而侵占罪则表现为将代为保管的他人财物非法占为己有，或将他人的遗忘物或埋藏物非法占为己有，拒不退还或拒不交出的行为。第三，犯罪对象不同，前者侵犯的对象是公司、企业或者其他单位的财物，后者侵犯的是代为保管的他人财物或者他人的遗忘物、埋藏物。

可见，侵占的本质是将合法持有、管理、经营的非本人所有的财物非法占为己有。由于行为人持有、管理、经营单位财物的权限不同，涉及的罪名也有所不同。一般情况下，如果行为人持有、保管他人的财物是根据私人间的授权引起的，其侵吞行为应以侵占罪论；如果行为人持有、管理、经营的财物是根据公司、企业授权引起的，其侵吞行为应以职务侵占罪论；如果行为人管理、经营的财物是根据国家、社会等公共权力授权引起的，其侵吞行为应以贪污罪论。

案例(16－2)

2003 年 3 月 31 日，李×与胡×、张×、庄×（马来西亚公民）注册成立××省生命科学研究所，企业主要经营范围为研究开发链球菌制剂（一种抗癌针剂），企业性质为合伙。李×担任总经理，全面负责研究所中的经营管理工作。2003 年 4 月 7 日，研究所决定购买一台价值 24 万余元的吉普车作为工作用车。2003 年 4 月 8 日，主要投资人庄×离境

---

① 参见郭泽强：《关于职务侵占罪主体问题的思考—以对“利用职务上的便利”之理解为基点》，载《法学评论》，2008（6）。

出国。4月8日，庄×在国外提出撤资，庄×与其他合伙人之间发生纠纷，两方对注册资金进行了一系列的保全活动。2003年5月，李×为弥补纠纷可能给其造成先期投入无法收回的损失，未经其他合伙人同意，以上述公务用车为其个人抵顶购房款，并将房产登记在其妻子唐×的名下。[①]

评析：侵占罪是将侵占代为保管的他人财物的行为，其直接保护的是公私财物的所有权，即市场主体之间的委托信任关系。而职务侵占罪则是通过对公私财物所有权的保护来维护一种正常的雇主和雇员之间的信赖关系。成立非法但运营合法的市场主体的财产权、尚未正式注册但处于筹备阶段的市场主体的财产权、业主与雇员之间的信赖关系也需要维护。因此，对于这两种情况下，职员非法侵占本单位的财产权的，应当按照职务侵占罪来处理。

3. 职务侵占罪与挪用公款罪的界定

二罪在行为方式上基本相同，都是行为人利用职务上的便利，都采用了挪用的方法。二罪的区别主要是：（1）犯罪主体不同。本罪的主体是公司、企业或者单位的非国家工作人员；挪用公款罪的主体是国家工作人员。（2）犯罪对象不同。本罪的犯罪对象是公司、企业或者其他单位的资金，即可以是公共财产，也包括私有财产；挪用公款罪的犯罪对象是公款，属于公共财产。

4. 职务侵占罪和侵犯财产罪的界定

两者的主要区别是：（1）主体不同。职务侵占罪主体是特殊主体，即公司的董事、监事、职工或其他企业的职工。而后罪的主体为一般主体；（2）犯罪的手段不同。职务侵占的行为方式是侵占，即将自己合法持有的公司、企业财产转为非法占有的行为。而后罪的行为方式分别为抢劫、抢夺、绑架勒索、敲诈勒索、盗窃、诈骗等；（3）侵犯的对象不同。本罪侵犯的是公司、企业财物，而后罪无此限制；（4）主观方面不同。职务职务侵占罪和其他侵犯财产虽然主观上都是出于直接故意，但故意的内容有所不同。前者是出于侵占本公司、企业财物的故意，后者分别是抢劫、抢夺、绑架勒索、敲诈勒索、盗窃、诈骗等故意。

案例(16-3)

李×系西安市未央区北二环××汽车贸易有限公司的饭金技师组组长。自2011年4月份以来，李×利用职务便利，在给客户维修车辆时，将自己以前给其他客户维修后换下的旧配件给客户安装在车上，而将从库房领出的本应给客户安装的新配件私自扣下。照此方法，将新配件攒够一定数量，伺机运出公司，并将私扣的配件卖给他人获利，其所得赃款已挥霍。后该汽车贸易公司报案。经物价部门鉴定：李×私扣下来的配件价值12 168元。

谁的权益受到了侵害？围绕这个分歧，存在两种观点，一种观点认为公司的权益受到了侵害。李×身为公司职工，利用职务上的便利，侵占公司财产，故应构成职务侵占罪；第二种观点认为，客户的权益受到了侵害。李×虽然是公司职工，也利用了职务上的便

① 参见王志远、王静：《对职务侵占罪犯罪对象的案例解析》，载《人民司法》，2006（2）。

利，但其侵占的是客户已经支付对价、已经属于客户的配件，故损害了客户的利益，受害人应为客户。李×采用秘密手段、以旧换新，盗窃客户配件，数额巨大，应构成盗窃罪。[①]

评析：本案争议的焦点是，李×的犯罪行为侵犯了谁的权益及配件所有权属于谁？首先，因公司与客户之间具有买卖、服务合同关系。李×代表公司为客户提供安装配件的义务，与公司之间系表见代理关系，其行为在客户看来即为公司行为。如果对其服务不满意或者其更换的配件不符合合同约定，则客户可以依据服务合同，要求公司予以重新更换或者赔偿。而公司在向客户进行赔偿后，其受损的权益只能向李×要求赔偿。故本案中，公司最终成为为李×犯罪行为买单的被害人。其次，在本案中，公司和客户之间是买卖、服务合同关系，买卖的是配件，服务的是配件的安装及车辆的维修，客户满意后支付配件对价及服务报酬。民法上动产所有权的转移为交付，本案公司提供配件，客户支付对价后应认定配件所有权转移至客户名下，在客户还未支付对价且未对更换配件进行检查时，应认定配件所有权仍属于公司。

职务侵占罪和盗窃罪的共同之处是两者都采用隐秘手段取得财物，但职务侵占罪更注重于职务便利在犯罪中的作用。本案中李×身为汽贸公司钣金技师组长，利用自己能够取得配件，且最终对车辆修好与否的检查权，侵占公司财物，符合职务侵占罪的犯罪构成，故本案应对李×以职务侵占罪定罪处罚。

三、职务侵占犯罪案件的立案追诉标准

根据2010年5月《最高人民检察院公安部关于公安机关管辖的刑事案件立案追诉标准的规定（二）》[以下简称《立案追诉标准（二）》] 第八十四条规定：公司、企业或者其他单位的人员，利用职务上的便利，将本单位财物非法占为已有，数额在五千元至一万元以上的，应予立案追诉。

四、职务侵占犯罪案件的作案手段

职务侵占犯罪手段很多，且不断翻新。具体来说，最常见的作案手段有：

（一）侵占资金

即行为人利用职务上的便利，将自己合法管理、经手和使用的本单位的资金直接或间接占为已有的行为。具体来说，主要包括：

1. 侵吞资金行为

即行为人利用职务之便，不作任何掩饰、公然将属于本单位的现金、银行存款、股票、债券、及各项收入等占为已有的行为。如销售人员收到货款不入账；财会人员收款截留；商店营业员私吞营业额；一些财务主管人员将单位款项直接划入个人账户的自批自用行为等。

2. 窃取资金行为

即行为人利用职务上的便利，将自己或自己与他人共同经手、管理的本单位财物，秘密窃取并据为已有的行为。又称“监守自盗”。如出纳人员利用保管单位资金的便利，盗

① 参见原亚芳：《李某的行为构成职务侵占罪而非盗窃罪》，载《法制博览》，2012（10）。

取本单位资金后，伪造现场，谎称被盗；会计人员采用多次转账手法套走本单位资金；利用计算机技术，修改电脑记录，或空增存款，窃取本单位资金；直接利用电脑将储户存款转存另一账户，取出后据为已有等。

3. 骗取资金行为

即行为人利用职务上的便利，采取虚构事实或隐瞒真相的方法非法占有本单位财物的行为。这是职务侵占犯罪中最常见的一种手段。如伪造、涂改单据，以无报有，以少报多；涂改账目，多列支出、少列收入；重复报销，套取现金；加大成本，冲抵收入；以“回扣”、“红包”等单位常见开支的名义，巧立名目，将本单位财物占为已有等。

4. 其他侵占资金行为

即行为人不是通过直接侵吞、窃取、骗取等行为，而是间接地占有本单位资金的行为。如行为人虚构业务或合同，将单位款项汇人虚设的往来单位账户，然后将款取出私分；行为人故意高价进货，或低价销货，然后由得利方向行为人返还部分货款，从而达到侵占单位资金的目的等。

（二）侵占财物

即行为人利用职务之便，将自己管理、经手、使用的财物全部或部分占为已有的行为。如采购员私自变卖原材料，并将所得款占为已有；仓库保管员变卖保管的物品；公司职员以报损、报废为由，变卖本单位的闲置机器、设备，并将变卖款私吞等。尤其是公司、企业的驻外地办事处、或销售人员、业务人员中，以假订单的形式，钻总部管理驻外单位存在的漏洞，骗取总部货物后，便逃之夭夭。值得注意的是，在企业转制过程中，一些人利用职务之便，趁单位产权转让之机，大肆低价收购单位资产，然后转手买卖的行为。

五、职务侵占犯罪案件的特点

（一）犯罪主体复杂，认定困难

职务侵占犯罪的主体是非国家工作人员。而非国家工作人员的构成因经济组织形式的多样性而呈现出十分复杂的情况。一些犯罪分子利用经济组织监管不力的漏洞，利用手中的职务之便以各种形式大肆侵吞单位财物；有的还与国家工作人员勾结起来，相互利用手中的职务便利共同犯罪；农村村委会组成人员、村民小组长侵占集体财物的行为也日益增多。司法实践中不断出现新情况、新问题。此类犯罪主体比较复杂，给案件的定性带来了一定困难。

（二）犯罪行为与一定的职务有关，具有较强的隐蔽性

职务侵占犯罪的行为人对本单位财物拥有直接主管、经管、管理的职权。如单位领导拥有对本单位财产的主管权，业务人员拥有对自己经办的业务和经手财物的经管权，财会保管人员拥有对自己职责范围内财物的管理权，工作人员拥有对某些财物的使用权等，行为人通常合法持有单位的特定财物。而职务侵占犯罪的目的是将某种财物的合法持有变为自己非法所有。此类犯罪案件中，职务行为与犯罪行为相互交错，犯罪行为寓于职务行为之中，单位外部人或非直接参与该经济活动的人一般很难发现。因此，此类犯罪的职务性特点导致犯罪行为具有较强的隐蔽性。

（三）作案手段大多具有较强的智能性

由于职务侵占犯罪行为人具有一定的职权，业务能力强，大多具有较高的文化和智力水平，熟悉与其职务相关的专业知识和法律、法规等。因此，此类犯罪案件具有突出的智能性特点。具体来说，主要表现在：第一，犯罪目的性强，有预谋。行为人对侵占对象和时机的选择，一般都要经过缜密思考和反复观察、研究，策划预谋充分。如行为人在作案前往往要经过一定时期的观察、等待和精心策划，选择侵占的对象和最佳的作案时机。第二，作案时充分发挥其专业特长。职务侵占犯罪手段的选择往往与其职务行为有关。行为人采用何种作案手段，往往要经过深思熟虑，充分发挥其专业优势，把自己的职务行为与犯罪行为结合起来，或直接侵吞本单位财物，或是采用盗窃、骗取及其他手段获取本单位财物。第三，具有一定的反侦查能力。由于职业特点，行为人作案之前，往往经过周密考虑，对发案后可能出现的情况采取一定的反侦查措施。

（四）犯罪行为具有连续性和习惯性特点

职务侵占行为具有很强的欺骗性、隐蔽性，犯罪易得逞。而每次犯罪得逞，都可能激发行为人贪婪的本性，促使其犯罪行为呈现出一定的连续性。此类犯罪的手段、方法很多。但就某一特定的行为人而言，其作案手段往往与其社会阅历、职业特点、工作经验等有关，在一定时期内呈现出习惯性特点。当然，这种犯罪手段方法的习惯性也会随着作案次数的增加而发生变化。如由笨拙、简单的作案手段演变为老练复杂的作案手法，或由单纯的一种手段发展到多种手段并用等。

（五）报案滞后

从大量司法案例中可以看出，此类犯罪主体的特殊性、行为的隐蔽性和智能性特点以及经济活动监管不力等多种原因，往往使受害单位难以及时发现本单位财物受损。而发现不及时，受害单位法律保护意识不高，人为拖延报案时间等多种原因最终会导致此类案件的报案时间相对滞后。为此，行为人犯罪得逞后，为逃避打击，往往挥霍、隐匿、转移赃款赃物，销毁有关证据，甚至携带巨款潜逃，从而给侦查带来难度。

（六）侵占事实大多隐藏在有关的财务会计资料中

此类犯罪的受害人主要是公司、企业或其他单位。这些公司、企业或其他单位往往都有专门的财务会计机构来管理和监督本单位的资金财物活动情况。职务侵占行为导致受害单位的资金或财产物资的短少，在财务会计资料中都会不同程度地反映出来。如账实不符、虚报冒领，涂改财务会计资料等。这些可疑的财务会计资料，往往是发现、查明和证实犯罪的重要线索。

第二节　职务侵占犯罪案件的侦查方法

一、“由人到案”的职务侵占案件的侦查

“由人到案”的案件，就是指侦查初期，犯罪嫌疑人比较明确，但犯罪事实不清，证据不足的案件。这是职务侵占案件中最常见的一种。侦查此类案件时，重点应放在案件的定性、调查取证和控制赃款赃物等方面。具体来说，侦查时应注意：

（一）认真初查，准确定性，及时立案

初查是围绕立案标准展开的。初查工作的重点是：

1. 核实犯罪嫌疑人的身份

在由人到案的职务侵占犯罪案件中，犯罪嫌疑人的身份涉及案件的定性及管辖等问题。司法实践中，核实犯罪嫌疑人身份主要是通过查询公安机关的计算机人口信息资料网络或走访有关单位进行调查等方式进行的。证明犯罪嫌疑人身份的证据主要有：身份证、工作证、护照、聘书、劳务合同及合作协议等证明文件。

2. 查明犯罪嫌疑人与受害单位有无经济纠纷

这是区分经济纠纷与经济犯罪的关键。调查了解犯罪嫌疑人与受害单位之间是否有经济纠纷、劳务纠纷存在，主要是通过调查询问受害公司、企业或单位的法人代表、业务主管、财会人员、业务人员、仓库管理员以及其他了解案件情况的人，全面了解犯罪嫌疑人与受害单位的经济关系，工作情况，家庭经济情况，主要经济收入、人际关系等。必要时，可采取化装侦查的方式，以业务往来为掩护，到其他相关单位或知情人中了解犯罪嫌疑人的有关情况。

3. 核实受害单位被侵占的财物价值

受害单位被侵占的财物价值是否达到立案数额标准，是决定职务侵占犯罪案件立案与否的关键。初查时，一般选择查证较为容易的数额进行调查。只要核实后，认为受害单位被侵占的财物数额达到这一数额标准即可。证明受害单位财物损失情况的证据主要有：损失物品的权属证明、财务票据存根、底联、库存清点记录、会计账目等。

4. 核实犯罪嫌疑人实施犯罪的有关证据材料

根据犯罪嫌疑人不同的作案手法，对报案人、受害单位提供的证据材料采取相应的调查核实方法。如通过秘密查账，在有关单位的配合下，以日常行政管理工作为掩护，查阅财务会计资料，核实有关证据材料。

（二）从犯罪嫌疑人的职务和技能入手，选择突破口

（1）如果犯罪嫌疑人是本单位的行政管理人员或技术人员（如厂长、经理、财务会计人员等），侦查时，要注意分析犯罪嫌疑人的职务特点及技术特长，收集有关证明资料及相关账册，分析其作案手法及可能采取的反侦查措施。如涉及金融部门工作人员偷支储户存款的案件侦查中，就应根据不同经手人之间的权限和职责分工，将储户的存折与银行账目一一对照，选择案件的突破口，进而获取有关线索和证据。

（2）如果嫌疑人是本单位的采购、供销或收款人员，侦查时，一般应选择查证与物资购、销、调、存等环节的财务会计资料为突破口。因为，此类犯罪嫌疑人只有通过在这些证据资料中做手脚，才能变“非法”为“合法”，掩盖犯罪，达到侵占的目的。因此，侦查时要注意认真核查有关资料，才能发现疑点，获取相关罪证，侦破案件。

（三）从查证有关单位的财务会计资料入手，把握可疑资金的来龙去脉

查账，是职务侵占犯罪案件侦查中运用最多的技术方法，也是解决此类案件中取证难的一个有效途径。通过对受害单位和相关企业的财务账目、单据进行清理检查，可以查证案件事实，并发现新的案件线索。立案后，要注意适时搜查，及时控制有关财务会计资料。然后，根据被查单位的记账特点、记账习惯及有关财务会计规章制度，在分析案情的

基础上，结合犯罪嫌疑人的作案特点和习惯，确定查账范围，筛选涉案单位的重点账册。查账时，一方面要注意运用司法会计检查的方法，另一方面还要注意对案件中涉及的专门性财务会计问题进行必要的司法会计鉴定。

（四）在掌握基本证据的前提下，要加强对犯罪嫌疑人及赃款赃物的控制

为了防止犯罪嫌疑人逃跑、自杀或转移、隐藏、销毁赃款、赃物及相关证据，侦查时，一方面要注意把握时机，加强对犯罪嫌疑人的控制。另一方面要注意及时搜查其住所、办公室及其他可能藏有犯罪证据的相关场所。搜查时，要特别注意发现赃款赃物及书证等重要证据材料。

查询、冻结有关单位或犯罪嫌疑人的银行存款、汇款是追缴职务侵占犯罪案件中涉案款物的重要手段。查询银行存款是司法会计检查的重要内容之一。查询的范围一般包括：犯罪嫌疑人的个人存款、汇款；犯罪嫌疑人所在单位的存款、汇款；与案件有关的其他单位的存款、汇款。查询存款、汇款的目的就是调查可疑资金的开户银行、账号、存款时间、次数、金额、经手人、资金流向和用途等。通过查询发现的可疑资金，经县以上公安机关负责人批准后，就可以采取冻结措施，指令金融机构、邮电机关停止支付，从而达到控制赃款赃物的目的。

（五）在调查取证的同时，加大讯问力度

由于职务侵占犯罪是一种贪利性极强的经济犯罪，不同犯罪嫌疑人心理素质、文化修养、社会阅历等不同，其认罪态度自然也不一样。因此，侦查时，一方面要注意加强调查取证工作，另一方面也要注意在讯问犯罪嫌疑人上下功夫。讯问犯罪嫌疑人要讲究方法和策略。如适时出示部分有力证据，动摇犯罪嫌疑人的抗审防线；通过政策法律教育，施加犯罪嫌疑人的心理压力，促使其交代；巧妙利用犯罪嫌疑人供述与已取得的证据材料间的矛盾进行突审等。一般来说，在共同犯罪案件中，讯问的对象可选择有悔罪心理基础、或社会阅历浅、社会地位低、罪行较轻、获利较小的犯罪嫌疑人作为案件侦查的突破口。

二、“由案到人”的职务侵占案件的侦查

“由案到人”案件，是指公安机关在接到报案时，只有一些案件线索和相关证据材料，没有明确犯罪嫌疑人的案件。如只知道发案单位财物非正常短少了，犯罪嫌疑人难以确认。此类案件的侦查重点是查缉犯罪嫌疑人，并取得相关证据。因此，侦查时，应注意从以下几个方面着手：

（一）选择侦查突破口，确定犯罪嫌疑人的范围

1. 根据已掌握的案件线索及相关材料，分析犯罪嫌疑人作案的条件，并在单位内部摸底排查

侦查的初期，侦查人员应根据报案和初查的线索情况，全面分析案情，确定犯罪嫌疑人的作案时机；作案所具备的知情条件；作案所具备的特殊技能；作案后工作单位或家庭生活中可能出现的异常情况等。摸底排查工作要注意：与发案单位及有关部门的配合；在保守秘密的前提下，深入群众展开调查；突出重点部门和人员等。

2. 通过业务记录或监控录像资料，查找犯罪嫌疑人

正常情况下，经济业务活动通常都有相应的业务记载，如银行、证券公司对经手的每

笔经济业务都会通过计算机系统自动生成系统日志。它详细记载着操作时间、登录号、操作指令及操作员的柜员号等数据。这种日志不会被删除和修改。因此，通过检查其中的业务记录，就可以发现这些业务记录上留下的侵占线索和证据。同时，大型商场、金融机构的营业场所等重要地点还安装了监控设施，进行实时监控。侦查时，也要注意充分利用其中的信息，通过对监控录像资料的分析，发现案件线索。

3. 从查账入手，追查资金流向，查找犯罪嫌疑人

职务侵占案件大多离不开在财物会计资料上弄虚作假，以达到掩盖犯罪的目的。因此，从审查涉案单位的财务会计资料入手，追踪资金流向，寻找案件侦查的突破口，是司法实践中最常用的方法。如通过对涉案单位银行存款的追踪调查，可以发现可疑资金的来龙去脉；通过核查有关财务会计资料，可以发现犯罪嫌疑人的作案手法；通过检查被查单位的财务会计管理制度及实际执行情况，可以发现该经济管理中的漏洞，进而发现犯罪嫌疑人可能利用的薄弱环节等。

4. 从作案手法入手，确定犯罪嫌疑人的范围

职务侵占犯罪案件的作案手法，往往与犯罪嫌疑人的特定职务或技能有关，因为这种特定的职务或技能是其达到犯罪目的的前提条件。因此，从分析作案手法入手，可以确定犯罪嫌疑人的范围。如采用提取现金不记账、隐匿、销毁收款凭据、涂改原始凭证、截留单位应收应付款项等作案手法的案件，其犯罪嫌疑人应确定在财会人员、收款人员、业务经手人员等范围之内。

5. 从知情人入手，选择案件的突破口

这里的知情人主要是指举报人、犯罪嫌疑人家属、亲友、所在单位的领导、同事以及其他了解情况的人。由于这些人与犯罪嫌疑人生活、工作在一起，对其情况了解得较多。侦查时，只要在认真分析案情的基础上，从知情人入手，灵活地运用各种询问技巧，就可以详细了解犯罪嫌疑人的有关情况，从而找到案件侦查的突破口。

（二）灵活运用侦查手段，查控犯罪嫌疑人

围绕犯罪嫌疑人可能潜逃的活动空间进行布控。如在机场、车站、码头等地严密布控。重点应放在机场售票处、登机通道、验票台；火车站售票处、站台入口；长途汽车售票处、站台入口、交通干线。同时，如果犯罪嫌疑人可能出境，还应及时准备边控。在边控前，应查询公安出入境管理部门，看犯罪嫌疑人是否已经出境，或办了护照。在布控中，应注意运用秘密力量，获取情报信息；灵活运用交通、通信工具等信息，查缉犯罪嫌疑人；开展巡逻堵卡、守候蹲坑，捕获犯罪嫌疑人等。

（三）加大审讯力度，深挖犯罪

查控犯罪嫌疑人后，侦查的重点就转入了审讯阶段。讯问中，一方面要注意从外围调查获取有关证据，另一方面要注意根据不同犯罪嫌疑人的认罪态度，采取不同的讯问谋略。如对于自尊心和荣誉感强的犯罪嫌疑人，宜采用政策攻心和法律教育的方法，击溃犯罪嫌疑人的心理防线；对于态度蛮横、藐视侦查人员的犯罪嫌疑人，要注意巧妙使用证据，抓住要害，各个击破。

【导入案例简析】

本案应定职务侵占罪。一是在犯罪主体上，职务侵占罪的犯罪主体是特殊主体，其必

须是公司、企业或其他单位的人员。本案中，魏×系××公司的业务员，先后在深圳分公司与东莞分公司任职。其被调任东莞分公司后，仍然负责深圳分公司的部分业务。魏×所领取的该笔货款就是魏×联系并办理的。金×公司对于魏×代表××公司收取货款的身份是予以认可的。二是在客观方面，职务侵占罪必须利用职务上的便利，行为人实施犯罪行为必须利用自己职务所直接拥有的主管、管理、经手本单位财物的便利。所谓经手权，是指本身并不负责对本公司财物的管理，但因为工作需要，对本单位财物有领取、使用、发出或报销等职权。本案中，魏×作为业务员，显然可以经手领取公司的货款。魏×利用工作职务的便利，隐瞒真相向金×公司收取货款后逃走。虽然魏×采取了欺诈的行为，作为金×公司来说，在支付货款过程中没有过错，其认为魏×是在履行职务，自己是向××公司支付货款，而非向魏×个人付款，是善意的。涉案款项由金×公司交付给魏×时，即应视为××公司已取得该笔货款的所有权，魏×的行为是侵占本公司公款的行为。因此本案魏×行为侵占的客体是本公司财物所有权。综上，魏×与同伙利用职务上的便利，利用骗取的方式非法占有本单位的货款，数额较大，其行为完全符合职务侵占罪的构成要件。

【资料链接】

职务侵占罪中几种特殊性质的“单位”

一、非法成立但合法运营的组织

一些公司、企业在成立过程中实施了非法行为，如虚报注册资本、虚假出资、抽逃出资、提供虚假财会报告等。该类组织中的人员侵吞组织财物，是否构成职务侵占？有人认为，该类组织由于非法成立，自始即不具备合法地位，其财产不受法律保护，其内部发生的此类问题不能以职务侵占罪论处。也有人认为，尽管一些公司、企业在成立过程中实施了非法行为，但成立后运营合法，从有利于社会秩序的稳定的角度来看，其主体的财产权也应受到法律保护。笔者赞同后一种观点。即此类组织也可成为本罪中的“单位”，其内部工作人员侵吞单位财物的行为可构成职务侵占罪。

二、挂靠公司、企业

挂靠，是指名义上以某一组织作为公司、企业的开办单位或设立者，并隶属该组织管理，同时公司、企业所有制性质亦以该组织的所有制性质确定，但实际上，该组织并不对该公司、企业进行一般财产投资，也不一定实施管理，而只是出具名义或出具公司注册资本的资信证明。以挂靠关系设立的公司即称为挂靠公司，挂靠公司通常会向被挂靠的组织上交一定数额或比例的管理费，但也有的没有任何具体的经济往来。实践中，如果被挂靠的组织为国有单位，行为人占有挂靠公司、企业财物的行为可能以涉嫌贪污罪被追究；如果被挂靠的组织为集体单位，行为人占有挂靠公司、企业财物的行为可能涉嫌职务侵占罪。挂靠公司、企业的负责人将单位财产视为个人财产而任意处置是否构成职务侵占罪呢？如果从“谁投资，谁所有”的角度来看，如果挂靠公司、企业确系个人出资兴办，则应据实将其认定为私营企业。私营企业主从其公司、企业提取财物的行为不宜认定为职务侵占罪。当然，私营企业的职工仍可构成职务侵占罪的主体。

三、承包企业

按承包人数，企业承包可分为个人承包和全员承包。① 个人承包即由承包人（一人或

---

① 参见文峰：《是承包收益还是贪污犯罪》，载《人民检察》，1999（6）。

多人）承包企业的经营权，独立核算，自主经营，自负盈亏，承包人在不损害企业财产、保证完成承包计划的前提下，所得报酬上不封顶，下不保底，除支付企业正常业务开支、费用、发包方利润、依法纳税、留成公积金、发放职工工资和奖金等项外，所得经营收益归承包人所有，承包人有权自主处分这部分收益。如果承包人因某种顾虑或者私利，采取一些违反财经制度的手段将本该属于自己的超额盈利归为已有，不属非法占有，不应以犯罪论处。相反，如果其将应得收益之外的其他财产据为已有，则构成职务侵占罪。另一种是企业全员承包，即由企业的法定代表人和负责人代表企业全体劳动者向发包方签订承包合同，约定企业自主经营，独立核算，不论盈亏，每年向发包方上缴定额利润，职工收益与企业的经济效益挂钩，企业超承包基数多留的利润，主要用于发展生产、补充企业流动资金和建立职工福利基金、风险基金。在全面完成承包任务和任期目标的情况下，从企业超承包多留的利润中提取一定比例对厂长（经理）和其他有功人员实行奖励。如果他们利用经营管理企业的职务之便，将属于国有企业所有的固定资产、流动资产、专项资金、生产资料、应缴而未缴的税金、利润、管理费、公积金、公益金及税后留利等项企业财产非法占为已有，则构成职务侵占罪。按承包收益上缴方式，可以分为定额上缴和按比例上缴。定额上缴是指是不管经营状况如何，承包人均向发包人交纳固定金额的承包收益。按比例上缴是指承包人按经营收入的一定比例向发包人上缴利润，或者承包人正常领取工资，超额完成任务有奖，完不成任务受罚。在这两种情况下，承包人享有的收益只能是支付各种开支、留足各项基金及上缴税款和承包收益后的净利润，超出上述范围仍可构成职务侵占罪。

四、家族式公司、企业

大多家族式公司、企业存在责权利模糊，产权归属不明，家庭财产与公司、企业财产界限不清，以亲情代替规章制度等问题。认定此类案件性质时应注意两个问题：一是公司、企业财产与家庭财产是否分离。如果家族式公司、企业在经营中将家庭财产与公司、企业财产收支混合，则家庭财产与公司、企业财产的界限难以明确，自然分不清行为人占有的是公司、企业财产还是家庭共有财产，也就谈不上职务侵占犯罪的问题；如果家庭财产与公司、企业财产可以明确划分，则应确认行为人占有的到底是家庭共有财产还是公司、企业财产。二是注意此类案件的特殊性。一般来说，家庭矛盾是财产纷争的主要原因，有的案件是报案人出于报复、诬陷等原因引发的。这些矛盾一旦化解，控告人会消极处理，甚至要求撤诉。所以，对于此类案件公安机关宜在有必要的情况下介入。

【本章小结】

职务侵占罪，是指公司、企业或者其他单位的人员利用职务上的便利，将本单位财物占为己有，数额较大的行为。本罪侵犯的客体是公私财产所有权；本罪的客观方面表现为利用职务上的便利，将本单位财物非法占为己有并且数额较大的行为；本罪的主体是特殊主体，即只有公司、企业或者其他单位的人员才能构成，而且公司、企业或者其他单位的人员不属于国家工作人员。职务侵占犯罪的定性比较复杂，应注意区分与贪污罪、侵占罪、挪用公款罪及其他侵犯财产罪的界限。

职务侵占犯罪案件的追诉标准为数额在5 000元至10 000元以上的，应予立案追诉。

职务侵占犯罪手段很多，且不断翻新。具体来说，最常见的作案手段有：侵占资金、侵占财物的行为。职务侵占犯罪案件的特点是：犯罪主体复杂，认定困难；犯罪行为与一

定的职务有关，具有较强的隐蔽性；作案手段大多具有较强的智能性；犯罪行为具有连续性和习惯性特点；报案滞后；侵占事实大多隐藏在有关的财务会计资料中。

其侦查方法主要分为："由人到案"和"由案到人"的侦查方法。"由人到案"的案件，重点应放在案件的定性、调查取证和控制赃款赃物等方面。"由案到人"的案件侦查重点是查缉犯罪嫌疑人，并取得相关证据。

【关键术语】

公司、企业或者其他单位；职务侵占；侵占

【推荐阅读与学习资源】

1. 肖中华、闵凯：《职务侵占罪认定中的三个争议问题剖析》，载《政治与法律》，2007（3）。

2. 李迎春：《职务侵占犯罪若干疑难问题探析》，载《法律适用》，2007（1）。

3. 苗生明、李继华：《职务侵占罪若干问题研究》，载《人民检察》，2002（11）。

4. 王志贤、陈泽龙、李溪洪：《职务侵占罪中职务性与本单位财物的认定》，载《人民司法》，2009（22）。

【案例分析】

2005年6月份，某地公安机关在侦办××食品有限公司驻南昌办事处财务主管（兼仓管人员）王×职务侵占案中，发现该办事处主任（兼业务员）陈×于2003年12月31日采取虚报销售量的方法，向仓管人员领取10件神马牌"海马追风膏"，只发给江西××医药有限公司5件，私自侵占5件，价值39 000元，案发后陈×逃匿。

2005年6月22日，公安机关对陈×涉嫌职务侵占案立案侦查。2007年6月16日，犯罪嫌疑人陈×被抓获归案。到案后，犯罪嫌疑人陈×完全否认其涉嫌侵占公司货物的事实，并辩称对此事毫不知情，而是办事处财务主管王×做的假账。

经进一步侦查，查明下列事实：

（1）犯罪嫌疑人陈×是××食品有限公司南昌办事处主任，该公司在管理上实行主任负责制，主任的职责包括业务开展、财务监督（审核办事处财务主管每月制作的财务报表）和办事处货款的催收，并具体负责与大客户的业务往来（与大客户业务往来一般业务员无权参与，只能由办事处主任联系）。该案中江西××医药有限公司系南昌办事处的大客户。

（2）依据所提取的相关财务制度可知该办事处在每个月底，必须向公司上报办事处的财务及业务报表。财务报表由办事处财务主管制作，财务主管制作出财务报表之后，须提交办事处主任审阅，办事处主任根据财务报表的相关数据制作业务报表后，再一并上报公司总部。

（3）犯罪嫌疑人陈×到案后，经办民警向其出示2003年12月31日南昌办事处给江西××医药有限公司的送货单（送货单的号码为：9908303；收货单位：江西××医药有限公司；货品名称：神马牌海马追风膏；数量：6 000包，即10件；合计金额：柒万捌仟零佰零元零角零分；送货人：陈×；日期：2003年12月31日）。犯罪嫌疑人陈×辩称：因时间过去太久，想不起这件事，而后又辩称这张送货单不是他写的，是王×做的假账。为了查明案情，经办民警专程到江西省南昌市对王×进行调查取证，王×供述此案系他与陈×共同谋划，两人商定2003年12月31日只送5件神马牌“海马追风膏”给江西××医药有限公司，而在9908303号送货单开具10件，从中侵占公司“海马追风膏”5件，所得赃款由两人共分；号码为9908303的送货单上收货栏上的“江西××医药有限公司”及合计金额栏上的“柒万捌仟零佰零元零角零分”由犯罪嫌疑人陈×填写，为了表示共担风险，送货栏上“陈×”签名由王×填写。在取得王×供述后，经办民警立即对犯罪嫌疑人陈×及王×提取文检方面的检材，并送技术部门鉴定，其鉴定结果与王×供述完全一致。根据鉴定结论，并结合××食品有限公司财务等相关制度和犯罪嫌疑人陈×的职务、职责方面的旁证及证人证言等相关证据，最终形成一条能够证实犯罪嫌疑人陈×涉嫌职务侵占罪的证据链条。①

问题：试根据职务侵占罪的构成要件分析本案的取证思路。

① 参见戴蓬：《经济犯罪侦查对策新解》，229页，北京，中国人民公安大学出版社，2011。

图书在版编目（CIP）数据

经济犯罪侦查学/戴蓬主编．—北京：中国人民大学出版社，2015.8
普通高等教育“十二五”应用型本科规划教材
ISBN 978-7-300-21375-0

Ⅰ.①经… Ⅱ.①戴… Ⅲ.①经济犯罪-刑事侦察-中国-高等学校-教材 Ⅳ.①D924.33

中国版本图书馆 CIP 数据核字（2015）第 113954 号

普通高等教育“十二五”应用型本科规划教材
经济犯罪侦查学
主 编 戴 蓬
Jingji Fanzui Zhenchaxue

出版发行	中国人民大学出版社		
社　　址	北京中关村大街 31 号	**邮政编码**	100080
电　　话	010－62511242（总编室）		010－62511770（质管部）
	010－82501766（邮购部）		010－62514148（门市部）
	010－62515195（发行公司）		010－62515275（盗版举报）
网　　址	http://www.crup.com.cn		
	http://www.ttrnet.com(人大教研网)		
印　　刷	三河市汇鑫印务有限公司		
规　　格	185 mm×260 mm　16 开本	**版　　次**	2015 年 8 月第 1 版
印　　张	17.5	**印　　次**	2015 年 8 月第 1 次印刷
字　　数	403 000	**定　　价**	39.00 元　（公安机关内部发行）

教师信息反馈表

为了更好地为您服务，提高教学质量，中国人民大学出版社愿意为您提供全面的教学支持，期望与您建立更广泛的合作关系。请您填好下表后以电子邮件或信件的形式反馈给我们。

您使用过或正在使用的我社教材名称		版次	
您希望获得哪些相关教学资料			
您对本书的建议（可附页）			
您的姓名			
您所在的学校、院系			
您所讲授的课程名称			
学生人数			
您的联系地址			
邮政编码		联系电话	
电子邮件（必填）			
您是否为人大社教研网会员	□ 是，会员卡号：________ □ 不是，现在申请		
您在相关专业是否有主编或参编教材意向	□ 是　□ 否 □ 不一定		
您所希望参编或主编的教材的基本情况（包括内容、框架结构、特色等，可附页）			

我们的联系方式：北京市西城区马连道南街 12 号
中国人民大学出版社应用技术分社
邮政编码：100055
电话：010-63311862
网址：http://www.crup.com.cn
E-mail：rendayingyong@163.com